吴在庆 著

韩偓论稿

中华书局

图书在版编目（CIP）数据

韩偓论稿/吴在庆著. —北京：中华书局，2017.9
ISBN 978-7-101-12739-3

Ⅰ.韩… Ⅱ.吴… Ⅲ.①韩偓（844-923）-人物研究②韩偓
（844-923）-唐诗-诗歌研究 Ⅳ.①K825.6②I207.22

中国版本图书馆 CIP 数据核字（2017）第 200238 号

书　　名	韩偓论稿	
著　　者	吴在庆	
责任编辑	李碧玉	
出版发行	中华书局	
	（北京市丰台区太平桥西里 38 号　100073）	
	http://www.zhbc.com.cn	
	E-mail：zhbc@zhbc.com.cn	
印　　刷	北京市白帆印务有限公司	
版　　次	2017 年 9 月北京第 1 版	
	2017 年 9 月北京第 1 次印刷	
规　　格	开本/710×1000 毫米　1/16	
	印张 21　插页 3　字数 350 千字	
印　　数	1-1500 册	
国际书号	ISBN 978-7-101-12739-3	
定　　价	68.00 元	

　　吴在庆，1946年生于厦门鼓浪屿。1965年考入北京大学中文系，后于厦门大学获文学硕士学位。现为厦门大学中文系教授、博士生导师。曾被聘为台湾大学、台湾逢甲大学、安徽师范大学兼职研究员、客座教授。著有《杜牧论稿》、《增补唐五代文史丛考》、《唐代文士与唐诗考论》、《唐代文士的生活心态与文学》、《杜牧集系年校注》、《听涛斋中古文史论稿》、《听涛斋古典文学考论与解读》、《韩偓集系年校注》、《听涛斋雪泥鸿爪集》，合著《唐五代文学编年史》、《唐才子传校笺》、《中国文学家大辞典·唐五代卷》等凡二十多部著作，主编《唐五代文编年史》。曾获国家图书奖，全国古籍整理优秀著作二等奖，福建省哲学社会科学优秀成果一、二、三等奖，厦门市社会科学优秀成果一等奖。

目 录

前　言

上个世纪八十年代中,我因承担《中国文学家大辞典·唐五代卷》中包括韩偓在内的八百多位作家小传的撰写任务,又应傅璇琮先生邀约,承担了《唐才子传校笺》第九卷中包括《韩偓传》的三十多位作家小传的笺证工作,遂细致全面地研读当时所能见到的有关韩偓的诗文与研究资料,撰成了出版于上世纪九十年代初的《唐才子传校笺·韩偓传》和大辞典中的《韩偓小传》。经过这两次撰写笺证《韩偓传》,我对这一位在唐末入闽的著名作家有了更多更深的了解,对他的生平遭际和诗歌也更增添了一份理解与同情,遂萌发了更详细全面研究他的兴趣。随后我利用其他研究工作的空隙,陆续研读韩偓的作品,并尤其关注其生平与创作的有关问题,遂有《韩偓贬官前后的心态及对其诗歌创作的影响》、《韩偓咏梅诗解读》、《韩偓诗解读及相关问题辨释》、《韩偓若干诗歌解读系年辨释》、《解读几首韩偓诗的史料依据——兼谈韩偓诗与〈资治通鉴〉、两〈唐书〉的关系》等论文。

2008 年,中华书局出版了我的《杜牧集系年校注》后,我遂开始了《韩偓集系年校注》的研究工作。我一直觉得要深入研究某位作家,最好从整理编年校注这位作家的文集开始。这一工作并非仅是文献的整理,同时也是更深入细致地探索揣摩领会作家的生平和诗文内涵底蕴的研究过程。通过这样的研究,你可以更精微准确地解读其诗文,更清晰地梳理其出处行踪,从而为全方位更精准地洞察研究该作家打下坚实的基础。2012 年中,我完成了《韩偓集系年校注》初稿,交给中华书局编辑出版。此后的一段时间,我继续韩偓的相关研究,陆续撰有《韩偓梅花诗句意诗旨考论》、《韩偓〈隰州新驿〉诗之作年意旨考论》、《韩偓若干诗歌系年考》、《韩偓疑伪诗文考辨》、《韩偓〈感事三十四韵〉诗笺释考论》、《韩偓诗解读献疑》、《韩偓生平诗文系年汇纂》、《韩偓〈失鹤〉、〈鹊〉、〈火蛾〉三首诗发覆与解读》、《韩偓〈露〉、〈六言三首〉诗发覆与解读》等文。今将历年研究韩偓的文章汇为《韩偓论稿》,以求正于学术界同仁。

吴在庆写于厦门大学海韵北区寓所

2016 年 10 月 9 日重阳节

略谈韩偓与韩偓集之整理

一

《韩偓集系年校注》是我为晚唐著名诗人、唐昭宗朝重臣韩偓所新编成并校注系年的集子。这部集子是目前收集韩偓诗文作品最为完整、校勘注释最为详悉，所收集的有关研究资料也最为完备的一部集子。我之所以如此不遗余力地为韩偓整理这一部集子，其中一个重要原因在于钦佩韩偓的气节与人品。韩偓，字致尧（另有致光、致元之说）。每当提及他的字"致尧"，我即联想起杜甫的"致君尧舜上，再使风俗淳"的诗句，想来他的命字之意，大概也取资于杜工部的这一人生理想。遗憾的是时运使然，他们的理想最终同样是"此意竟萧条"，独臂难于支撑大厦之倾倒，但他们的理想气节与人品却赢得了历代世人的钦敬与赞叹。《四库全书总目提要》如此介绍与推许韩偓之人品气节，云：偓"世为京兆万年人。父瞻，与李商隐同登开成四年进士第，又同为王茂元婿。商隐集中所谓'留赠畏之同年'者，即瞻之字。偓十岁即能诗，商隐集中所谓'韩冬郎即席得句，有老成之风'者，即偓也。偓亦登龙纪元年进士第，昭宗时官至兵部侍郎、翰林学士承旨。忤朱全忠，贬濮州司马，再贬荣懿尉，徙邓州司马。天祐二年，复故官。偓恶全忠逆节，不肯入朝，避地入闽，依王审知以卒。偓为学士时，内预秘谋，外争国是，屡触逆臣之锋。死生患难，百折不渝。晚节亦管宁之流亚，实为唐末完人。其诗虽局于风气，浑厚不及前人，而忠愤之气时时溢于语外。性情既挚，风骨自遒，慷慨激昂，迥异当时靡靡之响。其在晚唐，亦可谓文笔之鸣凤矣"。这一评述应该说是颇为准确的。且让我们从史籍摘取若干记载，回顾其在昭宗朝的生平大节吧。

唐昭宗光化三年（公元900年）末，天复元年（公元901年）初间，宦官刘季述等人废掉并囚禁唐昭宗，不久在宰相崔胤等人的策划下，平定了这一场叛乱，昭宗反正。当时韩偓即参与了这次平叛与反正，《新唐书·韩偓传》载："王溥荐为翰林学士,迁中书舍人。偓尝与胤定策诛刘季述,昭宗反正,为功臣。"时昭宗"疾宦人骄横,欲尽去之。偓曰:'陛下诛季述时,余皆赦不问,今又诛之,谁不惧死? 含垢隐忍,须后可也。天子威柄,今散在方面,若上下同心,摄领权纲,犹冀天下可治。宦人忠厚可任者,假以恩幸,使自剪其党,蔑有不济。今食度支者乃八千人,公私牵属不减二万,虽诛六七巨魁,未见有益,适固其逆心耳。'帝前膝曰:'此一事终始属卿。'"韩偓的忠恳,深获昭宗信任恩宠,故国家大事常听取韩偓意见。天复元年十一月,昭宗为宦官韩全诲勾结强藩李茂贞挟持幸岐下,"偓夜追及鄠,见帝恸哭。至凤翔,迁兵部侍郎,进承旨"。翌年四月,另一强藩朱全忠兴兵来争夺昭宗。其时"回鹘遣使入贡,请发兵赴难,上命翰林学士承旨韩偓答书许之。乙巳,偓上言:'戎狄兽心,不可倚信。彼见国家人物华靡,而城邑荒残,甲兵凋弊,必有轻中国之心,启其贪婪。且自会昌以来,回鹘为中国所破,恐其乘危复怨。所赐可汗书,宜谕以小小寇窃,不须赴难,虚愧其意,实沮其谋。'从之"(司马光《资治通鉴》卷二六三)。

又,天复二年,宰相韦贻范"多受人赂,许以官;既而以母丧罢去,日为债家所噪。亲吏刘延美,所负尤多,故汲汲于起复,日遣人诣两中尉、枢密及李茂贞求之"(《资治通鉴》卷二六三)。其时,帝"诏还位,偓当草制,上言:'贻范处丧未数月,遽使视事,伤孝子心。今中书事,一相可办。陛下诚惜贻范才,俟变缞而召可也。何必使出峨冠庙堂,入泣血枢侧,毁瘠则废务,勤恪则忘哀,此非人情可处也。'学士使马从皓逼偓求草,偓曰:'腕可断,麻不可草!'从皓曰:'君求死邪?'偓曰:'吾职内署,可默默乎?'明日,百官至,而麻不出,宦侍合噪。茂贞入见帝曰:'命宰相而学士不草麻,非反邪?'艴然出。姚洎闻曰:'使我当直,亦继以死。'既而帝畏茂贞,卒诏贻范还相,洎代草麻。自是宦党怒偓甚"(《新唐书·韩偓传》)。当时朱全忠和崔胤实际上已把持着朝中大权,唐昭宗已处于被胁迫的处境。韩偓在这一严酷的局势下,仍然一身正气,以自己的忠心耿耿与刚正不阿对抗着朱全忠之流的邪恶残暴势力,以至遭到迫害,贬出朝廷。《新唐书·韩偓传》有如下的记载:"帝反正,励精政事,偓处可机密,率与帝意合,欲相者三四,让不敢当。苏检复引同辅政,遂固辞。初,偓侍宴,与京兆郑元规、威远使陈班并席,辞曰:'学士不与外班接。'主席者固请,乃坐。既元规、班至,终绝席。全忠、胤临陛宣事,坐者皆去席,偓不动,曰:'侍宴无辄立,二公将以我为知礼。'全忠怒偓薄己,悻然出。有谮偓喜侵侮有位,胤亦与偓贰。会逐王溥、陆扆,帝以王赞、赵崇为相,胤执赞、崇非宰相器,帝不得已而罢。赞、崇皆偓所荐为宰相者。全忠见帝,斥偓罪,帝数顾胤,胤不为解。全忠至中书,欲召偓杀之。郑元规曰：'偓位侍郎、学士承旨，公无遽。'全忠乃止，贬濮州司马。帝执其手流涕曰：'我左右无人矣。'再贬荣懿尉，徙邓州司马。"韩偓就这样因尽忠于唐昭宗而遭朱全忠等权奸的嫉恨，被贬到荒远之地。不久朱全忠杀害唐昭宗，又杀唐哀帝，篡夺李唐政权，改唐为梁。韩偓哀痛李唐之亡，从此决心走向流寓隐逸之路，最后寓居于闽南南安至卒。

值得再提的是韩偓是一位想为国为民有所作为的士人，他绝不是贪图富贵、眷恋权位之徒。他曾在《朝退书怀》一诗中抒发志向谓"孜孜莫患劳心力，富国安民理道长"。又曾多次婉拒入相，《新唐书·韩偓传》载："中书舍人令狐涣任机巧，帝尝欲以当国，俄又悔曰：'涣作宰相或误国，朕当先用卿。'辞曰：'涣再世宰相，练故事，陛下业已许之。若许涣可改，许臣独不可移乎？'"后来他被朱全忠贬出朝廷，流寓各地。天祐二年，他在遭贬流寓途中，朱全忠为了收买人心，也曾召韩偓复官。然而韩偓早已看穿了朱全忠之流的狼子野心，不愿与他们同流合污，故坚不从命，宁肯隐退江湖。他不仅自己不入朝复官，也规劝他人不入朝为伪官。他赋《余寓汀州沙县病中闻前郑左丞璘随外镇举荐赴洛兼云继有急征旋见脂辖因作七言四韵戏以赠之或冀其感悟也》诗云："莫恨当年入用迟，通材何处不逢知。桑田变后新舟楫，华表归来旧路岐。公干寂寥甘坐废，子牟欢抃促行期。移都已改侯王第，惆怅沙堤别筑基。"后梁乾化二年（公元912年），韩偓隐居闽南南安，其时有南来的郎官以"迂古"讥笑他潜隐深村，他作《余卧疾深村闻一二郎官今称继使闽越笑余迂古潜于异乡闻之因成此篇》诗以明志并回击讥讽，云："枕流方采北山薇，驿骑交迎市道儿。雾豹只忧无石室，泥鳅唯要有洿池。不羞莽卓黄金印，却笑羲皇白接䍦。莫负美名书信史，清风扫地更无遗。"唐为朱梁所篡后，他依然心怀唐室，不用后梁年号，宋刘克庄《跋韩致光帖》云："致光自癸亥去国，至甲戌悼亡，十有二年，流落久矣，而乃心唐室，始终不衰，其自书《裴郡君祭文》首书'甲戌岁'，衔书'前翰林学士承旨、银青光禄大夫、行尚书户部侍郎、知制诰、昌黎县开国男、食邑三百户韩某'，是岁朱氏篡唐已八年，为乾化四年，犹书唐故官而不用梁年号，贤于杨风子辈远矣。"他的这一坚定气节赢得历代士人的交口赞誉，清人熊文举在《雪堂先生文集》卷二十《书司空图韩偓集》称赏云："晚唐诗人，二公所遇皆沧海横流之时。韩脱身虎口，司空大隐于条山，较然不欺其志，盖诗人之有骨气者。"凡此种种均可见韩偓真是一位"内预秘谋，外争国是，屡触逆臣之锋，死生患难，百折不渝"的唐末忠臣。

二

韩偓既是唐末的坚贞忠臣，又是唐末颇有建树与影响的重要诗人。他在诗歌上的声誉，首先在于颇有影响的被宋代著名诗评家严羽在《沧浪诗话·诗体》中称为"香奁体"的《香奁集》诗歌。虽然这些诗歌大体皆是"裾裙脂粉之语"，但因其大多数诗篇具有真挚深情之情感，温婉秀逸含蓄之表情方式，故颇获得历代文人们的喜爱与模仿。据他在《香奁集序》中所说，他青、中年时"所著歌诗，不啻千首。其间以绮丽得意者，亦数百篇，往往在士大夫口，或乐工配入声律。粉墙椒壁，斜行小字，窃咏者不可胜纪"。可见这些"绮丽"的诗歌在当时的传播与影响，实在可以与白居易、元稹的"流于民间，疏于屏壁"（杜牧《唐故平卢军节度巡官陇西李府君墓志铭》），流传于江湖上的艳体诗歌媲美。而且在我看来，韩偓的这些诗歌更为情真意切，真挚感人。故诗人晚年在抄录这些诗歌时颇为动情而凄然泪下，赋《思录旧诗于卷上凄然有感因成一章》诗云："缉缀小诗钞卷里，寻思闲事到心头。自吟自泣无人会，肠断蓬山第一流。"我们且再吟咏《香奁集》中的几首诗作，深入体味蕴含其中的情味吧。

　　踏青会散欲归时，金车久立频催上。收裙整髻故迟迟，两点深心各惆怅。（《踏青》）

　　见时浓日午，别处暮钟残。景色疑春尽，襟怀似酒阑。两情含眷恋，一饷致辛酸。夜静长廊下，难寻屐齿看。（《荐福寺讲筵偶见又别》）

　　浓烟隔帘香漏泄，斜灯映竹光参差。绕廊倚柱堪惆怅，细雨轻寒花落时。（《绕廊》）

　　两重门里玉堂前，寒食花枝月午天。想得那人垂手立，娇羞不肯上秋千。（《想得》）

　　倚醉无端寻旧约，却令惆怅转难胜。静中楼阁深春雨，远处帘栊半夜灯。抱柱立时风细细，绕廊行处思腾腾。分明窗下闻裁剪，敲遍阑干唤不应。（《倚醉》）

　　往年同在鸾桥上，见倚朱阑咏柳绵。今日独来香径里，更无人迹有苔钱。伤心阔别三千里，屈指思量四五年。料得他乡遇佳节，亦应怀抱暗凄然。（《寒食日重游李氏园亭有怀》）

　　身情长在暗相随，生魄随君君岂知。被头不暖空沾泪，钗股欲分犹半

疑。朗月清风难惬意，词人绝色多伤离。何如饮酒连千醉，席地幕天无所知。（《惆怅》）

现存《香奁集》诗歌凡一百余首，这些作品大多是韩偓在黄巢之乱前所作，而少数则是后来乃至诗人晚年时所吟咏。这些诗作古今人见仁见智，对其褒贬不一，贬之者如元代方回在其《瀛奎律髓》中谓："致光笔端甚高，唐之将亡，与吴融诗律皆全不似晚唐。善用事，极忠愤。惟《香奁》之作，词工格卑，岂非世事已不可救，始流连荒亡以纾其忧乎？"又谓："《香奁》之作，为韩偓无疑也。或以为和凝之作，嫁名于韩，刘潜夫误信之。考诸同时《吴融集》，有依韵倡和者，何可掩哉！诲淫之言不以为耻，非唐之衰而然乎！"（方回《瀛奎律髓》卷七）褒之者则如清丁绍仪所云："韩致尧遭唐末造，力不能挥戈挽日，一腔忠愤，无所于泄，不得已托之闺房儿女，世徒以香奁目之，盖未深究厥旨耳。"（《听秋声馆词话》卷一）又如清雷瑨，其《香奁集发微跋》谓韩偓"见忌权奸，洊遭离乱，于是愤逆臣之窃命，慨唐室之不兴，乃本诗人忠厚之旨，为屈子幽忧之辞，托诸美人，著为篇什，以抒忠爱，此《香奁集》之所为作也"。而震钧更是推崇备至，其《香奁集发微序》云："韩致尧有唐之屈均也，《香奁集》有唐之《离骚》、《九歌》也。自后人不善读，而古人之命意晦。自后人不能尚论古人，而古人扶植纲常之词，且变为得罪名教之作矣，不亦重可惜哉！致尧官翰林承旨，见怒于朱温，被忌于柳璨，斥逐海峤，使天子有失股肱之痛，唐季名臣未有或之先者。似此大节彪炳，即使其小作艳语如广平之赋梅花，亦何贬于致尧！乃夷考其辞，无一非忠君爱国之忧，缠绵于无穷者。然则灵均《九歌》所云'满堂兮美人，忽独与余兮目成'，信为名教罪人乎！《香奁》之作，亦犹是也。……后人但以艳体诗待之矣，其奈后人依然不解也。至此《香奁集》真可付之劫火，沉之浊流矣。然而彼苍降鉴，竟使之流传至今，是天知之矣。"

上举两种评价迥然不同，然均非平允客观之语。其实，《香奁集》中除个别诗篇稍涉浮艳，难免色情之讥外，绝大多数诗篇尽管有的也情辞绮丽，乃至香艳，但其用语情感却绝非浮艳淫靡之"诲淫之言"。从上举的数首诗中，我们感受到的是青年男女真纯深挚的爱恋相思之情，清丽而纯洁的恋情之语，而绝无"得罪名教"之辞。震钧、雷瑨等人是以香草美人之喻意解读《香奁集》的，故"乃夷考其辞，无一非忠君爱国之忧，缠绵于无穷者"。但这一解读，却是不符诗作原本意旨，过为牵强附会的。《香奁集》中诗歌，其实并无震钧等人所谓的香草美人的政治寓托内涵。陈寅恪《唐代政治史述论稿》中述及韩偓《香奁集》时云：

"韩偓以忠节著闻，其平生著述中《香奁》一集，浮艳之词，亦大抵应进士举时所作。"陈先生此言虽不尽然，然《香奁集》中的大部分诗歌确实是创作于其年轻时，包括"应进士举时"的，只是多非为应进士举而作，且只有《代小玉家为蕃骑所虏后寄故集贤裴公相国》《无题》《寄远》《袅娜》《多情》《思录旧诗于卷上凄然有感因成一章》等等不到十首诗为入仕后以及贬官寓居福建时所咏。而这些作于入仕后的诗歌却也是与政治寓托了不相关的。在我看来，《香奁集》中的大部分诗作多是表现男女恋情的诗歌，而其中的一部分很可能与诗人早年的一段刻骨铭心而终"一生赢得是凄凉"的未果爱情经历有关。黄世中先生在《韩偓其人及"香奁诗"本事考索》中认为："韩偓'香奁诗'所抒发的是一种纯真诚挚的爱情，是对一位李姓女子的执著的追求。……韩偓《香奁集》爱情诗的抒情主人公，就是一个对爱情执著追求、贞情操守的形象。诗人把纯真专一的爱情奉献给自己所倾心依恋的女子，其热切爱恋，虽经数十年而不衰，甚而更显其深沉挚至。《香奁集》中的'寒食诗'透露了这一消息。"又谓："《香奁集》中的'寒食诗'、'三月诗'、'秋千诗'、'偶见诗'、'绕廊诗'、'五更诗'、'上头诗'等数十首（以上各类共四十九首，已占《香奁集》之半，此外如《青春》《春恨》《中春忆赠》《旧馆》《有忆》《两处》等皆是），所咏实同一情事，其所怀皆为李氏女一人。"黄先生这一考索是颇具诗歌解读与学术探究眼光的，值得重视并进一步探究其真确性。这样的《香奁集》诗歌，即使除却强加在《香奁集》诗歌上的政治寓托光环，除了个别首外，在今人的道德规范与审美视域中也是值得肯定的，何况其不少诗歌也具有不容忽视的艺术价值，并蕴含着由诗渐变为词曲的元素。此诚如许学夷所评："韩偓《香奁集》皆裙裾脂粉之诗。高秀实云：'元氏艳诗丽而有骨，韩偓《香奁集》丽而无骨。'愚按：诗名《香奁》，奚必求骨？但韩诗浅俗者多，而艳丽者少，较之温、李，相去甚远。……五言古如'侍女动妆奁，故故惊人睡。那知本未眠，背面偷垂泪'，七言古如'娇娆意绪不胜羞，愿倚郎肩永相著'、'直教笔底有文星，亦应难状分明苦'，七言律如'小迭红笺书恨字，与奴方便送卿卿'，七言绝如'想得那人垂手立，娇羞不肯上秋千'等句，则诗余变为曲调矣。上源于李商隐、温庭筠七言古，诗余之变止此。至七言律如'仙树有花难问种，御香闻气不知名'、'静中楼阁深春雨，远处帘栊半夜灯'，亦颇有致。又'分明窗下闻裁剪，敲遍栏干故不应'，则曲尽艳情。"（《诗源辩体》卷三十二）又，陆时雍《唐诗镜》卷五十四亦称"此三诗（指《倚醉》《见花》《有忆》）是开词曲法门"。刘拜山、富寿荪在其选注的《千首唐人绝句》中评韩偓《偶见》诗云："此诗活画打罢秋千、见客走避之少女形象，生动传神，娇痴如见。"沈祖棻先生赏析此诗时也说：

"韩偓像一个高明的摄影师,他善于捕捉少女们生活中一些稍纵即逝的镜头,实时地将其形神兼备地拍摄下来,如其《偶见》一首,也是可以和《新上头》比美的。"(《唐人七绝诗浅释》)屈复《唐诗成法》评韩偓《幽窗》诗"刺绣非无暇,幽窗自鲜欢。手香江橘嫩,齿软越梅酸。密约临行怯,私书欲报难。无凭谙鹊语,犹得暂心宽",云:"写美人从虚处比拟,不落熟径。临行转怯,欲报又难,写尽低回一寸心也。"锺惺在《唐诗归》卷三十六评《幽窗》云:"细而慧,所以艳。"又云:"无聊妙想。"韩偓的《闻雨》诗"香侵蔽膝夜寒轻,闻雨伤春梦不成。罗帐四垂红烛背,玉钗敲著枕函声",也赢得诗评家的称赞:有称其"写意而不及情,艳诗佳手"(陆次云辑《五朝诗善鸣集》)的;也有评其"极艳,极冷"(《王闿运手批唐诗选》)的;俞陛云《诗境浅说》续编二欣赏此诗云:"闻雨由闺思着笔,帐垂烛背,幽寂无声,惟闻玉钗敲枕。但写景物,而深宵听雨,伤春怀人之意,自在其中。句殊妍婉。"

从上述诸家之评可以见到前人对韩偓的《香奁集》诗也不无称许、给予好评的。而现代的学者评价《香奁集》诗也更趋客观平允,如著名诗评家陈伯海先生在《韩偓生平及其诗作简论》中既指出"'香奁诗'中确有一定数量作品反映士大夫的狭邪生活,感情浮薄,作风轻靡。像'小雁斜侵眉柳去,媚霞横接眼波来。鬓垂香颈云遮藕,粉著兰胸雪压梅'(《席上有赠》)之类诗句,用精丽的辞藻摹绘女子的姿容,只有狎玩之意,别无真挚之情,显示了封建文人思想中腐朽的一面。……它们上承六朝宫体,下启晚明王彦泓、清代袁树诸人的浮艳诗派,形成文学史上的一股逆流"的缺陷弊病,同时也指出:"'香奁诗'中也不乏较为清新沉挚之作。且看这首《绕廊》:'浓烟隔帘香漏泄,斜灯映竹光参差。绕廊倚柱堪惆怅,细雨轻寒花落时。'写一帘阻隔、两地相思之情,纯从室外人的感受、动作和周围的环境景物来烘托那种'咫尺有如天涯'的惆怅心理,分外见得婉约而情深。再如七绝《闻雨》:'香侵蔽膝夜寒轻,闻雨伤春梦不成。罗帐四垂红烛背,玉钗敲著枕函声。'写女子夜深不寐的情怀,用玉钗触枕,玎璫有声这一细节,反映展转反侧的神态意绪,真切而有余味。《香奁集》里象这类题咏男女欢爱相思,写得情浓意挚的篇章,亦不在少数。如'正是落花寒食雨,夜深无伴倚南楼'(《寒食夜》)的期待,'古来幽怨皆销骨,休向长门背雨窗'(《咏灯》)的怅恨,'何处山村孤馆里,向灯弯尽一双眉'(《天凉》)的展想,'光景旋消惆怅在,一生赢得是凄凉'(《五更》)的追思,以及'纵得相逢处,非无欲去时。恨深书不尽,宠极意多疑'(《欲去》)的内心矛盾和'此生终独宿,到死誓相寻'(《别绪》)的执着自誓,都称得上情至之语,应给予一定的估价。"又云:"'香奁诗'在技巧上也有可取之处。除了长于抒写人的情思外，一些作品还从外观上塑造了年轻妇女在爱情生活中的生动形象，楚楚动人。如：'学梳蝉鬓试新裙，消息佳期在此春。为爱好多心转惑，偏将宜称问旁人。'（《新上头》）'秋千打困解罗裙，指点醍醐索一尊。见客入来和笑走，手搓梅子映中门。'（《秋千》）前者描写刚成年的姑娘学梳头样、试穿新裙等候婚期的天真神情，后者刻画闺中少女打秋千时见客进门、带笑走避的娇憨意态，都有呼之欲出的效果。余如《半睡》写少妇深夜等待丈夫不归而无心安睡，《松鬓》写女子卸妆时触动愁思背人坠泪，《忍笑》写妇女晓起梳妆时的爱美情态，也都细致传神。"陈先生又从艺术表现技巧上归纳"香奁诗"的成就，云："善于借助环境景物来传达人的情思，是'香奁诗'艺术表现上的又一特征。有的作品其至完全把人的情感隐藏在景物画面的背后，笔意含蓄，耐人寻味。象这首历来传诵的小诗《已凉》：'碧阑干外绣帘垂，猩色屏风画折枝。八尺龙须方锦褥，已凉天气未寒时。'展现在我们眼前的，是一间华丽的卧室。镜头由室外逐渐移向室内，经过帘幕、阑干、屏风一道道曲障，投影在那张陈设精致的八尺大床上，显示出是一位贵家少妇的深闺。主人公并没有出现在镜头里，她在做什么、想什么也不得而知。但猩红屏风上画着的折枝图，却不免使人生发起'花开堪折直须折，莫待无花空折枝'（无名氏《金缕衣》）的意念。配上床席、锦褥以及季节转换的暗示，主人公在深闺寂寞中渴望爱情生活的情思也就隐约可见了。全诗没有一个字涉及'情'，可仍然是在言情。象这样命意屈折、用笔委婉的情诗，唐代诗人中李商隐以外还是不多见的。《深院》、《日高》、《春恨》诸篇机杼略同，而皆不及本篇有韵致。'香奁诗'里还有一些篇章，色调明丽，富于民歌风味。如《南浦》：'月若半环云若吐，高楼帘卷当南浦。应是石城艇子来，两桨咿哑过花坞。正值连宵酒未醒，不宜此际兼微雨。直教笔底有文星，亦应难状分明苦。'诗写候人不来的心情。先借半明半暗的月色、若吞若吐的云影，渲染出迷离不定的气氛；又通过桨声咿哑、艇子虚过的细节，点明候人时的焦灼心理；再加上醉酒、微雨的烘托，把此时此刻相思之苦形容得曲尽其妙。与上引《已凉》相比，笔调婉约是一致的，而构思并不过于深曲，语言朴素，风姿天然，音节柔曼，情韵悠长，更接近于《子夜》、《西洲》之类南朝乐府。吸取民歌的精华，这也是'香奁诗'不容一笔抹煞的理由。"陈先生的这些评述是颇为中肯公允的，故我用较多的篇幅称引上述之评说。

《香奁集》外，韩偓还有收于《全唐诗》卷六八〇至六八二的三卷诗歌。这三卷诗歌扣除《大庆堂赐宴元璪而有诗呈吴越王》、《又和》、《再和》、《重和》、《大酺乐》、《思归乐》、《御制春游长句》等七首他人之作外，约有二百二十六首。除了少数入仕前之作外,绝大多数是诗人登第入仕后直至寓居福建南安时的作品。其中那些入内廷为翰林学士、翰林学士承旨、兵部侍郎,直至遭贬、流寓于河南、湖北、湖南、江西、福建等地的诗什,尤能展现诗人嫉恨谗邪,抗御强暴,"死生患难,百折不渝",忠于唐室的高风亮节,同时也记录了唐末政局动乱乃至唐亡的历史,具有珍贵的历史文献价值。

天复元年十一月,唐昭宗为宦官韩全海勾结凤翔节帅李茂贞挟持至凤翔,时诗人随驾前往,赋《辛酉岁冬十一月随驾幸岐下作》诗,中云:"曳裾谈笑殿西头,忽听征铙从冕旒。凤盖行时移紫气,鸾旗驻处认皇州。晓题御服颁群吏,夜发宫嫔诏列侯。雨露涵濡三百载,不知谁拟杀身酬。"末句实是表露诗人以身报国之意,而全诗则概述了当时唐昭宗被韩全海等人挟持往凤翔的史实。《资治通鉴》天复元年十一月即记载此事云:"韩全海等以李继昭不与之同,遏绝不令见上。时崔胤居第在开化坊,继昭帅所部六十余人及关东诸道兵在京师者共守卫之;百官及士民避乱者,皆往依之。庚戌,上遣供奉官张绍孙召百官,崔胤等皆表辞不至。壬子,韩全海等陈兵殿前,言于上曰:'全忠以大兵逼京师,欲劫天子幸洛阳,求传禅;臣等请奉陛下幸凤翔,收兵拒之。'上不许,杖剑登乞巧楼。全海等逼上下楼,上行才及寿春殿,李彦弼已于御院纵火。是日冬至,上独坐思政殿,翘一足,一足踏阑干,庭无群臣,旁无侍者。顷之,不得已,与皇后、妃嫔、诸王百余人皆上马,恸哭声不绝,出门,回顾禁中,火已赫然。是夕,宿鄠县。"唐昭宗此次被逼出幸后一年,即天复二年十一月冬至,诗人仍伴随唐昭宗被困于凤翔,时有《冬至夜作》诗,诗人在诗末写道:"阴冰莫向河源塞,阳气今从地底回。不道惨舒无定分,却忧蚊响又成雷。"方回阐释末二句谓:"是时朱全忠围岐甚急,李茂贞有连和之意,偓之孤忠处此,殆知其必一反一覆,终无定在欤?此关时事,不但咏至节也。"(《瀛奎律髓汇评》卷十六节序类)吴汝纶评"阴冰"以下四句云:"是时昭宗幸凤翔,朱全忠自河中率兵围凤翔,奉表迎驾,所谓'阴冰莫向河源塞'也。'阳气今从地底回'者,谓李茂勋救凤翔,王师范讨朱全忠,诈为贡献,包束兵仗入汴西,至陕华也。末句恐勤王之师又将尾大不掉尔。"所释颇得诗人心曲。天祐元年八月,唐昭宗被朱全忠杀害。是年寒冬,诗人被贬后流寓于湖南,他痛恨朱全忠之凶残,嫉恨宰相柳璨之奸邪,故咏两首梅花诗以明此意,并寓寄自己不畏强暴,不与他们同流合污之心志。其《梅花》诗云:

梅花不肯傍春光,自向深冬著艳阳。龙笛远吹胡地月,燕钗初试汉宫妆。风虽强暴翻添思,雪欲侵凌更助香。应笑暂时桃李树,盗天和气作年芳。

《湖南梅花一冬再发偶题于花援》诗云：

> 湘浦梅花两度开，直应天意别栽培。玉为通体依稀见，香号返魂容易回。寒气与君霜里退，阳和为尔腊前来。夭桃莫倚东风势，调鼎何曾用不材。

天祐二年九月，韩偓有《乙丑岁九月在萧滩镇驻泊两月忽得商马杨迢员外书贺余复除戎曹依旧承旨还缄后因书四十字》诗："旅寓在江郊，秋风正寂寥。紫泥虚宠奖，白发已渔樵。事往凄凉在，时危志气销。若为将朽质，犹拟杖于朝。"又有《病中初闻复官二首》：

> 抽毫连夜侍明光，执靮三年从省方。烧玉谩劳曾历试，铄金宁为欠周防。也知恩泽招谗口，还痛神祇误直肠。闻道复官翻涕泗，属车何在水茫茫。
>
> 又挂朝衣一自惊，始知天意重推诚。青云有路通还去，白发无私健亦生。曾避暖池将浴凤，却同寒谷乍迁莺。宦途巇崄终难测，稳泊渔舟隐姓名。

这三首诗均是诗人闻知朝廷召他复故官时所咏。其时，朝廷已经完全被朱全忠所控制，唐哀帝不过是捏在朱全忠手中的傀儡。韩偓明知这一政局，故在诗中回忆他在朝廷时所遭遇的来自朱全忠等权奸的迫害，洞悉"宦途巇崄终难测"的局势，决心"稳泊渔舟隐姓名"，不与邪恶势力同朝为官。这些颇为沉郁深婉而时而不无愤激悲怆之气的诗歌，真可体现诗人"富贵不能淫，威武不能屈"的高尚节操。

值得再介绍的是在这部分诗歌中，尚有一些表现诗人痛悼被弑的唐昭宗以及裴枢、王溥、赵崇、赵赞等三十几位被杀于白马驿、投入黄河的忠耿大臣，指斥崔胤、朱全忠、李振、蒋玄晖之流之负恩背主篡国的诗作，如《八月六日作四首》、《感旧》，哀伤故都长安之荒废的《故都》，以及纪述唐昭宗朝兴亡历程的《感事三十四韵》诗。这些激楚悲凉、沉郁苍茫的诗作极为鲜明地表现了诗人的爱憎之情，体现了他对李唐王朝、唐昭宗以及朝中忠耿重臣的深挚情感。而《感事三十四韵》《八月六日作四首》亦可谓以诗歌的形式记载下唐末一段重要的政治历史。从这意义上说,这五首诗实际上可以作为活生生的具体信史来读,而且无论在诗歌内容上还是艺术风格上均具有可称道的价值。我们且以具体两首诗作来领会其诗史之意蕴吧。

《八月六日作四首》之一云:"日离黄道十年昏,敏手重开造化门。火帝动炉销剑戟,风师吹雨洗乾坤。左牵犬马诚难测,右袒簪缨最负恩。丹笔不知谁定罪,莫留遗迹怨神孙。"此诗之意旨,陈寅恪先生谓:"韩公意在推崇昭宗,谓自僖宗幸蜀后,王室昏乱,至昭宗继立,重开造化,涤荡乾坤。虽不免有过美之词,然是冬郎故君之思也。此诗上四句颂美昭宗堪为中兴之君,无奈其臣皆亡国叛逆之臣也。"又释后二句云:"韩公意谓朱友恭、氏叔琮等之被朱全忠所诛,诚难测,但其右袒朱梁则真负恩矣。'丹笔定罪',莫怨哀帝,'神孙'目哀帝,盖天祐元年十月甲午诛李彦威、氏叔琮也。"(陈寅恪《读书札记二集·韩翰林集之部》)邓小军在其《韩偓〈八月六日作四首〉诗笺证》中所释则较为详细,谓:"诗言自广明元年至光启四年,近十年间,天子蒙尘,王室昏乱,至昭宗继位,始重开天地(一、二句)。如火帝、风师,能以武止乱,洗涤乾坤,昭宗能拨乱反正(三、四句)。如秦相李斯被赵高所杀,临刑回顾昔日牵犬逐兔之乐,岂知今日杀身之祸,唐相崔胤援引朱全忠,岂知后来身死朱全忠之手,是诚难测也;唐朝诸大臣,在朱全忠弑君之后、篡唐之际,依附朱梁,是最负旧恩(五、六句)。昭宗被弑,昭仪李渐荣、河东夫人裴贞一为捍卫昭宗而死,不知是谁矫昭宗遗诏诬陷定罪李渐荣、裴贞一弑昭宗?此等矫诏歪曲事实真相,莫要留与天下后世,使昭宗英魂为之怨恨(七、八句)。"上两释诗之说虽有同异,但均可见此诗所蕴含的唐末昭宗朝的某些史实。

又如《感事三十四韵》诗后半首云:"上相思惩恶,中人讵省愆。鹿穷唯抵触,兔急且猲狚。本是谋赊死,因之致劫迁。氛霾言下合,日月暗中悬。恭显诚甘罪,韦平亦恃权。畏闻巢幕险,宁寤积薪然。谅直寻钳口,奸纤益比肩。晋谗终不解,鲁瘠竟难痊。只拟诛黄皓,何曾识霸先。嗾獒翻丑正,养虎欲求全。万乘烟尘里,千官剑戟边。斗魁当北坼,地轴向西偏。袁董非徒尔,师昭岂偶然。中原成劫火,东海遂桑田。溅血惭嵇绍,迟行笑褚渊。四夷同效顺,一命敢虚捐。山岳还青耸,穹苍旧碧鲜。独夫长啜泣,多士已忘筌。郁郁空狂叫,微微几病癫。丹梯倚寥廓,终去问青天。"清人吴汝纶于"恭显诚甘罪,韦平亦恃权"句后评注云:"上相、韦平,皆谓崔胤等。中人、恭显谓韩全晦等。"又于"只拟诛黄皓,何曾识霸先"句后评注云:"黄皓谓宦官,霸先谓朱全忠。崔胤召朱全忠以诛宦官,此四句咏其事。"其他诗句之意旨,我们以为如"上相思惩恶"句,乃指宰相崔胤欲尽除宦官事。《资治通鉴》卷二六二天复元年载:"刘季述、王仲先既死,崔胤、陆扆上言:'祸乱之兴,皆由中官典兵。乞令胤主左军,扆主右军,则诸侯不敢侵陵,王室尊矣。'"又记"胤志欲尽除之(按,指宦官)"。又诗中"本是谋赊死,因之致劫迁"二句乃谓昭宗反正后,因没有尽除宦官,而宦官韩全诲等人知道宰相崔胤存心欲尽除掉他们,故导致宦官密结强藩李茂贞劫持昭宗以自保。《旧唐书·崔胤传》即记这一史实云:"明年夏,朱全忠攻陷河中、晋、绛,进兵至同华。中尉韩全诲以胤交结全忠,虑汴军逼京师,请罢知政事,落使务。其年冬,全诲挟帝幸凤翔。……初,天复反正之后,宦官尤畏胤,事无大小,咸禀之。每内殿奏对,夜则继之以烛。常说昭宗请尽诛内官,但以宫人掌内司事。中尉韩全诲、张弘彦、袁易简等伺知之,于帝前求哀请命。乃诏胤密事进囊封,勿更口奏。宦官无由知其谋,乃求知书美妇人进内以侦阴事,由是胤谋颇泄。宦官每相聚流涕,愈不自安。故全诲等为劫幸之谋,由胤忌嫉之太过也。"又诗中"只拟诛黄皓,何曾识霸先"句,黄皓喻指宦官韩全诲等人。韩全诲曾劫持唐昭宗至凤翔,后被诛杀。霸先,即陈霸先,此处用以喻朱全忠。以上二句意为崔胤只是为了诛杀韩全诲等宦官,故借助朱全忠势力以对付韩全诲以及韩全诲所勾结的强藩李茂贞,引其入京,但又何能识辨朱全忠拥兵自重,陷害忠良,篡权灭国的野心呢!诗中所言是符合史实的。据《资治通鉴》卷二六二天复元年闰六月载:"崔胤请上尽诛宦官,但以宫人掌内诸司事;宦官属耳,颇闻之,韩全诲等涕泣求哀于上,上乃令胤:'有事封疏以闻,勿口奏。'宦官求美女知书者数人,内之宫中,阴令诇察其事,尽得胤密谋,上不之觉也。全诲等大惧,每宴聚,流涕相诀别,日夜谋所以去胤之术。胤时领三司使,全诲等教禁军对上喧噪,诉胤减损冬衣;上不得已,解胤盐铁使。时朱全忠、李茂贞各有挟天子令诸侯之意,全忠欲上幸东都,茂贞欲上幸凤翔。胤知谋泄,事急,遗朱全忠书,称被密诏,令全忠以兵迎车驾,且言:'昨者返正,皆令公良图,而凤翔先入朝抄取其功。今不速来,必成罪人,岂惟功为他人所有,且见征讨矣!'全忠得书,秋,七月,甲寅,遂归大梁发兵。……冬,十月,戊戌,朱全忠大举兵发大梁。"从这篇韩偓最长的感事诗可见,诗歌历叙诗人所亲历唐末昭宗一朝自己入翰林受宠、被器重,昭宗励精图治之盛况。后又描述朝政由盛转衰,政局险恶,宦官藩镇相互勾结,宰相崔胤引入朱全忠借以诛杀宦官,从而导致朱全忠专横跋扈,战乱交织,昭宗播迁,百官惨遭贬杀,以致昭宗被弑,朱温篡权,李唐覆没等等重要史实。洵乃一篇唐季兴衰史之纪实诗,极富史料价值。诵读此诗,颇能体会纪昀所说"忠义之气,发乎情而见乎词,遂能风骨内生,声光外溢"(《纪文达公遗集》卷十一《书韩致尧翰林集后二则》),且可深感"偓为学士时,内预秘谋,外争国是,屡触逆臣之锋,死生患难,百折不渝,晚节亦管宁之流亚,实为唐末完人。其诗虽局于风气,浑厚不及前人,而忠愤之气,时时溢于语外。性情既挚,风骨自遒,慷慨激昂,迥异当时靡靡之响。其在晚唐,亦可谓文笔之鸣凤矣"(《四库全书总目》卷一百五十一《韩内翰别集·提要》)。

当然,除上所述外,这部分诗歌中尚有不少作品记述了韩偓贬官后流寓各地,乃至寓居于福建南安的生活历程以及思想情感,同时也描述了所经地方的地理风光景色,风物与节候特色等,如《小隐》云:"借得茅斋岳麓西,拟将身世老锄犁。清晨向市烟含郭,寒夜归村月照溪。炉为窗明僧偶坐,松因雪折鸟惊啼。灵椿朝菌由来事,却笑庄生始欲齐。"《雪中过重湖信笔偶题》云:"道方时险拟如何,谪去甘心隐薜萝。青草湖将天暗合,白头浪与雪相和。旗亭腊酎逾年熟,水国春帆向晚多。处困不忘仍不怨,醉来唯是欲傞傞。"《寄湖南从事》云:"索寞襟怀酒半醒,无人一为解余酲。岸头柳色春将尽,船背雨声天欲明。去国正悲同旅雁,隔江何忍更啼莺。莲花幕下风流客,试与温存遣逐情。"《赠湖南李思齐处士》云:"两板船头浊酒壶,七丝琴畔白髭须。三春日日黄梅雨,孤客年年青草湖。燕侠冰霜难狎近,楚狂锋刃触凡愚。知余绝粒窥仙事,许到名山看药炉。"上述四首诗均流寓湖南时作。而赋于江西的诗作也有不少,如《丙寅二月二十二日抚州如归馆雨中有怀诸朝客》诗:"凄凄恻恻又微曛,欲话羁愁忆故人。薄酒旋醒寒彻夜,好花虚谢雨藏春。萍蓬已恨为逋客,江岭那知见侍臣。未必交情系贫富,柴门自古少车尘。"又如《三月二十七日自抚州往南城县舟行见拂水蔷薇因有是作》诗:"江中春雨波浪肥,石上野花枝叶瘦。枝低波高如有情,浪去枝留如力斗。绿刺红房战袅时,吴娃越艳醺酣后。且将浊酒伴清吟,酒逸吟狂轻宇宙。"诗人入今福建后所作诗歌更多,如《荔枝三首》、《登南神光寺塔院》、《访明公大德》、《寒食日沙县雨中看蔷薇》、《余寓汀州沙县病中闻前郑左丞璠随外镇举荐赴洛兼云继有急征旋见脂辖因作七言四韵戏以赠之或冀其感悟也》、《桃林场客舍之前有池半亩木槿栉比阂水遮山因命仆夫运斤梳沐豁然清朗复睹太虚因作五言八韵以记之》、《江岸闲步》、《余卧疾深村闻一二郎官今称继使闽越笑余迁古潜于异乡闻之因成此篇》、《残春旅舍》、《驿步》、《南安寓止》、《安贫》等等。其中《登南神光寺塔院》诗云:"无奈离肠日九回,强揽怀抱立高台。中华地向城边尽,外国云从岛上来。四序有花长见雨,一冬无雪却闻雷。日宫紫气生冠冕,试望扶桑病眼开。"再如《江岸闲步》:"一手携书一杖筇,出门何处觅情通。立谈禅客传心印,坐睡渔师著背蓬。青布旗夸千日酒,白头浪吼半江风。淮阴市里人相见,尽道途穷未必穷。"又如《南安寓止》:"此地三年偶寄家,枳篱茅厂共桑麻。蝶矜翅暖徐窥草,蜂倚身轻凝看花。天近函关屯瑞气,水侵吴甸浸晴霞。岂知卜肆严夫子,潜指星机认海槎。"还有《安贫》诗云:"手风慵展八行书,眼暗休寻九局图。窗里日光飞野马,案头筠管长蒲卢。谋身拙为安蛇足,报国危曾捋虎须。举世可能无默识,未知谁拟试齐竽。"这些诗作为我们了解诗人贬官后的生活情感,乃至所经之处特别是福建地区的社会风貌、地理环境提供了丰富具体的宝贵资料,也同样值得我们重视与研究。

除了以上所述外,这三卷诗歌为我们了解韩偓贬官前后的生活、思想心态变化,诗歌艺术表现手法与风格的前后变异提供了珍贵的数据。

我们知道韩偓入仕后至天复三年二月贬濮州司马前一直在朝为官,而贬官后至后梁龙德三年(公元923年)卒于南安的二十年间均过着流寓各地,以至隐居闽南的贬谪生涯。对于大多数被贬谪的古代官员来说,特别是遭遇忠而见谗、位尊而远斥的贬黜,不仅政治地位、生活状况会产生巨大的变化,其思想情感、心理心态也必然会发生震荡与裂变,这在感触灵敏、情感细腻的文士尤为明显。何况对韩偓来说,他不仅位尊望重、忠而见黜,而且他的被贬是在颇受昭宗宠重,可昭宗又为权奸挟制,爱莫能救的这一极为特殊的情势下发生的。那么韩偓贬后的生活、情感、心态的复杂多样及其变异也就很自然了。从韩偓的这些诗歌中我们就可以看到这种种情形。概而言之,有以下数点。

其一,对朝廷和往昔朝中生活的深情怀念。诗人受到昭宗的倚重与优礼,自己也尽到一位重臣的"处可机密,率与帝意合"的作用。对这一君臣际会经历的追念,确实成了韩偓贬后心中不断泛起的一股既神圣而又不免怅惘的情感。他流寓天涯至死犹珍藏的烧残龙凤烛与金缕红巾,即是这一情感心态的见证。而且,这也见诸其诗作中。在湖南他见到含桃而"感事伤怀",所赋诗有"金銮岁岁长宣赐,忍泪看天忆帝都"句,并注云:"每岁初进之后,先宣赐学士。"(《湖南绝少含桃偶有人以新摘者见惠感事伤怀因成四韵》)从长沙往醴陵途中,忽见到村篱畔的紫薇花,他遂触景生情而赋,诗题中谓"因思玉堂及西掖厅前皆植是花遂赋诗四韵"。此诗首四句云:"职在内庭宫阙下,厅前皆种紫薇花。眼明忽傍渔家见,魂断方惊魏阙赊。"(《甲子岁夏五月自长沙抵醴陵贵就深僻以便疏慵由道林之南步步胜绝去绿口分东入南小江山水益秀村篱之次忽见紫薇花因思玉堂及西掖厅前皆植是花遂赋诗四韵聊寄知心》)这一怀想甚至形之于梦中,其《梦中作》再现了往日朝中景象:"紫宸初启列鸳鸾,直向龙墀对揖班。……扇合却循黄道退,庙堂谈笑百司闲。"其怀念朝廷及往昔生活之深情于此可见。当然,这种情感是基于他忠于唐室、感恩依恋昭宗的心态之上的。以此从贬谪至唐亡后,他"诗文只称唐朝官职,与渊明称晋甲子异世同符"(刘克庄《后村诗话·前集》卷四),决不称臣于后梁。他常回忆起"紫殿承恩久,金銮入直年"(《感事三十四韵》)的蒙恩岁月,为此而"心为感恩长惨戚"(《秋郊闲望有感》)。

其二,对误国篡权的权奸的痛恨蔑视,以及坚贞抗暴的不屈挠心态。诗人被贬后,朝廷很快地就被朱全忠、崔胤所控制,昭宗被逼迁都洛阳并被杀。哀帝立后不久,何皇后又遇害。柳璨、李振等群小也大肆迫害杀戮朝士。在李振的怂恿下,"时全忠聚(裴)枢等及朝士贬官三十余人于白马驿,一夕尽杀之,投尸于河。……振每自汴至洛,朝廷必有窜逐者,时人谓之鸱枭"(《资治通鉴》卷二六五天祐二年六月载)。天祐四年,朱全忠干脆逼哀帝逊位禅让,自己登帝位,改唐为梁。韩偓遭迫害后,又在贬中闻知这一残暴血腥的政变,作为李唐皇室的忠耿臣子,他自然对这些权奸充满了憎恶嫉恨,屡屡将此心态情感流泻于诗中。作于唐甫亡时的上文已引述的《感事三十四韵》即记下了唐将亡时权奸误国篡权、谗害忠良的鬼魅横行的政局。他对权奸们既痛恨,又充满了蔑视的讥笑与诅咒,既以"应笑暂时桃李树,盗天和气作年芳"(《梅花》)之句讥刺乘时窃位之辈,又借"夭桃莫倚东风势,调鼎何曾用不材"(《湖南梅花一冬再发偶题于花援》)之句诅咒仗势恣威、迫害忠良的柳璨、李振之流。这一对权奸们误国篡权、残暴奸佞的痛恨,最集中地表现在朱全忠被其子所杀后,诗人感此而作的《八月六日作四首》中,其中"左牵犬马诚难测,右袒簪缨最负恩"、"金虎挺灾不复论,构成狂獝犯车尘"、"图霸未能知盗道,饰非唯欲害仁人"、"簪裾皆是汉公卿,尽作锋铓剑血腥。显负旧恩归乱主,难教新国用轻刑"等等诗句犹如钢鞭,有力地鞭挞着这些历史的罪人,显示了诗人正义的历史批判。

其三,远祸避害,宁肯隐居的心态。朱全忠等人所控制的唐末朝廷,由于对朝士迫害贬戮不断,"时士大夫避乱,多不入朝",如"礼部员外郎知制诰司空图弃官居虞乡王官谷,昭宗屡征之,不起"。后柳璨召之,"图惧,诣洛阳入见,阳为衰野,坠笏失仪"(《资治通鉴》卷二六五天祐二年八月载),终于避免入任而放还山中。韩偓在这种政局下,又身遭迫害放逐,也自然难免远祸避害的心理。他有过太多的"烧玉谩劳曾历试,铄金宁为欠周防。也知恩泽招谗口,还痛神祇误直肠"(《病中初闻复官二首》之一)的遭遇,以此在贬逐流寓中时刻警惕设防,以免遭害。曾赋诗自谓"咋舌吞声过十年"(《即目二首》之二),又曾颇寄深意地提醒水禽"劝君细认渔翁意,莫遣缲罗误稳栖"(《玩水禽》),劝告翠碧鸟"挟弹小儿多害物,劝君莫近市朝飞"(《翠碧鸟》)。他的一再不肯应召回朝,固然有不愿屈附朱全忠之意,也与这种远祸避害的心态相关。以此他诗中常有这一心声的流露:"宦途巇崄终难测,稳泊渔舟隐姓名"(《病中初闻复官二首》之二),"道方时险拟如何,谪去甘心隐薜萝"(《雪中过重湖信笔偶题》),"宦途弃掷须甘分,回避红尘是所长"(《即目二首》之一)。既然认定宦途险恶,心存远祸避害之意,则诗人所求也只能是隐逸一途了。他诗中不断地流露出这一心态:"屏迹还应减是非……世乱岂容长惬意,景清还觉易忘机。世间华美无心问,藜藿充肠苎作衣"(《卜隐》),"紫泥虚宠奖,白发已渔樵……若为将朽质,犹拟杖于朝"(《乙丑岁九月在萧滩镇驻泊两月忽得商马杨迢员外书贺余复除戎曹依旧承旨还缄后因书四十字》)。在这种心态下,他贬谪以至入闽后,不断有描写隐逸生活与情感的诗篇,如《小隐》、《卜隐》、《闲居》、《南安寓止》、《幽独》、《秋村》、《息虑》等,而且也坚定地走向隐居之路。随着时间的推移,唐室的覆亡,自己的老迈病残,其隐逸的心理更趋于平静,他将身心融入隐居生活中,从中体验到"景寂有玄味,韵高无俗情……忙人常扰扰,安得心和平"(《闲兴》)的情趣,最后终老于南安乡村中。

其四,伤悼故国,欲报国而不能的怅恨。遭贬以来,特别是唐亡梁立之后,韩偓心中弥漫着一种浓厚沉重的哀伤痛悼故国的情绪。此时他有如被放逐的行吟泽畔的屈子,为故国的颓败沦亡而神伤心哀,不时地发出黯然愤郁的歌吟:"凄凄恻恻又微嚬,欲话羁愁忆故人。……萍蓬已恨为逋客,江岭那知见侍臣。"(《丙寅二月二十二日抚州如归馆雨中有怀诸朝客》)这是唐亡前一年的凄恻之音。而作于唐甫亡时的《故都》一诗,则是一首极为感怆人心的哀悼故国的悲歌,那"故都遥想草萋萋……宫鸦犹恋女墙啼。天涯烈士空垂涕,地下强魂必噬脐"之句,浸染着亡国后天涯旧臣的悲哀郁愤之情。《感事三十四韵》诗回首自己受宠信的朝中往事以及国家乱起、逐渐沦亡的重大事件与变乱,最后感时伤世,悲极而歌:"郁郁空狂叫,微微几病癫。丹梯倚寥廓,终去问青天。"为伤故国而几近狂癫,世事无情而只能叩问苍天,诗人的哀悼故国,终与贬中屈子同一心态。此后在诗人的有生之年,他总不能解脱这种心态。"秦苑已荒空逝水,楚天无限更斜阳"(《感旧》),伤悼无奈之情伴随着诗人度过了人生黄昏岁月。不过,也应看到诗人在这期间仍存报国济世之心,如《有瞩》诗中写道"安石本怀经济意,何妨一起为苍生",《疏雨》诗中写道"但欲进贤求上赏,唯将拯溺作良媒。戎衣一挂清天下,傅野非无济世才",《感事三十四韵》更明确抒发"四夷同效顺,一命敢虚捐"的以死报国之情。然而诗人贬官南荒,后又遭遇新朝篡立,他真感到

"掩鼻计成终不觉,冯驩无路敩鸣鸡"(《故都》)的徒有报国之志而又报国无门的怅恨。

我们说作家的生活、思想心理心态是会影响到其文学创作的。在韩偓这三卷诗歌中,诗人诗歌艺术表现手法与风格的前后变异也是很明显的。且让我们着重介绍其贬官后的心态对其诗歌创作的立意、表现手法以及风格方面的影响。

首先,在诗歌立意上,诗人因贬后心态的作用,常喜借用各种事物来表达贬后的各种感受与心境。其《失鹤》诗云:"正怜标格出华亭,况是昂藏入相经。碧落顺风初得志,故巢因雨却闻腥。几时翔集来华表,每日沉吟看画屏。为报鸡群虚嫉妒,红尘向上有青冥。"这首诗实际上是借失鹤咏其心态,既有自己"标格"、志向的自白,又有自己"初得志"不久即遭遇故朝(巢)毁于血腥之中的哀痛;在对故国的哀思与期盼中,同时抒发了对谗毁嫉忌他的群小们的蔑视。值得玩味的是诗人前后有三首咏柳之作。写于入仕前见于《香奁集》的有《咏柳》:"袅雨拖风不自持,全身无力向人垂。玉纤折得遥相赠,便似观音手里时。"作于入仕后在翰苑时又有《宫柳》诗:"莫道秋来芳意违,宫娃犹似妒蛾眉。幸当玉辇经过处,不怕金风浩荡时。草色长承垂地叶,日华先动映楼枝。涧松亦有凌云分,争似移根太液池。"而《柳》诗"一笼金线拂弯桥,几被儿童损细腰。无奈灵和标格在,春来依旧袅长条",则乃贬后所咏。这三首成于不同时期的咏柳之作,其立意不同。第一首乃一般的咏柳诗,第二首则以宫柳比拟自己优渥受宠的际遇,而第三首的立意则受其贬后心态影响,乃着意表现诗人虽遭残害被贬出宫,但犹如旧宫芳林苑中灵和殿前的宫柳,他的"灵和标格"依然故我,不因贬逐而变节失态。由于诗人深受权奸的迫害,目睹新贵小人的擅作威福贬戮朝士,出于对他们的憎恶蔑视心态,遂使其诗也时有立意于此者。如《观斗鸡偶作》:"何曾解报稻粱恩,金巨花冠气遏云。白日枭鸣无意问,唯将芥羽害同群。"显然立意在讥刺柳璨、李振之流。又如《火蛾》中写"非无惜死心,奈有灭明(一作趋炎)意",意在指斥那些趋炎附势投靠朱全忠新朝而为非作歹之徒。诗人对"须穿粉焰焦,翅扑兰膏沸"的"火蛾"们,既伤且恨:"为尔一伤嗟,自弃非天弃!"

这类在贬谪心态影响下,以立意为重要特色的诗作,其立意内容除上所言外还有多种,譬如《净兴寺杜鹃一枝繁艳无比》诗之"蜀魄未归长滴血,只应偏滴此丛多"句,意在抒发哀伤故国之情;《玩水禽》、《翠碧鸟》,借劝诫水鸟而寓以远祸避害自警;《鹊》诗则以"偏承雨露润毛衣,黑白分明众所知"等句写自己在朝际遇与品格,又以"莫怪天涯栖不稳,托身须是万年枝"句状贬后心态;《雷公》诗又有"必若有苏天下意,何如惊起武侯龙"句,立意于希冀天下贤豪起而拯世济民等等。通观韩偓诗,这种重在抒发贬后感受与心境、别具立意之巧的诗作,在贬后大量出现,是其贬后诗歌创作的一大特色,故胡震亨《唐音癸签》卷八云:"致尧闽南逋客,完节改玉之秋。读其诗,当知其意中别有一事在。"

其次,与上述特色直接相关,在贬官后的涉及政治局势和与此有关的一己情志的诗歌创作中,其表现手法也有值得注意之处。其一,在抒情写志叙事上,在朝时多采用直抒胸臆、据事铺写的方法,如《与吴子华侍郎同年玉堂同直怀恩叙恳因成长句四韵兼呈诸同年》《雨后月中玉堂闲坐》《从猎三首》《锡宴日作》等均是;而贬官后上述手法呈现逐渐弱化趋向,转向更多地采用含蓄婉转的表现方法,如上举《火蛾》《观斗鸡偶作》《失鹤》等作皆如此。其二,更多地应用比喻寓托的手法。任官在朝时,他极少有比喻寓托而成的诗篇,但贬官后则大量采用此法。这不仅是个别诗句,而且多有通首如此者。他作于湖南的两首咏梅之作,即以梅花自寓,以夭桃喻朝中得势权奸;《鹊》《柳》等咏物之作,实际上均是寓托之什;《翠碧鸟》之"挟弹小儿",《玩水禽》之"依倚雕梁"的"社燕"、"抑扬金距"的"晨鸡",也均有所喻指。其三,典故的应用较贬前增多。贬官之前韩偓较少用典故,而贬谪流寓中,尤其在涉及政局、时事人物以及抒发自己情志的诗篇中,诗人却较多应用典故。比如《感事三十四韵》《八月六日作四首》《有感》《余卧疾深村闻一二郎官今称继使闽越笑余迁古潜于异乡闻之因成此篇》《余寓汀州沙县病中闻前郑左丞璠随外镇举荐赴洛兼云继有急征旋见脂辖因作七言四韵戏以赠之或冀其感悟也》等作皆运用大量典故。且以后诗而言,"桑田变后新舟楫,华表归来旧路岐。公干寂寥甘坐废,子牟欢抃促行期"等句均含典实。更值得一提的是其诗中多有旧典寓含"今典"之处,也就是说以前朝典故人物寓指当世实有人物与事件。如《感事三十四韵》"恭显诚甘罪,韦平亦忝权。……晋谗终不解,鲁瘠竟难瘳。只拟诛黄皓,何曾识霸先。嗷嗷翻丑正,养虎欲求全",《八月六日作四首》"左牵犬马诚难测,右袒簪缨最负恩"、"金虎挺灾不复论,构成狂獝犯车尘。御衣空惜侍中血,国玺几危皇后身"、"袁安坠睫寻忧汉,贾谊濡毫但过秦"等句中的典故,均有其时现实的人物与事件与之对应,而诗人之意乃在于用旧典喻指比附现实人物与事件之今典。这些表现手法的采用,均与诗人贬后已变化了的特殊的心态直接相关。

最后,贬后的心态也影响其诗歌风格。这种影响主要表现在三方面。其一,诗人目睹权奸当道、兵连祸结,经历忠而遭贬,唐室衰亡的沧桑巨变,在此"国家不幸诗人幸"之际,他的心态情感遽然改变,变得忠愤悲郁、黯然沉挚。此时已罕有早年那风流轻靡、词致婉丽的香奁之作,也有异于在朝时的温婉和丽的主流诗风。其不少涉及政治与个人遭遇的诗作如《故都》、《安贫》、《感旧》、《八月六日作四首》等,诚如纪昀《四库全书总目·韩内翰别集提要》所评:"浑厚不及前人,而忠愤之气时时溢于言外。性情既挚,风骨自遒,慷慨激昂,迥异当时靡靡之响。"《全唐诗录》谓其"后遭故远遁,出语依于节义,得诗人之正焉",指的也是这类风概的诗作。因此,我们说这种悲愤沉郁、风骨凛然诗风的出现,正是贬后遭遇与心态影响所致。其二,由于唐亡前后政局混乱残酷,诗人又惨遭谗毁贬斥,在易代换朝之际,拒不称臣于新朝,现实已逼得他改换旧心肠,怀有避难远祸唯恐不及之心理。在这种心理的作用下,当忠愤之气冲激得他情不自禁赋诗抒发情志时,他也就有意识地采用曲笔,或用比喻寓托,或借典实暗指,或委婉立意,将诗作写得意蕴深藏,若显若晦。有时有的诗则诗旨迷离,甚至有点晦涩难解。如《天鉴》:"何劳诒笑学趋时,务实清修胜用机。猛虎十年摇尾立,苍鹰一旦醒心飞。神依正道终潜卫,天鉴衷肠竟不违。事历艰难人始重,九层成后喜从微。"又如《再思》:"暴殄犹来是片时,无人向此略迟疑。流金铄石玉长润,败柳凋花松不知。但保行藏天是证,莫矜纤巧鬼难欺。近来更得穷经力,好事临行亦再思。"再如《八月六日作四首》的个别诗句亦如此。以此也就形成了他部分诗作含蓄委曲的风格特色。这种特色在他仕于朝时是不太多见的。其三,韩偓遭贬入闽,最后寓止南安村居至卒,其间村居生活的平淡闲静,自然环境的幽美,甘于隐逸不仕的心态,让诗人欣赏热爱这一生活与环境,他的心态情趣与之逐渐协调融合,以此在描述村居生活与景色的不少诗篇中,呈现出前所少见的自然冲淡且不乏韵致的特色。这种风格韵致的诗作颇让前人称赏,罗大经云:"农圃家风,渔樵乐事,唐人绝句模写精矣。余摘十首题壁间,每菜羹豆饭饱后,啜苦茗一杯,偃卧松窗竹榻间,令儿童吟诵数过,自谓胜如吹竹弹丝。"其所摘即有韩偓的"闻说经旬不启关,药窗谁伴醉开颜。夜来雪压村前竹,剩看溪南几尺山"、"万里清江万里天,一村桑柘一村烟。渔翁醉著无人唤,过午醒来雪满船"诗(《鹤林玉露》甲编卷之二《农圃渔樵》)。这类诗作尚有不少,如《深院》、《野塘》、《即目》、《蜻蜓》、《清兴》、《晨兴》、《山院避暑》等,而"树头蜂抱花须落,池面鱼吹柳絮行"(《残春旅舍》)、"细水浮花归别涧,断云含雨入孤村"(《春尽》)、"断年不出僧嫌癖,逐日无机鹤伴闲"(《睡起》)诸诗句亦颇能见此诗风。

三

上面我们介绍了韩偓《香奁集》和此集外的其他韩偓诗歌的内容和艺术表

现手法风格,并借助这些诗歌展现韩偓在其贬官前后思想情感、诗歌风格特色及其变异情况。这些都是以《全唐诗》韩偓卷中绝大多数诗确实都是韩偓之作,而非赝作立论的。但这些诗歌是否全是韩偓之作,这从宋代以来至今却是有争议的。即使是《香奁集》,尚有和凝所作而托名韩偓之说,也有个别以为是韩熙载或冯延巳之作。因此有必要简要介绍人们在此问题上的不同观点,以及学术界较为普遍的看法。

　　韩偓《香奁集》的正式著录起于北宋,欧阳修等人的《新唐书·艺文志》、晁公武《郡斋读书志》均载“《香奁集》一卷”。南宋陈振孙《直斋书录解题》则记“《香奁集》二卷”。《郡斋读书志》在著录《香奁集》后又谓:“《香奁集》,或曰和凝既贵,恶其侧艳,故诡称偓著云。”所谓“或曰”云云乃指宋人沈括《梦溪笔谈》所说。是书卷十六云:“和鲁公有艳词一编,名《香奁集》。凝后贵,乃嫁其名为韩偓,今世传韩偓《香奁集》乃凝所为也。凝生平著述分为《演纶》、《游艺》、《孝悌》、《疑狱》、《香奁》、《籝金》六集。自为《游艺集序》云:‘予有《香奁》、《籝金》二集,不行于世。’凝在政府,避议论,讳其名,又欲后人知,故于《游艺集序》述之,此凝之意也。予在秀州,其曾孙和惇家藏诸书,皆鲁公旧物,末有印记甚完。”此说一出,后人颇有赞同者,如宋尤袤的《全唐诗话》,江少虞所撰的《宋朝类苑》,明胡应麟的《四部正讹》,清钱遵王的《读书敏求记》等等。《全唐诗话》卷五云:“《香奁集》,和鲁公之词也,惟其艳丽,故贵后嫁其名于偓。”胡应麟《四部正讹》亦谓:“《香奁集》,沈存中、尤延之并以为和凝作。凝少日为此诗,后贵盛,故嫁名韩偓;又不欲自没,故于他文中见之。今其词与韩不类,盖或然也。方氏《律髓》以偓同时吴融有此题为证,不知此正凝假托之故。不然,胡弗托之温韦诸子而托之偓? 叶少蕴以为韩熙载,则姓与事皆近之。总之,俱五代耳。叶以不当见《唐志》为疑,此不然,《唐志》如罗隐、韦庄、刘昭禹辈皆五代人也。”今人高文显甚至特撰《香奁集辨伪》以辨《香奁集》非韩偓所作;本世纪以来尚有学者撰文考订《香奁集》非韩偓所作。

　　与支持沈括之说相反,历代更多的学者则或力驳沈氏之说,或主张《香奁集》确是韩偓之作。宋人葛立方在《韵语阳秋》卷五云:“韩偓《香奁集》百篇,皆艳词也。沈存中《笔谈》云:‘乃和凝所作,凝后贵,悔其少作,故嫁名于韩偓尔。’今观《香奁集》有《无题诗序》云:‘余辛酉年,戏作《无题》诗十四韵,故奉常王公、内翰吴融、舍人令狐涣相次属和。是岁十月末,一旦兵起,随驾西狩,文稿咸弃。丙寅岁,在福建,有苏昈以稿见授,得《无题》诗,因追味旧时(庆按,“旧时”韩偓原文作“旧作”。此处“旧时”,疑是“旧诗”之音误),阙忘甚多。’予按《唐书·韩偓传》：偓尝与崔嗣定策诛刘季述，昭宗反正为功臣，与令狐涣同为中书舍人。其后韩全诲等劫帝西幸，偓夜追及鄠，见帝恸哭。至凤翔，迁兵部侍郎。天祐二年，挈其族依王审知而卒。以《纪运图》考之，辛酉乃昭宗天复元年，丙寅乃哀帝天祐二年（庆按，应是天祐三年），其序所谓丙寅岁在福建，有苏昈授其稿，则正依王审知之时也。稽之于传与序，无一不合者。则此集韩偓所作无疑，而《笔谈》以为和凝嫁名于偓，特未考其详尔。《笔谈》云：'偓又有诗百篇，在其四世孙奕处见之。'岂非所谓旧诗之阙忘者乎？"宋胡仔在《苕溪渔隐丛话前集》卷二十三引宋人陈正敏《遯斋闲览》云："《笔谈》谓《香奁集》乃和凝所为，后人嫁其名于韩偓，误矣。唐吴融诗集中有和韩致元侍郎《无题》二首，与《香奁集》中《无题》韵正同。偓叙中亦具载其事。又尝见偓亲书诗一卷，其《袅娜》、《多情》、《春尽》等诗多在卷中。偓词致婉丽，非凝言'余有《香奁集》不行于世'。凝好为小词，洎作相，专令人收拾焚毁。然凝之《香奁集》乃浮艳小词，所谓不行于世，欲自掩耳。安得便以今《香奁集》为凝作也？"宋叶石林亦曰："世传《香奁集》江南韩熙载所为，误。沈存中《笔谈》又谓汉相和凝所为，后贵，恶其侧艳，嫁名于偓，亦非也。余家有唐吴融诗一集，其中有和韩致尧《无题》三首，与《香奁集》中《无题》韵正同，而偓序中亦具载其事。又余曾在温陵于偓裔孙坰处，见偓亲书所作诗一卷，虽纸墨昏淡而字画宛然，其《袅娜》、《多情》、《春尽》等诗多在卷中，此可验矣。偓富于才情，词致婉丽，能道人意外事，固非凝所及。据《北梦琐言》云：'凝少年好为小词，令布于汴洛。洎作相，专令人收拾焚毁。契丹入寇，号为曲子相公。'然则，凝虽有集名《香奁》，与偓同，乃浮艳小词耳，安得便以今世所行《香奁集》为凝作耶？"（见清杭世骏《订讹类编》卷四引）《永乐大典》九〇六诸家诗目二也引叶石林曰："偓在闽所为诗，皆手自写成卷，嘉祐间裔孙出其数卷示人，庞颖公为漕，取奏之，因得官。时文气格不甚高，吾家仅有其诗百余篇。世传别本有名《香奁集》，《新唐书·艺文志》亦载其辞，皆闺房不雅驯，或谓江南韩熙载所为，误以为偓，若然何为录于《唐志》乎。熙载固当为之，然吾所藏偓诗中，亦有一二篇绝相类，岂其流落亡聊中，姑以为戏，然不可以为训矣。"整理并出版过韩偓集的明末清初学者毛晋也说："沈梦溪云：'和鲁公凝有艳词一编，名《香奁集》。凝后贵乃嫁其名为韩偓。今世传韩偓《香奁集》乃凝所为也。'此说惟刘潜夫信之，石林、遯斋、虚谷诸公俱以为误，引吴融和韩侍郎《无题》诗三首及致光亲书《袅娜》、《多情》等诗为证；则斯编是致光作无疑矣。如凝之《香奁》，乃浮艳小词，集名偶同耳！况凝自谓'不行于世'，后人又何必借韩侍郎行本以实之耶？"（《五唐人诗集》本（商务影汲古阁本）《香奁集》末跋语）类似上述之主张《香奁集》为韩偓作者,自宋至今多有之。如近人阎简弼在《香奁集跟韩偓》一文中即力辨《香奁集》为韩偓所作,今人陈敦贞在其《唐韩学士偓年谱》一书中特地附上《香奁集辨真》一文。

尽管主张《香奁集》为韩偓作之说占主流,但历代对此种主张之某些证据也提出一些反驳意见,如杭世骏即说:"二说未知孰是?窃意《无题》及《袅娜》、《多情》、《春尽》等作实系偓诗,和凝欲嫁名于偓,特以偓诗错杂其间,故令真赝莫辨,亦未可知。致光功业心术,卓然不群,'如今冷笑'云云,非泛然作鄙夷语也。"(杭世骏《订讹类编》卷四《香奁集》)又如今人高文显在其《韩偓·香奁集辨伪》中力驳主张《香奁集》为韩偓作的三方面证据,云:"(一)叶石林及葛常之的以《无题》诗及《无题诗序》为证明,充其量也不过是证实了《无题》诗是韩偓所作的而已。所以我们姑且承认《无题》诗是韩偓所作的吧;但是以一《无题》诗就可以证明《香奁集》全部是韩偓所作的吗?有心作伪的人,难道不会将韩偓的随便什么诗选了几首风格稍为相近的,拉入以充证据吗?不然凭空捏造了一部书,与被假托者毫无发生关系,怎能够教人家相信呢?这是作伪书的人,应有伪造证据的可能;明眼的人决不致被其所误吧!(二)石林于偓裔孙驷处所见的诗,是不是韩偓的真迹,还是一个问题。因为据《泉州府志》所说,已经是于庆历中被其孙奕进呈韩氏的著作多种了,那么为什么还有他的真迹遗留着呢?我想石林所看到的总有几分伪而不真。再者假如《袅娜》、《多情》、《春尽》等诗都在卷中,这或者就是石林前所说的有一二首绝相类的吧?但是假如我们姑且承认这几首诗是韩偓所作的吧,那也正是因为诗格稍为相近的缘故,被他人采入以充证据的啊!这种说法如果不通的话,为什么《香奁集》中的诗如《初赴期集》一首、《荔枝》三首、《南浦》、《已凉》等诗,于正集中也都有呢!这显然地可以断定是伪托者采用韩诗的铁证;不然,既于正集中有了,难道于《香奁集》里面又重见,韩偓难道故意要重复吗?伪作者的心理,于此又可以揭穿了。(三)据《北梦琐言》所载的,只不过说和凝少年时好为小词而已,并没有提到他的《香奁集》是词集啊!石林为什么说《香奁集》是词集呢?可见是杜撰的,毫无根据的了。假如他这种说法可以成立的话,我们何尝不可以同样地说和凝所作的《宫词》百首,也是词而不是诗吗?那末这也可以证明《宫词》百首不是和凝所作的了。可是未免太简单而且说不通啊!以上所说的,不过略为申辩而已,可见他们反对的理由很简单,又不近情理;所以我们不敢赞成他们的说法。而且不只我一个人不赞成,辨别伪书的大家明胡应麟于《四部正讹》中,也驳斥得很清楚……观了上面所讨论的,可见《香奁集》无疑地是一部伪书了。"

徐复观《韩偓诗与〈香奁集〉论考》也指出:"《香奁集》到底是否出于韩偓,迄今是文学史中的一个悬案。"他经过考察论析认为:"综上所述,我现在可以先作如下的三点结论:一、韩偓在福建时自编而且手写的诗,只有《唐书·艺文志》著录的'《韩偓诗》一卷',但他自己并不曾定下名称。这是今日流行的《韩翰林集》的底子。但今时所流行的《翰林集》里面,则由后人补入了社会上所流传的韩偓的诗,并渗入了非韩偓的作品。二、在上述的韩偓自编集里,收了一部分较为绮丽的诗;但并未另编一集。现行《香奁集》中虽然有他的诗,但《香奁集》的本身,非韩偓自己所曾与知的。三、沈括亲自看到和凝《游艺集序》中自称余有《香奁集》的话,是可信的。但这句话并非一定说明集里所收的诗都是和凝自己的。前面提到和凝的《孝悌》、《疑狱》两集,是由编集而成。……则和凝选集韩偓一部分较为绮丽之诗,再加上自己的一些少作,以成《香奁集》,这从当时选诗的风气看,从和凝个人著作的体例看,从现有《香奁集》的内容(见后)看,是相当合理的。在这种情形下,他无嫁名于韩偓的必要。更不必伪造这样一篇不够水平的序。……不过,和凝因为当时自己的政治地位很高,对于自己少年的风怀诗,不好意思写上自己的名字;而韩偓的诗名,在当时已很大;当《香奁集》渐渐行世以后,他人看到其中有韩偓的诗,便认定此集是全属于韩偓的;和凝及其后人,也不好出来加以否认。至于有人认为是韩熙载的,是因为其中收有韩熙载的诗,或类似韩熙载的诗,而引起的猜测。但自有人伪造出一篇韩偓的自序后,《香奁集》与韩偓便结下了不解之缘;渐至自南宋起,一般人以《香奁集》来代表韩偓的诗,这真是千古的冤案。"除认为《香奁集》为伪书外,徐先生在"《翰林集》中的伪诗"一节中认为《香奁集》外的许多韩偓诗为伪作。认为韩偓"未曾至江南","则各本所共有的《江南送别》、《过临淮故里》、《吴郡怀古》、《游江南水陆院》这一类的诗,可断言其非出于韩偓","此外《夏课成感怀》中有'未到潘年有二毛'之句……则此诗是三十二岁以前所作的。但起首两句'别离终日思忉忉,五湖烟波归梦劳',这决非籍居万年(长安)人的口气,则这首诗也不是韩偓的。《秋江闲望》诗有'碧云秋色满吴乡'之句,闽不可以称'吴乡'。又有'可怜广武山前语,楚汉虚教作战场',这是当时江浙一带群雄斗争的形势,所以此诗也不是韩偓的。《南浦》诗有'应是石城艇子来'之句,与韩偓情况不合,而诗的气体较粗,极似韩熙载。《早起探春》及《闺怨》,杂在韩偓的居闽各诗中,与偓心境不合,故《闺怨》诗虽好,亦有问题。大抵将偓诗分为三卷,其第三卷中除极少数外,我认为多属可疑。若细加搜讨体会,《翰林集》中必尚可辨出与韩偓无关之作。"

上述诸家乃至学术界已有的对《香奁集》以及《翰林集》中某些诗的辨伪,我在整理韩偓集时是给予相当重视的,其中一些成果,我也采纳而适当加以编辑。然而徐先生对于《翰林集》中诗的怀疑辨伪,除了少数其他学者也认同的我予以采纳外,其他的或没有充分证据,或有乖于事实,或理解有误,令人难以信服,故我未予采纳,并在本书中时而加以说明辨析。至于《香奁集》及其《序》之真伪,我觉得以为伪者所提出的证据与论析,尚不足于证明其确实为赝品(其理由历来不少学者已辨析,因篇幅与体例的关系,容我不在这里阐述),而我是认同绝大多数韩偓研究者的肯定意见的。本世纪出版的《中国古代文学要籍简介·诗文别集》也肯定《香奁集》为韩偓作,谓韩偓"《香奁集》专写男女之情,风格纤巧。对此历来评价不一。旧传本题为五代时和凝作,和凝显贵后,因集中多艳词,托名韩偓者。此说前人已辨其非"。以此我仍将《香奁集》及其《序》,作为韩偓诗文而辑入此书中。

四

历代各种主要书录均对韩偓的诗文多有著录,如宋王尧臣《崇文总目》记:《金銮密记》一卷、《韩偓诗》一卷。宋欧阳修、宋祁《新唐书》记:韩偓《金銮密记》五卷、《韩偓诗》一卷、《香奁集》一卷。宋晁公武《郡斋读书志》记:《金銮密记》一卷、《韩偓诗》二卷、《香奁集》一卷。宋陈振孙《直斋书录解题》记:《金銮密记》三卷、《香奁集》二卷、《入内廷后诗集》一卷、《别集》三卷。宋郑樵《通志略·艺文略》记:《韩偓诗》一卷,又《香奁集》一卷、《金銮密记》一卷。至清代,丁丙《善本书室藏书志》记:《韩偓诗》二卷、《香奁集》一卷、《韩翰林集》一卷。丁仁《八千卷楼书目》记:《韩内翰别集》一卷、《韩翰林集》四卷、《香奁集》三卷、附录二卷。钱曾《钱遵王述古堂藏书目录》著录:韩偓《翰林诗集》一卷、韩偓《香奁集》三卷。尽管所记书名以及卷数有所异同,但韩偓的主要著作可以归纳为如《新唐书·艺文志》或《郡斋读书志》所著录的《金銮密记》、《韩偓诗》、《香奁集》三种。其中《金銮密记》大约在宋以后即已佚,仅不多的条目为宋司马光《资治通鉴》胡注、曾慥《类说》、明陶宗仪《说郛》等所引用收录。

历代所流行的《韩偓诗》、《香奁集》、《金銮密记》的版本甚多,其各种版本的编集、所收诗文状况、特点与优劣、源流系统、流传存佚情况等等,在先师周祖譔先生的《关于韩偓集的几个问题》和邓小军教授的《韩偓集版本》二文中均有较为详细的叙述。下面我们即借助他们的研究成果,将有关韩集版本状况择要加以介绍。

　　如祖謨师文分"从一卷本到三卷本"、"现存各本的基本情况"、"与《香奁集》重出问题"三节加以说明介绍;邓教授文所记叙更为具体详尽,他以"韩诗编集及宋代传本"、"今存韩集宋本明清传刻本、抄本及其源流与分系"、"今存韩集其他明清刻本、抄本及其源流与分系"、"韩偓笔记《金銮密记》及散文"四节加以详尽的记述,而且在前三节中又介绍了多种版本的具体状况,其中还具体叙述了"韩集宋本明清传刻及抄本的源流与分系"之详况。祖謨师文对于一卷本到三卷本的韩偓集有如下看法:"《韩偓诗》,《崇文总目》著录为一卷;《新唐书·艺文志》同,并著录《香奁集》一卷;晁公武《郡斋读书志》则作《韩偓诗》二卷、《香奁集》不分卷;郑樵《通志略·艺文志》亦谓《韩偓诗》一卷,又《香奁集》一卷;尤袤《遂初堂书目》著录《韩偓集》未言卷数;陈振孙《直斋书录解题》著录《香奁集》二卷、《入内廷诗集》一卷、《别集》三卷。由以上所言情况可以看出,在南宋早期以前,书名都直称《韩偓诗》,多数著录为一卷,《香奁集》也是一卷,或不分卷。只有《郡斋读书志》著录《韩偓诗》为二卷。但这二卷本决不意味着所收韩偓诗较之一卷本有成倍的增加,更大的可能是将原一卷本析为两卷。"又指出:"南宋中叶以后有人把韩偓诗重新编集。这就是陈振孙《直斋书录解题》著录的《别集》三卷。韩偓《别集》三卷本久已失传,但我判断,它是现存各本韩偓诗的祖本。"祖謨师又论述道:"我见到的韩偓集有汲古阁本、《唐音统签》本、《四部丛刊》影印本、台北'中央图书馆'藏旧抄本一种、《全唐诗》本、文渊阁《四库全书》本、嘉庆时王氏麟后山房抄本、《关中丛书》所收的吴汝纶评注本。我把这八种本子对勘了一下,得出的结论是诸本同出一源。"

　　邓教授文(下简称"邓文")在"韩诗编集及宋代传本"一节中先记叙宋代之前有关韩集编集情况的文献记载,如载录韩偓《玉山樵人香奁集序》后谓:"北宋沈括《梦溪笔谈》卷十七:'唐韩偓为诗极清丽,有手写诗百篇,在其四世孙奕处。偓天复中避地泉州之南安县,子孙遂家焉。庆历中,余过南安,见奕,出其手集,字极淳劲可爱。后数年,奕诣阙献之,以忠臣之后得司士参军,终于殿中丞。又予在京师见《送邕光上人》诗,亦墨迹也,与此无异。'南宋叶梦得曰:'偓在闽所为诗,皆手自写成卷。嘉祐间,裔孙奕出其数卷示人,庞颖公为漕,取奏之,因得官。诗文气骨不甚高。吾家仅有其诗百余篇。世传别本有名《香奁集》者,《唐书·艺文志》亦载。'又曰:'吾家所藏偓诗,虽不多,然自贬后,皆以甲子历历自记其所在。'"此后又叙录从王尧臣《崇文总目》到《宋史·艺文志》各书录对韩集的著录情况,最后据上述文献得出以下结论:"第一,韩偓入闽后,先将陆续收得之早年绮丽诗作编为《香奁集》。第二,偓晚年又将入仕、入闽诗,手写成集,并作自注,记时地事(叶梦得:'以甲子历历自记其所在')。此是偓诗《别集》祖本。
《别集》原名为何?《直斋书录解题》、《宋史·艺文志》著录为《别集》,当为省称;
瞿镛《铁琴铜剑楼藏书目录》卷十九著录影写宋刻本'《翰林集》一卷、《香奁集》
一卷',又云'此从宋刻本影写,不名《内翰别集》',则《别集》原名当为《翰林集》,
或《韩翰林别集》。第三,北宋陈从易、沈括从偓裔孙韩奕处所见偓手写诗《别
集》,为'百二十篇'、'百篇',南宋叶梦得家藏偓诗集,亦为'百余篇',当为同一
本子。此百篇本,并非偓《别集》全帙,但在宋代为偓《别集》最早传世之本。第
四,叶梦得所述'偓在闽所为诗,皆手自写成卷,嘉祐间,裔孙奕出其数卷示人,
庞颖公为漕,取奏之,因得官',此'数卷'当指《别集》或《别集》与《香奁集》,非仅
指《香奁集》。偓《别集》此'数卷'本篇数明显多于百篇本。'数卷'本既出,遂逐
渐取代百篇本,成为后来传世偓《别集》之祖本。自宋以后,传世偓《别集》为二
百余篇,其祖本即此'数卷'本。第五,偓《别集》'数卷'本出于嘉祐年间(1056—
1063);《崇文总目》编成进上于庆历元年(1042),是在'数卷'本传世之前;《新唐
书》成书于嘉祐五年(1060),与'数卷'本传世大约同时。可知《崇文总目》及《新
唐书·艺文志》所著录之'韩偓诗一卷',当为百篇本,'数卷'本则未及著录之。
第六,《郡斋读书志》所著录'韩偓诗二卷',《直斋书录解题》所著录'《入内廷后
诗集》一卷、《别集》三卷',显然为偓《别集》'数卷'本。此表示,嘉祐以后,南宋
以前,偓《别集》'数卷'本即二百余篇本,已取代百篇本传世。《唐音统签·戊
签》卷七十五韩偓诗卷首按语云:'按:偓《集》,《唐艺文志》一卷,《香奁集》一卷。
《宋志》又有《入翰林集》一卷,《别集》三卷。偓在闽,所为诗皆手自写成帙。宋
嘉祐间,庞颖公为漕,从裔孙奕取奏之,奕因得官。故较《唐志》为多。《入翰林
集》不满二十篇,《别集》自出官迄寓闽诗具在,而及第前后诸作亦附焉。若《香
奁集》,大概未登第前诗也。'胡氏所言,大体不误,唯未能确切指出《别集》先有
百篇本行世,《新唐书·艺文志》所著录为此本,后有'数卷'本即二百余篇本行
世,'故较《唐志》为多'。"

邓文还研究韩偓集各主要版本之源流与分系情况,今即选其中与本书所用
底本、对校本有关的几种主要韩偓集版本的研究结果节录如下:

邓文介绍明末毛氏汲古阁刻《五唐人诗集》本《香奁集》一卷云:"毛刻本《香
奁集》诗题编次,起自《幽窗》(五律)、《江楼二首》(七绝),终于《荔枝三首》(七
绝)。卷末增补《无题并序》诗四首,《浣溪沙》词二首,《黄蜀葵赋》、《红芭蕉赋》
二首。此本是不分体本,当为大体编年本。《香奁集》不分体本当为大体编年
本,依据如下:第一,集内多数作品是写爱情,大抵是作者青年时所作。第二,集

内此等青年时作品皆编次在前面。第三,集内个别中晚年时作品如《寄远》(自注:"在岐日作")、《多情》(自注:"庚午年在桃林场作"),编次靠后。毛刻本《香奁集》应为宋本之传刻。"又谓明毛晋编、清初毛氏汲古阁刻《唐人六集》本《韩内翰别集》一卷云:"此本诗题编次,起自《雨后月中玉堂闲坐》(七律),终于《已凉》(七绝)。此本是编年本。《韩翰林诗别集》作为编年本,不是指全集从头到尾依次编年,而是指大体编年,尤其主要作品是依次编年(参下文《全唐诗》本条)。此本众多诗篇皆有题下或句下小字自注,以记时地事。卷后附录《补遗》,增补《寄禅师》、《日高》、《夕阳》、《旧馆》、《中春忆赠》五首。书末附毛晋跋语:'余梓《香奁》已十余年矣。兹吴匏庵丛书堂抄《别集》,皆天复元年辛酉入内庭后诗也。……第乙卯、丙辰未入翰苑,不知何人混入,惜未得庆历间温陵所刻致光手书诗帖一订正耳。'毛刻本《韩内翰别集》应为宋本之传刻。"又介绍南洲草堂徐氏藏宋刻本《香奁集》一卷云:"此本今藏北京大学图书馆。据国家图书馆藏毛刻本《香奁集》傅增湘手写跋所述,南洲草堂徐氏藏宋刻本《香奁集》有屈大均题识,后为粤东伦氏收藏。傅增湘以毛刻本对校,校记书于毛刻本《香奁集》,校记内容包括徐藏宋刻本《香奁集》诗题次第、序数、异文等,书末录屈大均题识,并自作题跋于后。……据傅增湘校记,徐藏宋刻本《香奁集》诗题编次,起自'四言古'《春昼》(傅氏校记:次第"一"),终于'七言绝'《屐子》(傅氏校记:次第"七十九")。无《浣溪沙》词二首,《黄蜀葵赋》、《红芭蕉赋》二首。此本是分体本。"又记《四部丛刊》影印上海涵芬楼藏旧抄本《玉山樵人集》一卷、附《玉山樵人香奁集》一卷,云:"商务印书馆 1926 年影印出版。上海书店 1989 年重印。卷首牌记:'上海涵芬楼影印旧抄本。原书高营造尺五寸九分,宽三寸八分。'……《四部丛刊初编书录》云:'此本不分卷,每体自为起讫。'《玉山樵人集》按五言古、七言古、五律、五言排律、七言律、七言排律、五言绝、七言绝分体编次。此本无题下句下小字自注。《玉山樵人香奁集》按四言古、五言古、七言古、长短句、五言律、七言律、六言律、五言排律、七言排律、五言绝句、七言绝句分体编次。《四部丛刊》影旧抄本《玉山樵人香奁集》诗题编次,起自四言古《春昼》,终于七言绝《屐子》。无《浣溪沙》词二首,《黄蜀葵赋》、《红芭蕉赋》二首。此本亦是分体本。"又记清康熙彭定求等编《全唐诗》本韩偓诗云:"《全唐诗》卷六百八十至卷六百八十三,为韩偓诗。中华书局排印本,1979 年。《全唐诗》韩偓小传云:'《翰林集》一卷,《香奁集》三卷,今合编四卷。'实则其前三卷为《翰林集》,后一卷为《香奁集》。……《全唐诗》分卷本《翰林集》诗题编次,基本同于毛刻本不分卷《韩内翰别集》。仅卷三后面少数诗题编次有所不同。今以《全唐诗》本为例,说明韩偓《翰林集》编年情况。卷一，自卷首《雨后月中玉堂闲坐》，至《恩赐樱桃分寄朝士》，为光化三年（900）充翰林学士'入内廷后诗'。自《恩赐樱桃分寄朝士》之次题《出官经硖石县》，至卷末《赠吴颠尊师》，为自天复三年（903）贬濮州司马、天祐元年（904）弃官南下湖南、乙丑天祐二年至丙寅天祐三年经江西抵福州诗。卷二，自卷首丁卯年（907）《感事三十四韵》，至癸酉年（913）《南安寓止》，直至《春尽》（有"地迥难招自古魂"句），此卷多数作品为流寓闽中历年诗。其中《初赴期集》一首则为中年诗。接近卷末之《江行》至卷末《赠湖南李思齐处士》，则多为弃官南下湖南诗，其中并杂有几首早年诗。但此仅是个别错简。卷三，起自《乱后却至近甸有感》，终于《御制春游长句》。此卷编次较乱。包括中年为官时诗、弃官经湖南江西诗、青年时期诗等。前二卷编次最依年次，作品亦最重要，当是作者晚年首先编定者。卷三作品编次较乱，作品亦较次要，当是作者或其后人所补编。《全唐诗》本《翰林集》自注同于毛刻本《韩内翰别集》。《全唐诗》本《香奁集》诗目编次，起自《幽窗》，终于《春恨》，是不分体本。增补《秋千》等三首及断句一联。基本上同于毛刻本《香奁集》。"又介绍清抄本《翰林集》一卷、《翰林香奁集》一卷，陈揆校本云："国家图书馆藏……此本编次基本同于毛刻本《韩内翰别集》。《翰林香奁集》……此本诗题编次基本同于毛刻本《香奁集》。"又记叙清康熙二十三年刻明末胡震亨编《唐音统签》本韩偓诗四卷、《香奁集》二卷云："《唐音统签》卷七百九至七百七十四，《戊签·七十五·韩偓诗》之一至之四为《别集》，《戊签·七十五·韩偓诗》之五至之六为《香奁集》。韩偓诗即《入翰林集》、《别集》，编次为：五言古诗、七言古诗、五言律诗、五言排律、七言诗、六言排律、五言绝句。《香奁集》编次为：四言古诗、五言古诗、七言古诗、长短句、五言律诗、七言律诗、五言排律、七言排律、六言排律、五言绝句、七言绝句。此本是分体本。胡震亨《唐音戊签》韩集卷首按语云：'按：偓《集》，《唐艺文志》一卷，《香奁集》一卷。《宋志》又有《入翰林集》一卷，《别集》三卷。偓在闽，所为诗皆手自写成帙。宋嘉祐间，庞颖公为漕，从裔孙奕取奏之，奕因得官。故较《唐志》为多。《入翰林集》不满二十篇，《别集》自出官迄寓闽诗具在，而及第前后诸作亦附焉。若《香奁集》，大概未登第前诗也。兹汇《翰林集》、《别集》，编年为四卷，《香奁集》合《别集》中一二艳词为二卷，附末。而略谱其年于左，俾读者晰其出处之概云。'可见胡震亨《唐音戊签》本《别集》所据底本为编年本，而改编为分体本。又，胡震亨所谓'兹汇《翰林集》、《别集》，编年为四卷'，是指两集分体后各体内大体按年编次，并不是指两集不分体按年编次。……《唐音戊签》所据《香奁集》原本未必是分体本。……《香奁集》之分体本《四部丛刊》影旧抄本、明姜道生刻本、《唐音戊签》本,三本编次各不尽相同,此说明《香奁集》本来并无分体本,各分体本是各自改编原本而成。《唐音戊签》本韩集虽打破编年,但仍保存原本自注。"

邓文总结韩集宋本明清传刻及抄本的源流与分系有以下九点结论:"第一,毛刻本《韩内翰别集》、《香奁集》,与铁琴铜剑楼藏影写宋刻本《翰林集》、《香奁集》版本相同,毛刻本底本应为宋本。……毛氏牌记所记'汲古阁毛晋据宋本考较',当是指以宋本为底本,参校他本。第二,铁琴铜剑楼藏影写宋刻本《翰林集》、《香奁集》,毛刻本《韩内翰别集》、《香奁集》,皆为编年本。……铁琴铜剑楼藏影写宋刻本《翰林集》与毛刻本《韩内翰别集》属同一版本系统,编年、自注情况当亦相同。第三,《四部丛刊》影印上海涵芬楼藏旧抄本《玉山樵人香奁集》与南洲草堂徐氏藏宋刻本《香奁集》版本相同,《四部丛刊》影旧抄本《玉山樵人集》、《玉山樵人香奁集》之底本当为宋本。……第四,《四部丛刊》影旧抄本《玉山樵人集》、《玉山樵人香奁集》,南洲草堂徐氏藏宋刻本《香奁集》,皆为分体本。《四部丛刊》影旧抄本《玉山樵人集》、《玉山樵人香奁集》之特点,一是分体,不编年;二是无有记时地事之自注。第五,由上所述可知,自宋代起,韩偓诗《别集》、《香奁集》传世本,可分为两个系统。一为编年本系统,一为分体本系统。第六,韩集先有编年本,后有分体本。编年本接近韩集原貌,分体本系打破原本编年,删去原本自注,改编而成,已非韩集原貌。……第七,韩集宋代分体本出现之原因,当是由于宋代书商受当时分体编诗风气之影响,为适应读者需求,遂将韩偓诗《别集》、《香奁集》改编为分体本,并将《别集》改名为《玉山樵人集》(无论韩偓或宋人文献,绝无韩偓诗《别集》又名《玉山樵人集》之记载)。第八,韩集分体本删去原本自注,打破原本编年,故其文献价值与学术价值远不及编年本。第九,今存韩集宋本明清传刻及抄本,以毛刻本《韩内翰别集》、《香奁集》为最有价值。"

五

现存的韩偓诗集、《香奁集》尚有多种版本,今人也有《韩偓诗集笺注》和《韩偓诗注》等。然而至今尚未有一部尽可能完整地辑集现存韩偓所有诗文的《韩偓集》,这未免令人遗憾,更不要说对这样的一部《韩偓集》进行尽可能审慎详尽的校勘、注释、系年,以及汇集历代相关的韩偓生平事迹记述、诗文评论等等研究资料的著作了。这一缺失的遗憾,也是我决心撰著这一部《韩偓集系年校注》的主要原因之一。

　　下面即对这部集子的主要内容和主要整理研究工作进行具体说明。

　　这部集子共有八卷,前五卷为诗,第六卷至第八卷为文;书后附有两个附录。

　　具体来说,前四卷乃依据现存韩偓诗最为完整,保留韩诗最早编排次序与诗题下、诗中原有小注的《全唐诗》韩偓卷为底本加以校勘收录。所依据的《全唐诗》本,为中华书局 1960 年根据扬州书局刻本校点出版者。这一底本前三卷为《香奁集》外的韩偓诗,第四卷为《香奁集》。此集第五卷乃将《全唐诗》韩偓卷之末所收的断句、句联移入,又收入原收于《全唐诗》卷八九一“词三”的两首韩偓的《浣溪沙》,并从有关典籍辑录《全唐诗》未收的《松洋洞》以及新拟的题为《即席送李义山丈》诗的韩偓诗残句。此外尚有两个附录:附录一为据今人陈香《晚唐诗人韩偓》一书摘引焦琴《蕉阴诗话》所记的六首韩偓诗(据说是韩偓晚年在闽所作而未见其他典籍收录)。这六首诗为:《啅雀》、《记梦》、《有怀旧事》、《欲寄》、《坐待邻翁返》、《良辰》。附录二则为原收于《全唐诗》韩偓卷的《大庆堂赐宴元玭而有诗呈吴越王》、《又和》、《再和》、《重和》、《大酺乐》、《思归乐》、《御制春游长句》、《长信宫二首》等九首已经甄辨的非韩偓诗。另有题为《杂明》的断句,原作为韩偓诗断句收录于《全唐诗补编》中,今重检有关典籍,辨为非韩偓诗句。又有《刺桐》诗,宋《舆地纪胜》记为韩偓诗,今人亦有认为韩偓所作者,今录而加以辨伪。附录一中六首诗,因未见到《蕉阴诗话》原书,不知其所依据,故未能加以辨别真伪;附录二中诗,虽已辨伪,然为了保留底本原貌及有关典籍信息,则一并以附录形式收录。

　　《韩偓集系年校注》卷六所收为韩偓文,除《裴郡君祭文》(文佚)不见于《全唐文》卷八二九韩偓文外,其他《红芭蕉赋》、《黄蜀葵赋》、《谏夺制还位疏》、《论宦官不必尽诛》、《御试缴状》、《香奁集序》、《手简十一帖》诸文均见于《全唐文》(上海古籍出版社 1990 年缩印版)。此次整理,除《香奁集序》一文因《全唐文》本文不全而改据吴汝纶评注本《韩翰林集》外,其他均据《全唐文》本录入。是集卷七为《金銮密记》辑佚,从各种典籍中辑得十八则。此外于附录一中收有未能确定是否为《金銮密记》文的四则以为《备考》;附录二中则录有辨误五则。是集第八卷为《韩偓对话录》十八则。此卷《韩偓对话录》,乃从五代与宋代若干记载韩偓之奏对与应答言辞的史籍文献中选择移录,今拟其名为《韩偓对话录》。其中所载韩偓对话言语,有些应是史家根据具有实录性质之文献典籍摘抄而得,有些可能是各文献典籍作者根据有关韩偓之记载,而以自己之言语表述者。这些韩偓之语录,虽非严格意义上之韩偓文,然不妨作为准韩偓文对待,虽未必具有文章学意义上之文的重要价值,但却是研究韩偓与唐末史的宝贵文献资料,故特选择某些较为可靠之记载作为准韩偓之文,以供研究之用。

今存韩偓集版本较多,各种版本所收韩偓诗虽在分卷、排列次序以及所收诗歌数量上不尽相同,但从分类上说大致可分为大体编年和分诗体编排两类。大体编年者如明毛晋编、清初毛氏汲古阁刻《唐人六集》本《韩内翰别集》一卷(下简称"汲古阁本"),明末毛氏汲古阁刻《五唐人诗集》本《香奁集》一卷(下简称"汲古阁《香奁集》本"),《全唐诗》韩偓卷(下简称"《全唐诗》本")等等。分诗体者如《四部丛刊》影印上海涵芬楼藏旧钞本《玉山樵人集》一卷(下简称"玉山樵人本")、附《玉山樵人香奁集》一卷,清康熙二十三年刻明末胡震亨编《唐音统签》本韩偓诗四卷(下简称"统签本")、《香奁集》二卷等等。此次校勘韩偓诗集,即以《全唐诗》韩偓卷为底本,用以下诸本为对校本:玉山樵人本、统签本、汲古阁本、台北"中央图书馆"所藏旧钞本《韩翰林诗集》(后附《香奁集》,下简称"韩集旧钞本")、北京大学图书馆藏屈大均手钞本《香奁集》(下简称"屈钞本")、中国科学院图书馆藏清嘉庆十五年王遐春麟后山房刻本《翰林集》(下简称"麟后山房刻本")、关中丛书本清吴汝纶《吴评韩翰林集》(下简称"吴评本")、民国三年扫叶山房石印震钧《香奁集发微》所用之《香奁集》本(下简称"石印本",此本所用《香奁集》底本为毛氏汲古阁《香奁集》本)。此外,王安石《唐百家诗选》、明嘉靖刻本洪迈《万首唐人绝句》亦选有韩偓诗,今亦取以校勘。部分韩偓诗亦参校以唐韦縠《才调集》、宋郭茂倩《乐府诗集》、宋计有功《唐诗纪事》、金元好问《唐诗鼓吹》、元杨维桢《复古诗集》、明宋绪《元诗体要》、明曹学佺《石仓历代诗选》、清汪灏《佩文斋广群芳谱》等等诸典籍。韩偓文《手简十一帖》则以《四库全书》本明汪砢玉《珊瑚网》、清卞永玉《式古堂汇考·书画汇考》、清倪涛《六艺之一录》以及吴评本所录对校;《黄蜀葵赋》、《红芭蕉赋》以韩集旧钞本、吴评本、石印本以及清陈元龙《历代赋汇》对校;《香奁集序》则校以韩集旧钞本、玉山樵人本、统签本、石印本。无论诗、文之校勘,凡是文字不同者一般均出校,然异文可通者一般不作是非判断,以留待读者自己断定,以免卤莽灭裂之虞;凡是有所判断或改动底本之处,一般均在校记中加以说明改动之依据或理由。

本书对韩偓之诗文,不强求系年,然凡是可以确定或可大致推定其创作年代者均加以系年,并说明系年之根据;所系年有与他人所系不同者,则简要说明他人系年之非与新系年之根据或理由,务求审慎与准确。凡可系年者,均在每篇诗或文之注释1中加以系年。在诗文注释上,特别是诗歌之注释,考虑到更方便于一般读者,语词尽可能详以出注。注释力求精确,对于原无特别寓意与事典之语词,一般不追求其辞源,更注意以唐人甚或宋以后作者之用例为义例。

如此或可更清晰地见到韩偓诗语之因袭借鉴与影响。对于他人注释之误,本书不一一指正,然时而择其尤误者加以辨析解释。

本书设有"集评"一目,既汇集前人对某诗、文之解读评论,又加"按"语说明本人之解读评析见解,间或对于前人之解读评论之误加以辨析说明。

为了研究者与读者的需要与方便,本书还根据自己研究所得,参考学界已有的成果,特地编撰了两种附录资料,即《韩偓生平诗文系年简谱》和《韩偓研究资料选编》。后一种包括(一)生平传记资料,(二)历代著录,(三)历代序、跋、提要,(四)历代赠酬题咏诗文,(五)历代评述,(六)集句拟仿与影响,(七)近现代评述与年谱资料选等七部分。最后以"主要引用书目"殿本书之后。

行文至此,有必要再说明本书为何选择《全唐诗》韩偓卷为工作底本。据邓文研究,"今存韩集宋本明清传刻及抄本,以毛刻本《韩内翰别集》、《香奁集》为最有价值"。那么我们为何不用毛刻汲古阁本而用《全唐诗》本为工作底本呢?原因在于经过我细致地比较这两个版本,我认为《全唐诗》本较汲古阁本更适宜取为工作底本。上述祖譔师文经过考察认为:"汲古阁本、《唐音统签》本……《全唐诗》本……诸本同出一源。"邓文亦认为:"诸编年本有一共同祖本,本来为同一系统。"又指出:"《全唐诗》本编次基本同于毛刻本《韩内翰别集》,但不尽相同,自注同于毛刻本",《全唐诗》本所收韩偓诗"较毛刻本多出几首。有底本原有者,有新辑录者","《全唐诗》本内容及编次基本同于毛刻本《韩内翰别集》,少数诗题编次则有所不同,并较毛刻本多出几首。此表明,《全唐诗》本与毛刻本虽为同一版本系统,但版本不尽相同。换言之,《全唐诗》韩集不是出自毛刻本"。因此邓文经过考察后认为"今存韩集其他明清传刻本及抄本,即其底本不能确定为宋本者,以《全唐诗》本为最有价值"。据上述二文研究可知,韩偓诗汲古阁本和《全唐诗》本乃现存韩偓集最有价值的两种版本,而《全唐诗》本在收诗数量上较汲古阁本为全,汲古阁本有所缺漏。

除上述之外,经我细致比较这两个版本韩偓诗,我发现《全唐诗》本尚有优于汲古阁本之处。其一,毛刻本有些诗的编排次序明显与诸本不同(其中也包含几首香奁诗),也明显有误,诚如祖譔师所云"恐怕是杂乱无章地插在原一卷本之后。这就显得更杂乱无章"了。其二,毛刻本与《全唐诗》本在文字上可以说基本相同,但两种版本在文字上也时有不同。我比较相异处,觉得《全唐诗》本似更符合原意,相较而言汲古阁本较多错讹。此类情况不少,如《全唐诗》本《净兴寺杜鹃一枝繁艳无比》诗中"自蒂连梢簇蒨罗"句中"蒨"字,汲古阁本作"舊",下校:"一作蒨。"今按,作"蒨"是。汲古阁本作"舊",恐因"蒨"而形误。又

《全唐诗》本《荔枝三首》之三"结成冰入蒨罗囊"句中"蒨"、"囊"字,汲古阁本作"舊"、"裳"字。今按,作"舊"作"裳"均非是。又《赠僧》诗"三接旧承前席遇"句中"遇"字,汲古阁本作"過",亦非,乃"遇"字之形误。又《雨村》诗:"雁行斜拂雨村楼,帘下三重幕一钩。倚柱不知身半湿,黄昏独自未回头。"此诗"帘下三重"之"重"字,嘉靖洪迈本、汲古阁本均作"更",而《全唐诗》、吴评本均作"重",并均校:"一作更。"今按,诸本多作"三重",且诗有"黄昏"句,则作"三更"实误。又《全唐诗》本《驿步》诗"物近刘舆招垢腻"之"刘舆",尽管玉山樵人本、韩集旧钞本、统签本、汲古阁本、麟后山房刻本均作"刘璵",但据《晋书》卷六十二《刘琨传》附《刘舆传》,刘舆之"舆"不作"璵",作"刘璵"误。其三,《全唐诗》本之校勘明显较汲古阁本为多。如《全唐诗》本《净兴寺杜鹃一枝繁艳无比》诗"自地连梢簇蒨罗"句之"地",统签本、《全唐诗》、吴评本均校"一作蒂",而汲古阁本缺校。此处作"蒂"为是,今即据统签本等校改。又《翠碧鸟》诗"天长水远网罗稀"句之"远"字,《全唐诗》、吴评本均校"一作阔","保得重重翠碧衣"句之"碧"字,统签本、《全唐诗》、吴评本均校"一作羽",而汲古阁本则均缺校。又《乙丑岁九月在萧滩镇驻泊两月忽得商马杨迢员外书贺余复除戎曹依旧承旨还缄后因书四十字》诗题中"商马"二字,《全唐诗》、吴评本均于"商马"后校"一本无此二字",而汲古阁本亦缺校语。又如《登南神光寺塔院》诗、《中秋寄杨学士》诗,《全唐诗》本在两诗题下分别有"一本题作登南台僧寺"、"一作中秋永夕奉寄杨学士兄弟"校语,而汲古阁本两诗题下均无校语。就算从极少差别的题下原小注来说,虽然《全唐诗》本在《欲明》诗题下缺少汲古阁本"在醴陵"的一处小注,但汲古阁本则有两处小注缺失,即《全唐诗》本《秋雨内宴》诗题下"乙卯年作"小注及《寒食日沙县雨中看蔷薇》诗题下"己巳"小注。

根据上述比较,尽管毛刻本不失为校勘的较好底本之一,但综合比较起来,采用《全唐诗》韩偓卷为工作底本似更为适宜。

六

回首此书撰著缘起与过程,尚有值得缅思者。约上世纪八十年代中,我因参加编撰《中国文学家大辞典·唐五代卷》、《唐才子传校笺·韩偓传笺》和稍后的《唐五代文学编年史》的关系,对韩偓生平及其诗文有所研究,后来也写出几篇文章发表。上世纪九十年代初,业师周祖譔教授因研究生教学的需要,也曾对韩偓的生平仕历和《韩偓集》的版本问题有所研究,并写出两篇文章发表。是时,时任中华书局总编辑的傅璇琮先生遂邀约周先生校注《韩偓集》,将来交中华书局出版。此后,周先生亦曾留心于《韩偓集》版本收集,并有在鼓浪屿召开小型韩偓研究学术会议的计划。1994年夏,我赴西安参加由西北大学主办的唐代文学国际学术会议的筹备会议,先生遂托我将此举办韩偓研究会议计划告知有关学者,并预为邀约。没料到的是不久后由于先生年事渐高、退休与兴趣转移,校注《韩偓集》和召开会议的事遂均未能付诸实行。延至约2005年左右,周先生已年八十。一日,我趋周先生府上看望他和师母,先生遂将他收集的统签本、汲古阁本《韩内翰别集》和托台湾大学阮廷瑜教授复印的旧钞本《韩翰林诗集》、吴汝纶评注的《韩翰林集》以及高文显著的《韩偓》一书等交付给我。其时,我心中不禁有酸楚之感。先生虽未多言嘱托事,然而我明白其中薪火相传的意蕴。因忙于教学和其他研究工作,校注《韩偓集》的事一直到我也已经退休三年,再返聘继续指导博士研究生的2008年底才着手进行。现在《韩偓集系年校注》已完稿了,遗憾的是周先生已于大前年忽归道山,未能目睹。

此书撰著中,两家素与我保持友好关系的著名出版社闻知,热诚邀约将书稿交付他们出版,有的甚至多次表示愿以高稿酬精装出版此书。他们的热诚邀约与期盼,确实令我动容感激。然而为了践行傅璇琮先生二十年前的邀约和实现先师的意愿,考虑再三,还是决定将此书稿交付中华书局出版。后来,傅璇琮先生得知我已完成《韩偓集系年校注》,并交中华书局出版,十分欣慰。行文至此,也谨向上述两家出版社致以诚挚的歉意与谢忱。

同样应该感谢的是,在《韩偓集》版本、研究资料的收集过程中,我的学生刘万川、亢巧霞、高玮、林宜青、李芊、曾晓云、陈瑶等博士均给以热情帮助;王鹭鹏君还费心为字库中缺少的字造字,史遇春君则帮我打出一篇附录中的文章。特别令我感动的是陈瑶博士为了帮我抄录藏于北京大学图书馆的屈大均手抄本《香奁集》,不辞劳苦繁琐地于盛夏三赴北大图书馆抄录、校对,有次竟是在她生病发高烧中。此外,在此书校对修改中,责任编辑李天飞先生对书稿的进一步完善,也提出了一些有益的具体意见,让我深切感受到他作为责任编辑的精益求精的学术责任心。这种学术上的斟酌切磋之乐,是颇让人受益愉悦,令人怀想的。

附言:此文原为《韩偓集系年校注·前言》,今据其内容改为今题。

韩偓贬谪途中的遭遇与心态

唐末著名诗人韩偓之贬，又与宋之问、韩愈、李德裕的情况不同。上述三人的贬谪乃均因故获罪于朝，为当朝皇帝所贬，而韩偓则是公忠正直，为唐昭宗所倚重，无奈时值宦官强藩把持朝政，韩偓为他们所嫉恨，被挤出朝外，贬斥远方。关于他在朝为昭宗所器重与被挤事，《新唐书》卷一八三《韩偓传》、《资治通鉴》卷二六二、卷二六三所载甚多，其中本传略云："帝反正，励精政事，偓处可机密，率与帝意合，欲相者三四，让不敢当。苏检复引同辅政，遂固辞。初，偓侍宴，与京兆郑元规、威远使陈班并席，辞曰：'学士不与外班接。'主席者固请，乃坐。既元规、班至，终绝席。全忠、胤临陛宣事，坐者皆去席，偓不动，曰：'侍宴无辄立，二公将以我为知礼。'全忠怒偓薄己，悻然出。有谮偓喜侵侮有位，胤亦与偓贰。会逐王溥、陆扆，帝以王赞、赵崇为相，胤执赞、崇非宰相器，帝不得已而罢。赞、崇皆偓所荐为宰相者。全忠见帝，斥偓罪，帝数顾胤，胤不为解。全忠至中书，欲召偓杀之。郑元规曰：'偓位侍郎学士承旨，公无遽。'全忠乃止，贬濮州司马。帝执其手流涕曰：'我左右无人矣。'再贬荣懿尉，徙邓州司马。天祐二年，复召为学士，还故官。偓不敢入朝，挈其族南依王审知而卒。"据此可知韩偓之贬乃非昭宗之意，却是受到把持朝政的军阀朱全忠以及宰相崔胤等人的嫉恨而致。而且贬斥韩偓也没有什么称得上罪过的理由，而只是朱全忠等人忌恨韩偓之公忠正直而已。在这种情势下而遭贬的韩偓，他的心态乃至于生活，当然与一般的贬者有相同之处，但也会有所不同。

那么贬中的韩偓如何呢？韩偓先贬濮州，再贬荣懿，复徙邓州。韩偓虽在短时间内连贬三地，但他未必通抵三州。此事岑仲勉《唐集质疑·韩偓南依记》谓："偓自濮州再贬荣懿，荣懿属江南道溱州，又徙山南道邓州，是否通履三任，无可确考。偓在湖南赋《早玩雪梅有怀亲属》诗，又《家书后批二十八字》诗注，'在醴陵时闻家在登州'，偓原籍京兆万年，则似家属随至濮州，故得东徙海岸。唐末朝命不行，且偓之贬，出于权奸排挤，为保身计，意偓以溯江之便，遂转入湖南，未尝至荣懿也。"确如岑先生所论，韩偓之贬不像宋之问、韩愈等人一样严格地遵照朝廷意旨前往贬地,而于唐末混乱,朝廷对地方约束力大为减弱时,得以较不受控制地行动,甚至不依朝命而弃官隐避。因此在往濮州后,遂置徙荣懿等地于不理,而避往湖南醴陵。此后又入江西,经抚州、南城而往福州。不久又至沙县、邵武,旋回沙县。开平四年(910)后即寓止于闽南安县至卒。其间曾有朝命征还拜官,然诗人避祸不入朝,隐避闽南而终。

我们再来考察韩偓遭贬南依过程中的心态旅程。

韩偓贬中今可见的最早诗作即《出官经硖石县》诗,诗乃作于天复三年二月二十二日,时乃其初贬濮州司马的第十二天。是诗中谓:"谪官过东畿,所抵州名濮。故里欲清明,临风堪恸哭。"①韩偓临清明而兴恸哭之悲者何?诗人乃京兆万年人,则其故里实即京都长安。清明节乃上坟祭扫之时,则诗人所悲者固有远离宗庙先茔,思念故土之哀,然而亦同时含有离开朝廷京都,为人所排挤之愤慨哀痛。而且诗人之思念朝廷,实包含有他对唐昭宗的忠恳之情,他的哀恸也必然含有他对权奸把持的风雨飘摇的朝廷的痛心与担忧。此诗中又有"逆旅讶簪裾,野老悲陵谷"句,在上句下又有自注:"南路以久无儒服经过,皆相聚悲喜。"诗人经硖石县时,因此地久无朝官经过,所以当地百姓皆惊讶而兴悲喜之情。百姓之讶与喜,均因见到久违的朝官之故,而这对于诗人来说则反衬出贬经此地的不幸与悲哀。而野老的悲陵谷,也包含着诗人对人事沧桑,世道陵替,国运暗淡的忧伤与悲慨。"尚得佐方州,信是皇恩沐",诗末的这两句,反映了遭贬中的诗人,对唐昭宗依然怀着忠恳感念之心,因为他的遭贬完全是为权奸所忌之故,而倚重于他的唐昭宗却处于被挟制的可怜地位,爱莫能助。这一种情感恐是一般遭贬斥者所难有的,这也是韩偓与一般贬者心态的一个不同之处。

诗人受权奸所挤的悲愤,与对故园昭宗的依恋忠恳之情,以及对朝廷国事的关注,一直是他贬中怀有的。他贬中所作的《寄湖南从事》中的"去国正悲同旅雁,隔江何忍更啼莺。莲花幕下风流客,试与温存谴逐情"②,《病中初闻复官二首》之一的"烧玉谩劳曾历试,铄金宁为欠周防。也知恩泽招谗口,还痛神祇误直肠"③,作于湖南《避地》中的"偷生亦似符天意,未死深疑负国恩。白面儿郎犹巧宦,不知谁与正乾坤"④,《息兵》中的"渐觉人心望息兵,老儒希觊见澄

---

① 彭定求等《全唐诗》卷六八〇,中华书局 1960 年版,第 7790 页。
②《全唐诗》卷六八〇,第 7791 页。
③《全唐诗》卷六八〇,第 7793 页。
④《全唐诗》卷六八〇,第 7794 页。

清"①,《秋郊闲望有感》中的"心为感恩长惨戚,鬓缘经乱早苍浪。可怜广武山前语,楚汉宁(一作虚)教作战场"②等诗句,均可见到诗人的这些情感与心态。唐昭宗被弑,朱全忠篡夺政权灭唐后,韩偓的《故都》之咏,更将自己对故国唐皇的依恋哀吊之情,对权奸的篡权误国之恨,抒发得淋漓尽致:

> 故都遥想草萋萋,上帝深疑亦自迷。塞雁已侵池籞宿,宫鸦犹恋女墙啼。天涯烈士空垂涕,地下强魂必噬脐。掩鼻计成终不觉,冯驩无路敩鸣鸡。③

韩偓此时不仅有对"白面儿郎犹巧宦"的鄙夷,对"掩鼻计成"者的痛恨,同时还深怀忧国之情,并进而感慨报国无门,自责有"负国恩"。这种心态是身处乱世,遭逢国亡的韩偓不同于一般贬者的又一个特色。这一特色显然是由当时的时势,韩偓的忠耿以及受到唐昭宗的倚重恩遇所决定的。而其中虽遭贬谪,然而心感恩报国之情是关键。这种心态于贬者中殊不多见,然而于韩偓则是很必然,可以理解的。古人有"士为知己者死"的观念,韩偓于此颇能信守,更何况他确曾得到唐昭宗非同一般的宠任。我们看韩偓的诗歌以及有关史实,即可深信他的这一他人难以比拟的恩遇。韩偓有《六月十七日召对自辰及申方归本院》诗:

> 清暑帘开散异香,恩深咫尺对龙章。花应洞里寻常(一作常时)发,日向壶中特地长。坐久忽疑(一作惊)槎犯斗,归来兼恐海生桑。如今冷笑东方朔,唯用诙谐侍汉皇。④

　　读这首诗我们可感受到韩偓所受的恩宠及其感戴之情,不过诗意宛转,隐去具体情事,故难知其详,尚有碍于对其恩遇的具体把握。有幸的是《资治通鉴》卷二六二的一段记载,直揭出韩偓此诗的背景:

> (天复元年六月)丁卯,上独召偓,问曰:"敕使中为恶者如林,何以处

---

① 《全唐诗》卷六八○,第 7794 页。
② 《全唐诗》卷六八一,第 7800 页。
③ 《全唐诗》卷六八一,第 7797 页。
④ 《全唐诗》卷六八○。第 7787 页。

之?"对曰:"东内之变,敕使谁非同恶!处之当在正旦,今已失其时矣。"上曰:"当是时,卿何不为崔胤言之?"对曰:"臣见陛下诏书云:'自刘季述等四家之外,其余一无所问。'夫人生所重,莫大于信,既下此诏,则守之宜坚;若复戮一人,则人人惧死矣。然后来所去者已为不少,此其所以怊怊不安也。陛下不若择其尤无良者数人,明示其罪,置之于法,然后抚谕其余曰:'吾恐尔曹谓吾心有所贮,自今可无疑矣。'乃择其忠厚者使为之长。其徒有善则奖之,有罪则惩之,咸自安矣。今此曹在公私者以万数,岂可尽诛邪!夫帝王之道,当以重厚镇之,公正御之,至于琐细机巧,此机生则彼机应矣,终不能成大功,所谓理丝而棼之者也。况今朝廷之权,散在四方,苟能先收此权,则事无不可为者矣。"上深以为然,曰:"此事终以属卿。"①

天复元年六月丁卯即六月十七日,韩偓此时任翰林学士,其诗所谓的"恩深咫尺对龙章"等事,即上引《资治通鉴》所载者。昭宗独召韩偓,而偓之言深中肯綮,洵为心腹之言;昭宗则言听计从,"此事终以属卿"之言,可见诗人为昭宗所倚重。这一君臣间的不可多得的关系,诗人在昭宗被弑后,天祐四年流寓在外时仍作《感事三十四韵》加以深情的回忆,寄寓其思念悲吊之情,中有云:

> 皇慈容散拙,公议逼陶甄。江总参文会,陈暄侍狎筵。腐儒亲帝座,太史认星躔。侧弁聆神算,濡毫俟密宣。宫司持玉研,书省擘香笺。唯理心无党,怜才膝屡前。焦劳皆实录,宵旰岂虚传。始议新尧历,将期整舜弦。(上自出东内幽辱,励心庶政,延接丞相之暇,日与直学士询以理道,将致升平。)去梯言必尽,仄席意弥坚。②

他对唐昭宗的称颂深情如此,以至于此诗叙及"中原成劫火,东南遂桑田",帝死国亡后,诗人不禁深以自惭自责,无限感伤:"溅血惭嵇绍,迟行笑褚渊。四夷同效顺,一命敢虚捐","郁郁空狂叫,微微几病癫。丹梯倚寥廓,终去问青天"。

由于心存感皇恩思报国之情,在唐昭宗尚未被从长安劫持到洛阳及为朱全忠杀害前,韩偓于贬中目睹国事蜩螗,焦虑不安,亦存再重返朝廷、为国治乱之意。当他于晚凉闲步江畔,看到"风转滞帆狂得势,潮来渚水寂无声"的景象时,

---

① 司马光《资治通鉴》,中华书局1956年版,第8554页。
②《全唐诗》卷六八一,第7799页。

不禁联想起一塌糊涂的国事，深沉地吟出"谁将覆辙询长策，愿把焚丝属老成。安石本怀经济意，何妨一起为苍生"①。尽管他憎恨朱全忠、李茂贞、崔胤等人的把持朝政，祸乱国家，但为了苍生社稷，他还是有意如南朝谢安似的东山再起，为国理乱。不过这一种意愿恐怕只是一时忠耿之情的激发而已，他更多的还是理智地认识到颓运不可挽回，朝中已难有他立足效力之地，他实在不愿意侧身于权奸强藩的忌恨排挤之中，因此他身处于进与退的心理矛盾之中，而以退避隐遁为主导情感。以此这一时期及其后，他实际上已走上弃官远避的道路，并时有抒发息机退隐情志的诗歌："息虑狎群鸥，行藏合自由。……道向危时见，官因乱世休。外人相待浅，独说济川舟。"②"道方时险拟如何，谪去甘心隐薜萝。……处困不忙仍不怨，醉来唯是欲傞傞。"③"借得茅斋岳麓西，拟将身世老锄犁。清晨向市烟含郭，寒夜归村月照溪。炉为窗明僧偶坐，松因雪折鸟惊啼。灵椿朝菌由来事，却笑庄生始欲齐。"④"忍苦可能遭鬼笑，息机应免致鸥猜。岳僧互乞新诗去，酒保频征旧债来。唯有狂吟与沉饮，时时犹自触灵台。"⑤"宦途弃掷须甘分，回避红尘是所长。"⑥在这种心态下，他在袁州赞颂隐遁弃世的道者："齿如冰雪发如鬐，几百年来醉似泥。不共世人争得失，卧床前有上天梯。"⑦甚至因此宽慰自己遭贬谪的不平："桥下浅深水，竹间红白花。酒仙同避世，何用厌长沙。"⑧自称避世酒仙而不以长久寓居贬地为厌，可见此时诗人避世求隐之心。韩偓本是一位"内预秘谋，外争国是，屡触逆臣之锋，死生患难，百折不渝"⑨的忠直之士，如今却只能避世求隐，不以久贬为厌，乱世权奸谗害忠良志士，致使其灰心失望如此之甚，洵令人感愤！

这一避世求隐之心是韩偓出与退内心矛盾的主导方面，而且随着时间的推移，局势的恶化，逐渐成为他难以动摇的理性选择。当他获得朝廷的征召，恢复旧职时，他毅然不为所动，辞不赴召。这也是与一般被贬文士显然不同之处。

《新唐书·韩偓传》记韩偓贬后，"天祐二年，复召为学士，还故官。偓不敢

① 《有瞩》，《全唐诗》卷六八〇，第 7796 页。

② 《息虑》，《全唐诗》卷六八一，第 7800 页。

③ 《雪中过重湖信笔偶题》，《全唐诗》卷六八〇，第 7791 页。

④ 《小隐》，《全唐诗》第六八〇，第 7792 页。

⑤ 《欲明》，《全唐诗》第六八〇，第 7792 页。

⑥ 《即目二首》之一，《全唐诗》第六八〇，第 7794 页。

⑦ 《赠孙仁本尊师》，《全唐诗》第六八〇，第 7795 页。

⑧ 《花时与钱尊师同醉因成二十字》，《全唐诗》第六八〇，第 7794 页。

⑨ 永瑢等《四库全书总目》卷一五一"韩内翰别集一卷"条，中华书局 1965 年版，第 1302 页。

入朝,挈其族南依王审知而卒"①。韩偓亦有《乙丑岁九月在萧滩镇驻泊两月忽得商马(一本无此二字)杨迢员外书贺余复除戎曹依旧承旨还缄后因书四十字》诗,乙丑岁即天祐二年。据此可知是年九月,韩偓得知朝廷征召他为翰林学士承旨、兵部侍郎。诗人得此消息又有何想法呢?他在这首诗中说:"紫泥虚宠奖,白发已渔樵。事往凄凉在,时危志气销。若为将朽质,犹拟杖于朝。"②在他看来,这一征召只是"虚宠奖",而他现在已销泯了往昔的志气,因此不再愿以年老之身而归返朝廷。尤其值得玩味的是"事往凄凉在"二句,这已揭出他辞不入朝的重要原因。

这两句诗起码包含着这两重含意:其一,当年在朝时,尽管自己与唐昭宗有一段难得的君臣遇合之情,颇受昭宗宠任,无奈却也因此而百遭权奸巧宦的忌恨排挤,以致事无可为,被贬悲愤离朝。其二,唐昭宗已在天祐元年八月为朱全忠所弑,年仅十三的李柷被立为帝,然而此时朝廷实际上已完全在朱全忠控制之下,自己所仕的旧朝连同唐昭宗已成了凄凉的往事,唐王朝乃处于改朝换代的险恶时局之中,风雨飘摇,危在旦夕。在这样的时局下,又何必再返朝中呢!这种忠于昭宗政权,而不仕于如同新朝的朱全忠控制之下的政权的态度,在他此后的另一首诗中亦可见出。他作于唐亡后梁开平三年的《余寓汀州沙县病中闻前郑左丞璘随外镇举荐赴洛兼云继有急征旋见脂辖因作七言四韵戏以赠之或冀其感悟也》诗云:"莫恨当年入用迟,通材何处不逢知。桑田变后新舟楫,华表归来旧路岐。公干寂寥甘坐废,子牟欢抃促行期。移都已改侯王第,惆怅沙堤别筑基。"③这首诗明确地表明在"桑田变后"的唐亡后梁执政时,诗人不仕新朝而"甘坐废"的态度,而于郑璘之欲赴仕新朝婉加规劝,希冀其能有所感悟。韩偓受召时唐虽尚未亡,此时他对朝廷的态度自然尚与对后梁政权不同,但他对朱全忠把持下的朝廷的失望、恐惧以及不愿入仕的态度,我们可以从这首唐亡后的诗中得到更深的了解。韩偓辞不返朝时的心态,又直接地表现在他《病中初闻复官二首》中。其一云:"烧玉谩劳曾历试,铄金宁为欠周防。也知恩泽招谗口,还痛神祇误直肠。闻道复官翻涕泗,属车何在水茫茫。"其二云:"又挂朝衣一自惊,始知天意重推诚。……宦途巇崄终难测,稳泊渔舟隐姓名。"④诗中心态即可印证上所论述者,而他最终决定隐姓埋名,辞官不赴的根本原因,即在

①欧阳修、宋祁《新唐书》卷一八三,中华书局1975年版,第5390页。

②《全唐诗》卷六八〇,第7795页。

③《全唐诗》卷六八一,第7801页。

④《全唐诗》卷六八〇。第7793页。

于"宦途巇崄终难测"上,他对朱全忠控制下的唐昭宣帝朝廷的命运,以及自己返朝的结果,是有极清醒的认识的。

实际上,在这一贬官南下时期,韩偓由于对朝中权奸迫害忠正之士有切身体会,因此时时警觉加以提防,以致形之于多次咏唱中。这也是他贬中的值得注意的心态。他在古南醴陵县所作的《玩水禽》诗中描摹了"向阳眠处莎成毯,踏水飞时浪作梯"的"两两珍禽"的悠然自得的生活情景后,即提醒珍禽:"劝君细认渔翁意,莫遣缠罗误稳栖。"①又在《翠碧鸟》诗中写道:"天长水远(一作阔)网罗稀,保得重重翠碧(一作羽)衣。挟弹小儿多害物,劝君莫近市朝(一作五陵)飞。"②这两首诗清楚地表明,诗人对朝中权奸小人的迫害所存的警戒。他的不愿回朝,当然也与"莫近市朝飞"的自我告诫紧密相关。不仅入朝会受残害,在他看来,即使在野隐居,也要提防那些居心险恶,暗布罗网者的陷害。这种危机四伏,陷阱周布的恐惧与警惕心态在韩偓身上的表现,正反映了唐亡前被贬谪的忠于李唐政权的正直士人的险恶处境。这一心态是唐濒亡前的特殊历史时期中,那些不屈服、不阿奉朱全忠权力集团的受迫害的正直士人的典型心理。

然而惧祸害的心态却也未泯灭韩偓的凛然正气,他在险恶的时局下,依然风骨凛然,操节固守,表现了唐代优秀士人的堂堂正气。韩偓还在朝廷为翰林承旨学士时,即以刚正不阿著称,《新唐书》本传即记载他拒草韦贻范起复制书事:"宰相韦贻范母丧,诏还位,偓当草制,上言:'贻范处丧未数月,遽使视事,伤孝子心。今中书事,一相可办。陛下诚惜贻范才,俟变缞而召可也,何必使出峨冠庙堂,入泣血柩侧,毁瘠则废务,勤恪则忘哀,此非人情可处也。'学士使马从皓逼偓求草,偓曰:'腕可断,麻不可草!'从皓曰:'君求死邪?'偓曰:'吾职内署,可默默乎?'明日,百官至,而麻不出,宦侍令噪。茂贞入见帝曰:'命宰相而学士不草麻,非反邪?'魁然出。姚洎闻曰:'使我当直,亦继以死。'既而帝畏茂贞,卒诏贻范还相,洎代草麻。自是宦党怒偓甚。"③韩偓为礼制顶住巨大的威压而拒不草制书,"腕可断,麻不可草"之言,充分地展现了他威武不能屈的刚正不阿气慨。这种品格使他在遭到朱全忠等人的嫉恨而被贬出朝时,仍然不为淫威所屈,操节固守,坚贞不屈,以崇高的气节蔑视着那些得势的小人。在他的诗中,我们可以见到这一品格气节诗化的婉转表现。他歌颂顶风傲雪的梅花并自喻:

---

① 《全唐诗》卷六八〇,第 7791 页。

② 《全唐诗》第六八〇,第 7794 页。

③ 《新唐书》卷一八三,第 5388 页。

梅花不肯傍春光,自向深冬著(一作有)艳阳。龙笛远吹胡地月,燕钗初试汉宫妆。风虽强暴翻添思,雪欲侵凌更助香。应笑暂时桃李树,盗天和气作年芳。①

湘浦梅花两度开,直应天意别栽培。玉为通体依稀见,香号返魂容易回。寒气与君霜里退,阳和为尔腊前来。夭桃莫倚东风势,调鼎何曾用不材。②

在两诗中,"玉为通体"、"不肯傍春光"的梅花,即是诗人品格气节的自喻,而暴风大雪的侵凌,反助成梅花的更具傲骨情思,香气四溢,这也是诗人刚正不阿,不为权势所屈的铮铮气骨的形象表现。夭桃艳李,则明显是朝中那些正炙手可热,趋炎附势的权奸宵小之徒的化身。诗人两首诗中的梅花,使我们仿佛见到了在贬途中的忠贞自守的诗人那傲岸不屈的身姿。他的这种可贵的品格,在他同样写于贬途中的《息兵》诗中多有直接的抒发。他抱着"正当困辱殊轻死"的意念,决心与国家共患难。"多难始应彰劲节,至公安肯为虚名。暂时胯下何须耻,自有苍苍鉴赤诚。"③这就是他在危难之际,即使在遭受贬斥时能够始终固守节操,不屈不挠,气节凛然的内在原因。

附记:本文选自2006年由黄山书社出版的笔者《唐代文士的生活心态与文学》一书第四编《贬谪的生活心态与文学》。

①《梅花》,《全唐诗》卷六八〇,第7792页。
②《湖南梅花一冬再发偶题于花援》,《全唐诗》卷六八〇,第7793页。
③《全唐诗》卷六八〇,第7794页。

韩偓贬官前后的心态
及对其诗歌创作的影响

韩偓于龙纪元年(889)"擢进士第,佐河中幕府。召拜左拾遗,以疾解"①。不久,入任朝中,累迁司勋郎中、翰林学士、中书舍人。天复元年(901)冬,从昭宗避乱凤翔,以功拜兵部侍郎、翰林学士承旨。天复三年(903)二月,因不阿附朱全忠,为其所嫉,贬濮州司马,再贬荣懿尉,徙邓州司马。此后即流寓湖南,经江西,于天祐三年(906)入闽,后寓居南安至卒。可知,天复三年是韩偓仕宦生涯的重要转折点,从这年开始,他结束了受唐昭宗器重而为朱全忠等人嫉恶的朝官生活,开始了贬谪流寓的生涯。这一转折,不仅使他的政治命运、个人生活发生了重大改变,而且使他的思想情感心态产生了相应的变化,并由此影响及其诗歌创作,使其诗歌在内容、情感、风格乃至表现手法上出现了明显的变化。此处拟就诗人贬官前后的心态与诗歌创作的具体情况做一探讨,从而加深对韩偓其人其诗的认识。

一

人们的心态受诸如政治、生活状况、理想追求、世界观、文化道德修养等等多方面支配。对于像韩偓这样已经在朝廷为官的封建士人而言,更直接而起重大影响作用的,应是其仕途的境遇。因为上述属于观念形态的诸方面,在韩偓入仕于朝的年纪过五十的人生时期,应是基本确立而呈较稳定状态的,这些方面对于其心态的影响基本上是稳定的,但仕途境遇的变迁与随之而来的生活状况的改变,这时已成了影响其心态的起决定作用的因素之一。因此,本文对其心态的研究,也就将着眼点放在这一方面。

那么,韩偓贬官前的仕途境遇如何呢? 韩偓贬官前有近十年时间任职朝

---

① 欧阳修、宋祁《新唐书》卷一八三《韩偓传》,中华书局 1975 年版,第 5387 页。

中,而最后的二三年间颇受昭宗器重,为朝廷出力献策尤多,因而升迁颇速,成为朝廷显宦。我们且摘录史籍的记载,以对韩偓贬前的仕途境遇有具体的认识。《资治通鉴》卷二六二天复元年六月记:

> 上之返正也,中书舍人令狐涣、给事中韩偓皆预其谋,故擢为翰林学士,数召对,访以机密。……丁卯,上独召偓,问曰:"敕使中为恶者如林,何以处之?"对曰:"东内之变,敕使谁非同恶!处之当在正旦,今已失其时矣。"上曰:"当是时,卿何不为崔胤言之?"对曰:"臣见陛下诏书云,'自刘季述等四家之外,其余一无所问。'夫人主所重,莫大于信,既下此诏,则守之宜坚;……陛下不若择其尤无良者数人,明示其罪,置之于法,然后抚谕其余……夫帝王之道,当以重厚镇之,公正御之,至于琐细机巧,此机生则彼机应矣,终不能成大功……况今朝廷之权,散在四方;苟能先收此权,则事无不可为者矣。"上深以为然,曰:"此事终以属卿。"①

昭宗于光化三年(900)十一月为左军中尉刘季述等人所废并囚禁,后得以反正。在反正中,韩偓参预谋划,得到昭宗的倚重。从此,昭宗多次召见他,访以机密大事。上面即是昭宗独自召见韩偓,访以机密的一次记载。昭宗对韩偓的对策"深以为然",并且说"此事终以属卿",可见昭宗对他的宠重信任。

韩偓既为昭宗所倚重,立朝忠耿无私,几次婉辞任相而推荐他人,《新唐书·韩偓传》即谓"帝反正,励精政事,偓处可机密,率与帝意合,欲相者三四,让不敢当。苏检复引同辅政,遂固辞"②。又记昭宗曾想任命他为宰相,韩偓则"荐御史大夫赵崇劲正雅重,可以准绳中外"③。不仅如此,韩偓为人刚正,以礼法立朝处事,凛然不阿。同上书又记载他坚持不起草韦贻范起复为相的制诰之事:

> 宰相韦贻范母丧,诏还位,偓当草制,上言:"贻范处丧未数月,遽使视事,伤孝子心。……陛下诚惜贻范才,俟变缞而召可也,何必使出峨冠庙堂,入泣血枢侧,毁瘠则废务,勤恪则忘哀,此非人情可处也。"学士使马从皓逼偓求草,偓曰:"腕可断,麻不可草!"从皓曰:"君求死邪?"偓曰:"吾职内署,可默默乎?"明日,百官至,而麻不出,宦侍合噪。……既而帝畏(李)

①司马光《资治通鉴》,中华书局 1956 年版,第 8553—8554 页。
②《新唐书》卷一八三,第 5389 页。
③《新唐书》卷一八三,第 5387 页。

茂贞,卒诏贻范还相,(姚)洎代草麻。自是宦党怒偓甚。[1]

正是韩偓的刚正无私,凛然不媚附权幸,因此他在朝中后期遭到崔胤、朱全忠、李彦弼等人的嫉恨谗毁。天复三年,朱全忠"欲召偓杀之。郑元规曰:'偓位侍郎学士承旨,公无遽。'全忠乃止,贬濮州司马。帝执其手流涕曰:'我左右无人矣。'"[2]以此可见韩偓在朝廷中的最后一段时期,处境是险恶艰难的。

上述韩偓任官朝中的这一地位处境,必然影响及其心态,并作用于其诗歌创作。可惜现存作于这一时期的诗歌较少,而展现其心态与诗歌创作的史籍、笔记资料也寥寥无几,以此我们在这方面的探索也只能是大略而已。

天复元年前后,韩偓任翰林学士、中书舍人时,是他在朝中颇受器重,较为得意,心情颇为愉悦之时。他对这段翰苑生活十分重视与怀念,终其生均怀着深厚的情感,这从《笔精》的记载即可见:"偓卒于闽。其子寅亮与郑文宝言,偓捐馆日温陵帅闻其家藏箱箧颇多,而缄镝甚固,发观得烧残龙凤烛、金缕红巾百余条,蜡泪尚新,巾香犹郁,乃偓为学士日视草金銮,夜还翰苑,当时皆宫人秉烛以送,悉藏之。"[3]诗人至晚年谪居南安时,依然珍藏着当年保留下来的烧残龙凤烛和金缕红巾以为纪念,可见这一段翰苑生活在他一生中的重要地位。透过这些,我们不难看到他当年的心态情感。这心态情感促使他不禁咏歌,而诗歌也漾溢着这一心态情感。翰苑生活使他感到肃穆崇重,雍容适意,不禁于《雨后月中玉堂闲坐》诗中流露出这一心态:"银台直北金銮外,暑雨初晴皓月中。唯对松篁听刻漏,更无尘土翳虚空。绿香熨齿冰盘果,清冷侵肌水殿风。"并在诗末"夜久忽闻铃索动,玉堂西畔响丁东"句下注:"禁署严密,非本院人,虽有公事,不敢遽入。至于内夫人宣事,亦先引铃。每有文书,即内臣立于门外,铃声动,本院小判官出受。受讫,授院使,院使授学士。"[4]诗人特地写下这一翰苑制度的小注,乃同诗中一样,均表露出他处身禁苑中受宠重的地位与优裕适意的生活与心态。这种生活、心态情感也同样见诸另一些诗中:"二纪计偕劳笔砚,一朝宣入掌丝纶。声名烜赫文章士,金紫雍容富贵身。"[5]他讴歌雍容适意的禁苑生

①《新唐书》卷一八三,第5388页。
②《新唐书》卷一八三,第5389—5390页。
③王士禛原编、郑方坤删补《五代诗话》卷六,书目文献出版社1989年版,第231页。
④彭定求等《全唐诗》卷六八○,中华书局1960年版,第7787页。下引韩偓诗均见此书卷六八○至六八三(第7787—7846页)韩偓卷,仅标诗题,不具注。
⑤《与吴子华侍郎同年玉堂同直怀恩叙恳因成长句四韵兼呈诸同年》。

活,于草制毕,"紫泥封后",登楼凭栏,感受到"露和玉屑金盘冷,月射珠光贝阙寒。天衬楼台笼苑外,风吹歌管下云端"①的舒适愉悦;他用诗笔描摹受恩宠被邀预宴的优礼际遇:"玉衔花马踏香街,诏遣追欢绮席开。中使押从天上去,外人知自日边来。……才有异恩颁稷契,已将优礼及邹枚。"②昭宗对他的倚重,时时召对访以机密,使诗人在这一阶段的另一明显的心态是独自受到宠重的快畅得意。他有题为《六月十七日召对自辰及申方归本院》的诗,即是在上引《资治通鉴》所记的那次召见后写下的:

> 清暑帘开散异香,恩深咫尺对龙章。花应洞里寻常发,日向壶中特地长。坐久忽疑槎犯斗,归来兼恐海生桑。如今冷笑东方朔,唯用诙谐侍汉皇。

诗人这一次独自召对,时间长达五个时辰,而召对的内容乃如何处置宦官的重大机密。因此诗人极为快畅得意,以至于冷笑东方朔只能以诙谐来取悦汉皇,以此反衬自己"处可机密,率与帝意合"的受宠重的地位。他还曾以司马相如相对比,吟出"长卿只为长门赋,未识君臣际会难"③,认为司马相如只是以文才为汉武帝所赏识,而自己则与昭宗君臣际遇,如鱼得水,这一难得的君臣际会殊非司马相如可得知。以此,诗人常满怀着蒙恩感激之心,并屡形之于歌咏:"臣心净比漪涟水,圣泽深于潋滟杯。"④"笙歌锦绣云霄里,独许词臣醉似泥。"⑤他有一首《宫柳》诗颇值得玩味:"莫道秋来芳意违,宫娃犹似妒蛾眉。幸当玉辇经过处,不怕金风浩荡时。草色长承垂地叶,日华先动映楼枝。涧松亦有凌云分,争似移根太液池。"诗人以太液池边的宫柳自拟。宫柳以其长于宫中,故有"玉辇经过"之幸,又获日华(喻皇恩)映枝之先,因此尽管深涧中的青松(比拟才志之士)高凌云霄,也比不上宫柳能最先禀受皇家和煦的阳光。诗人蒙恩受宠,感激得意之情态于此可见。"士为知己者死",这是中国士人的为人准则,韩偓当然也如此,因而尽力忠耿报国,效忠昭宗,是他在朝时也是贬官后一以贯之的心态。上引史籍的记载,有的即表明诗人的这一心态。再如《新唐书·韩偓传》记

----

①《中秋禁直》。
②《锡宴日作》。
③《中秋禁直》。
④《锡宴日作》。
⑤《苑中》。

宦官"(韩)全诲等已劫帝西幸。偓夜追及鄠,见帝恸哭"①。《资治通鉴》天复二年四月载"回鹘遣使入贡,请发兵赴难;上命韩偓答书许之",而韩偓则深谋远虑地以"戎狄兽心,不可倚信……且自会昌以来,回鹘为中国所破,恐其乘危复怨"②等由劝谏,昭宗悟而从之。这种在内患外忧中效忠报国的忠耿之情,应该说是作为朝臣的诗人最突出的品格特色。为此,诗人胸中总充溢着"孜孜莫患劳心力,富国安民理道长"③的责任感与报国济民的激情。

当然,韩偓在朝的最后一段不长的日子,由于与崔胤等人政见分歧,崔胤又勾结横蛮专权的朱全忠谗毁迫害他,此时他虽然也有"报国危曾捋虎须"④的不屈己献媚、阿附权贵的正气与胆量,如《新唐书》本传所记:"全忠、胤临陛宣事,坐者皆去席,偓不动,曰:'侍宴无辄立,二公将以我为知礼。'"⑤不过也必然在某一情势下表现出忧虑甚至是惧祸的心态,这尽管在现存他这一时期的诗作中没有反映,但是在史册中却有所透露。《新唐书·韩偓传》即记他拒草韦贻范复任相制后,"自是宦党怒偓甚。(马)从皓让偓曰:'南司轻北司甚,君乃崔胤、王溥所荐,今日北司虽杀之可。两军枢密,以君周岁无奉入,吾等议救接,君知之乎?'偓不敢对"⑥。《资治通鉴》天复三年二月记在崔胤的怂恿下,朱全忠怒韩偓荐赵崇、王赞为相,斥偓罪,欲杀之,昭宗只好"贬偓濮州司马。上密与偓泣别,偓曰:'是人非复前来之比,臣得远贬及死乃幸耳,不忍见篡弑之辱!'"⑦上述的"偓不敢对"以及在与昭宗泣别时所言,均可反映诗人为国为己的忧虑与惧祸之心态。

二

贬谪,特别是忠而见谗,位尊而远斥的贬黜,这对于被贬者来说,不仅政治地位、生活状况会产生巨大的变化,其思想情感、心理心态也必然会发生震荡与裂变,这对感触灵敏、情感细腻的文士尤为明显。何况对韩偓来说,他不仅位尊望重、忠而见黜,而且他的被贬是在颇受昭宗宠重,可昭宗又为权奸挟制,爱莫

---

①《新唐书》卷一八三,第5388页。

②《资治通鉴》卷二六三,第8573—8574页。

③《朝退书怀》。

④《安贫》。

⑤《新唐书》卷一八三,第5389页。

⑥《新唐书》卷一八三,第5388—5389页。

⑦《资治通鉴》卷二六四,第8604页。

能救的这一极为特殊的情势下发生的。那么贬后情感、心态的复杂多样及其变异也就很自然了。概而言之,有以下种种。

对朝廷和往昔朝中生活的深情怀念。诗人受到昭宗的倚重与优礼,自己也发挥了一位重臣的"处可机密,率与帝意合"的作用。对这一君臣际会经历的追念,确实成了韩偓贬后心中不断泛起的一种既神圣而又不免怅惘的情感。他流寓天涯至死犹珍藏的烧残龙凤烛与金缕红巾,即是这一情感心态的见证。而且,这也见诸其诗作中。在湖南他见到含桃,"感事伤怀",所赋诗有"金銮岁岁长宣赐,忍泪看天忆帝都"句,并注云:"每岁初进之后,先宣赐学士。"①从长沙往醴陵途中,忽见到村篱畔的紫薇花,遂触景生情而赋,诗题中谓"因思玉堂及西掖厅前皆植是花,遂赋诗四韵"。是诗首四句云:"职在内庭宫阙下,厅前皆种紫薇花。眼明忽傍渔家见,魂断方惊魏阙赊。"②甚至形之于梦中,其《梦中作》再现了往日朝中景象:"紫宸初启列鸳鸾,直向龙墀对揖班。……扇合却循黄道退,庙堂谈笑百司闲。"其怀念朝廷及往昔生活之深情于此可见。当然,这种情感是基于他忠于唐室,感恩依恋昭宗的心态之上的。以此从贬谪至唐亡后,他"诗文只称唐朝官职,与渊明称晋甲子异世同符"③,"自贬后,以甲子历历自记所在"④,决不称臣于后梁,他常回忆起"紫殿承恩久,金銮入直年"⑤的蒙恩岁月,为此而"心为感恩长惨戚"⑥。

对误国篡权的权奸的痛恨蔑视,以及坚贞抗暴的不屈挠心态。诗人被贬后,朝廷很快就被朱全忠、崔胤所控制,昭宗被逼迁都洛阳并被杀。哀帝立后不久,何皇后又遇害。柳璨、李振等群小也大肆迫害戮杀朝士。在李振的怂恿下,"时全忠聚(裴)枢等及朝士贬官三十余人于白马驿,一夕尽杀之,投尸于河。……振每自汴至洛,朝廷必有窜逐者,时人谓之鸱枭"⑦。天祐四年(907),朱全忠干脆逼哀帝逊位禅让,自己登后梁帝位。韩偓遭到迫害后,又在贬中经历了这一段残暴血腥的历史沧桑,作为李唐皇室的忠耿臣子,他自然对这些权奸充满了憎恶嫉恨,屡屡将此心态情感流泻于诗中。其《感事三十四韵》即记下

①《湖南绝少含桃偶有人以新摘者见惠感事伤怀因成四韵》。
②《甲子岁夏五月自长沙抵醴陵贵就深僻以便疏慵由道林之南步步胜绝去绿口分东入南小江山水益秀村篱之次忽见紫薇花因思玉堂及西掖厅前皆植是花遂赋诗四韵聊寄知心》。
③刘克庄《后村诗话·新集》卷四,中华书局1983年版,第213页。
④吴任臣《十国春秋》卷九五《韩偓传》,中华书局1983年版,第1371页。
⑤《感事三十四韵》。
⑥《秋郊闲望有感》。
⑦《资治通鉴》卷二六五天祐二年六月,第8643页。

了唐将亡时这一权奸误国篡权、谗害忠良的鬼魅横行的政局："恭显诚甘罪,韦平亦恃权。……谅直寻钳口,奸纤益比肩。晋谗终不解,鲁癠竟难痊。只拟诛黄皓,何曾识霸先。嗾獒翻丑正,养虎欲求全。万乘烟尘里,千官剑戟边。……中原成劫火,东海遂桑田。"他对权奸们既痛恨,又充满了蔑视的讥笑与诅咒,既以"应笑暂时桃李树,盗天和气作年芳"①讥乘时窃位之辈,又借"夭桃莫倚东风势,调鼎何曾用不材"②之句诅咒仗势恣威、迫害忠良的柳璨、李振之流。这一对权奸误国篡权、残暴奸佞的痛恨,最集中地表现在朱全忠被其子所杀后,诗人感此而作的《八月六日作四首》中,其中"左牵犬马诚难测,右袒簪缨最负恩"、"金虎挺灾不复论,构成狂猘犯车尘"、"图霸未能知盗道,饰非唯欲害仁人"、"簪裾皆是汉公卿,尽作锋芒剑血腥。显负旧恩归乱主,难教新国用轻刑"等等诗句犹如钢鞭,有力地鞭挞着这些历史的罪人,显示了诗人正义的历史批判。作这一批判,韩偓是最有资格的。他在强权迫害、群小肆虐时,从不阿附屈服,即使在被贬流寓中也能坚贞不屈,不被拉拢收买,不屈服于伪政权之下。约天祐元年冬,他以梅花自喻抒志:"梅花不肯傍春光,自向深冬著艳阳。……风虽强暴翻添思,雪欲侵凌更助香。"③"玉为通体依稀见,香号返魂容易回。寒气与君霜里退,阳和为尔腊前来。"④梅花的坚贞标格与形象即是诗人凛凛风骨的写照。如果考虑到诗歌乃作于唐昭宗被弑的数月后,其时实际已是朱全忠的天下这一背景,则"不肯傍春光",风雪的强暴侵凌,实际上正表明诗人不阿附朱全忠政权,而敢于抵御强暴的心态。事实也正是如此,此后朱全忠政权几次召他返朝复职,但他一直拒绝,"天祐三年,复有前命,偓又辞,为诗曰:'岂独鸱夷解归去,五湖渔艇且铺糟。'已而梁篡唐,乾化三年,复召,亦辞不往。"⑤他非但自己拒召不往,当唐旧臣郑璘将应举荐赴洛阳仕于后梁时,诗人以"移都已改侯王第,惆怅沙堤别筑基"等诗句"戏以赠之,或冀其感悟也"⑥,同样也显示了诗人于唐亡后的不肯傍后梁"春光",耻作梁臣的心态。

　　远祸避害,宁肯隐居的心态。朱全忠等人所控制的唐末,由于对朝士迫害

---

① 《梅花》。
② 《湖南梅花一冬再发偶题于花援》。
③ 《梅花》。
④ 《湖南梅花一冬再发偶题于花援》。
⑤ 《十国春秋》卷九五《韩偓传》,第 1371 页。
⑥ 《余寓汀州沙县病中闻前郑左丞璘随外镇举荐赴洛兼云继有急征旋见脂辖因作七言四韵戏以赠之或冀其感悟也》。

贬戮不断，"时士大夫避乱，多不入朝"①，如"礼部员外郎知制诰司空图弃官居虞乡王官谷，昭宗屡征之，不起"，后柳璨召之，"图惧，诣洛阳入见，阳为衰野，坠笏失仪"②，终于避免入任而放还山中。韩偓在这种政局下，又身遭迫害放逐，也自然难免远祸避害的心理。他有过太多的"烧玉谩劳曾历试，铄金宁为欠周防。也知恩泽招谗口，还痛神祇误直肠"③的遭遇，以此在贬逐流寓中时刻警惕设防，以免遭害。曾赋诗自谓"咋舌吞声过十年"④，又曾颇寄深意地提醒水禽"劝君细认渔翁意，莫遣缯罗误稳栖"⑤，劝告翠碧鸟"挟弹小儿多害物，劝君莫近市朝飞"⑥。他的一再不肯应召回朝，固然有不愿屈附朱全忠之意，也与这种远祸避害的心态相关。以此他诗中常有这一心声的流露："宦途巇崄终难测，稳泊渔舟隐姓名"⑦，"道方时险拟如何，谪去甘心隐薜萝"⑧，"宦途弃掷须甘分，回避红尘是所长"⑨。既然认定宦途险恶，心存远祸避害之意，则诗人所求也只能是隐逸一途了。他诗中不断地流露出这一心态："屏迹还应减是非……世乱岂容长惬意，景清还觉易忘机。世间华美无心问，藜藿充肠苎作衣。"⑩"紫泥虚宠奖，白发已渔樵。……若为将朽质，犹拟杖于朝。"⑪在这种心态下，他贬谪以至入闽后，不断有描写隐逸生活与情感的诗篇，如《小隐》、《卜隐》、《闲居》、《南安寓止》、《幽独》、《秋村》、《息虑》等，而且也坚定地走向隐居之路。随着时间的推移，唐室的覆亡，身体的老迈病残，其隐逸的心理更趋于平定，他将身心融入隐居生活中，从中体验到"景寂有玄味，韵高无俗情。……忙人常扰扰，安得心和平"⑫的情趣，最后终老于南安乡中。

　　伤悼故国，欲报国而不能的怅恨。贬官以来，特别是唐亡梁立之后，韩偓心中弥漫着一种浓厚沉重的伤悼故国的情绪。此时他有如被放逐行吟泽畔的屈

---

① 《资治通鉴》卷二六五，第 8644 页。
② 《资治通鉴》卷二六五，第 8645—8646 页。
③ 《病中初闻复官二首》之一。
④ 《即目二首》之二。
⑤ 《玩水禽》。
⑥ 《翠碧鸟》。
⑦ 《病中初闻复官二首》之二。
⑧ 《雪中过重湖信笔偶题》。
⑨ 《即目二首》之一。
⑩ 《卜隐》。
⑪ 《乙丑岁九月在萧滩镇驻泊两月忽得商马杨沼员外书贺余复除戎曹依旧承旨还缄后因书四十字》。
⑫ 《闲兴》。

子,为故国的颓败沦亡而神伤心哀,不时地发出黯然愤郁的歌吟。"悽悽恻恻又微噎,欲话羁愁忆故人。……萍蓬已恨为逋客,江岭那知见侍臣"①,这是唐亡前一年的悽恻之音。而作于唐甫亡时的《故都》一诗,则是一首极为感怆人心的哀悼故国的悲歌,那"故都遥想草萋萋……宫鸦犹恋女墙啼。天涯烈士空垂涕,地下强魂必噬脐"之句,浸染着亡国后天涯旧臣的悲哀郁愤之情。《感事三十四韵》诗回首自己受宠信时的朝中往事以及国家乱起、逐渐沦亡的重大事件,最后感时伤世,悲极而歌:"郁郁空狂叫,微微几病癫。丹梯倚寥廓,终去问青天。"为伤故国而几近狂癫,世事无情而只能叩问苍天,诗人的哀悼故国,终与贬中屈子同一心态。此后在诗人的有生之年,他总不能从这种心态中解脱。"秦苑已荒空逝水,楚天无限更斜阳"②,伤悼无奈之情伴随着诗人度过了人生黄昏岁月。不过,也应看到诗人在这期间仍存报国济世之心,《有瞩》诗中云"安石本怀经济意,何妨一起为苍生",《疏雨》诗中云"但欲进贤求上赏,唯将拯溺作良媒。戎衣一挂清天下,傅野非无济世才",《感事三十四韵》更明确抒发"四夷同效顺,一命敢虚捐"的以死报国之情。然而诗人贬官南荒,后又遭遇新朝篡立,他真感到"掩鼻计成终不觉,冯驩无路敩鸣鸡"③的徒有报国之志而又报国无门的怅恨。

三

　　作家的心态是会影响到其文学创作的。前面我们论述了韩偓贬官前后的心态及其变化,并涉及到其诗歌创作在内容、情感上与其心态的呼应情况。以下,我们着重阐述其贬官后的心态对其诗歌创作的立意、表现手法以及风格方面的影响。
　　首先,在诗歌立意上,诗人因贬后心态的作用,常喜借用各种事物来表达贬后的各种感受与心境。其《失鹤》诗云:

　　　　正怜标格出华亭,况是昂藏入相经。碧落顺风初得志,故巢因雨却闻腥。几时翔集来华表,每日沉吟看画屏。为报鸡群虚嫉妒,红尘向上有青冥。

①《丙寅二月二十二日抚州如归馆雨中有怀诸朝客》。
②《感旧》。
③《故都》。

这首诗实际上是借失鹤咏其心态。既有自己"标格"、志向的自白,又有自己"初得志"不久,即遭遇故朝(巢)毁于血腥之中的哀痛;在对故国的哀思与期盼中,同时抒发了对谗毁嫉忌他的群小们的蔑视。值得玩味的是诗人有三首咏柳之作。写于入仕前见于《香奁集》的有《咏柳》:"袅雨拖风不自持,全身无力向人垂。玉纤折得遥相赠,便似观音手里时。"作于入仕后在翰苑时的有前文提及的《宫柳》诗。而《柳》:"一笼金线拂弯桥,几被儿童损细腰。无奈灵和标格在,春来依旧袅长条。"则乃贬后所咏。这三首成于不同时期的咏柳之作,其立意不同。第一首乃一般的咏柳诗,第二首则以宫柳比拟自己优渥受宠的际遇,而第三首的立意则受其贬后心态影响,乃着意表现诗人虽遭残害被贬出宫,但犹如旧宫芳林苑中灵和殿前的宫柳,他的"灵和标格"依然故我,不因贬逐而变节失态。由于诗人深受权奸的迫害,目睹新贵小人的擅作威福贬戮朝士,出于对他们的憎恶蔑视心态,其诗也时有立意于此者。如《观斗鸡偶作》:"何曾解报稻粱恩,金距花冠气遏云。白日枭鸣无意问,唯将芥羽害同群。"显然立意在讥刺柳璨、李振之流。又如《火蛾》中写其"非无惜死心,奈有灭明(一作趋炎)意",意在指斥那些趋炎附势投靠朱全忠新朝而为非作歹之徒。诗人对"须穿粉焰焦,翅扑兰膏沸"的"火蛾"们,既伤且恨:"为尔一伤嗟,自弃非天弃!"

　　这类在贬谪心态影响下,以别见立意为重要特色的诗作,其立意内容除上所言外还有多种,譬如《净兴寺杜鹃一枝繁艳无比》诗,以"蜀魄未归长滴血,只应偏滴此丛多"句,抒发哀伤故国之情;《玩水禽》、《翠碧鸟》,借劝诫水鸟而以远祸避害自警;《鹊》诗则以"偏承雨露润毛衣,黑白分明众所知"等句,写自己在朝际遇与品格,又以"莫怪天涯栖不稳,托身须是万年枝"句状贬后心态;《雷公》诗又有"必若有苏天下意,何如惊起武侯龙"句,立意于希冀天下贤豪起而拯世济民等等。通观韩偓诗,这种重在抒发贬后感受与心境,别具立意之巧的诗作大量出现,是其贬后诗歌创作的一大特色,故胡震亨《唐音癸签》卷八云:"致尧闽南逋客,完节改玉之秋。读其诗,当知其意中别有一事在。"①

　　其次,与上述特色直接相关,在贬官后的涉及政治局势和与此有关的一己情志的诗歌创作中,其表现手法也有值得注意之处。其一,在抒情写志叙事上,在朝时多采用直抒胸臆、据事铺写的方法,如《与吴子华侍郎同年玉堂同直怀恩叙恳因成长句四韵兼呈诸同年》、《雨后月中玉堂闲坐》、《从猎三首》、《锡宴日作》等均是;而贬官后上述手法呈现弱化趋势,转向更多地采用含蓄婉转的表现方法,如上举

---

① 胡震亨《唐音癸签》,上海古籍出版社 1981 年版,第 81 页。

《火蛾》、《观斗鸡偶作》、《失鹤》等作皆如此。其二,任官在朝时,他极少有比喻寓托而成的诗篇,但贬官后则大量采用此法。这不仅表现于个别诗句,而且多有通首如此者。他作于湖南的两首咏梅之作,即以梅花自寓,以夭桃喻朝中得势权奸;《鹊》、《柳》等咏物之作,实际上均是寓托之什;《翠碧鸟》之"挟弹小儿",《玩水禽》之"依倚雕梁"的"社燕","抑扬金距"的"晨鸡",也均有所喻指。其三,典故的应用较贬前增多。贬官之前韩偓较少用典故,贬谪流寓中,尤其在涉及政局、时事人物以及抒发自己情志的诗篇中,诗人却较多应用典故。比如《感事三十四韵》、《八月六日作四首》、《有感》、《余卧疾深村闻一二郎官今称继使闽越笑余迁古潜于异乡闻之因成此篇》、《余寓汀州沙县病中闻前郑左丞璘随外镇举荐赴洛兼云继有急征旋见脂辖因作七言四韵戏以赠之或冀其感悟也》等作皆有大量典故。且以后诗而言,"桑田变后新舟楫,华表归来旧路岐。公干寂寥甘坐废,子牟欢抃促行期"等句均含典实。更值得一提的是,其诗中多有旧典寓含今典之处,即以前朝典故人物寓指当世实有人物与事件。如《感事三十四韵》诗中的"恭显诚甘罪,韦平亦恃权。……晋谍终不解,鲁瘅竟难痊。只拟诛黄皓,何曾识霸先。嗼燊翻丑正,养虎欲求全",《八月六日作四首》中的"左牵犬马诚难测,右袒簪缨最负恩"、"金虎挺灾不复论,构成狂猘犯车尘。御衣空惜侍中血,国玺几危皇后身"、"袁安坠睫寻忧汉,贾谊濡毫但过秦"等,句中的典故均有其时现实的人物与事件与之对应,而诗人之意乃在于用旧典喻指比附今典。这些表现手法的采用,均与诗人贬后已变化了的特殊的心态直接相关。

最后,贬后的心态也影响其诗歌风格。这种影响主要表现在三方面:其一,诗人目睹权奸当道、兵连祸结,经历忠而遭贬、唐室衰亡的沧桑巨变,在此"国家不幸诗人幸"之际,他的心态情感顿改,变得忠愤悲郁、黯然沉挚,此时已罕有早年那风流轻靡、词致婉丽的香奁之作,与在朝时温婉和丽的主流诗风有异。其不少涉及政治与个人遭遇的诗作,如《故都》、《安贫》、《感旧》、《八月六日作四首》等,诚如《四库全书总目·韩内翰别集提要》所言:"浑厚不及前人,而忠愤之气时时溢于语外。性情既挚,风骨自遒,慷慨激昂,迥异当时靡靡之响。"①《全唐诗录》谓其"后遭故远遁,出语依于节义,得诗人之正焉"②,指的也是这类风概的诗作。因此,我们说这种悲愤沉郁、风骨凛然诗风的出现,正是贬后遭遇与心态影响所致。其二,由于唐亡前后政局混乱残酷,诗人又惨遭谗毁贬斥,于易代换朝之际,拒不称臣于新朝,现实已逼得他改换旧心肠,怀有避难远祸唯恐不及之

---

① 永瑢等《四库全书总目》卷一五一"韩内翰别集一卷"条,中华书局 1965 年版,第 1302 页。
②《五代诗话》卷六,第 230 页。

心理。在这种心理的作用下,当忠愤之气冲激得他情不自禁赋诗抒发情志时,他也就有意识地采用曲笔,或用比喻寓托,或借典实暗指,或委婉立意,将诗作写得意蕴深藏,若显若晦。有时有的诗句则诗旨迷离,甚至有点晦涩难解,如《八月六日作四首》的个别诗句即如此。以此也就形成了他部分诗作含蓄委曲的风格特色。这种特色在他仕于朝时是不太多见的。其三,韩偓贬官入闽,最后寓止南安村居至卒,其间村居生活的平淡闲静,环境的自然幽美,甘于隐逸不仕的心态,让诗人欣赏热爱这一生活与环境,他的心态情趣与之逐渐协调融合,以此不少描述村居生活与景色的诗篇中,呈现出前所少见的自然冲淡且不乏韵致的特色。这类诗作颇让前人称赏。罗大经云:"农圃家风,渔樵乐事,唐人绝句模写精矣。余摘十首题壁间,每菜羹豆饭饱后,啜苦茗一杯,偃卧松窗竹榻间,令儿童吟诵数过,自谓胜如吹竹弹丝。"①其所摘即有韩偓的"闻说经旬不启关,药窗谁伴醉开颜。夜来雪压村前竹,剩看溪南几尺山"②、"万里清江万里天,一村桑柘一村烟。渔翁醉著无人唤,过午醒来雪满船"③诗。这类诗作尚有不少,如《深院》《野塘》《即目》《蜻蜓》《清兴》《晨兴》《山院避暑》等,而"树头蜂抱花须落,池面鱼吹柳絮行"④、"细水浮花归别涧,断云含雨入孤村"⑤、"断年不出僧嫌癖,逐日无机鹤伴闲"⑥诸句亦颇能见此诗风。

　　综上所述可见,韩偓贬官前后诗歌的种种变化不同,乃由其心态的变化不同所致。

原刊于《宁夏社会科学》2003 年第 1 期

---

①罗大经《鹤林玉露》卷二甲编,中华书局 1983 年版,第 25 页。

②《寄邻庄道侣》

③《醉著》

④《残春旅舍》。

⑤《春尽》。

⑥《睡起》。

韩偓咏梅诗解读

唐末诗人韩偓咏花诗并不多,不过他对梅花却情有独钟,突然在天祐元年冬作有以下三首写梅诗:

早玩雪梅有怀亲属

北陆候才变,南枝花已开。无人同怅望,把酒独裴回。冻白雪为伴,寒香风是媒。何因逢越使,肠断谪仙才。①

梅 花

梅花不肯傍春光,自向深冬著艳阳。龙笛远吹胡地月,燕钗初试汉宫妆。风虽强暴翻添思,雪欲侵凌更助香。应笑暂时桃李树,盗天和气作年芳。②

湖南梅花一冬再发偶题于花援

湘浦梅花两度开,直应天意别栽培。玉为通体依稀见,香号返魂容易回。寒气与君霜里退,阳和为尔腊前来。夭桃莫倚东风势,调鼎何曾用不材。③

为什么此前并未专门写过咏梅诗的诗人,却突然在这么短的时间里先后三次作有咏梅诗呢? 这些咏梅诗是否具有特殊的寓意呢? 我们说尽管韩偓咏花诗作得不多,但他对某些花如紫薇、梅花却有一份特别的感情与关爱。他有《早起探春》诗,前四句云:"句芒一夜长精神,腊后风头已见春。烟柳半眠藏利脸,雪梅含笑绽香唇。"④又有《乱后春日途经野塘》诗,其中写道:"世乱他乡见落梅,野塘晴暖

---

① 彭定求等《全唐诗》卷六八○,中华书局 1960 年版,第 7792 页。
②《全唐诗》卷六八○,第 7792 页。
③《全唐诗》卷六八○,第 7793 页。
④《全唐诗》卷六八一,第 7800 页。

独裴回。……眼看朝市成陵谷,始信昆明是劫灰。"①诗人喜爱春天,早起探春最关注的是梅花,见到"雪梅含笑",诗人不禁为此"长精神",而当乱中见到梅花凋落,诗人则忧伤徘徊,感受到陵谷变迁、国家城内庭将亡的悲哀。此处诗人已明显地将梅花的凋落与家国的兴亡联结在一起。这种将咏花与家国兴亡、身世际遇联结在一起的政治情结,在其《甲子岁夏五月自长沙抵醴陵……村篱之次忽见紫薇花因思玉堂及西掖厅前皆植是花遂赋诗四韵聊寄知心》诗中尤其明显。此诗前半云:"职在内庭宫阙下,厅前皆种紫薇花。眼明忽傍渔家见,魂断方惊魏阙赊。"②诗人对紫薇花的关爱,并不独在赏花爱花之心,而且在于紫薇花对他来讲具有特别的情感意义。韩偓曾为唐昭宗所特别倚重,任命为中书舍人、翰林学士承旨。"帝反正,励精政事,偓处可机密,率与帝意合,欲相者三四,让不敢当。"③唐宫廷中的中书省等处种有紫薇花,因此中书省舍人又称为紫薇舍人。韩偓作此诗在天祐元年(即甲子岁)五月,其时他已被权臣朱全忠所嫉恨,外贬流寓于湖南。此时在偏远的乡村篱边见到紫薇花,他不禁追抚在朝中受到昭宗倚重的经历,并清醒地认识到眼下正遭受迫害,远离宫阙,避害湘中。明白他这一身世际遇,就可懂得他对紫薇花的关爱是与他的这一身世遭遇,他的刻骨的政治情结融汇在一起的。而这种身世与政治的情结,也正是我们解读其咏梅诗的钥匙。

　　韩偓这三首写梅之作,其内含主旨如何? 先谈第一首。"北陆"首两句以梅花最早凌寒开放,歌颂了梅花的不畏严寒,凌风傲骨的风骨气派。"冻白雪为伴"两句,着重从梅花在凛冽的严寒冰冻中仍然洁白自守,永葆一缕寒香这一冰清玉洁、幽香贞芳的崇高品质上赞美她。这一对梅花风骨气派、崇高品质的赞颂,当然寄托着诗人本来就怀有的对梅花的赏爱赞美之情。但除此之外还有无别的寓意呢? 诗人在被南贬之前虽然也早已赏爱梅花,但并没有特意写下咏梅诗,而在南贬流寓中却有此咏梅之作,其中应还有他自身遭遇寄托的触发因素。如前所述,韩偓在天祐元年五月已遭朱全忠等权奸排挤外贬,流寓于醴陵,见紫薇花而思及在朝中的恩遇,不禁有"魂断方惊魏阙赊"的感慨。而此诗乃作于同年冬天,其身世处境大抵相同于作前诗时,只是此时昭宗已被朱全忠从长安逼迁洛阳,并于八月被杀害,形势更严酷。昭宗被弑消息传到被贬的诗人耳中,当在秋末冬初,这时亦可谓"北陆候才变",一变而为更严寒冷酷的冬天。在这时节,诗人恰见到梅花凌寒而开,则其以素所赏爱的梅花自寓,以梅花之坚贞纯洁自励之情愫实殊为自然。

---

①《全唐诗》卷六八一,第 7814 页。
②《全唐诗》卷六八二,第 7815 页。
③ 欧阳修、宋祁《新唐书》卷一八三《韩偓传》,中华书局 1975 年版,第 5389 页。

因此此诗中的梅花,实际上正是处于严酷迫害下的诗人品格处境的形象写照。诗末"何因逢越使"两句,当然还是用陆凯《赠范晔诗》的"折梅逢驿使,寄与陇头人。江南无所有,聊赠一枝春"的诗意,表示对亲人的思念问候之情。不过我们似乎还可以作这种理解:诗人之欲寄梅花给亲属,还意在用梅花向亲人含蓄地表明,尽管他处境险恶,但他会如梅花一样坚贞自守,寒香独处。

如果说第一首的主旨乃在于以梅自寓自喻的话,那么第二、第三首咏梅诗的内含就更丰富而深隐了。除了自寓外,其中的政治情结远比第一首深厚与强烈。这两首诗中的"风虽强暴翻添思,雪欲侵凌更助香"、"玉为通体依稀见"、"寒气与君霜里退,阳和为尔腊前来"等句,从上述以梅自寓的角度来加以阐释,并结合韩偓遭际处境来解读,并不难理解。但此外的一些诗句则蕴含深邃,诗人借此要表明什么,就不易从诗句字面的浅层意思解读了。其诗中三昧又如何呢? 只要解读两诗中的一些重要诗句,则通首之意能豁然明白。

解读这些诗句,韩偓的家国兴亡的政治情结依然是一把金钥匙,这也就必然要弄清楚与两诗有关的时事背景与政治局势。"梅花不肯傍春光,自向深冬著艳阳。"从表面上看,这两句诗乃就梅花赶在春前的深冬迎寒开放的习性而赞颂她。这确也是切题之咏,乃一般咏物诗之常规。但是,韩偓此句之真正含义决不仅于此,而是有深刻寓意的。这首诗乃天祐元年十二月作,此时诗人仍在被贬避难的湖南境内。但值得注意的是,其一,这时昭宗已被杀害,唐昭宣帝在朱全忠的挟制下即位,实际上已是改朝换代了。《旧唐书·哀帝纪》于天祐二年十月记"时政出贼臣,哀帝不能制"[1]。又于稍后的十二月载朱全忠飞扬跋扈,极为"忿恨,语极不逊","帝忧之。甲午上召三宰相议其事,柳璨曰:'人望归元帅(按指朱全忠),陛下揖让释负,今其时也。'帝曰:'运祚去唐久矣,幸为元帅所延。今日天下,非予之天下,神器大宝,归于有德,又何疑焉。他人传予意不尽,卿自往大梁,备言此怀。'乃赐璨茶、药,便令进发"[2]。以上所记具体时事尽管韩偓作此诗时尚未闻知,但"运祚去唐久矣"的时局,韩偓久已了然。这一在朱全忠控制下的朝廷,也就是韩偓诗中含有讥意的"春光"之所指。其二,朱全忠是个要弄权术,狡诈虚伪之辈。为了掩恶饰非,他在派人弑杀昭宗之后,却能"阳惊,号哭自投于地,曰:'奴辈负我,令我受恶名于万代!'癸巳,至东都,伏梓宫恸哭流涕,又见帝自陈非己志,请讨贼"[3]。与此相类,为了收买人心,他也通过昭

---

① 刘昫等《旧唐书》卷二〇下,中华书局 1975 年版,第 801 页。

②《旧唐书》卷二〇下,第 803 页。

③ 司马迁《资治通鉴》卷二六五,中华书局 1956 年版,第 8637 页。

宣帝向素所嫉恨的韩偓发出了招贤复官的消息。韩偓得知复官消息大致在赋此诗稍前,其时他有《病中初闻复官二首》①。诗人对复官的态度又如何呢? 在这两首诗中,诗人回忆了往昔在朝的遭遇:"烧玉谩劳曾历试,铄金宁为欠周防。也知恩泽招谗口,还痛神祇误直肠。"又表明态度云:"闻道复官翻涕泗,属车何在水茫茫","宦途崾崄终难测,稳泊渔舟隐姓名。"他在朝中时曾因受昭宗宠信,又忠直敢言,不依附权奸,敢于据理力争,以致触怒邪佞,招来谗谤排挤。《新唐书·韩偓传》如下记载可让我们明白韩偓上述诗句的具体内涵。当时宰相韦贻范丧母,按当时礼制应在家守孝。但他谋求还位,昭宗只好让韩偓起草起复的诏书。但韩偓据理拒绝草制书。"学士使马从皓逼偓求草,偓曰:'腕可断,麻不可草!'从皓曰:'君求死邪?'偓曰:'吾职内署,可默默乎?'明日,百官至,而麻不出,宦侍合噪。(李)茂贞入见帝曰:'命宰相而学士不草麻,非反邪?'艴然出。……既而帝畏茂贞,卒诏贻范还相,(姚)洎代草麻。自是宦党怒偓甚。"又载"(朱)全忠、(崔)胤临陛宣事,坐者皆去席,偓不动,曰:'侍宴无辄立,二公将以我为知礼。'全忠怒偓薄己,悻然出。有潜偓喜侵侮有位,胤亦与偓贰"。又韩偓因荐王赞、赵崇为宰相而触怒朱全忠,"全忠见帝,斥偓罪……欲召偓杀之。郑元规曰:'偓位侍郎学士承旨,公无遽。'全忠乃止,贬濮州司马"②。从这几件事,可以看到诗人在朝中的险恶处境。他后来在《安贫》诗中回忆这一段经历说:"谋身拙为安蛇足,报国危曾捋虎须。"③现在朱全忠控制的朝廷出于收买人心的需要,又想以复故官招回韩偓,诗人又怎能不三思而后行呢? 对于朱全忠政权的本质他是早已认识清楚的,并已领教其滋味了,他是决不肯复官回朝与他们沆瀣一气、同流合污的。这正如他《息兵》诗中所说"多难始应彰劲节,至公安肯为虚名"④。出于这样的考虑,诗人当然拒绝回朝,而决心"稳泊渔舟隐姓名"了。这也就是他"梅花不肯傍春光"句之深层含义。

两诗中还有"应笑暂时桃李树,盗天和气作年芳"、"夭桃莫倚东风势,调鼎何曾用不材"等句,对其内容的理解也是解读的关键。从诗中可以看出,诗人对"桃李"、"夭桃"是极为轻蔑的,之所以如此,乃在于"夭桃"的"倚东风势"以及"盗天和气作年芳"。"桃李"、"夭桃"指谁? "调鼎"句为我们提供了线索。《尚书·说命》下:"若作和羹,尔惟盐梅。"调鼎即调盐梅之意,亦即指宰相之职。因

①《全唐诗》卷六八〇,第7793页。
②《新唐书》卷一八三,第5388-5389页。
③《全唐诗》卷六八一,第7807页。
④《全唐诗》卷六八〇,第7794页。

此此人此时必为宰相,这个宰相即是柳璨。据《新唐书》卷七三上《宰相表》,柳璨天祐元年正月从左拾遗超资级骤升宰相。柳璨乃逢迎依附朱全忠,并在韩偓作此诗后不久即大肆谗害朝臣的小人。《旧唐书·柳璨传》记朱全忠的爪牙"蒋玄晖、张廷范谋杀衣冠宿望难制者,璨即首疏素所不快者三十余人,相次诛杀,班行为之一空,冤声载路"①。《新唐书·奸臣传》下《柳璨传》亦记他"为人鄙野,其家不以诸柳齿。……崔胤死,昭宗密许璨宰相,外无知者。日暮自禁中出,驺士传呼宰相,人皆大惊。……遂以谏议大夫同中书门下平章事。起布衣,至是不四岁,其暴贵近世所未有。裴枢、独孤损、崔远皆宿望旧臣,与同位,颇轻之,璨内以为怨。朱全忠图篡杀,宿卫士皆汴人,璨一厚结之,与蒋玄晖、张廷范尤相得。既挟全忠,故朝权皆归之"②。柳璨就是这样一个依势谗害朝臣,且又粗鄙为人不齿的小人。他的暴贵也是出于偶然的机遇。《旧唐书》本传载"昭宗好文,初宠待李谿颇厚。洎谿不得其死,心常惜之,求文士似谿者。或荐璨高才,召见,试以诗什,甚喜。无几,召为翰林学士。……翌日对学士,上谓之曰:'朕以柳璨奇特,似可奖任。若令预政事,宜授何官?'承旨张文蔚曰:'陛下拔用贤能,固不拘资级。……若循两省迁转,拾遗超等入起居郎,临大位非宜也。'帝曰:'超至谏议大夫可乎?'文蔚曰:'此命甚惬。'即以谏议大夫平章事,改中书侍郎。任人之速,古无兹例"③。可见柳璨之骤贵,正如韩偓诗所讥嘲的"应笑暂时桃李树,盗天和气作年芳"。诗人对于这样一个倚仗朱全忠邪恶势力的小人充满了鄙视与轻蔑,并发出了警告和诅咒,故有"夭桃莫倚东风势,调鼎何曾用不材"之句。果然如诗人所预言,柳璨因行恶太露太过分,以致连朱全忠也心恶之,遂在不久后除掉他。《旧唐书》本传记他"临刑呼曰:'负国贼柳璨,死其宜矣'"④,可见他自己也知其罪当诛。诗人对这个"盗天和气作年芳",一旦"倚东风势"便猖狂的小人,真不愧有先见之明。

明白了上述的时事史实,我们对韩偓这几首咏梅诗就可以得到合理的解读,并由此懂得这些诗并不是一般的写物咏物之作,而是渗透着诗人的身世遭遇与家国兴亡政治情结的寄托遥深的作品。

原刊于《古典文学知识》2000 年第 6 期

①《旧唐书》卷一七九,第 4670 页。
②《新唐书》卷二二三下,第 6359－6360 页。
③《旧唐书》卷一七九,第 4670 页。
④《旧唐书》卷一七九,第 4671 页。

韩偓梅花诗句意诗旨考论

韩偓在湖南作有几首有关梅花的诗,其梅花诗既是咏物诗,也多有借咏梅寓意者。且其寓意多涉及时事与自身,较为深隐难解,故解者不易得其真意,反有张冠李戴、附会曲解者。欲对其梅花诗有所深入体会,则必须对其主要诗句进行笺释,探清其真正句意,从而获得其诗之主旨。本文即从其《梅花》一诗入手,联系其他梅花诗,互为笺释考论,以探赜其《梅花》诗之主旨。

一

韩偓《梅花》诗云:

> 梅花不肯傍春光,自向深冬著艳阳。龙笛远吹胡地月,燕钗初试汉宫妆。风虽强暴翻添思,雪欲侵凌更助香。应笑暂时桃李树,盗天和气作年芳。①

对于此诗,陈香在《晚唐诗人韩偓》一书第八章《韩偓的评价》一节中有所注释与解读,云:"据焦琴在《蕉阴诗话》中的分析,这首诗值得吟味的寓意有二。第一,是充分反映出韩偓遁闽的动机,乃在于'梅花'(他自拟),'不肯傍春光'(俯首权势),而要'自向深冬'(偏远之地),去'著艳阳'(依附王审知)。何以有如此决心?因为'龙笛'(僖宗),既'远吹胡地月'(借沙陀兵),'燕钗'(黄巢的降将朱温),又'初试汉宫妆'(封宣武节度使),境况全变了。第二,是具体说明出韩偓遁闽的目的,乃在于'风虽强暴'(唐室阽危),而'翻添思'(益能表达忠忱),'雪欲侵凌'(已忤逆的权贵固然不会放松他),即将'更助香'(提高名节)。依照韩偓的观察,却以为'应笑'(那一反一覆的朱温),有如'暂时桃李树'(红了白

---

① 本文所引韩偓诗均见彭定求等《全唐诗》卷六八〇,中华书局 1960 年版,不一一出注。

了），无异'盗天和气'（窃夺权位），竟敢'作年芳'（作威作福），是绝对不会长久的。（按：上文系浓缩自五千馀言的析赏）。"①陈香先生对《梅花》诗的这一简要解读赏析（下称"陈文"），为我们理解这首《梅花》诗提供了一些有益的视角与看法。不过也诚如陈香先生在《晚唐诗人韩偓·自序》中所坦陈的，"的确，韩偓的诗难注。有如宋时的苏轼，爱凭自己的强记运用僻典，尤擅反用，甚至于'神龙'似的套用。穷翻工具书，有时也帮不了小忙"②。即因如此，故陈文也难免存在一些可斟酌或可进一步补充增益之处。为了说明得更有条理、更清楚具体，以下我们采用逐句逐联笺释说明的方式进行考论；且在此之前，有必要先弄清楚韩偓这首《梅花》诗究竟作于何时何地。

　　韩偓这首《梅花》诗收于《全唐诗》卷六八〇，此卷多数诗基本上是按时间先后排列的。这首诗之前第二首即《早玩雪梅有怀亲属》诗："北陆候才变，南枝花已开。无人同怅望，把酒独裴回。冻白雪为伴，寒香风是媒。何因逢越使，肠断谪仙才。"明胡震亨《唐音统签》本此诗诗题下有"甲子醴陵作"小注。此处甲子年即天复四年（闰四月改元天祐元年，即公元904年）。诗云"北陆候才变"，又题有"早玩雪梅"，故本诗乃作于天祐元年冬，时诗人在湖南醴陵。又《梅花》诗后第九首为《湖南梅花一冬再发偶题于花援》："湘浦梅花两度开，直应天意别栽培。玉为通体依稀见，香号返魂容易回。寒气与君霜里退，阳和为尔腊前来。夭桃莫倚东风势，调鼎何曾用不材。"考此诗排列于《全唐诗》韩偓卷《家书后批二十八字》诗后，《即目二首》之前。前一首题下小注云："在醴陵。时闻家在登州。"则《家书后批二十八字》乃作于醴陵。《即目二首》有"废城沃土肥春草，野渡空船荡夕阳"句，乃作于天祐二年春。《湖南梅花一冬再发偶题于花援》诗作于前后两诗之间，诗有"寒气与君霜里退，阳和为尔腊前来"句，又诗题谓"梅花一冬再发"，则诗最迟当作于天祐元年腊月。按，韩偓天祐元年五月已经离开长沙往醴陵，至天祐二年春夏间又至江西袁州，则诗人乃在天祐元年"深冬"于湖南醴陵赋此《梅花》诗，且于同年冬作上述其他两首有关梅花之作。据我们已经掌握的韩偓生平经历知，韩偓于天复三年（903年）二月为朱全忠所恶，自户部侍郎、翰林学士承旨外贬为濮州司马，后又"再贬荣懿尉，徙邓州司马"③，天祐元年冬，则流寓于湖南醴陵。

------

① 陈香《晚唐诗人韩偓》，台北"国家出版社"1993年版，第134页。
② 《晚唐诗人韩偓》，第2页。
③ 欧阳修、宋祁《新唐书》卷一八三《韩偓传》，中华书局1975年版，第5387—5390页。以下引此传不再具体标注。

二

梅花不肯傍春光，自向深冬著艳阳。

此诗之梅花，诚如陈说亦乃自拟。而"傍春光"亦如陈说乃"俯首权势"，然此权势究竟何指，则尚有待进一步说明。按，"傍春光"原乃谓依傍、依附春光。韩偓此《梅花》诗，既有咏梅之咏物诗之特质，又有借梅寓意之深旨，故解读此诗诗句，要从上述二意加以解读。从咏物角度看，所谓"不肯傍春光"，原为梅花盛开于寒冬，至春光灿烂之际而逐渐凋谢，故有此句以咏梅花之本性。而从寓意之角度言，特别联系韩偓此时之遭际看，显然此"春光"乃别有所指。谓"不肯傍春光"，为不肯俯首"权势"乃笼统之言，此"权势"究竟何指？据两《唐书·昭宗纪》以及《资治通鉴》有关记载，天祐元年初，朱全忠为谋夺李唐政权，逼唐昭宗迁都洛阳，并于同年八月弑杀昭宗于洛阳宫椒殿，另立年仅十三岁的李柷为昭宣帝（即哀帝）。此时朝廷虽是李柷为帝，实际上早已经完全掌控在朱全忠之流手中。这一朱全忠之流掌握朝廷生杀大权的局势，其实在韩偓被贬之前早就如此，此后则更为恶化。《资治通鉴》卷二六三天复三年正月即记昭宗被宦官韩全诲劫往凤翔后，因借朱全忠之力将返回长安，故对朱全忠感激涕零，云："宗庙社稷，赖卿再安；朕与宗族，赖卿再生。"[1]即因如此，朱全忠此时实际上已经掌控了朝廷大权，也主宰着唐昭宗的命运。故昭宗一回长安，朱全忠即和同谋者宰相崔胤上奏尽剪宦官，"'请悉罢诸司使，其事务尽归之省寺，诸道监军俱召还阙下。'上从之。是日，全忠以兵驱宦官第五可范等数百人于内侍省，尽杀之，冤号之声，彻于内外。其出使外方者，诏所在收捕诛之，止留黄衣幼弱者三十人以备洒扫。……上愍可范等或无罪，为文祭之。"[2]《资治通鉴》卷二六四天祐元年春正月亦有如下记载可证："全忠密表司徒兼侍中、判六军十二卫事、充盐铁转运使、判度支崔胤专权乱国，离间君臣，并其党刑部尚书兼京兆尹、六军诸卫副使郑元规，威远军使陈班等，皆请诛之。乙巳，诏责授胤太子少傅，分司，贬元规循州司户，班湊州司户。丙午，下诏罪状胤等；以裴枢判左三军事、充盐铁转运使，独孤损判右三军事、兼判度支；胤所募兵并纵遣之。以兵部尚书崔远为中书侍郎，翰林学士、左拾遗柳璨为右谏议大夫，并同平章事。……戊申，朱全忠密令

---

① 司马光《资治通鉴》卷二六三，中华书局 1956 年版，第 8594 页。
② 《资治通鉴》，第 8594—8595 页。

宿卫都指挥使朱友谅以兵围崔胤第，杀胤及郑元规、陈班并胤所亲厚者数人。"①
上述记载可见朱全忠在天复、天祐年间已经控制了朝廷，并专横跋扈，掌握生杀
予夺大权。因此从当时之政局以及韩偓之遭际看，此处"春光"当指当时控制朝
廷大权，煊赫一时的朱全忠之流（按，本文所说的"朱全忠之流"，有时也指那些
依附投靠朱全忠势力以及那些朱全忠势力外的朝中奸佞势力）。因此首句的
"梅花不肯傍春光"，其实正寓含诗人不肯依傍投靠朱全忠之流之清正忠耿品
格，这也有事实可证。《新唐书·韩偓传》载："（朱）全忠、（崔）胤临陛宣事，坐者
皆去席，偓不动，曰：'侍宴无辄立，二公将以我为知礼。'全忠怒偓薄己，悻然出。
有谮偓喜侵侮有位，胤亦与偓贰。会逐王溥、陆扆，帝以王赞、赵崇为相，胤执
赞、崇非宰相器，帝不得已而罢。赞、崇皆偓所荐为宰相者。全忠见帝，斥偓罪，
帝数顾胤，胤不为解。全忠至中书，欲召偓杀之。郑元规曰：'偓位侍郎、学士承
旨，公无遽。'全忠乃止，贬濮州司马。帝执其手流涕曰：'我左右无人矣。'"

　　又，"自向深冬著艳阳"。此句诗陈说以为"自向深冬"乃谓"偏远之地"，"著
艳阳"乃"依附王审知"。

　　按，所说恐误。盖如此解释，实在缺乏合理的内在联系，我们实在看不出
"深冬"与"偏远之地"的闽地因何关连而有此喻。"艳阳"，在唐代也用以比喻皇
帝。据《新五代史》卷六八《王审知传》载："乾宁四年，（王）潮卒，审知代立。唐
以福州为威武军，拜审知节度使，累迁同中书门下平章事，封琅琊王。唐亡，梁
太祖加拜审知中书令，封闽王，升福州为大都督府。"②则王审知终未立帝，至唐
亡后也才被后梁朱全忠政权封为闽王，则一贯不承认后梁政权之韩偓，又何能
以"艳阳"比喻天祐元年的王审知？且赋此诗之天祐元年冬，韩偓尚在湖南。尽
管他此后入闽，但乃是在两年之后，作此诗时，恐怕尚未有入闽之规划。故韩偓
这句诗，当另作别解。

　　按，"向"为介词，表示动作的地点，犹在。如唐崔曙《登水门楼见亡友题黄
河诗因以感兴》诗"人随川上逝，书向壁中留"，宋陆游《风云昼晦夜遂大雪》诗
"已矣可奈何？冻死向孤村"，即为此意。"深冬"，即严冬，此处亦有比喻当时严
酷时局之意。"著"，意为向、朝，表示动作行为的方向。如宋袁去华《安公子》词
"庾信愁如许，为谁都著眉端聚"，宋陈亮《最高楼·咏梅》词"花不向沉香亭上
看，树不著唐昌宫里玩"。"艳阳"，既是自然界之太阳，亦喻指皇帝。故从咏物
之角度，"著艳阳"，即谓梅花朝向艳丽的太阳；而从寓意之角度，则此处"著艳

---

①《资治通鉴》，第 8624—8625 页。
②欧阳修《新五代史》，中华书局 1974 年版，第 846 页。

阳"实含比喻之意,意为诗人如梅花朝向闪亮的太阳一样,一心向着唐昭宗皇帝。因此这句诗既是咏梅,亦有政治寓托。从咏梅的角度看,梅花自是开放在深冬的阳光里;而从寓意的角度解读,则意为诗人在严酷的政治威压下,依然忠于唐室,忠于唐昭宗皇帝。因此首二句从寓意的角度说,表明诗人不趋附于烜赫一时的朱全忠之流的权势,而甘愿在严峻恶劣的局势下仍然忠心向着唐昭宗,这既是指被贬前在朝为官时,也指被贬后流寓湖南赋诗时。

三

　　　　龙笛远吹胡地月,燕钗初试汉宫妆。

　　陈说解读这两句诗说:"'龙笛'(僖宗),既'远吹胡地月'(借沙陀兵),'燕钗'(黄巢的降将朱温),又'初试汉宫妆'(封宣武节度使),境况全变了。"按,这一解读也是不合诗意的。一者,"龙笛"实在无涉于唐僖宗。僖宗崩于光启四年(888年),翌年昭宗龙纪元年(889年)韩偓方及第。至赋《梅花》诗之天祐元年(904年),僖宗已经去世十六年,实在对于"韩偓遁闽的动机"了无干系。而谓"远吹胡地月"指僖宗"借沙陀兵",也有违句意。

　　按,所谓沙陀兵指李克用军。据《资治通鉴》卷二五五中和二年十月载:"黄巢兵势尚强,王重荣患之,谓行营都监杨复光曰:'臣贼则负国,讨贼则力不足,奈何?'复光曰:'雁门李仆射,骁勇,有强兵,其家尊与吾先人尝共事相善,彼亦有徇国之志;所以不至者,以与河东结隙耳。诚以朝旨谕郑公而召之,必来,来则贼不足平矣!'东面宣慰使王徽亦以为然。时王铎在河中,乃以墨敕召李克用,谕郑从谠。十一月,克用将沙陀万七千自岚、石路趣河中,不敢入太原境,独与数百骑过晋阳城下与从谠别,从谠以名马、器币赠之。"①又中和三年正月记:"正月,李克用将李存贞败黄揆于沙陀;己巳,克用进屯沙苑。揆,巢之弟也。王铎承制以克用为东北面行营都统,以杨复光为东面都统监军使。"②据此,所谓僖宗借沙陀兵事,乃在中和二年(882年)为讨伐黄巢,朝廷利用李克用军参与讨伐之事。此时距作《梅花》诗的天祐元年相差二十年,韩偓又岂是因此而起"遁闽的动机"?

　　又陈说以朱温"封宣武节度使"以释"燕钗初试汉宫妆"句亦未确。据《资治

①《资治通鉴》,第8277—8278页。
②《资治通鉴》,第8287页。

通鉴》卷二五五中和三年五月载："以河中行营招讨副使朱全忠为宣武节度使。"①则朱全忠之封宣武节度使亦早在僖宗中和三年，此事亦绝无可能影响到所谓的天祐元年冬韩偓之决定"遁闽"事。可见，陈说对《梅花》这两句诗的理解全然不可信。

那么，这两句诗作何解？按，这两句诗首先是用以咏颂梅花的，毕竟此诗是一首咏物诗，必须就梅花而咏之。从这一角度解释，其实"龙笛"本即指笛，据说其声似水中龙鸣，故称。如汉马融《长笛赋》："龙鸣水中不见已，截竹吹之声相似。"后则多指管首为龙形的笛。《律吕正义后编》载："龙笛制如笛，七孔横吹之管。首制龙头，衔同心结带。"②唐虞世南《琵琶赋》云："叶笙镛之律吕，参钟石之经纬，于是凤箫辍吹，龙笛韬吟。"唐钱起《送鲍中丞赴太原军营》："云旗临塞色，龙笛出关声。"又笛曲有《折杨柳》、《落梅花》等。胡彦升《乐律表微》卷七云："《元志》云：羌笛制如笛……按羌笛有《折杨柳》、《落梅花》诸曲……"③李白《与史郎中钦听黄鹤楼上吹笛》云："一为迁客去长沙，西望长安不见家。黄鹤楼中吹玉笛，江城五月落梅花。"而又有用以咏梅者，如宋姜夔《卜算子·吏部梅花八咏》词："象笔带香题，龙笛吟春咽。"实际上，"龙笛远吹胡地月"，亦用笛曲"梅花三弄"、"落梅花"以咏梅之典故。"梅花三弄"乃古曲名。据明朱权《神奇秘谱》称，此曲系由晋桓伊所作的笛曲改编而成，内容写傲霜斗雪之梅花，全曲主调出现三次，故称。"胡地"，古代泛称北方和西方各族居住的地方。如旧题汉李陵《答苏武书》："胡地玄冰，边土惨裂。"唐顾朝阳《昭君怨》："影销胡地月，衣尽汉宫香。""燕钗"，原为旧时妇女别在发髻上的一种燕子形的钗。其典出自汉郭宪《洞冥记》卷二："神女留玉钗以赠帝，帝以赐赵婕好。至昭帝元凤中，宫人犹见此钗。黄琳欲之，明日示之，既发匣，有白燕飞升天。后宫人学作此钗，因名玉燕钗，言吉祥也。"古诗人多用"燕钗"，唐李贺《湖中曲》："燕钗玉股照青渠，越王娇郎小字书。"唐殷尧藩《汉宫词》："可怜玉貌花前死，惟有君恩白燕钗。"元杨维桢《题杨妃春睡图》诗："蟠龙髻重未胜绾，燕钗半落犀梳偃。""汉宫妆"，原指汉代宫女额上涂黄粉的妆容，因称汉宫妆。明代张萱《疑耀》云："汉给宫人螺子黛，故云黛眉。……额上涂黄，亦汉宫妆。……虞世南《袁宝儿诗》：'学画鸦黄半未成。'是黛色或以点额，或以施眉。黄色或涂额上，或安眉角，古人媚妆随意

①《资治通鉴》，第8291页。
② 允禄、张照等《御制律吕正义后编》卷六十四，文渊阁四库全书版。
③ 胡彦升《乐律表微》卷七，文渊阁四库全书版。

皆可。"①以上所引虽为"汉宫妆",但此《梅花》诗中之"汉宫妆"恐亦包含其他与梅花直接相关之典故。检《太平御览》卷三十:"宋武帝女寿阳公主人日卧于含章殿檐下。梅花落公主额上,成五出花,拂之不去。皇后留之,看得几时。经三日,洗之乃落。宫女奇其异,竞效之。今梅花妆是也。"②后代常用汉宫妆和寿阳公主梅花妆之典故以咏梅。如宋韩驹《次韵吉父曾园梅花》:"路入君家百步香,隔帘初识汉宫妆。只疑梦到昭阳殿,一簇轻红绕淡黄。"张孝祥《蜡梅》:"满面宫妆淡淡黄,绛纱封蜡贮幽香。"吕本中《腊梅》:"学得汉宫妆,偷传半额黄。"楼钥《谢潘端叔惠红梅》:"全体江梅腊里芳,紫绵新拂汉宫妆。"陆游《东园观梅》:"出世仙姝下草堂,高标肯学汉宫妆。"杨冠卿《腊梅》:"涂黄不学汉宫妆,一点檀心万斛香。"又如宋晁端礼《水龙吟》:"夜来深雪前村路,应是早梅初绽。……别有玉溪仙馆,寿阳人初匀妆面,天教占了,百花头上,和羹未晚。"吴潜《酹江月》:"晓来窗外,正南枝初放,两花三蕊。千古春风头上立,羞退秾桃繁李。姑射神游,寿阳妆褪,色界尘都洗。"故韩偓此诗之"汉宫妆"句,或亦绾合上述诸事以咏梅。因此,"龙笛远吹胡地月,燕钗初试汉宫妆"从咏物诗的角度看,两句均用以咏写梅花也。如果从咏物兼有寓托的角度看,其寓意正如我们上面所论陈说之非是,我们倒以为可以作如下的解读。

正如上文所说"龙笛"句乃以笛曲《梅花三弄》以咏梅,"燕钗"句又有如《洞冥记》所记的"神女留玉钗以赠帝,帝以赐赵婕妤",以及宋寿阳公主梅花妆之故实,故两句均从不同的角度歌咏梅花飘逸清丽之神韵气质,及其曼妙为人所宠爱之情态。特别是"燕钗初试"所蕴含的赵婕妤为汉帝所宠,初试燕钗之美艳矜持之情态,若果从有寓意的角度理解,我们似乎可以解读为韩偓回忆其在唐朝廷为唐昭宗所器重宠爱的美好愉悦之经历。这一理解是有事实支撑印证的。《新唐书·韩偓传》即记"帝反正,励精政事,偓处可机密,率与帝意合,欲相者三四,让不敢当"。又"偓尝与(崔)胤定策诛刘季述,昭宗反正,为功臣。帝疾宦人骄横,欲尽去之。偓曰:'陛下诛季述时,余皆赦不问,今又诛之,谁不惧死?……今食度支者乃八千人,公私牵属不减二万,虽诛六七巨魁,未见有益,适固其逆心耳。'帝前膝曰:'此一事终始属卿。'"而在韩偓为朱全忠所恶而"贬濮州司马"后,这一被昭宗器重宠爱的美好经历,在韩偓诗中也多有咏唱。如《六月十七日召对自辰及申方归本院》诗云:"清暑帘开散异香,恩深咫尺对龙章。花应洞里寻常发,日向壶中特地长。坐久忽疑槎犯斗,归来兼恐海生桑。

①张萱《疑耀》卷三,文渊阁四库全书版。
②李昉等《太平御览》卷三〇,文渊阁四库全书版。

如今冷笑东方朔,唯用诙谐侍汉皇。"如《中秋禁直》云:"天衬楼台笼苑外,风吹歌管下云端。长卿只为长门赋,未识君臣际会难。"如《赐宴日作》云:"臣心净比漪涟水,圣泽深于潋滟杯。才有异恩颁稷契,已将优礼及邹枚。"如《苑中》云:"笙歌锦绣云霄里,独许词臣醉似泥。"凡此均可见诗人在朝廷中受恩宠之优渥美好之一面,故"龙笛"、"燕钗"两句如作上述寓托之解读,想来也是合情合理的。可谓虽不中,亦不远矣。

四

风虽强暴翻添思,雪欲侵凌更助香。

陈说解读这两句谓"是具体说明出韩偓遁闽的目的,乃在于'风虽强暴'(唐室阽危),而'翻添思'(益能表达忠忱),'雪欲侵凌'(已忤逆的权贵固然不会放松他),即将'更助香'(提高名节)"。所释虽不无道理,但还是难免有错误或不准确之处,且过于简单。今再笺释如下。

按,谓这两句是"具体说明出韩偓遁闽的目的",这一寓意是完全寻味不出的,其间实在缺乏内在的逻辑联系,不知何以出此令人不解之思路? 其实,这两句仍然是写梅之句,此不论。从寓意的层面谓"风虽强暴"为"唐室阽危",则非此句所直接寓含。盖此乃谓尽管朱全忠之流横行跋扈,迫害摧残包括自己在内的忠耿众臣,但这反而使自己(即梅花所喻)更增深了对专横残暴的朱全忠之流的认识,对朝廷对自己前程命运的思考,而非迂曲解说之陈说。考之于史实,韩偓在朝时以及被贬后所经所见所闻也确实如此。

《新唐书·韩偓传》载:"宰相韦贻范母丧,诏还位,偓当草制,上言:'贻范处丧未数月,遽使视事,伤孝子心。今中书事,一相可办。陛下诚惜贻范才,俟变缞而召可也。何必使出峨冠庙堂,入泣血枢侧,毁瘠则废务,勤恪则忘哀,此非人情可处也。'学士使马从皓逼偓求草,偓曰:'腕可断,麻不可草!'从皓曰:'君求死邪?'偓曰:'吾职内署,可默默乎?'明日,百官至,而麻不出,宦侍合噪。茂贞入见帝曰:'命宰相而学士不草麻,非反邪?'艴然出。姚洎闻曰:'使我当直,亦继以死。'既而帝畏茂贞,卒诏贻范还相,洎代草麻。自是宦党怒偓甚。从皓让偓曰:'南司轻北司甚,君乃崔胤、王溥所荐,今日北司虽杀之可也。两军枢密,以君周岁无奉入,吾等议救接,君知之乎?'偓不敢对。"又载:"全忠、胤临陛宣事,坐者皆去席,偓不动,曰:'侍宴无辄立,二公将以我为知礼。'全忠怒偓薄己,悻然出。有潜偓喜侵侮有位,胤亦与偓贰。会逐王溥、陆扆,帝以王赞、赵崇为相,胤执赞、崇非宰相器,帝不得已而罢。赞、崇皆偓所荐为宰相者。全忠见帝,斥偓罪,帝数顾胤,胤不为解。全忠至中书,欲召偓杀之。郑元规曰:'偓位侍郎、学士承旨,公无遽。'全忠乃止,贬濮州司马。"又,《旧唐书·昭宗纪》也多记载朱全忠之流之暴行。除了威逼昭宗迁都洛阳,并最终于天祐元年八月弑杀昭宗外,天祐元年正月亦记:"全忠率师屯河中,遣牙将寇彦卿奉表请车驾迁都洛阳。全忠令长安居人按籍迁居,彻屋木,自渭浮河而下,连甍号哭,月余不息。秦人大骂于路曰:'国贼崔胤,召朱温倾覆社稷,俾我及此,天乎!天乎!'"又同年四月记:"全忠意上迟留俟变,怒甚,谓牙将寇彦卿曰:'亟往陕州,到日便促官家发来!'闰四月……壬寅,次穀水行宫。时崔胤所募六军兵士,胤死后亡散并尽,从上东迁者,唯诸王、小黄门十数,打球供奉内园小儿共二百余人。全忠在陕,仍虑此辈为变,欲尽去之,以汴卒为侍卫。至穀水顿,全忠令医官许昭远告内园等谋变,因会设幄,酒食次并坑之,乃以谋逆闻。由是帝左右前后侍卫职掌,皆汴人也。"[1]《旧唐书·哀帝纪》于天祐二年十月记:"时政出贼臣,哀帝不能制。"[2]又于稍后的十二月载朱全忠飞扬跋扈,极为"忿恨,语极不逊……帝忧之"[3]。朱全忠强暴势力之凶残,也确实使诗人"翻添思",这在他此后的诗歌中也多有体现。其《病中初闻复官二首》之二"宦途嶮巇终难测,稳泊渔舟隐姓名",《即目二首》之一"宦途弃掷须甘分,回避红尘是所长",《避地》之"白面儿郎犹巧宦,不知谁与正乾坤",《翠碧鸟》之"挟弹小儿多害物,劝君莫近市朝飞",《乙丑岁九月在萧滩镇驻泊两月忽得商马杨迢员外书贺余复除戎曹依旧承旨还缄后因书四十字》诗之"紫泥虚宠奖……事往凄凉在……若为将朽质,犹拟杖于朝"等等,均表明诗人对朱全忠残暴政权有着深刻的认识与高度的警惕,故坚决不复官而隐居。

"雪欲侵凌更助香",自然也是咏梅之句,也即是所谓"梅花香自苦寒来"之意。然从寓托的角度言,则其意为朱全忠之流的侵凌迫害,反而使我不畏强暴,坚守士人之劲节操守,犹如疾风见劲草,岁寒而知松柏之后凋。韩偓也确为如此,上述他坚拒草韦贻范起复宰相诏,"学士使马从皓逼偓求草"时,韩偓即斩钉截铁曰:"腕可断,麻不可草!"其《息兵》诗之"正当困辱殊轻死……多难始应彰劲节,至公安肯为虚名",《安贫》之"谋身拙为安蛇足,报国危曾捋虎须",《残春旅舍》之"两

---

① 刘昫等《旧唐书》卷二〇上,中华书局 1975 年版,第 778—779 页。
②《旧唐书》卷二〇下,第 800—801 页。
③《旧唐书》卷二〇下,第 803 页。

梁免被尘埃污,拂拭朝簪待眼明"诸诗句,均乃诗人"更助香"之表征。

五

应笑暂时桃李树,盗天和气作年芳。

　　陈说解读这两句,从总的意思来说虽不大错,但还是不够准确。这里首先要辨析"桃李树"到底指谁,是否指朱温?

　　按,这两句意亦双关。所谓"和气",古人认为乃天地间阴气与阳气交合而成之气,万物由此"和气"而生。《老子》:"万物负阴而抱阳,冲气以为和。"《韩非子·解老》:"孔窍虚,则和气日入。"唐刘商《金井歌》:"文明化洽天地清,和气氤氲孕至灵。"而"年芳",本意指美好的春色。南朝梁沈约《三月三日率尔成篇》诗:"丽日属元巳,年芳具在斯。开花已匝树,流莺复满枝。"唐白居易《石榴树》:"见说上林无此树,只教桃柳占年芳。"李商隐《判春》诗:"一桃复一李,井上占年芳。"因此从咏物诗的角度看,此句乃讥笑桃李树只能盗取逢迎着春天的和气短暂开放,却不如梅花凌寒绽放。而从寓意的角度察之,则此处之"年芳",盖谓"桃李树"因"盗天和气"而得势煊赫一时。那么此"盗天和气"而"作年芳"之"桃李树"究指何人?陈说以为乃指"一反一覆的朱温",我以为不确。考韩偓有同年冬作之《湖南梅花一冬再发偶题于花援》诗,云:"湘浦梅花两度开,直应天意别栽培。……夭桃莫倚东风势,调鼎何曾用不材。"此诗也是既咏梅又有寓意之双关诗。吴汝纶评注云:"结句似指崔远、柳璨辈。是时崔胤已死矣。"[①]

　　按,此诗中讽刺斥责之"倚东风势"之"夭桃",亦即上诗"盗天和气"之"桃李树"。而此"东风"乃借以比喻其时掌控朝中政权之朱全忠权势势力;"不材"之"夭桃",乃指投靠依仗朱全忠势力之权贵者。吴汝纶谓"似指崔远、柳璨辈",《韩偓诗注》亦采用此说[②]。然考之当时情势与崔远、柳璨之行迹,其中柳璨确是"夭桃"、"不材"之流,而崔远则非韩偓所欲指斥者。据诗中所言,其所欲指斥者乃"调鼎"者,亦即当时为宰相者。据《新唐书·宰相表》,天祐元年腊月前后,柳璨、崔远均为宰相。然《旧唐书·崔远传》谓:"天祐初,从昭宗东迁洛阳。罢相,守右仆射。二年,为柳璨希朱全忠旨,累贬白州长史。行至滑州,被害于白马

---

①《韩翰林集》卷一此诗诗后吴汝纶评注,关中丛书本。
②陈继龙《韩偓诗注》,学林出版社 2001 年版,第 62 页。

驿。远文才清丽，风神峻整，人皆慕其为人，当时目为'钉座梨'，言席上之珍也。"①《新唐书》本传亦称其"有文而风致整峻，世慕其为，目曰'钉座梨'，言座所珍也。"②则崔远如此之人品声望，当非诗人所斥之"倚东风势"者。惟柳璨则由拾遗而骤任宰相，且《旧唐书·柳璨传》记其"同列裴枢、独孤损、崔远皆宿素名德，遽与璨同列，意微轻之，璨深蓄怨。昭宗迁洛，诸司内使、宿卫将佐，皆朱全忠腹心也，璨皆将迎，接之以恩，厚相交结，故当时权任皆归之"③。据此可见，柳璨确乃诗中所欲指斥之依仗东风势之夭桃、不材者。那么，"应笑暂时桃李树，盗天和气作年芳"之"桃李树"也应指柳璨之徒。据唐史所载，柳璨也确实是"盗天和气作年芳"，倚仗朱全忠势力而烜赫一时的"暂时桃李树"。

　　据《新唐书》卷七三上《宰相表》，柳璨天祐元年正月从左拾遗超资级骤升宰相。柳璨又是逢迎依附朱全忠，并在韩偓作此诗后不久即大肆谗害朝臣的小人。《旧唐书·柳璨传》记朱全忠的爪牙"蒋玄晖、张廷范谋杀衣冠宿望难制者，璨即首疏素所不快者三十余人，相次诛杀，班行为之一空，冤声载路"④。《新唐书·奸臣传》下《柳璨传》亦记他"为人鄙野，其家不以诸柳齿。……崔胤死，昭宗密许璨宰相，外无知者。日暮自禁中出，驺士传呼宰相，人皆大惊。……遂以谏议大夫同中书门下平章事。起布衣，至是不四岁，其暴贵近世所未有。裴枢、独孤损、崔远皆宿望旧臣，与同位，颇轻之，璨内以为怨。朱全忠图篡杀，宿卫士皆汴人，璨一厚结之，与蒋玄晖、张廷范尤相得。既挟全忠，故朝权皆归之"⑤。《旧唐书·哀帝纪》于天祐二年十月记"时政出贼臣，哀帝不能制"⑥。又于稍后的十二月载朱全忠飞扬跋扈，"帝忧之。甲午上召三宰相议其事，柳璨曰：'人望归元帅（按指朱全忠），陛下揖让释负，今其时也。'帝曰：'运祚去唐久矣，幸为元帅所延。今日天下，非予之天下，神器大宝，归于有德，又何疑焉。他人传予意不尽，卿自往大梁，备言此怀。'乃赐璨茶、药，便令进发"⑦。柳璨就是这样一个依势谗害朝臣，且又粗鄙为人不齿的小人。他的暴贵也是出于偶然的机遇。《旧唐书·柳璨传》载"昭宗好文，初宠待李谿颇厚。洎谿不得其死，心常惜之，

①《旧唐书》卷一七七，第 4591 页。
②《新唐书》卷一八二，第 5364 页。
③《旧唐书》卷一七九《柳璨传》，第 4670 页。
④同上。
⑤《新唐书》卷二二三下，第 6359－6360 页。
⑥《旧唐书》卷二〇下，第 800－801 页。
⑦《旧唐书》卷二〇下，第 803 页。

求文士似谿者。或荐璨高才,召见,试以诗什,甚喜。无几,召为翰林学
士。……翌日对学士,上谓之曰:'朕以柳璨奇特,似可奖任。若令预政事,宜授
何官?'承旨张文蔚曰:'陛下拔用贤能,固不拘资级。……若循两省迁转,拾遗
超等入起居郎,临大位非宜也。'帝曰:'超至谏议大夫可乎?'文蔚曰:'此命甚
惬。'即以谏议大夫平章事,改中书侍郎。任人之速,古无兹例"①。可见柳璨之
骤贵,正如韩偓诗所讥嘲之"应笑暂时桃李树,盗天和气作年芳"。诗人对于这
样一个倚仗朱全忠邪恶势力的小人充满了鄙视与轻蔑,并发出了警告和诅咒,
故有"夭桃莫倚东风势,调鼎何曾用不材"以及"暂时桃李树"之句。果然如诗人
所预言,柳璨因行恶太露太过分,以致连朱全忠也心恶之,遂在不久后除掉他。
《旧唐书》本传记他"临刑呼曰:'负国贼柳璨,死其宜矣'"②。可见连他自己也知
其罪当诛。诗人对这个"盗天和气作年芳",一旦"倚东风势"便猖狂的小人,真
不愧有先见之明。由此可见,两诗中之"夭桃"或"桃李树"均是指"盗天和气",
投靠依附朱全忠之流,竭力残害忠臣士人,一时暴贵的奸臣如柳璨者之流。

六

　　综合上述对此诗各句之笺释考述,可见此诗既是咏梅,更是借咏梅而多有
托喻讥刺之作。故前人谓"全自喻也","善评梅心事者,并起句岂自喻耶","有
讽刺",甚至认为"此托喻,非咏梅也"③。从咏梅言,此诗前六句均是咏梅之句,
而尤以"龙笛"、"燕钗"二句更多采用咏梅常用事典,并绾合多种事典,将梅花比
喻为风韵独具、风姿绰约的古代美女。"龙笛远吹胡地月",以悠扬飘逸之梅花
三弄笛声,写梅花之清迥风韵,冷艳风姿;"燕钗初试汉宫妆",盖将梅花比喻为
刚以汉皇所恩赐之燕钗妆扮罢的矜持飘逸之赵飞燕。此诗咏梅善于刻画梅花
之神态风韵,以及凌寒御暴、斗雪愈芳之品格。然此诗之主旨,则非纯为咏梅,
实乃借梅自喻,且寓讥刺之意。如首句乃谓自身不肯依傍朱全忠之流之强权势
力也。第二句则表明于严冬般残酷之局势下,仍心向唐室,忠于唐皇也。五、六
二句虽被纪昀批评为"粗野特甚"④,然借"风虽强暴"、"雪欲侵凌"以显梅花之不

①《旧唐书》卷一七九,第 4670 页。
②《旧唐书》卷一七九,第 4671 页。
③ 以上均见方回选评、李庆甲集评校点《瀛奎律髓汇评》卷二十梅花类韩偓《梅花》诗下集评,
　上海古籍出版社 1986 年版,第 782 页。
④ 同上。

畏强暴，凌寒而愈香，实际上寓托自己不屈服于朱全忠之流之残暴邪恶势力，以此显示诗人之政治品格。末二句则如查慎行所说"有讽刺"。"暂时桃李树"，乃讥刺"盗天和气"，投靠依附朱全忠之流，竭力残害忠臣士人，一时暴贵为宰相之奸臣柳璨之徒。所谓"暂时"，乃极轻蔑之言，言粗鄙凶残、夤缘得势之柳璨，其所盗取之宰相之职，势必不久耳！诗人所言果真应验，《资治通鉴》天祐二年十二月记："初，璨陷害朝士过多，全忠亦恶之。"[1]后终于还是为朱全忠所厌恶，并诛杀之。

原刊于《湖南科技学院学报》2012 年第 9 期

---

[1]《资治通鉴》卷二六五，第 8653 页。

韩偓的两首禽鸟诗探究

韩偓有两首先后作于湖南醴陵的咏禽鸟诗(均见《全唐诗》卷六八〇),其一为《玩水禽》(题下注"在古南醴陵县作"):

> 两两珍禽渺渺溪,翠衿红掌净无泥。
> 向阳眠处莎成毯,踏水飞时浪作梯。
> 依倚雕梁轻社燕,抑扬金距笑晨鸡。
> 劝君细认渔翁意,莫遣缧罗误稳栖。

另一首是《翠碧鸟》(题下注"以上并在醴陵作"):

> 天长水远网罗稀,保得重重翠碧衣。
> 挟弹小儿多害物,劝君莫近市朝(一作五陵)飞。

这两首均是写禽的咏物诗,所写的禽鸟恐怕均是生活于水边的"翠碧鸟"。既然是咏物诗,也就必然要描绘翠碧鸟的形态特点与生活情景。于是第一首的前四句,后一首的前两句就侧重于此,这都是咏物诗所必需的。就咏物的这些诗句而言,韩偓的描摹是切题而又精彩的,这不拟细析。须引起注意的是前一首诗的后四句和后一首的最后两句,因为其中均有明显的讥刺与警戒之意,显然诗人是要借咏翠碧鸟传达一种警世之言。因此两诗均是有所托讽的咏物诗。

那么,诗人的托讽是就一般的人情世态而言,还是另有自己的人生体验,发自心底深衷呢? 如果主要是后者,这又表现了诗人怎样的心态? 当然,诗人的心态是丰富、复杂的,这里所说只是其中之一。要说明以上问题,首先要弄清楚这两首诗的创作年代,因为这牵涉到诗人创作两诗时的遭际经历,而其心态是与此紧密联系的。韩偓有《甲子岁夏五月自长沙抵醴陵贵就深僻以便疏慵由道林之南步步胜绝去绿口分东入南小江山水益秀村篱之次忽见紫薇花因思玉堂及西掖厅前皆植是花遂赋诗四韵聊寄知心》(《全唐诗》卷六八二)诗。甲子岁五月即天祐元年(904)五月,诗人被贬已一年三个月,辗转流寓至湖南醴陵。从两禽鸟诗题下注知道,诗均作于诗人在醴陵时,也就是说均作于天祐元年五月后。韩偓天祐三年二月已旅寓江西抚州,则两诗约作于天祐元年五月后至天祐三年前。韩偓是在天复三年(903)二月从兵部侍郎、翰林学士承旨被崔胤、朱全忠所谗毁,被逼从朝中外贬濮州,后又流寓至湖南。因此,写作这两首诗时,诗人正在贬逐流寓之中。大略了解了诗人的身世及当时的创作背景,我们不难明白这两首诗的托讽之言,并不是就一般的人情世态而发,而是揉和着诗人惨痛的仕途遭遇和惊心的官场感受,是发自肺腑之叹。

这一以警戒之形式发出的感叹又表现了诗人怎样的心态?这种心态又是如何形成的?第一首诗中,诗人描摹了珍禽的安逸自在的生活,并借珍禽表达了对"依倚雕梁"、"抑扬金距"的社燕与晨鸡(其寓意容下文再谈)的不认同。但诗人还是要警戒安逸自在的珍禽:"劝君细认渔翁意,莫遣缁罗误稳栖。"言下之意是,对那些似与自己无争、无切身关系的"渔翁"们,也得细加辨认,不可轻心为伴,以免陷入网罗遭害。这是一种战战兢兢,如履薄冰,对周遭的人们持疑虑不信,深怕受陷害的心态。这种心态的出现有其原因,韩偓这一时期的另一些诗作中对此有所透露:《病中初闻复官二首》之一云:"烧玉谩劳曾历试,铄金宁为欠周防。也知恩泽招谗口,还痛神祇误直肠。"《感事三十四韵》回忆他在朝廷的遭遇与感受:"畏闻巢幕险,宁寤积薪然。谅直寻钳口,奸纤益比肩。晋谗终不解,鲁瘠竟难瘗。"《闲居》云:"麋鹿跳梁忧触拨,鹰鹯抟击恐粗疏。拙谋却为多循理,所短深惭尽信书。"我们说韩偓的这种心理心态乃是他在朝中的经历造成的。他在朝时,由于尽心尽力,获得唐昭宗的宠爱与倚重。《资治通鉴》天复元年六月即记:"(昭宗)独召偓,问曰:'敕使中为恶者如林,何以处之?'"韩偓分析朝中情势,向昭宗进言献策,"上深以为然,曰:'此事终以属卿。'"[1]但是朝中充满了谗言与陷害,对此诗人有深切体会。同上书天复元年八月记:"上问韩偓曰:'闻陆扆不乐吾返正,正旦易服,乘小马出启夏门,有诸?'对曰:'返正之谋,独臣与崔胤辈数人知之,扆不知也。一旦忽闻宫中有变,人情能不惊骇!易服逃避,何妨有之!……至于不乐返正,恐出谗人之口,愿陛下察之。'"[2]不仅忠耿重臣陆扆为人所诬谗,即是韩偓自己也难逃谗毁迫害。《新唐书·韩偓传》即记:"李彦弼见帝倨甚,帝不平,偓请逐之,敕其党许自新,则狂谋自破,帝不用。

---

① 司马光《资治通鉴》卷二六二,中华书局1956年版,第8554页。
②《资治通鉴》卷二六二,第8556页。

彦弼潜偓及(令狐)涣漏禁省语,不可与图政。"①又记韩偓以忠鲠处朝,遭到朱全忠与宰相崔胤的谮毁迫害:"全忠怒偓薄己,悻然出。有潜偓喜侵侮有位,胤亦与偓贰。会逐王溥、陆扆,帝以王赞、赵崇为相,胤执赞、崇非宰相器,帝不得已而罢。赞、崇皆偓所荐为宰相者。全忠见帝,斥偓罪,帝数顾胤,胤不为解。全忠至中书,欲召偓杀之。郑元规曰:'偓位侍郎学士承旨,公无遽。'全忠乃止,贬濮州司马。"②了解了上述韩偓屡受谗毁迫害的遭遇,我们对他的这一心态也就不难理解了。以往的体验如此,而流寓江湖的诗人也仍然难于摆脱昔日的梦魇,仍然不得不处处留心是否有谗毁与陷阱。他写于贬后的《味道》诗即有这一心境的反映:"升沉不定都如梦,毁誉无恒却要聋。弋者甚多应扼腕,任他闲处指冥鸿。"

　　第二首所表现的诗人的心态与第一首有关,但角度又有所不同。"天长水远网罗稀,保得重重翠碧衣。"两句意属两指,除翠碧鸟在天长水远的江湖间,因网罗稀而能保住性命这一层咏禽的意思外,也还有自己远离朝廷避免罹害之意。诗谓"网罗稀",并不否认江湖间也有网罗,只是相对而言较稀少而已,这就与上一首的末两句相吻合呼应。诗的重点乃在于三、四二句,而且这两句的"挟弹小儿"也不仅指市坊间的恶少顽童,更主要的是寓指朝中的权奸。这样诗中的"市朝"或"五陵"当然也就相应地指朝廷。那么这"挟弹小儿"具体何所指呢?韩偓所忧有无道理? 这还须作进一步探讨。

　　这首诗大致作于天祐二年秋。据《资治通鉴》等所载,当时与朱全忠一齐迫害韩偓的崔胤,已在天祐元年正月被朱全忠所杀,昭宗也在同年八月被朱全忠所弑,其时已是朱全忠挟持控制下的唐哀帝时期。哀帝时,朱全忠一手遮天下,而且他的党羽及奸臣们也在为虎作伥,残酷地迫害着不与他们沆瀣一气的朝士,其中尤以时已任宰相的柳璨以及已得势的李振为最。《资治通鉴》卷二六五天祐二年五月载:"柳璨恃朱全忠之势,恣为威福。会有星变,占者曰:'君臣俱灾,宜诛杀以应之。'璨因疏其素所不快者于全忠曰:'此曹皆聚徒横议,怨望腹非,宜以之塞灾异。'李振亦言于朱全忠曰:'朝廷所以不理,良由衣冠浮薄之徒紊乱纲纪;且王欲图大事,此曹皆朝廷之难制者也,不若尽去之。'全忠以为然。"③这样朝中独孤损、裴枢、崔远、陆扆、王溥、赵崇、王赞等七大臣皆先后被贬,"自余或门胄高华,或科第自进,居三省台阁,以名检自处,声迹稍著者,皆指

①欧阳修、宋祁《新唐书》卷一八三,中华书局1975年版,第5388页。
②《新唐书》卷一八三,第5389—5390页。
③《资治通鉴》卷二六五,第8642页。

为浮薄,贬逐无虚日,搢绅为之一空"①。权奸们不仅将忠良之士远贬,而且必置之于死地而后快,独孤损、裴枢等七重臣即在不久后被赐死于贬地。李振这个屡落第的白面书生,因自己的落第而心理变态,反而对科举出身的朝士怀着刻骨的嫉恨,一朝成为朱全忠的走狗即得意猖狂,阴险凶残地迫害朝士们。同上书天祐二年六月记:

> 时全忠聚(裴)枢等及朝士贬官者三十余人于白马驿,一夕尽杀之,投尸于河。初,李振屡举进士,竟不中第,故深疾搢绅之士,言于全忠曰:"此辈常自谓清流,宜投于黄河,使为浊流!"全忠笑而从之。振每自汴至洛,朝廷必有窜逐者,时人谓之鸱枭。见朝士皆颐指气使,旁若无人。②

诗人尽管这时已被贬朝外,但他在朝时已深受谗毁陷害,对朝中的局势以及这些小人们已早有认识,更何况他这时也依然关注着时局的发展变化,对时局世态仍然是清楚的。在这样的局势下,他当然对柳璨、李振这些"挟弹小儿"们有着极清醒的认识与警觉的戒心,曾有"白面儿郎犹巧宦"(《避地》)之句讥讽他们,并对这些小人极为痛恨,所以才有"挟弹小儿多害物"两句。明白以上朝中局势与"挟弹小儿"之所指,反观第一首诗的"社燕"、"晨鸡",其中之含义也就不言而喻了。"社燕"是依倚雕梁的,这里的"雕梁"即喻指朱全忠把持下的朝廷政权。社燕乃为候鸟,懂得依循气候之炎寒而迁徙寓处,因此此处乃借指趋炎附势,依附于朱全忠政权的朝臣。对此"社燕",诗人的态度当然也就只能是轻鄙之了。晨鸡乃司晨者,而"金距"是套在鸡爪上以利搏斗之金属器具。《左传·昭公二十五年》:"季氏介其鸡,郈氏为之金距。"应玚《斗鸡诗》:"芥羽张金距,连战何缤纷。"由此可见套上金距的晨鸡之凶悍与有利于搏杀了。更何况晨鸡还在"抑扬金距"呢!因此此处的"晨鸡"乃借指在朝中颐指气使、飞扬跋扈的朱全忠、柳璨,乃至于李振等"挟弹小儿"之流。对此凶悍跋扈的权势者,诗人则不仅是轻鄙,而且更是讥刺与嘲笑、厌恶之极了。

诗人对"挟弹小儿"既有如此的体认与厌恶态度,那么我们也就明白他何以要"劝君莫近市朝飞"了。不过,诗人之所以发出这一劝诫,还有另外的背景,也是有所指而发的。这一背景即是朝廷召他入朝复官。韩偓有《病中初闻复官二首》和《乙丑岁九月在萧滩镇驻泊两月忽得商马杨迢员外书贺余复除戎曹依旧

---

①《资治通鉴》卷二六五,第 8643 页。
②《资治通鉴》卷二六五,第 8643 页。

承旨还缄后因书四十字》(均见《全唐诗》卷六八○)诗。他这前一诗作于约天祐元年冬,后一诗作于天祐二年九月,也就是说赋《翠碧鸟》诗前后(可能在作这诗之前他已获知第二次召他复官的消息),朝廷已先后两次召他回京复职。那么诗人对此态度又如何呢? 在前一诗中,他说:"烧玉谩劳曾历试,铄金宁为欠周防。也知恩泽招谗口,还痛神祇误直肠。闻道复官翻涕泗,属车何在水茫茫。"又感慨道:"官途巇崄终难测,稳泊渔舟隐姓名。"在后一诗中他明确表露心迹:"紫泥虚宠奖,白发已渔樵。事往凄凉在,时危志气销。若为将朽质,犹拟杖于朝。"他在朝廷时既已屡次遭到谗毁迫害,又对时局有着极清醒的认识,不愿再入朝之意也就颇为明显。这一态度除了他对朱全忠控制下的唐哀帝朝有着清醒的是非判断外,也是基于对"挟弹小儿多害物"这一现实的忧虑与畏惧。因此,他在这一阶段常有避祸隐遁之想,并时时流露于诗作中,譬如《雪中过重湖信笔偶题》云"道方时险拟如何? 谪去甘心隐薜萝",《即目》诗认定"宦途弃掷须甘分,回避红尘是所长"。其实在他遭贬后抵湖南不久,他已有隐遁终老之想,至有《小隐》之作,云:"借得茅斋岳麓西,拟将身世老锄犁。"这一思想心态一直存在,特别是在朱全忠改朝后梁后,他更是决不肯仕于新朝,并以此讽劝赴任新朝的郑璘:"移都已改侯王第,惆怅沙堤别筑基。"(《余寓汀州沙县病中闻前郑左丞璘随外镇举荐赴洛兼云继有急征旋见脂辖因作七言四韵戏以赠之或冀其感悟也》)了解了上述背景,我们对于后一首咏禽鸟诗之解读,也就能知其然且知其所以然了。

韩偓被谗毁迫害贬官后,其心态情感极为微妙丰富。通过对上述两首咏禽诗的阐释,我们正可循诗以探测诗人之内心,从而窥见这种心态情感之一角。

原刊于《广东技术师范学院学报》2011 年第 4 期

韩偓《隰州新驿》诗之作年意旨考论

韩偓有《隰州新驿》诗,《全唐诗》卷六八一录此诗如下:

> 盛德已图形,胡为忽构兵。燎原虽自及,诛乱不无名。掷鼠须防误,连鸡莫惮惊。本期将系虏,末策但婴城。肘腋人情变,朝廷物论生。果闻荒谷缢,旋睹藁街烹。帝怒今方息,时危喜暂清。始终俱以此,天意甚分明。①

这首诗对于研究韩偓生平经历、政治思想,乃至诗歌创作历程均具有重要的价值与意义。可惜此诗因涉及到当时的各种复杂交错,甚或相似的历史人物与事件,且其在叙述事件时序上有所腾挪变换,大部分诗句从字面上都无法读出其所咏事件与人物,故确实难于理解。因此长期以来,学界对此诗的作年存在歧见,对其内容意旨也少有涉及,更遑论对诗中各句诗的内涵加以详释,这就必然有损于对韩偓其人其诗的体认。欲确定此诗之作年,未探明诗中各句诗的内涵,则可能因误读而张冠李戴,影响系年之准确;反之,如果明确了此诗之作年,则能有助于各句诗的准确解读。为此,本文通过探赜细究相关文史典籍资料,试对此诗之作年与意旨做一较详之探讨。为更能阐明诗意,特对各诗句进行较为详尽的笺释说明。

一

此诗之系年,诸家因对于诗中事件人物的理解不同,故多有歧见。孙克宽《韩偓简谱》系于唐昭宗大顺二年(891),认为"《隰州新驿》五排诗'盛德已图形,胡为忽构兵'句,殆指(李)克用之叛也"②。程光金所注《增订注释全唐诗》韩偓

---

① 彭定求等《全唐诗》,中华书局1960年版,第7813—7814页。
② 孙克宽《诗文述评》,台北广文书局1970年版,第86页。

集卷从之,谓"此诗约作于大顺二年居河中幕府时"①。霍松林、邓小军《韩偓年谱》虽未明确为此诗系年,但于唐昭宗龙纪元年谱云:"本年春及第后不久即由长安至河中幕府。"②先师周祖譔先生《韩偓年谱补证》"北上并州的推测"一节曾审慎地对此诗之作年与所咏人物有所论述推测,谓"此诗写一有功之臣,以'诛乱'名义,跋扈'构兵'事,吴汝纶《韩翰林集》评注未言指何人,孙克宽《韩偓简谱》系此诗于大顺二年(891),并云:'殆指克用之叛也。'大顺二年,韩偓当在左拾遗任,绝无曾去隰州迹象,谓此诗'殆指李克用之叛',亦非事实,因诗中所言与李克用事迹相去甚远。我们遍检两《唐书》及《通鉴》,仍找不出与诗中所言之事完全吻合的人,较为接近的是朱邪赤心,即李克用之父李国昌,但亦有龃龉处,疑不能明,只得存以待考"③。后来邓小军独自出版之《韩偓年谱》因对"北上并州的推测"意见有所考虑,遂在中和元年谱末谓"偓北上隰州(今山西隰县)、并州(今山西太原市西南),或在此时。《翰林集》中有《隰州新驿》、《隰州新驿赠刺史》、《并州》等诗,当为此时所作。其详未能确考"④。而陈继龙《韩偓诗注》则认为此诗"作于唐昭宗天复二年(公元902年)。是年,诗人随驾在凤翔时,可能乘隙北渡黄河,短时间到过隰州"⑤。随后又在《韩偓事迹考略》中改天复二年说,认为:"《隰州新驿》首两句谓:'盛德已图形,胡为忽构兵。'显然,这'盛德'一词是用以赞美昭宗的,对于僖宗,诗人从未用过诸如此类的誉词。"又因此诗有"旋睹藁街烹"句,谓此句"是指叛将秦宗权斩首独柳事。'藁街烹'比喻将叛逆者斩首京师。……现查《资治通鉴》唐纪七十四,叛将秦宗权斩首独柳事发生于龙纪元年:'二月,朱全忠送秦宗权至京师,斩于独柳。'可见,韩偓此诗必作于龙纪元年二月秦宗权斩首独柳事后,这样才可以说'藁街烹'。如果将韩偓此诗的写作时间定在龙纪元年前,则事情尚未发生,何以能写进诗里去呢?细玩该诗所咏时事,似应作于天复三年凤翔解围之后。'掷鼠须防误,连鸡莫惮惊。本期将系瓠,末策但婴城。'如实描写解围以前对峙双方的形格势禁。……'肘腋人情变'指李茂贞本与韩全诲狼狈为奸,后在勤王兵马的强大压力下,请诛全诲以

①陈贻焮《增订注释全唐诗》第四册卷六七五此诗下注释,文化艺术出版社2001年版,第1116页。
②霍松林、邓小军《韩偓年谱》,《陕西师范大学学报》(哲社版)1988年第3期,第100页。
③见《唐代文学研究》第六辑,广西师范大学出版社1996年版,第566—576页。又见周祖譔《百求一是斋丛稿》,厦门大学出版社2005年版,第89页。
④邓小军《诗史释证》,中华书局2004年版,第211页。
⑤陈继龙《韩偓诗注》,学林出版社2001年版,第219页。

求自保。'朝廷物论生'指凤翔城内上自昭宗,下至扈从百官(包括李茂贞)俱主张与朱全忠议和。……同一时期的《隰州新驿赠刺史》,似乎进一步透露了两诗的具体写作时间。'高义尽招秦逐客,旷怀偏接儒诸生'两句,诗人以'秦逐客'自况,显然此诗作于天复三年因遭朱全忠嫉恨、被贬出京之后"①。曹丽芳《韩偓北上隰州、并州考》则认为天复三年作说不可靠,因韩偓在贬谪途中不可能北上隰州。其说略云:"笔者认为霍松林、邓小军《韩偓年谱》提出当在唐昭宗龙纪元年春末的意见是正确的。但《韩偓年谱》限于体例,证之不详……但《韩偓事迹考略》认为韩偓北上隰、并是在天复三年二月贬濮州司马之赴任途中,此说并不可信。"因为根据《唐会要》对贬官赴任期限的严格规定,韩偓"断不可能延搁日期,作河中、河东之游"。认为其北上隰州应在龙纪元年春末出佐河中幕时,"并于此期间,就近北游了并州"②。

按,曹说尽管尚未结合具体诗句再进一步证实为何天复三年说之不可靠,以及以诗史互证,证明诗中所说乃均龙纪元年春末及其前之事(此本文以下将详为笺释),以见系于天复三年确不可靠,然其判断较可信,此诗确如所说乃作于唐昭宗龙纪元年(公元 889 年),而非"天复三年凤翔解围之后"(下简称"解围之后"说)。既然诗歌作于龙纪元年,则以龙纪元年后之天复中事件解释诗歌有关句子,其误也就十分显然了。其实我们也可从另外的角度再说明"解围之后"说之误。

其一,按照"解围之后"说,则与本诗之题目毫不相关,令人不解。唐人作诗,在命题上是很讲究的,诗题与诗歌内涵多有紧密关联,韩偓尤其如此。此诗之诗题为"隰州新驿",当是诗人行经此地有感而咏。隰州,乃隋开皇五年改西汾州置,治所在隰川县(今山西隰县)。大业初改龙泉郡,唐武德元年复置隰州,辖境相当今山西石楼、交口、永和、隰县、蒲县、大宁等县地。隰州唐时属河中节度观察处置等使所辖四州之一。诗既然以"隰州新驿"为题,则诗歌的内容应该与诗题有相当关联,起码也应有些许关涉。然而"解围之后"说对于各诗句的解读,却未见与河中府之地点、事件、人物等有所牵涉,也就是说诗题之诗歌内涵无丝毫关联,这就颇为令人费解了。其实,这也说明"解围之后"说与诗题之风马牛不相及,则其说不周延、不可信,其系年也就失去可靠的根据。

其二,"解围之后"说认为"盛德已图形,胡为忽构兵"中"盛德"一词"是用以赞美昭宗的"。《韩偓诗注》亦谓:"盛德,帝王盛大的恩德。图形,图绘形象。此

①陈继龙《韩偓事迹考略》,上海古籍出版社 2004 年版,第 41—42 页。
②曹丽芳《韩偓北上隰州、并州考》,《江海学刊》2006 年第 6 期,第 196 页。

指彰明昭著。……天复元年，唐昭宗为宦官韩全诲所劫，去陕西凤翔依李茂贞，由此引发藩镇之间的混战。朱全忠借勤王之名，率兵围困凤翔，奉表迎驾。诸藩镇如李茂勋、王师范又引兵讨伐朱全忠，彼此之间争权夺利，厮杀不休。"①按，此说不合诗意，且所释皆与诗题了不相关，颇有离题万里之弊。其实，首二句"盛德已图形，胡为忽构兵"，其意为构兵者乃已盛德图形之人（说详下）。所谓图形，即画像，图绘形象。其故典为《汉书》卷五四《苏武传》："甘露三年，单于始入朝。上思股肱之美，乃图画其人于麒麟阁，法其形貌，署其官爵姓名……凡十一人。"②又，《宋书》卷一七《礼志四》："自汉兴已来，小善小德，而图形立庙者多矣。"③可见，此句"盛德已图形"，乃指功臣而言，而非谓唐皇帝。而"忽构兵"者亦即"已图形"之功臣。在诗人看来，既然已是功绩显赫之功臣，则为何还忽而兴兵交战呢？因此这两句是与唐昭宗之盛德完全不相干的。而如按照"解围之后"说，则构兵者只能说是韩全诲、李茂贞、朱全忠、李茂勋、王师范等人，而这些宦官、强藩是怎么也称不上"图形"之功臣的。可见所释与诗意不符，则所说难以令人信从。

二

　　其实，此诗有关诗句之意旨并非"解围之后"说之所释，而其所咏及之事件、人物事迹等还是有史实可按的，且均发生于韩偓进士及第后出佐河中，经隰州之龙纪元年春末前。以下我们即对韩偓此诗各诗句加以具体笺释说明，以见各句诗之主旨，从而论证此诗所咏事件、人物事迹均发生于龙纪元年春末之前，而绝非天复三年"解围之后"。

　　　　盛德已图形，胡为忽构兵。

　　如前所说，"盛德已图形"乃指立下显赫功勋之臣子。"构兵"，即交兵，交战。《孟子·告子下》："吾闻秦楚构兵，我将见楚王说而罢之。"④又，《孔子家

①《韩偓诗注》，第219页。
②班固《汉书》，中华书局1962年版，第2468—2469页。
③沈约《宋书》，中华书局1974年版，第486页。
④焦循《孟子正义》，中华书局1987年版，第524页。

语·贤君》："怨雠并存于国,邻敌构兵于郊。"①按,此诗这两句指王重荣、李克用、田令孜等于平定黄巢、收复长安中立下卓著功勋,但忽而又交战互斗之事。

据《旧唐书》卷一八四《田令孜传》:"田令孜,本姓陈。……乾符中,盗起关东。诸军诛盗,以令孜为观军容、制置左右神策、护驾十军等使。京师不守,从僖宗幸蜀。銮舆返正,令孜颇有匡佐之功。时令孜威权振天下。"②又宋黄休复《益州名画录》卷上《常重胤》记僖宗幸蜀回銮时,常重胤奉诏于中和院上壁"写随驾文武臣寮真",其中即有"左神策军观军容使、护军中尉田令孜"③等臣子画像。又,河中节度使王重荣与雁门节度使李克用击败黄巢、收复京城而立下大功,因未随驾,故未能入常重胤所写壁画中,但也应是属于可"图形"之功臣。《旧唐书》卷一八二《王重荣传》:中和二年"李克用领兵至,大败巢贼,收复京城。其倡义启导之功,实重荣居首。京师平,以功检校太尉、同平章事、琅邪郡王"④。《新唐书》卷一八七《王重荣传》亦记:"(黄)巢丧二州,怒甚,自将精兵数万壁梁田。重荣军华阴,(杨)复光军渭北,掎角攻之,贼大败,执其将赵璋,巢中流矢走。重荣兵亦死耗相当。惧巢复振,忧之,与复光计,复光曰:'我世与李克用共忧患,其人忠不顾难,死义如己。若乞师焉,事蔑不济。'乃遣使者约连和。克用使陈景斯总兵自岚、石赴河中,亲率师从之,遂平巢,复京师。以功检校太尉、同中书门下平章事,封琅邪郡王。累加检校太傅。"⑤《新五代史》卷四《庄宗纪上》亦记中和"二年十一月,景思、克用复以步骑万七千赴京师。三年正月,出于河中,进屯乾坑。巢党惊曰:'鸦儿军至矣!'二月,败巢将黄邺于石堤谷;三月,又败赵璋、尚让于良田坡,横尸三十里。是时,诸镇兵皆会长安,大战渭桥,贼败走入城,克用乘胜追之,自光泰门先入,战望春宫升阳殿,巢败,南走出蓝田关,京师平,克用功第一。天子拜克用检校司空、同中书门下平章事、河东节度使"⑥。

又"胡为"句指田令孜企图以朝廷名义,徙王重荣为兖海节度使而夺其河中盐池之利,重荣不从,田令孜遂率禁兵讨之,而重荣亦联合李克用发兵攻战。

《新唐书·田令孜传》载:"令孜白以两盐池归盐铁使,即自兼两池榷盐使。重荣不奉诏,表暴令孜十罪。令孜自将讨重荣,率邠宁朱玫、凤翔李昌符,合鄜、

① 杨朝明、宋立林《孔子家语通解》,齐鲁书社 2013 年版,第 154 页。
② 刘昫等《旧唐书》,中华书局 1975 年版,第 4771 页。
③ 黄休复《益州名画录》,人民美术出版社 1964 年版,第 18—19 页。
④ 《旧唐书》,第 4696 页。
⑤ 欧阳修《新唐书》,中华书局 1975 年版,第 5436 页。
⑥ 欧阳修《新五代史》,中华书局 1974 年版,第 33 页。

延、灵、夏等兵凡三万,壁沙苑。重荣说太原李克用连和,克用上书请诛令孜、玫,帝和之,不从。大战沙苑,王师败。"①《新唐书·王重荣传》亦记:"中人田令孜怒重荣据盐池之饶。于时巨盗甫定,国用大蹙,诸军无所仰,而令孜为神策军使,建请二池领属盐铁,佐军食。重荣不许,奏言:'故事,岁输盐三千乘于有司,则斥所余以澹军。'天子遣使者谕旨,不听。令孜徙重荣兖海节度使,以王处存代之,诏(李)克用将兵援河中。重荣上书劾令孜离间方镇。令孜遣邠宁朱玫进讨,壁沙苑。重荣诒克用书,且言:'奉密诏,须公到,使我图公。此令孜、朱全忠、朱玫之惑上也。'因示伪诏。克用方与全忠有隙,信之,请讨全忠及玫。帝数诏和解。克用合河中兵战沙苑,玫大败,奔邠州。神策军溃还京师,遂大掠。克用乘胜西,天子走凤翔。"②《资治通鉴》卷二五六僖宗光启元年记此事尤详,有助于理解此句所指,云:"王重荣自以有复京城功,为田令孜所摈,不肯之兖州,累表论令孜离间君臣,数令孜十罪;令孜结邠宁节度使朱玫、凤翔节度使李昌符以抗之。……王重荣求救于李克用,克用方怨朝廷不罪朱全忠,选兵市马,聚结诸胡,议攻汴州,报曰:'待吾先灭全忠,还扫鼠辈如秋叶耳!'重荣曰:'待公自关东还,吾为虏矣。不若先除君侧之恶,退擒全忠易矣。'……上遣使者谕释,冠盖相望。……令孜遣玫,昌符将本军及神策郦、延、灵、夏等军各三万人,屯沙苑,以讨王重荣,重荣发兵拒之,告急于李克用,克用引兵赴之。十一月,重荣遣兵攻同州,刺史郭璋出战,败死。重荣与玫等相守月余,克用兵至,与重荣俱壁沙苑,表请诛令孜及玫、昌符;诏和解之,克用不听。十二月,癸酉,合战,玫、昌符大败,各走还本镇,溃军所过焚掠。克用进逼京城,乙亥夜,令孜奉天子自开远门出幸凤翔。"③

　　　　燎原虽自及,诛乱不无名。

　　燎原,本意为火延烧原野,用以比喻势态不可阻挡。《尚书·盘庚上》:"若火之燎于原,不可向迩,其犹可扑灭?"④晋潘尼《火赋》:"及至焚野燎原,埏光赫戏……遂乃冲风激扬,炎光奔逸。"⑤诛乱,即讨伐叛乱。《史记·秦始皇本纪》:

①《新唐书》第二八○,第5887页。
②《新唐书》卷一八七,第5437页。
③司马光《资治通鉴》,中华书局1956年版,第8324—8328页。
④孙星衍《尚书今古文注疏》卷六,中华书局1986年版,第228页。
⑤严可均《全上古三代秦汉三国六朝文》全晋文卷九十四,中华书局1958年版,第2000页。

"皇帝之德,存定四极。诛乱除害,兴利致福。"①按,此二句指田令孜为王重荣击败后,又挟劫唐僖宗出幸,王重荣、李克用遂出兵入援,征讨田令孜之乱。

据《旧唐书·王重荣传》:光启元年"十二月,令孜挟天子出幸宝鸡,太原(庆按,指李克用)闻之,乃与重荣入援京师,遣使迎驾还宫。令孜尤惧,却劫幸山南。"②《新唐书·田令孜传》载:"神策兵溃还,略所过皆尽。克用逼京师,令孜计穷,乃焚坊市,劫帝夜启开远门出奔。……克用还河中,(朱)玫畏克用且偪,与重荣连章请诛令孜,而驻凤翔。令孜请帝幸兴元,帝不从,令孜以兵入寝,逼帝夜出,群臣无知者,宰相萧遘等皆不及从。……遘恶令孜劫质天子,生方镇之难……令孜惧人图己,蒙面以行。……玫、重荣表诛令孜,安尉群臣。诏以令孜为剑南监军使,留不去。重荣请幸河中,令孜沮而止。宰相遘率群臣在凤翔者表令孜颛国煽祸,惑小人计,交乱群帅,请诛之。"③《新唐书》卷二一八《沙陀传》亦记叙此事前后过程尤详,云:"光启元年……凤翔李昌符、邠宁朱玫与全忠连和,观军容使田令孜恶克用与王重荣合,建言:'不可处近辅,请授王处存河中,而徙重荣于易定,则克用孤矣。'帝从之。重荣以告,克用怒曰:'我当从公提鼓出汜水关诛全忠,回歼穴鼠耳。'重荣计曰:'公兵朝出关,则邠、岐兵夕傅吾堞,愿先治邠、岐。'克用乃表言:'玫、昌符连全忠为乱,请以兵十五万度河枭二竖,然后平汴雪大耻,愿陛下戒严,无为贼所摇。'帝遣使慰止,背相望也。克用不奉诏,玫亦引邠、凤兵营沙苑。克用薄战,玫败,夜亡去。克用还河中,天子出趣凤翔,道传兵且至,即趋宝鸡。克用与重荣联章请还宫,愿留兵卫京师,即还镇。帝惧,走大散关,驻兴元。克用引归。嗣襄王煴伪诏至太原,克用燔之,执其使,间道奉表兴元。始,朝廷意玫结克用迫乘舆,及表至,示群臣,因腾晓山南诸镇,行在少安。"④据上引所笺释,《韩偓诗注》谓"诛乱,讨伐乱臣贼子。……乱臣贼子指韩全诲之流"⑤,所释未确。

　　掷鼠须防误,连鸡莫惮惊。

"掷鼠"句乃用典,其故典为贾谊《新书》卷二《阶级》:"里谚曰:'欲投鼠而忌

①司马迁《史记》卷六,中华书局 1959 年版,第 245 页。

②《旧唐书》卷一八二,第 4696 页。

③《新唐书》卷二八〇,第 5887—5888 页。

④《新唐书》,第 6160 页。

⑤《韩偓诗注》,第 220 页。

器．'此善喻也。鼠近于器，尚惮而弗投，恐伤器也，况乎贵大臣之近于主上乎！①又，《北齐书·文苑传·樊逊》："至如投鼠忌器之说，盖是常谈；文德怀远之言，岂识权道。"②此句意为观军容使田令孜挟持唐僖宗出幸，王重荣、李克用进军入京，征讨之，但因其时唐僖宗为田令孜所劫持，故应"掷鼠须防误"，以免误伤僖宗。

《新唐书·田令孜传》即记唐僖宗为田令孜劫持出幸中蒙难之情形："（朱）玫劝兴元节度使石君涉焚阁道，绝帝西意。（萧）遘恶令孜劫质天子……使玫进迎乘舆。玫引兵追行在，败兴凤杨晟军，帝次梁、洋，稍引而南，玫兵及中营，左右被剽戮者不胜计。……次大散关，道险涩，帝危及难数矣。……玫长驱蹑帝，帝以阁道毁，走它道，困甚，枕王建膝且寐，觉而饭，仅能至兴元。"③按，《韩偓诗注》释此句谓："唐昭宗被裹胁在凤翔城，各路藩镇纷纷讨伐韩全海、李茂贞等。诗人警告他们：不要误伤皇帝。"④所释事件不合，亦未确。

又"连鸡莫惮惊"句。连鸡，指缚在一起的鸡，比喻群雄相互牵掣，不能一致行动。其原典为《战国策·秦策一》："秦惠王谓寒泉子曰：'苏秦欺寡人，欲以一人之智，反复山东之君，从以欺秦。赵固负其众，故先使苏秦以币帛约乎诸侯。诸侯不可一，犹连鸡之不能俱止于栖亦明矣。"鲍彪注："连谓绳系之。栖，鸡所宿也。"⑤《后汉书》卷七五《吕布传》："（陈）珪曰：'暹、奉与术，卒合之师耳。谋无素定，不能相维。子登策之，比于连鸡，执不俱栖，立可离也。'"⑥唐陆龟蒙《寒泉子对秦惠王》："齐桓、晋文之霸也，始若胶附，终若冰拆，岂连鸡俱不能止于栖而已哉！"⑦此句意谓为了对付王重荣、李克用，田令孜"结邠宁节度使朱玫、凤翔节度使李昌符以抗之"。然而此诸藩镇之联结，在诗人看来有如"连鸡"般，不必畏惧惊怕。

据史传，田令孜所联接之朱玫、李昌符等后皆反攻田令孜。《新唐书·田令孜传》记："令孜自将讨重荣，率邠宁朱玫、凤翔李昌符，合鄜、延、灵、夏等兵凡三万，壁沙苑。……王师败。玫走还邠州，与昌符皆耻为令孜用，还与重荣

①阎振益、钟夏《新书校注》，中华书局 2000 年版，第 80 页。
②李百药《北齐书》卷四五，中华书局 1972 年版，第 609 页。
③《新唐书》卷二八〇，第 5888 页。
④《韩偓诗注》，第 220 页。
⑤刘向集录《战国策》，上海古籍出版社 1985 年版，第 91—92 页。
⑥范晔《后汉书》，中华书局 1965 年版，第 2449 页。
⑦董诰等《全唐文》卷八〇一，上海古籍出版社 1990 年版，第 3730 页。

合。……克用还河中，玫畏克用且偪，与重荣连章请诛令孜，而驻凤翔。……至兴元。玫、重荣表诛令孜，安尉群臣。"①

> 本期将系虏，末策但婴城。

系虏，即掳获、俘获敌人。婴城，谓环城而守。《战国策·秦策四》："小黄、济阳婴城，而魏氏服矣。"鲍彪注："婴，犹萦也，盖二邑环兵自守。"②《汉书·蒯通传》："必将婴城固守，皆为金城汤池。"颜师古注引孟康曰："婴，以城自绕。"③按，此二句盖指王重荣于黄巢分兵略蒲州时，劝说节度使李都婴城自守事。

据《旧唐书·王重荣传》："广明初，重荣为河中马步军都虞候。巢贼据长安，蒲帅李都不能拒，称臣于贼，贼伪授重荣节度副使。河中密迩京师，贼征求无已，军府疲于供亿，贼使百辈，填委传舍。重荣谓都曰：'吾以外援未至，诡谋附贼以纾难。今军府积实，苦被征求，复来收兵，是贼危我也，倘不改图，危亡必矣。请绝桥道，婴城自固。'都曰：'吾兵微力寡，绝之立见其患。唯公图之，愿以节钺假公。'翌日，都归行在，重荣知留后事，乃斩贼使，求援邻藩。既而贼将朱温舟师自同州至，黄邺之兵自华阴至，数万攻之。重荣戒励士众，大败之，获其兵仗，军声益振，朝廷遂授节钺，检校司空。时中和元年夏也。"④《新唐书·王重荣传》所载略同。按，《韩偓诗注》谓："虏，指韩全海等人。"⑤所说亦未确。

> 肘腋人情变，朝廷物论生。

"肘腋人情变"句。肘腋，原指胳膊肘与胳肢窝，用以比喻切近之地，或亲信、助手等。《三国志·蜀书·法正传》："（诸葛）亮答曰：'主公之在公安也，北畏曹公之强，东惮孙权之逼，近则惧孙夫人生变于肘腋之下。'"⑥杜甫《草堂》诗亦有："西卒却倒戈，贼臣互相诛。焉知肘腋祸，自及枭獍徒。"⑦按，此句指朱玫、李昌符迫襄王李熅僭皇帝位事。襄王李熅乃皇族。

①《新唐书》卷二八〇，第 5887—5888 页。
②《战国策》卷六，第 247 页。
③《汉书》卷四五，第 2159—2160 页。
④《旧唐书》卷一八二，第 4695—4696 页。
⑤《韩偓诗注》，第 220 页。
⑥陈寿《三国志》，中华书局 1959 年版，第 960 页。
⑦彭定求等《全唐诗》卷二二〇，中华书局 1960 年版，第 2327 页。

据《旧唐书·僖宗纪》载，光启二年"四月庚戌朔，是夜荧惑犯月角。壬子，朱玫、李昌符迫宰相萧遘等于凤翔驿舍，请嗣襄王煴权监军国事。玫自为大丞相，兼左右神策十军使。遂驱率文武百僚奉襄王还京师。五月己卯朔。庚辰，襄王煴即皇帝位，年号建贞。以萧遘初沮襄王监国之命，罢知政事，为太子少师。以朱玫为侍中、诸道盐铁转运使。以裴彻为门下侍郎、右仆射、同平章事、判度支。中书侍郎、刑部尚书、平章事郑昌图判户部事。萧遘移疾归河中之永乐。伪制加诸侯官爵"①。《旧唐书》卷一七五《嗣襄王传》："嗣襄王煴，性柔善，无他能。光启二年春，车驾在宝鸡，西军逼请幸岐陇，帝以数十骑自大散关幸兴元。时煴有疾，不能从，因为朱玫所挟。至凤翔，有台省官从行未及者仅百人。四月，玫乃与宰相萧遘、裴澈率群僚册煴为监国。煴以郑昌图判度支，而盐铁、户部各置副使，三司之事，一以委焉，目曰'废置相公'。五月，煴遣伪户部侍郎柳陟等十余人，分谕关东、河北诸道，纳伪命者甚众。十月，朱玫率萧遘等册煴为帝，改元曰永贞，遥尊僖宗为太上元皇圣帝。"②《旧唐书·王重荣传》亦记光启元年"十二月，令孜挟天子出幸宝鸡，太原闻之，乃与重荣入援京师，遣使迎驾还宫。令孜尤惧，却劫幸山南。及朱玫立襄王称制，重荣不受命，会太原之师于河西，以图兴复。明年，王行瑜杀朱玫，僖宗反正，重荣之忠力居多"③。

又"朝廷物论生"句。物论，即众人之议论，舆论。《晋书·谢安传》："是时桓冲既卒，荆、江二州并缺，物论以玄（桓）勋望，宜以授之。"④此句指朱玫立嗣襄王煴为帝，王重荣与李克用谋定王室，斩煴而长安复平，然庆贺杀李煴事，却引发朝廷臣子之非议。

《新唐书·王重荣传》："俄嗣襄王煴僭位，重荣不受命，与克用谋定王室。杨复恭代令孜领神策，故与克用善，遣谏议大夫刘崇望赍诏谕天子意，两人听命，即献缣十万，愿讨玫自赎。崇望还，群臣皆贺。重荣遂斩煴，长安复平。"⑤《旧唐书·僖宗纪》光启二年十二月载："（王）行瑜斩朱玫及其党与数百人……裴彻、郑昌图及百官奉襄王奔河中，王重荣绐称迎奉，执李煴斩之，械裴彻、郑昌图于狱，文武官僚遭戮者殆半。重荣函襄王首赴行在。刑部奏请御兴元城南门，阅俘馘受贺，下礼院定仪注。博士殷盈孙奏曰：'伏以伪煴违背宗社，僭窃乘

①《旧唐书》卷十九下，第723—724页。
②《旧唐书》，第4547页。
③《旧唐书》卷一八二，第4696页。
④房玄龄《晋书》卷七九，中华书局1974年版，第2075页。
⑤《新唐书》卷一八七，第5437页。

舆,欺天之祸既盈,盗国之罪斯重,果至覆败,以就诛夷。……宜陈贺礼,以显皇猷。然物议之间,有所未允。臣按礼经,公族有罪,狱既具,有司闻于公曰:"某之罪在大辟。"君曰:"赦之。"如是者三,有司走出致刑,君复使谓之曰:"虽然,固当赦之。"有司曰:"不及矣!"君为之素服不乐三月。《左传》:卫君在晋,卫臣元咺立卫君之弟叔武,卫君入国,叔武为前驱所杀,卫君哭之,左氏书焉。今伪煴,皇族也,虽犯殊死之罪,宜就屠戮,其可以朝群臣而受贺乎?臣以为煴胤系金枝,名标玉牒,迫胁之际,不能守节效死,而乃甘心逆谋,罪实滔天,刑不可赦。已为军前处置,宜即黜为庶人,绝其属籍,其首级仍委所在以庶人礼收葬。大捷之庆,当以朱玫首级到日称贺,为得其宜。上不惨于宸衷,下无伤于物体,协礼经之旨,祛中外之疑。'遂罢贺礼。及朱玫传首至,乃御楼受俘馘。"①《资治通鉴》卷二五六光启二年十二月亦载:"王重荣诈为迎奉,执煴,杀之……王重荣函襄王煴首至行在,刑部请御兴元城南楼献馘,百官毕贺。太常博士殷盈孙议,以为:'煴为贼臣所逼,正以不能死节为罪耳。礼,公族罪在大辟,君为之素服不举。今煴已就诛,宜废为庶人,令所在葬其首。其献馘称贺之礼,请俟朱玫首至而行之。'从之。"②《韩偓事迹考略》谓:"'肘腋人情变'指李茂贞本与韩全海狼狈为奸,后在勤王兵马的强大压力下,请诛全海以自保。'朝廷物论生'指凤翔城内上自昭宗,下至扈从百官(包括李茂贞)俱主张与朱全忠议和。"③按,此说非是,盖此事非徒远在韩偓作此诗之后,而且亦与诗题毫不相关也。

　　　果闻荒谷缢,旋睹藁街烹。

　　"果闻荒谷缢"句。此指黄巢于中和四年自缢于狼虎谷事。《新唐书·黄巢传》:中和四年"六月,时溥遣将陈景瑜与尚让追战狼虎谷,巢计蹙,谓林言曰:'我欲讨国奸臣,洗涤朝廷,事成不退,亦误矣。若取吾首献天子,可得富贵,毋为他人利。'言,巢出也,不忍。巢乃自刎,不殊,言因斩之,及兄存、弟邺、揆、钦、秉、万通、思厚,并杀其妻子,悉函首,将诣溥。而太原博野军杀言,与巢首俱上溥,献于行在,诏以首献于庙。"④
　　"旋睹藁街烹"句。按,"藁街烹"意即将叛逆者斩首示众。《汉书·陈汤

---

①《旧唐书》卷十九下,第725—726页。
②《资治通鉴》,第8341—8342页。
③《韩偓事迹考略》,第42页。
④《新唐书》卷二二五下,第6463—6464页。

传》："延寿、汤上疏曰：'……郅支单于惨毒行于民，大恶通于天。臣延寿、臣汤将义兵，行天诛……斩郅支首及名王以下。宜县头槀街蛮夷邸间，以示万里，明犯强汉者，虽远必诛。'"颜师古注："槀街，街名，蛮夷邸在此街也。邸，若今鸿胪客馆也。"[①]按此句盖指斩嗣襄王李煴称帝后所任命之伪宰相裴彻、郑昌图等人之事。

据《旧唐书·僖宗纪》：光启三年三月"河中械送伪宰相裴彻、郑昌图，命斩之于岐山县。太子少师致仕萧遘赐死于永乐县"[②]。《资治通鉴》卷二六五光启三年三月亦记："诏伪宰相萧遘、郑昌图、裴澈，于所在集众斩之，皆死于岐山。时朝士受煴官者甚众，法司皆处以极法；杜让能力争之，免者什七八。"[③]按，《韩偓诗注》谓此句指"唐末，蔡州节度使秦宗权于中和三年投降黄巢，中和四年，黄巢死于狼虎谷，第二年，秦宗权称帝。三年后被擒，于唐昭宗龙纪元年送往长安，斩首于独柳。《资治通鉴·唐纪》七十四：'二月，朱全忠送秦宗权至京师，斩于独柳。'"[④]《增订注释全唐诗》卷六七五《韩偓集》注亦谓此句"指蔡州节度使秦宗权被杀事。中和五年(885)，秦宗权称帝。三年后被擒，于昭宗龙纪元年(889)执送长安，斩于独柳"[⑤]。上述指诛秦宗权之说亦可参，然本诗乃以"隰州新驿"为题，所咏事乃有关河中王重荣等人之事，与诛襄王李煴与伪宰相萧遘、郑昌图、裴澈等事相关，而无涉秦宗权反叛被诛之事，故此句指诛秦宗权似有可疑未安之处。

帝怒今方息，时危喜暂清。

"帝怒"二句。帝，指唐昭宗。此二句指唐昭宗即位后龙纪元年初之情势。其时僖宗以来多年叛乱恶斗稍平息，李煴、秦宗权僭帝位亦以失败告终，故有此二句之谓。

据《旧唐书·昭宗纪》，唐昭宗于文德元年三月即帝位，翌年龙纪元年正月"上御武德殿受朝贺，宣制大赦，改元。中外文武臣僚进秩颁爵有差。"又"二月……己丑，汴州行军司马李璠监送逆贼秦宗权并妻赵氏以献，上御延喜门受俘，百僚称贺，以之徇市，告庙社，斩于独柳，赵氏笞死。……中书奏请以二月二

①《汉书》卷七十，第3015页。
②《旧唐书》卷十九下，第727页。
③《资治通鉴》，第8345页。
④《韩偓诗注》，第221页。
⑤《增订注释全唐诗》第四册卷六七五，第1116页。

十二日为嘉会节，从之。"①《韩偓诗注》谓："时危，指唐昭宗被劫、宦官专政、藩镇
互斗。"②《韩偓事迹考略》又谓此二句"盖指朱全忠救平韩全诲、李茂贞之乱。不
意前患方去，后患已萌。天祐元年（904），昭宗为朱全忠所弑，开平元年（907），
朱氏正式取代李唐王室，篡位成功"③。所释未确，均不可取。盖所说种种事均
在龙纪元年韩偓作此诗之后，赋此诗时，韩偓岂能预见之也！

　　　　始终俱以此，天意甚分明。

　　按，此二句乃总结全诗之议论，意为凡是如黄巢、李煴、朱玫、李昌图等乱臣贼
子之叛乱负国者，均会以失败灭亡告终。此乃天意注定，老天爷之意旨甚为显然。

三

　　根据上述对此诗之笺释，我们知道诗题之隰州新驿在唐河中府隰州。据诗
题以及诗中所咏，此诗乃作于龙纪元年韩偓进士及第后出佐河中时。隰州乃是
河中府所辖地，诗人经过时，其节度使为王重盈，而此前河中节度使则为王重盈
之弟王重荣。王重荣在唐史上是一位颇有影响声望的人物，特别在击败黄巢、
收复长安中与李克用均立下卓著功勋。此后又因田令孜之逼，与田令孜等人攻
战。田令孜遂挟持唐僖宗出幸，以此又殃及僖宗。最后王重荣又掳获诛杀僭帝
位之嗣襄王李煴等人以献朝廷，可谓此一时期之风云英杰。故诗人行经河中隰
州，自然会想起河中府这一位曾经叱咤一时的风云人物，故而抚今思昔，感而赋
此诗以回顾咏唱这一系列往事，以为后人之殷鉴。

原刊于《广东技术师范学院学报》2011年第4期

①《旧唐书》卷二十上，第737页。
②《韩偓诗注》，第221页。
③《韩偓事迹考略》，第42页。

韩偓《感事三十四韵》诗笺释考论

《全唐诗》卷六八一有韩偓《感事三十四韵》诗,云:

> 紫殿承恩岁,金銮入直年。人归三岛路,日过八花砖。鸳鹭皆回席,皋夔亦慕膻。庆霄舒羽翼,尘世有神仙。虽遇河清圣,惭非岳降贤。皇慈容散拙,公议逼陶甄。江总参文会,陈暄侍狎筵。腐儒亲帝座,太史认星躔。侧弁聆神算,濡毫俟密宣。宫司持玉研,书省擘香笺。宫司,书省,皆宫人职名。唯理心无党,怜才膝屡前。焦劳皆实录,宵旰岂虚传。始议新尧历,将期整舜弦。上自出东内诲辱,励心庶政,延接丞相之暇,日在直学士,询以理道,将致升平。去梯言必尽,仄席意弥坚。上相思惩恶,中人讵省愆。鹿穷唯抵触,兔急且獑猭。本是谋赊死,因之致劫迁。氛霾言下合,日月暗中悬。恭显诚甘罪,韦平亦特权。畏闻巢幕险,宁寤积薪然。谅直寻钳口,奸纤益比肩。晋逸终不解,鲁瘠竟难痊。只拟诛黄皓,何曾识霸先。喉襟翻丑正,养虎欲求全。万乘烟尘里,千官剑戟边。斗魁当北坼,地轴向西偏。袁董非徒尔,师昭岂偶然。中原成劫火,东海遂桑田。溅血惭嵇绍,迟行笑褚渊。四夷同效顺,一命敢虚捐。山岳还青耸,穹苍旧碧鲜。独夫长啜泣,多士已忘筌。郁郁空狂叫,微微几病癫。丹梯倚寥廓,终去问青天。①

此诗为韩偓诗歌中篇幅最长之作,于唐末诗歌实属少见。同时也是晚唐诗歌中罕见的记叙一段历史时期史实的具有史诗性质的诗歌。诗歌历叙诗人所亲历唐末昭宗一朝自己入翰林受宠重,昭宗励精图治之盛况。后又历述朝政由盛转衰,政局险恶,宦官藩镇相互勾结,宰相崔胤引入朱全忠借以诛杀宦官,从而导致昭宗播迁,战乱交织,百官惨遭贬杀,以致昭宗被弑,朱温篡权,李唐覆没等等重要史实,洵乃一篇唐季兴衰史之纪实诗,颇富史料价值。诵读此诗,颇如

---

① 彭定求等《全唐诗》,中华书局 1960 年版,第 7799 页。韩偓诗见此书卷六八〇至六八三,第 7787－7846 页。下引韩偓诗均见此书,不具注。

纪昀《书韩致尧翰林集后二则》所称"忠义之气,发乎情而见乎词,遂能风骨内生,声光外溢"①;且可见如纪昀《韩内翰别集提要》所云:"偓为学士时,内预秘谋,外争国是,屡触逆臣之锋,死生患难,百折不渝,晚节亦管宁之流亚,实为唐末完人。其诗虽局于风气,浑厚不及前人,而忠愤之气,时时溢于语外。性情既挚,风骨自遒,慷慨激昂,迥异当时靡靡之响。其在晚唐,亦可谓文笔之鸣凤矣。"②可以说此诗在唐代,尤其是晚唐,是一首既有史料价值,又有文学特质的,值得唐代文史研究者给予特别关注,认真进行研究的诗作。然而因此诗用了不少的典故(所谓旧典)婉曲地写当时时事(所谓今典),且所言之"旧典"与所欲述之"今典"均多难于明晰,亦难于从浩瀚的史载中揭橥而出,还用了不少比喻的或今人较难理解的诗句语词,故易造成对其诗歌内涵理解的困惑与误读。以此之故,本文对其词语诗句加以具体笺释,并采用以史释诗证诗,乃至以诗释诗之方法加以考论评鉴,力求准确疏通诗意,以期较明确地呈现当时的时势和诗人的真实意蕴,以利读者与文史研究者进一步阅读研究。

　　韩偓《感事三十四韵》诗以"感事"为题,而不写明其具体为何事兴感,此盖有其不得已之情在,与他于唐亡后所作之《感旧》、《八月六日作四首》、《有感》、《天鉴》等诗同一立题之意趣。细审其意,乃不忍显言,而又情感喷涌以致不得不言者。这类诗作均有一相似意旨,即痛悼唐亡,伤感往事,感怀故交等。以此立题之意慎思之,此"感事"之事,盖亦有关于此。那么韩偓此诗究竟感于何事?欲探明之,应先知此诗之作年、其时之时事与韩偓之行止。此诗创作年代比较明确,盖诗题下原有"丁卯已后"的小注;明代胡震亨《唐音统签》韩偓卷此诗题下亦有"丁卯作。是年唐亡,所云'东海遂桑田'也。'山岳还青耸',似姑为闽言之"③的注释。此处之丁卯即指唐哀帝天祐四年丁卯(907),亦即后梁开平元年,是年三月"甲辰,唐昭宣帝降御札禅位于梁。以摄中书令张文蔚为册礼使,礼部尚书苏循副之;摄侍中杨涉为押传国宝使,翰林学士张策副之;御史大夫薛贻矩为押金宝使,尚书左丞赵光逢副之;帅百官备法驾诣大梁。杨涉子直史馆凝式言于涉曰:'大人为唐宰相,而国家至此,不可谓之无过。况手持天子玺绶与人,虽保富贵,奈千载何!盍辞之!'涉大骇曰:'汝灭吾族!'神色为之不宁者数日。……夏,四月……壬戌,梁王更名晃。王兄全昱闻王将即帝位,谓王曰:'朱三,尔可作天子乎!'甲子,张文蔚、杨涉乘辂自上源驿从册宝,诸司各备仪卫卤

①纪昀《纪文达公遗集》卷十一,清嘉庆刻本。
②永瑢等《四库全书总目》卷一五一,中华书局1965年版,第1302页。
③胡震亨《唐音统签》卷七百九,据复旦大学图书馆收藏本。

簿前导,百官从其后,至金祥殿前陈之。王被衮冕,即皇帝位。张文蔚、苏循奉册升殿进读,杨涉、张策、薛贻矩、赵光逢以次奉宝升殿,读已,降,帅百官舞蹈称贺。帝遂与文蔚等宴于玄德殿。帝举酒曰:'朕辅政未久,此皆诸公推戴之力。'文蔚等惭惧,俯伏不能对,独苏循、薛贻矩及刑部尚书张祎盛称帝功德宜应天顺人。……戊辰,大赦,改元,国号大梁。奉唐昭宣帝为济阴王,皆如前代故事;唐中外旧臣官爵并如故"①,此诗当作于是年唐亡,朱全忠称帝后,即开平元年(907)四月后。此时韩偓行止又如何呢?据笔者《韩偓生平诗文系年简谱·唐哀帝天祐四年、后梁太祖开平元年丁卯》谱所考,其时诗人已六十六岁,"本年正月十八日,韩偓与南来右常侍李洵等朝士,参加福州开元寺金铜佛像落成佛会。时偓闻再除其为兵部侍郎、翰林学士承旨事感而赋诗。四月,……偓有《感事三十四韵》一长诗以实录之笔法记述自己所经唐昭宗朝之经历,并哀悼李唐之亡"②。设想韩偓知悉上述"唐昭宣帝降御札禅位于梁",张文蔚、杨涉等诸大臣"帅百官备法驾诣大梁",朱全忠"被衮冕,即皇帝位","改元,国号大梁。奉唐昭宣帝为济阴王"等事时,一向忠于李唐,痛恨朱全忠的诗人如何不五内沸腾,悲愤感伤呢!故其所感之事,必是上述唐亡梁立之时事,并由此追抚自己所亲经历之唐昭宗朝以来政局之种种情事,以抒发沧海桑田之痛。知晓此诗创作年代与背景主旨,我们即可逐句笺释考论之。

> 紫殿承恩岁,金銮入直年。

按,此两句乃从诗人蒙唐昭宗之恩,入仕朝中至为翰林学士简略叙述起。紫殿,即帝王宫殿。《三辅黄图·汉宫》:"(武)帝又起紫殿,雕文刻镂黼黻,以玉饰之。成帝永始四年行幸甘泉,郊泰畤,神光降于紫殿。"③南朝齐谢朓《直中书省》诗:"紫殿肃阴阴,彤庭赫弘敞。"按,紫殿,此处指唐宫殿。承恩,此指蒙受唐昭宗之恩泽。承恩岁,乃指诗人任职朝中,受昭宗宠遇器重之时。又按,韩偓有《与吴子华侍郎同年玉堂同直怀恩叙恳因成长句四韵兼呈诸同年》诗,据此知韩

---

① 司马光《资治通鉴》卷二六六,中华书局1956年版,第8670—8674页。
② 吴在庆《韩偓生平诗文系年简谱》(下简称《简谱》),《广东技术师范学院学报》2013年第二、三期,此处所引见第二期,第28页。以下所言韩偓之仕履以及诗文作年除另注外,均见此《简谱》,不具注。
③ 本文语词笺释所引诸书多据《汉语大词典》、《辞源》等辞书所引或《全唐诗》、各家文集等,因所释引书颇多,文繁,故以下所引容不一一具注版本、页码。

偓与吴子华（即吴融）为同年进士及第。据《新唐书》卷二〇三《吴融传》："融学自力，富辞调，龙纪元年，进士及第。"①则韩偓亦及第于唐昭宗龙纪元年（889）。然韩偓及第后并未直接入仕朝中，其在朝中任职乃始于左拾遗任。据《新唐书》卷一八三《韩偓传》云："擢进士第，佐河中幕府。召拜左拾遗，以疾解。"②其入仕朝中据《简谱》所考乃在唐昭宗大顺元年（890），则韩偓此诗盖从大顺元年在朝任左拾遗叙起。金銮，即指金銮殿，唐朝宫殿名，乃文人学士待诏之所。宋沈括《梦溪笔谈·故事一》："唐翰林院在禁中，乃人主燕居之所，玉堂、承明、金銮殿皆在其间。"唐李白《赠从弟南平太守之遥》诗之一："承恩初入银台门，著书独在金銮殿。"按，"金銮入直年"，乃谓诗人在禁中任中书舍人、翰林学士之年。《新唐书·韩偓传》载偓"召拜左拾遗，以疾解。后迁累左谏议大夫。宰相崔胤判度支，表以自副。王溥荐为翰林学士，迁中书舍人。"③据《简谱》所考，韩偓于"唐昭宗光化三年庚申（900）六月以司勋郎中兼侍御史充翰林学士，后晋中书舍人、给事中"。又据《简谱》所考，韩偓此后一直在翰林学士，后迁翰林学士承旨任，直至天复三年（903）二月为朱全忠所嫉，从朝中贬为濮州司马。故《新唐书》本传载："全忠见帝，斥偓罪，帝数顾胤，胤不为解。全忠至中书，欲召偓杀之。郑元规曰：'偓位侍郎、学士承旨，公无遽。'全忠乃止，贬濮州司马。帝执其手流涕曰：'我左右无人矣。'再贬荣懿尉，徙邓州司马。"④故韩偓此二句所指述，乃从大顺元年起至天复三年被贬前其在朝中任职时。

　　人归三岛路，日过八花砖。

　　按，此二句叙写诗人入值于翰林学士院之情状。三岛，指传说中的蓬莱、方丈、瀛洲三座海上仙山。亦泛指仙境。东方朔《与友人书》："脱去十洲三岛，相期拾瑶草，吞日月光华，共轻举耳。"《史记·封禅书》："自威、宣、燕昭使人入海求蓬莱、方丈、瀛洲。此三神山者，其传在勃海中，去人不远。"此处将皇宫之翰林院喻为仙岛仙境。花砖，表面有花纹的砖。唐时内阁北厅前阶有花砖道，冬季日至五砖，为学士入值之候。唐白居易《白孔六帖》卷七十二《八砖学士》："李程召为翰林学士，入署常视日影为候。程性懒，日过八砖乃至，时号'八砖学士'。"《雍录·北

①欧阳修、宋祁《新唐书》，中华书局1975年版，第5795页。
②《新唐书》，第5387页。
③《新唐书》，第5387页。
④《新唐书》，第5389—5390页。

厅花砖》引唐李肇《翰林志》曰："学士院北厅前有花砖道,冬中日及五砖为入直之候。李程性懒,好晚入,常过八砖乃至,众呼为'八砖学士'。"五代和凝《宫词》之八十四:"金马词臣夜受宣,授毫交直八花砖。"按,此二句隐然以李程入翰林院自喻,意谓自己悠然自得地入值于翰林学士院,以表现颇获恩宠之意。

　　鸳鹭皆回席,皋夔亦慕膻。

　　按,此二句意谓朝臣们对自己极表尊敬和羡慕。鸳鹭,鸳、鹭皆水鸟,止有班,立有序,因以喻朝官班列。此处比喻朝臣。唐钱起《陪南省诸公宴殿中李监宅》诗:"壶觞开雅宴,鸳鹭眷相随。"唐柳宗元《上权德舆补阙温卷决进退启》:"今鸳鹭充朝而独干执事者,特以顾下念旧,收接儒素,异乎他人耳。"回席,即避席之意。避席,亦作"避廗"。古人席地而坐,离席起立,以示敬意。《吕氏春秋·慎大览》:"武王避席再拜之,此非贵虏也,贵其言也。"《文选·司马相如〈上林赋〉》:"于是二子愀然改容,超若自失,逡巡避廗曰:'鄙人固陋,不知忌讳,乃今日见教。'"李善注:"《孝经》曰:'曾子避席。'廗与席古字通。"皋夔,皋陶和夔。皋陶,亦作"皋繇",传说虞舜时的司法官。《书·舜典》:"帝曰:'皋陶,蛮夷猾夏,寇贼奸宄,汝作士。'"《论语·颜渊》:"舜有天下,选于众,举皋陶,不仁者远矣。"夔,人名,相传舜时乐官。《礼记·乐记》:"昔者舜作五弦之琴,以歌《南风》。夔始制乐,以赏诸侯。"郑玄注:"夔,舜时典乐者也。"此处皋夔代指朝中贤臣。唐韩愈《归彭城》:"上言陈尧舜,下言引皋夔。"膻,指羊的气味。《周礼·天官·内饔》:"羊,泠毛而毳,膻。"慕膻,《庄子·徐无鬼》:"羊肉不慕蚁,蚁慕羊肉。羊肉,膻也。舜有膻行,百姓悦之。故三徙成都,至邓之虚,而十有万家。"后以"慕膻"喻因爱嗜而争相附集。唐骆宾王《萤火赋》:"陋蝉蜩之习蜕,怵蝼蚁之慕膻。"唐元稹《献荥阳公诗五十韵并序》:"抵滞浑成醉,徘徊转慕膻。"

　　庆霄舒羽翼,尘世有神仙。

　　庆霄,即庆云。《文选·谢瞻〈张子房诗〉》:"明两烛河阴,庆霄薄汾阳。"李善注:"庆霄,即庆云也。"唐刘禹锡《唐故衡州刺史吕君集序》:"天子之文章焕乎垂光,庆霄在上,万物五色。"庆云,五色云。古人以为喜庆、吉祥之气。《列子·汤问》:"庆云浮,甘露降。"《汉书·天文志》:"若烟非烟,若云非云,郁郁纷纷,萧索轮囷,是谓庆云。庆云见,喜气也。"按,诗人此句意为自己得展凌云之志,有如鸿鹄在吉祥的云空中展翼飞翔。"尘世"句：此句意为自己在尘世中有如神仙，过着快活自在的生活。上述诗句均概述其在宫中翰林院任中书舍人、翰林学士期间之承恩优裕快意情事。其情状诗人在天复元年即有诗作记述之。如《与吴子华侍郎同年玉堂同直怀恩叙恳因成长句四韵兼呈诸同年》有云："往年莺谷接清尘，今日鳌山作侍臣。二纪计偕劳笔研，一朝宣入掌丝纶。声名烜赫文章士，金紫雍容富贵身。"《雨后月中玉堂闲坐》云："银台直北金銮外，暑雨初晴皓月中。唯对松篁听刻漏，更无尘土翳虚空。绿香熨齿冰盘果，清冷侵肌水殿风。夜久忽闻铃索动，玉堂西畔响丁东。"《中秋禁直》云："星斗疏明禁漏残，紫泥封后独凭阑。露和玉屑金盘冷，月射珠光贝阙寒。天衬楼台笼苑外，风吹歌管下云端。长卿只为长门赋，未识君臣际会难。"此皆可见诗人承恩入值金銮殿时之受宠优渥情况。故《唐诗鼓吹》云："韩偓《中秋禁直》诗结联云：'长卿只为长门赋，未识君臣际会难。'只'君臣际会难'五字，是通篇主意。起云'星斗疏明禁漏残，紫泥封后独凭栏'，言当禁漏初残，星斗疏明之际，何地何时仅以三寸柔翰，出入殿庭，凭栏独望，此何等际会也！三、四'露和玉屑金盘冷，月射珠光贝阙寒'二句，写禁中秋景也。五、六'天衬楼台归苑外，风吹歌管下云端'二句，写禁中入直之所见所闻也。当此君臣际会，自有一段忠君爱国念头，一番忠君爱国事业，托长卿正以自勉耳！读是诗，可悟立意之式。"①清人吴汝纶亦评曰："此奏封事后作，前六句皆自幸遭际，故末句云云，言为《长门赋》者徒知沦落可怜，未知遭际后之弥不易也。盖公与昭宗有鱼水之契，而事势至亟，故叹其不易，此其忠悃勃郁处，词意至为深沉。"②金圣叹《贯华堂选批唐才子诗》评《雨后月中玉堂闲坐》云："此诗乃致尧正为学士时所作。一言银台门北，金銮殿外，此是学士上直之处也。二言时雨洗暑，凉月在空，此是学士下直之时也。三言更无闲事，承一也。四言更无余暑，承二也。五言金盘何器，而果熨臣齿。六言水殿何处，而风侵臣衣。一时反复寻求，久之不能自得。而忽闻悬铃声动，始悟微臣仅仅只以三寸柔翰，辱此九重厚恩也。"③

　　　　虽遇河清圣，惭非岳降贤。

　　河清，黄河水浊，少有清时，古人以"河清"为升平祥瑞之象征。《文选·张

---

① 蔡钧辑《诗法指南》卷四引，清乾隆刻本。

② 高步瀛《唐宋诗举要》卷五，上海古籍出版社1978年版，第632页。

③ 金圣叹《贯华堂选批唐才子诗》卷十，江苏古籍出版社1986年版，第475页。

衡〈归田赋〉》:"徒临川以羡鱼,俟河清乎未期。"吕延济注:"河清喻明时。"王嘉《拾遗记·高辛》:"丹丘千年一烧,黄河千年一清,至圣之君,以为大瑞。"唐杜甫《洗兵马》:"隐士休歌紫芝曲,词人解撰河清颂。"河清圣,太平盛世的圣君。此处指唐昭宗。"惭非"句:岳降贤,《诗·大雅·崧高》:"崧高维岳,骏极于天。维岳降神,生甫及申。维申及甫,维周之翰。"朱熹《集传》:"宣王之舅申伯出封于谢,而尹吉甫作诗以送之。言岳山高大,而降其神灵和气,以生甫侯申伯,实能为周之桢干屏蔽,而宣其德泽于天下也。盖申伯之先神农之后,为唐虞四岳总领。方岳诸侯而奉岳神之祭,能修其职,岳神享之。故此诗推本申伯之所以生,以为岳降神而为之也。"按,此句意为惭愧自己并非甫侯、申伯似的贤臣。又按,诗人于此处歌颂唐昭宗为圣君,固然乃诗人受唐昭宗宠爱器重之感激语,写出其君臣际遇之感受,虽不免过誉之辞,然揆之于身处唐末乱世、终至亡国之唐昭宗,其所作为,亦颇为史臣所称。《旧唐书》卷二十上《昭宗纪》史臣谓:"帝攻书好文,尤重儒术,神气雄俊,有会昌之遗风。以先朝威武不振,国命浸微,而尊礼大臣,详延道术,意在恢张旧业,号令天下。即位之始,中外称之。"[1]《新唐书》卷十《昭宗纪》史臣赞云:"自古亡国,未必皆愚庸暴虐之君也。其祸乱之来有渐积,及其大势已去,适丁斯时,故虽有智勇,有不能为者矣,可谓真不幸也,昭宗是已。昭宗为人明隽,初亦有志于兴复,而外患已成,内无贤佐,颇亦慨然思得非常之材,而用匪其人,徒以益乱。自唐之亡也,其遗毒余酷,更五代五十余年,至于天下分裂,大坏极乱而后止。迹其祸乱,其渐积岂一朝一夕哉!"[2]读此史论,则诗人之称颂昭宗,固非远离事实之阿谀颂圣之辞。

皇慈容散拙,公议逼陶甄。

皇慈,此指慈爱的唐昭宗。散拙,谓己禀性散漫粗疏,如上"人归三岛路,日过八花砖"所咏。白居易《过李生》:"我为郡司马,散拙无所营。"唐方干《山中》:"散拙亦自遂,粗将猿鸟同。"陶甄,原为比喻陶冶、教化。《文选·张华〈女史箴〉》:"茫茫造化,二仪既分。散气流形,既陶既甄。"李善注:"如淳曰:陶人作瓦器谓之甄。"《晋书·乐志上》:"弘济区夏,陶甄万方。"唐薛逢《送西川杜司空赴镇》诗:"莫遣洪炉旷真宰,九流人物待陶甄。"此处指权位或掌握权位的人。唐陆龟蒙《奉和袭美二游诗·徐诗》:"君抱王佐图,纵步凌陶甄。"按,此句意为自

---

① 刘昫《旧唐书》,中华书局 1975 年版,第 735—736 页。
② 《新唐书》,第 305—306 页。

已为公议推举为权要重臣。其所言亦非自夸之语,实有事实根据。考《新唐书·韩偓传》记偓"后迁累左谏议大夫。宰相崔胤判度支,表以自副。王溥荐为翰林学士,迁中书舍人。偓尝与胤定策诛刘季述,昭宗反正,为功臣"。又记"中书舍人令狐涣任机巧,帝尝欲以当国,俄又悔曰:'涣作宰相或误国,朕当先用卿。'辞曰:'涣再世宰相,练故事,陛下业已许之。若许涣可改,许臣独不可移乎?'帝曰:'我未尝面命,亦何惮?'偓因荐御史大夫赵崇劲正雅重,可以准绳中外"。又"帝反正,励精政事,偓处可机密,率与帝意合,欲相者三四,让不敢当。苏检复引同辅政,遂固辞"①。

　　江总参文会,陈暄侍狎筵。

　　江总,南朝陈后主文学宠臣。传见《陈书》卷二十七、《南史》卷三十六。《陈书·江总传》:"江总字总持,济阳考城人也。……总七岁而孤,依于外氏。幼聪敏,有至性。……及长,笃学有辞采,家传赐书数千卷,总昼夜寻读,未尝辍手。……总笃行义,宽和温裕。好学,能属文,于五言七言尤善;然伤于浮艳,故为后主所爱幸。多有侧篇,好事者相传讽玩,于今不绝。后主之世,总当权宰,不持政务,但日与后主游宴后庭,共陈暄、孔范、王瑳等十余人,当时谓之狎客。由是国政日颓,纲纪不立。"②《南史·江总传》载:"后主即位,历吏部,尚书仆射,尚书令,加扶。既当权任宰,不持政务,但日与后主游宴后庭,多为艳诗,好事者相传讽玩,于今不绝。唯与陈暄、孔范、王瑳等十余人,当时谓之狎客。"③文会,文士饮酒赋诗或切磋学问的聚会。南朝梁刘勰《文心雕龙·时序》:"逮明帝秉哲,雅好文会。"唐杨炯《晦日药园诗序》:"请诸文会之游,共纪当年之事。"陈暄,南朝陈后主时朝臣,传见《南史》卷六十一。其传云:"学不师受,文才俊逸。尤嗜酒,无节操,遍历王公门,沉湎喧谄,过差非度。……后主之在东宫,引为学士。及即位,迁通直散骑常侍,与义阳王叔达、尚书孔范、度支尚书袁权、侍中王瑳、金紫光禄大夫陈褒、御史中丞沈瓘、散骑常侍王仪等恒入禁中陪侍游宴,谓为狎客。"④狎筵,谓不拘礼法的宴饮。按,此处诗人以陪侍陈后主之亲臣狎客江总、陈暄自喻,并非取其"不持政务"、"沉湎喧谄"、"尤嗜酒,无节操,遍历王公

①《新唐书》,第 5387—5389 页。
②姚思廉《陈书》,中华书局 1972 年版,第 343—347 页。
③李延寿《南史》,中华书局 1975 年版,第 946 页。
④《南史》,第 1502—1503 页。

门"之劣迹以自谓,乃取其受皇上宠重,得以蒙恩参与陪侍皇上之文宴,以显"承恩"之意。此种恩遇在其任职翰林院时所咏之诗歌中即有真实描写。其《侍宴》诗云:"蜂黄蝶粉两依依,狎宴临春日正迟。密旨不教江令醉,丽华微笑认皇慈。"《锡宴日作》诗云:"玉衔花马踏香街,诏遣追欢绮席开。中使押从天上去,外人知自日边来。臣心净比潇湘水,圣泽深于激滟杯。才有异恩颁稷契,已将优礼及邹枚。清商适向梨园降,妙妓新行峡雨回。不敢通宵离禁直,晚乘残醉入银台。"从此二诗亦可见诗人所言非虚,乃是纪实之语。

> 腐儒亲帝座,太史认星躔。

"腐儒"二句:腐儒,迂腐之儒者。《荀子·非相》:"故《易》曰:'括囊,无咎无誉。'腐儒之谓也。"《史记·黥布列传》:"上折随何之功,谓何为腐儒,为天下安用腐儒。"唐杜甫《江汉》诗:"江汉思归客,乾坤一腐儒。"此处诗人自谦为腐儒。亲帝座,此谓诗人为唐昭宗所宠信,得以亲近昭宗。《后汉书·严光传》:"严光字子陵,一名遵,会稽余姚人也。少有高名,与光武同游学。及光武即位,乃变名姓,隐身不见。帝思其贤,乃令以物色访之……因共偃卧,光以足加帝腹上。明日,太史奏客星犯御座甚急。帝笑曰:'朕故人严子陵共卧耳。'"[1]太史,官名。西周、春秋时太史掌记载史事、编写史书、起草文书,兼管国家典籍和天文历法等。秦汉曰太史令,汉属太常,掌天时星历。魏晋以后,修史之职归著作郎,太史专掌历法。隋改称太史监,唐改为太史局,亦称司天台。《旧唐书·职官志二》:秘书省内设有司天台,"太史令掌观察天文,稽定历数。凡日月星辰之变,风云气色之异,率其属而占候之"[2]。星躔,日月星辰运行的度次。南朝梁武帝《閟阖篇》:"长旗扫月窟,凤迹辇星躔。"《旧唐书·文宗纪下》:"德有所未至,信有所未孚,灾气上腾,天文谪见,再周期月,重扰星躔。"按,"太史"句亦与"腐儒"句同暗用上述严光与汉光武帝故事。有解者以为太史乃谓诗人自身,实为误解。

> 侧弁聆神算,濡毫俟密宣。

按,"侧弁"句意为诗人蒙昭宗所信任,任翰林学士,得以亲近皇上,专注地

---

①范晔《后汉书》卷八十三,中华书局 1965 年版,第 2763—2764 页。
②《旧唐书》卷四十三,第 1855 页。

倾听其神算妙计。弁，古代贵族的一种帽子，通常穿礼服时用之（吉礼之服用冕）。赤黑色的布做的叫爵弁，是文冠；白鹿皮做的叫皮弁，是武冠。《诗·小雅·頍弁》："有頍者弁。"毛传："弁，皮弁也。"《礼记·杂记上》："大夫冕而祭于公，弁而祭于己。"郑玄注："弁，爵弁也。"侧弁，歪戴着帽子。《诗·小雅·宾之初筵》："侧弁之俄，屡舞傞傞。"郑玄笺："侧，倾也。"汉荀悦《申鉴·杂言上》："侧弁垢颜，不鉴于明镜也。"唐王维《晦日游大理韦卿城南别业》诗之四："纤组上春堤，侧弁倚乔木。"神算，亦作"神筭"。神妙的计谋。《后汉书·循吏传·王涣》："（涣）又能以谲数发擿奸伏，京师称叹，以为涣有神筭。"李贤注："智筭若神也。"《文选·王俭〈褚渊碑文〉》："公实仰赞宏规，参闻神算。"吕延济注："算，计也。言有神秘之计策也。"濡毫，濡笔。唐韦应物《酬刘侍郎使君》诗："濡毫意倜傥，一用写悁勤。"唐杜牧《筹笔驿》："画地乾坤在，濡毫胜负知。"此谓蘸笔书写。密宣，指皇帝的秘密诏令。按，其时韩偓任翰林学士，翰林学士在其时颇为皇上所倚重。据《新唐书·百官志一》载："开元二十六年，又改翰林供奉为学士，别置学士院，专掌内命。凡拜免将相，号令征伐，皆用白麻。其后，选用益重，而礼遇益亲，至号为'内相'，又以为天子私人。"[1]又李肇《翰林志》亦记"元和已后，院长一人，别敕承旨，或密受顾问，独召对"[2]。翰林学士与天子之关系如此亲密，则任翰林学士、翰林学士承旨之韩偓为昭宗所倚重，能"侧弁聆神算，濡毫俟密宣"，时为昭宗草密诏，乃属必然之事。《新唐书》本传即记"宰相韦贻范母丧，诏还位，偓当草制"[3]之事。

> 宫司持玉研，书省擘香笺。宫司，书省，皆官人职名。

按，此二句谓诗人在翰林院草密诏之情形。宫司，本诗句自注云："宫司，书省，皆宫人职名。"即掌后宫中事宜之人。《新唐书·后妃传上·文德长孙皇后》："后尝采古妇人事著《女则》十篇……常诫守者：'吾以自检，故书无条理，勿令至尊见之。'及崩，宫司以闻，帝为之恸。"玉研，即玉砚。玉石制的砚台。《西京杂记》卷一："以酒为书滴，取其不冰；以玉为砚，亦取其不冰。"前蜀贯休《送郑使君》诗："视事蛮奴磨玉砚，邀宾海月射金杯。"此句意为诗人草诏时，宫司为其持砚研磨。擘香笺，擘，分开、剖裂。《礼记·内则》："炮之，涂皆干，擘之。"唐白

①《新唐书》，第1183－1184页。

②李肇《翰林志》，见傅璇琮、施纯德编《翰学三书》，辽宁教育出版社2003年版，第5页。

③《新唐书》卷一八三，第5388页。

居易《轻肥》诗："果擘洞庭桔，脍切天池鳞。"香笺，有香味的精美小幅纸张。笺，精美的小幅纸张，供题诗、写信等用。南朝陈徐陵《玉台新咏序》："五色花笺，河北胶东之纸。"宋黄机《清平乐》词："博山灰冷香残，微风吹满银笺。"按，此句意为诗人草诏时，书省为其分开香笺，以便书写。

　　　唯理心无党，怜才膝屡前。

　　按，"唯理心无党"谓诗人立朝处事心存公正，惟理是从，不结党营私。理，道理、事理。《易·坤》："君子黄中通理。"孔颖达疏："黄中通理者，以黄居中，兼四方之色，奉承臣职，是通晓物理也。"《宋书·王景文传》："（景文）美风姿，好言理，少与陈郡谢庄齐名。"无党，不结党，不徇私。《书·洪范》："无偏无党，王道荡荡；无党无偏，王道平平。"《左传·僖公九年》："亡人无党，有党必有仇。"唐韩愈《明水赋》："足以验圣贤之无党，知天地之至公。"按，韩偓立朝处事确如其所自许，其言颇为可信。《新唐书》本传即记有此类之事云："初，李继昭等以功皆进同中书门下平章事，时谓'三使相'，后稍稍更附韩全诲、周敬容，皆忌（崔）胤。胤闻，召凤翔李茂贞入朝，使留族子继筠宿卫。偓闻，以为不可，胤不纳。偓又语令狐涣，涣曰：'吾属不惜宰相邪？无卫军则为阉竖所图矣。'偓曰：'不然。无兵则家与国安，有兵则家与国不可保。'胤闻，忧，未知所出。李彦弼见帝偓甚，帝不平，偓请逐之，赦其党许自新，则狂谋自破，帝不用。彦弼潜偓及涣漏禁省语，不可与图政，帝怒曰：'卿有官属，日夕议事，奈何不欲我见学士邪？'继昭等饮殿中自如，帝怒，偓曰：'三使相有功，不如厚与金帛官爵，毋使豫政事。今宰相不得颛决事，继昭辈所奏必听。它日遽改，则人人生怨。初以卫兵检中人，今敕使、卫兵为一，臣窃寒心，愿诏茂贞还其卫军。不然，两镇兵斗阙下，朝廷危矣。'及胤召朱全忠讨全诲，汴兵将至，偓劝胤督茂贞还卫卒。又劝表暴内臣罪，因诛全诲等；若茂贞不如诏，即许全忠入朝。未及用，而全诲等已劫帝西幸。"又载："全诲诛，宫人多坐死。帝欲尽去余党，偓曰：'礼，人臣无将，将必诛。宫婢负恩不可赦，然不三十年不能成人，尽诛则伤仁。愿去尤者，自内安外，以静群心。'帝曰：'善。'崔胤请以辉王为元帅，帝问偓：'它日累吾儿否？'偓曰：'陛下在东内时，天阴雾，王闻乌声曰："上与后幽困，乌雀声亦悲。"陛下闻之恻然，有是否？'帝曰：'然。是儿天生忠孝，与人异。'意遂决。"[1]怜才，爱惜人才。唐杜甫

────────────────

[1]《新唐书》，第5787—5789页。

《不见》诗:"不见李生久,佯狂真可哀。世人皆欲杀,吾意独怜才。"膝屡前,《史记·商君列传》:"卫鞅复见孝公。公与语,不自知膝之前于席也。语数日不厌。"①按,以上二句意为诗人公忠为国,毫无私心偏党,以此唐昭宗对诗人信任宠爱,言听计从,屡次倾心听取诗人理政治国意见。事实也正如诗人所言,如《资治通鉴》卷二六二记载:"上之反正也,中书舍人令狐涣、给事中韩偓皆预其谋,故擢为翰林学士,数召对,访以机密。"②又同书天复元年八月甲申载:"上问韩偓曰:'闻陆扆不乐吾返正,正旦易服,乘小马出启夏门,有诸?'对曰:'返正之谋,独臣与崔胤辈数人知之,扆不知也。一旦忽闻宫中有变,人情能不惊骇!易服逃避,何妨有之!陛下责其为宰相无死难之志则可也,至于不乐返正,恐出谗人之口,愿陛下察之!'上乃止。"又记:"韩全诲等惧诛,谋以兵制上,乃与李继昭、李继诲、李彦弼、李继筠深相结;继昭独不肯从。他日,上问韩偓:'外间何所闻?'对曰:'惟闻敕使忧惧,与功臣及继筠交结,将致不安,亦未知其果然不耳。'上曰:'是不虚矣。比日继诲、彦弼辈语渐倔强,令人难耐。令狐涣欲令朕召崔胤及全诲等于内殿,置酒和解之,何如?'对曰:'如此则彼凶悖益甚。'上曰:'为之奈何?'对曰:'独有显罪数人,速加窜逐,余者许其自新,庶几可息。若一无所问,彼必知陛下心有所贮,益不自安,事终未了耳。'上曰:'善!'"同书同年九月又载:"癸丑,上急召韩偓,谓曰:'闻全忠欲来除君侧之恶,大是尽忠,然须令与茂贞共其功;若两帅交争,则事危矣。卿为我语崔胤,速飞书两镇,使相与合谋,则善矣。'壬戌,上又谓偓曰:'继诲、彦弼辈骄横益甚,累日前与继筠同入,辄于殿东令小儿歌以侑酒,令人惊骇。'对曰:'臣必知其然;兹事失之于初。当正旦立功之时,但应以官爵、田宅、金帛酬之,不应听其出入禁中。此辈素无知识,数求入对,或谮易荐人,稍有不从,则生怨望;况惟知嗜利,为敕使以厚利雇之,令其如此耳。崔胤本留卫兵,欲以制敕使也,今敕使、卫兵相与为一,将若之何!汴兵若来,必与岐兵斗于阙下,臣窃寒心。'上但愀然忧沮而已。"③以上所载确可证韩偓"唯理心无党",而昭宗"怜才膝屡前"之说可信。

焦劳皆实录,宵旰岂虚传。

焦劳,焦虑烦劳。汉焦赣《易林·恒之大壮》:"病在心腹,日以焦劳。"唐柳

---

① 司马迁《史记》卷六十八,中华书局 1959 年版,第 2228 页。
② 《资治通鉴》,第 8553—8554 页。
③ 以上均见《资治通鉴》卷二六二,第 8556—8558 页。

宗元《为京畿父老上府尹乞奏复尊号状》："寤寐焦劳,不知所措。"实录,原指据实记录。《汉书·司马迁传赞》："其文直,其事核,不虚美,不隐恶,故谓之实录。"唐韩愈《元和圣德诗序》："指事实录,具载明天子文武神圣。"此处意为实际情形。宵旰,即宵衣旰食。意为天不亮就穿衣起身,天黑了才吃饭。形容非常勤劳,多用以称颂帝王勤于政事。唐杜甫《秋日夔州府咏怀一百韵》:"宵旰忧虞轸,黎元疾苦骈。"唐陆贽《论两河及淮西利害状》:"今师兴三年,可谓久矣;税及百物,可谓繁矣;陛下为之宵衣旰食,可谓忧勤矣。"按,以上二句称颂唐昭宗日夜操劳国事。《新唐书·韩偓传》即谓:"帝反正,励精政事,偓处可机密,率与帝意合。"①又《旧唐书·昭宗纪》载:"帝攻书好文,尤重儒术,神气雄俊,有会昌之遗风。以先朝威武不振,国命浸微,而尊礼大臣,详延道术,意在恢张旧业,号令天下。即位之始,中外称之。"②

始议新尧历,将期整舜弦。上自出东内幽辱,励心庶政,延接丞相之暇,日在直学士,询以理道,将致升平。

"始议"句:尧历,尧执政时期所成的历法。尧为上古时期圣君。《史记·五帝本纪》:"帝尧者,放勋。其仁如天,其知如神。就之如日,望之如云。富而不骄,贵而不舒。……以亲九族。九族既睦,便章百姓。百姓昭明,合和万国。乃命羲、和,敬顺昊天,数法日月星辰,敬授民时。"③按,此句盖喻指诛杀反叛乱臣刘季述后,唐昭宗反正,改元天复事。《旧唐书·昭宗纪》:"天复元年春正月甲申朔,昭宗反正,登长乐门楼,受朝贺。班未退,孙德昭执刘季述至楼前,上方诘责,已为乱棒击死,乃尸之于市。……四月……甲戌,天子有事于宗庙。是日,御长乐门,大赦天下,改元天复。"④"将期"句:舜弦,《礼记·乐记》:"昔者舜作五弦之琴以歌《南风》,夔始制乐以赏诸侯。"汉郑氏注:"夔欲舜与天下之君共此乐也。《南风》长养之风也,以言父母之长养己。"孔颖达疏云:"昔者舜作五弦之琴以歌《南风》者,五弦谓无文武二弦,唯宫商等之五弦也。《南风》,诗名,是孝子之诗。南风长养万物,而孝子歌之。言己得父母生长,如万物得《南风》生也。舜有孝行,故以此五弦之琴歌《南风》之诗,而教天下之孝也。"裴骃《史记集解》:

①《新唐书》卷一八三,第 5389 页。
②《旧唐书》卷二十上,第 735 页。
③《史记》卷一,第 15—16 页。
④《旧唐书》卷二十上,第 771—772 页。

"王肃曰：'《南风》，育养民之诗也。其词曰：南风之熏兮，可以解吾民之愠兮。'"按，此句乃指唐昭宗反正后整顿朝政，致力于国泰民安，以期育养万物百姓。亦即此句后小注所云："上自出东内幽辱，励心庶政，延接丞相之暇，日与（"与"，原作"在"，此据胡震亨《唐音统签》韩偓卷改）直学士询以理道，将致升平。"其整顿朝政事，《资治通鉴》卷二六二天复元年多有记载，如春正月载："丙午，敕：'近年宰臣延英奏事，枢密使侍侧，争论纷然；既出，又称上旨未允，复有改易，桡权乱政。自今并依大中旧制，俟宰臣奏事毕，方得升殿承受公事。'"胡三省于此句后注谓："大中故事，凡宰相对延英，两中尉先降，枢密使候旨殿西，宰相奏事已毕，枢密使案前受事。"①又，诗中原小注"东内幽辱"事乃指唐昭宗为刘季述、王仲先等人所废，因于东内问安宫受辱事。《旧唐书·昭宗纪》记唐昭宗东内幽辱以及反正之事始末云："（光化三年）十一月乙酉朔。庚寅，左右军中尉刘季述、王仲先废昭宗，幽于东内问安宫，请皇太子裕监国。时昭宗委崔胤以执政，胤恃全忠之助，稍抑宦官。而帝自华还宫后，颇以禽酒肆志，喜怒不常，自宋道弼等得罪，黄门尤惧。至是，上猎苑中，醉甚，是夜，手杀黄门、侍女数人。庚寅，日及辰巳，内门不开。刘季述诣中书谓宰相崔胤曰：'宫中必有不测之事，人臣安得坐观？我等内臣也，可以便宜从事。'即以禁兵千人破关而入，问讯中人，具知其故。即出与宰臣谋曰：'主上所为如此，非社稷之主也。废昏立明，具有故事。国家大计，非逆乱也。'即召百官署状，崔胤等不获已署之。季述、仲先与汴州进奏官程岩等十三人请对，对讫，季述上殿待罪次。左右军将士齐唱万岁声，遂突入宣化门，行至思政殿，便行杀戮，径至乞巧楼下。帝遽见兵士，惊堕床下，起而将去，季述、仲先掖而令坐。何皇后遽出拜曰：'军容长官护官家，勿至惊恐，有事取容商量。'季述即出百官合同状，曰：'陛下倦临宝位，中外群情，愿太子监国，请陛下颐养于东宫。'帝曰：'吾昨与卿等欢饮，不觉太过，何至此耶！'皇后曰：'圣人依他军容语。'即于御前取国宝付季述，即时帝与皇后共一辇，并常所侍从十余内人赴东宫。入后，季述手自扃锁院门，日于窗中通食器。是日，迎皇太子监国，矫宣昭宗命称上皇。甲午，宣上皇制，太子登皇帝位……十二月乙卯朔。癸未夜，护驾盐州都将孙德昭、周承海、董彦弼以兵攻刘季述、王仲先，杀仲先，携其首诣东宫门，呼曰：'逆贼王仲先已斩首讫，请陛下出宫慰谕兵士。'宫人破钥，帝与皇后方得出。"又记："天复元年春正月甲申朔，昭宗反正，登长乐门楼，受朝贺。班未退，孙德昭执刘季述至楼前，上方诘责，已为乱棒击死，乃尸之于

————————
①《资治通鉴》，第8545页。

市。……庚寅……敕曰：'朕临御已来，十有四载，常慕好生之德，固无乐杀之心。昨季述等幽辱朕躬，迫胁太子。李师虔是逆贼亲厚，选来东内主持，动息之间，俾其侦伺。每有须索，皆不供承。要纸笔则恐作诏书，索锥刀则虑为利器，凌辱万状，出入搜罗。朕所御之衣，昼服夜濯，凝沍之际，寒苦难胜。嫔嫱公主，衾裯皆阙。缗钱则贯百不入，缯帛则尺寸难求。六辈同其主张，五人权其威势。若言状罪，翰墨难穷，若许生全，是为贷法，宜并处斩。"①直学士，官名。唐门下省弘文馆、中书省集贤殿书院皆置学士，掌校理图籍，六品以下称直学士。按，以上小注所言，《新唐书·韩偓传》有所记载："帝反正，励精政事，偓处可机密，率与帝意合。"②《资治通鉴》卷二六二天复元年六月亦有所记："上之返正也，中书舍人令狐涣、给事中韩偓皆预其谋，故擢为翰林学士，数召对，访以机密。……时上悉以军国事委崔胤，每奏事，上与之从容，或至然烛。宦官畏之侧目，皆咨胤而后行。"③

　　　　去梯言必尽，仄席意弥坚。

　　去梯，《后汉书·刘表传》：东汉荆州牧刘表有二子琦、琮，"表初以琦貌类于己，甚爱之，后为琮娶其后妻蔡氏之侄，蔡氏遂爱琮而恶琦，毁誉之言日闻于表。表宠耽后妻，每信受焉。……琦不自宁，尝与琅邪人诸葛亮谋自安之术。亮初不对。后乃共升高楼，因令去梯，谓亮曰：'今日上不至天，下不至地，言出子口而入吾耳，可以言未？'亮曰：'君不见申生在内而危，重耳居外而安乎？'琦意感悟，阴规出计。会表将江夏太守黄祖为孙权所杀，琦遂求代其任。"④仄席，不正坐。谓侧坐以待贤良。古时用以形容帝王礼贤下士。《汉书·陈汤传》："太中大夫谷永上疏讼汤曰：'臣闻楚有子玉得臣，文公为之仄席而坐。'"唐罗隐《送进士臧濆下第后归池州》诗："天子爱才虽仄席，诸生多病又沾襟。"按，此二句谓昭宗诚心征求韩偓等大臣的治国理政谋略，而诗人亦曾在秘密处境中向昭宗尽述己见。《新唐书·韩偓传》即记："偓尝与胤定策诛刘季述，昭宗反正，为功臣。帝疾宦人骄横，欲尽去之。偓曰：'陛下诛季述时，余皆赦不问，今又诛之，谁不惧死？含垢隐忍，须后可也。天子威柄，今散在方面，若上下同心，摄领权纲，犹

①《旧唐书》卷二十上《昭宗纪》，第 770－772 页。
②《新唐书》卷一八三，第 5389 页。
③《资治通鉴》，第 8553－8554 页。
④《后汉书》卷七十四下，第 2423 页。

冀天下可治。宦人忠厚可任者,假以恩幸,使自剪其党,蔑有不济。今食度支者乃八千人,公私牵属不减二万,虽诛六七巨魁,未见有益,适固其逆心耳。'帝前膝曰:'此一事终始属卿。'"①韩偓为唐昭宗所秘密召见,征询对策事,诗人颇以为荣,十分感戴,曾赋《六月十七日召对自辰及申方归本院》诗,云:"清暑帘开散异香,恩深咫尺对龙章。花应洞里寻常发,日向壶中特地长。坐久忽疑槎犯斗,归来兼恐海生桑。如今冷笑东方朔,唯用诙谐侍汉皇。"韩偓之所以赋此诗,乃因某次为昭宗所秘密召见,听取如何处置宦官意见事,以此感而成咏。此事《资治通鉴》卷二六二天复元年六月即有记载:其时,宰相崔胤欲尽除宦官,"韩偓屡谏曰:'事禁太甚。此辈亦不可全无,恐其党迫切,更生它变。'胤不从。丁卯,上独召偓,问曰:'敕使中为恶者如林,何以处之?'对曰:'东内之变,敕使谁非同恶!处之当在正旦,今已失其时矣。'上曰:'当是时,卿何不为崔胤言之?'对曰:'臣见陛下诏书云,"自刘季述等四家之外,其余一无所问。"夫人主所重,莫大于信,既下此诏,则守之宜坚;若复戮一人,则人人惧死矣。然后来所去者已为不少,此其所以恼恼不安也。陛下不若择其尤无良者数人,明示其罪,置之于法,然后抚谕其余曰:"吾恐尔曹谓吾心有所贮,自今可无疑矣。"乃择其忠厚者使为之长,其徒有善则奖之,有罪则惩之,咸自安矣。今此曹在公私者以万数,岂可尽诛邪!夫帝王之道,当以重厚镇之,公正御之,至于琐细机巧,此机生则彼机应矣,终不能成大功,所谓理丝而棼之者也。况今朝廷之权,散在四方,苟能先收此权,则事无不可为者矣。'上深以为然,曰:'此事终以属卿。'"②按,韩偓诗题之"六月十七日"即是《资治通鉴》所记的天复元年六月丁卯。唐昭宗仄席召见大臣谋划国事之举,后来则遭到宦官如韩全海一伙的阻扰,只得靠赐以密札或贴身宫人传话的方式。史载:"韩全海闻朱全忠将至,丁酉,令李继筠、李彦弼等勒兵劫上,请幸凤翔,宫禁诸门皆增兵防守,人及文书出入搜阅甚严。上遣人密赐崔胤御札,言皆凄怆,末云:'我为宗社大计,势须西行,卿等但东行也。惆怅,惆怅!'戊戌,上遣赵国夫人出语韩偓(《通鉴》胡注曰:命宫人出至学士院语之也):'朝来彦弼辈无礼极甚,欲召卿对,其势未可。'且言:'上与皇后但涕泣相向。'自是,学士不复得对矣。"③正因如此,则韩偓为昭宗所秘密召见实属不易,此亦可见昭宗之倚重信任韩偓,故诗人感激地于诗中特记此事,不仅以此显示昭宗之诚心"励心庶政",亦可展示与诗人之间难得的君臣鱼水际遇之情。

---

① 《新唐书》卷一八三,第 5387 页。
② 《资治通鉴》,第 8554 页。
③ 《资治通鉴》卷二六二,第 8559 页。

上相思惩恶，中人讵省愆。

　　"上相"句：上相，对宰相的尊称。《史记·郦生陆贾列传》："足下位为上相，食三万户侯，可谓极富贵无欲矣。"南朝宋谢灵运《撰征赋》："惟上相之睿哲，当草昧而经纶。"按，此指当时权位最崇重的宰相崔胤。此句指宰相崔胤欲尽除宦官事。《资治通鉴》卷二六二天复元年载："刘季述、王仲先既死，崔胤、陆扆上言：'祸乱之兴，皆由中官典兵。乞令胤主左军，扆主右军，则诸侯不敢侵陵，王室尊矣。'"①又"胤志欲尽除之（按，指宦官）"②。按，《韩偓诗注》释此句"上，指昭宗。惩恶，《新唐书·韩偓传》：'帝疾宦官骄横，欲尽去之。'即指此。"③所释未确。"中人"句：中人，指宦官。《汉书·百官公卿表上》："将行，秦官，景帝中六年更名大长秋，或用中人，或用士人。"颜师古注："中人，奄人也。"唐司空曙《晚秋西省寄上李韩二舍人》诗："赐膳中人送，余香侍女收。"此处中人，主要指以神策军中尉韩全海为首之宦官。讵，岂。省愆，亦作"省諐"。反省过失。《太平广记》卷十九引《神仙拾遗·马周》："有宣言责之者，以其受命不恭，堕废所委，使还其旧署，自责省愆。"宋岳珂《桯史·周益公降官》："臣有愧积中，无阶报上。省諐田里，视桑荫之几何；托命乾坤，比栎材而知免。"

鹿穷唯抵触，兔急且獫狳。

　　"鹿穷"二句：抵触，触碰、用角顶撞。崔豹《古今注》："鹿有角而不能触。"《周礼·地官·封人》："设其楅衡。"郑玄注引杜子春曰："楅衡所以持牛，令其不得抵触。"《淮南子·说山训》："熊罴之动以攫搏，兕牛之动以抵触。"獫狳，疾走貌。左思《吴都赋》："跇逾竹柏，獫狳杞楠。"李善《文选》注："獫狳，逃也。"按，此二句之鹿穷、兔急用以比喻宦官韩全海等人。上句与此二句意为宦官们岂能反省改过，他们处于困境，只能像困鹿、急兔一样拼命抵触反抗。此事《资治通鉴》卷二六二天复元年八月记："韩全海等惧诛，谋以兵制上，乃与李继昭、李继海、李彦弼、李继筠深相结；继昭独不肯从。他日，上问韩偓：'外间何所闻？'对曰：'惟闻敕使忧惧，与功臣及继筠交结，将致不安，亦未知其果然不耳。'上曰：'是不虚矣。比日继海、彦弼辈语渐倔强，令人难耐。令狐涣欲令朕召崔胤及全海

①《资治通鉴》，第8546页。
②《资治通鉴》，第8554页。
③陈继龙《韩偓诗注》，学林出版社2001年版，第105页。

等于内殿，置酒和解之，何如？'对曰：'如此则彼凶悖益甚。'上曰：'为之奈何？'对曰：'独有显罪数人，速加窜逐，余者许其自新，庶几可息。若一无所问，彼必知陛下心有所贮，益不自安，事终未了耳。'上曰：'善！'既而宦官自恃党援已成，稍不遵敕旨；上或出之使监军，或黜守诸陵，皆不行，上无如之何。"①《新唐书》卷二〇八《韩全诲传》亦记宦官头目韩全诲之"抵触"，并设谋遣宫中丽人侍奉昭宗，以侦探情报，谓："全诲、彦弘及彦弼合势恣暴，中官倚以自骄，帝不平，有斥逐者皆不肯行，胤固请尽诛之。全诲、彦弘见帝祈哀，帝知左右漏言，始诏囊封奏事。宦人更求丽姝知书者数十人，侍帝为内诇，由是胤计多露。"②

　　本是谋赊死，因之致劫迁。

　　"本是"句：赊死，缓死。唐杜牧《上李太尉论江贼书》："纵贼不捉，事败抵法，谓之赊死；与贼相拒，立见杀害，谓之就死。"宋陆游《长歌行》："但愿少赊死，得见平胡年。"谋赊死，此处谓谋求获得宽容，免于立即被诛杀。"因之"句谓，昭宗反正后，因没有立即尽除宦官势力，留下祸害，以此宦官韩全诲等人在知道宰相崔胤存心欲尽除掉他们时，就密结强藩李茂贞劫持昭宗以自保。《旧唐书·崔胤传》即记："明年夏，朱全忠攻陷河中、晋、绛，进兵至同、华。中尉韩全诲以胤交结全忠，虑汴军逼京师，请罢知政事，落使务。其年冬，全诲挟帝幸凤翔。……初，天复反正之后，宦官尤畏胤，事无大小咸禀之。每内殿奏对，夜则继之以烛。常说昭宗请尽诛内官，但以宫人掌内司事。中尉韩全诲、张弘彦、袁易简等伺知之，于帝前求哀请命，乃诏胤密事进囊封，勿更口奏。宦官无由知其谋，乃求知书美妇人进内，以侦阴事。由是胤谋颇泄。宦官每相聚流涕，愈不自安，故全诲等为劫幸之谋，由胤忌嫉之太过也。"③《资治通鉴》卷二六二天复元年十月亦记载："韩全诲闻朱全忠将至，丁酉，令李继筠、李彦弼等勒兵劫上，请幸凤翔，宫禁诸门皆增兵防守，人及文书出入搜阅甚严。上遣人密赐崔胤御札，言皆凄怆，末云：'我为宗社大计，势须西行，卿等但东行也。惆怅，惆怅！……（十一月）壬子，韩全诲等陈兵殿前，言于上曰：'全忠以大兵逼京师，欲劫天子幸洛阳，求传禅；臣等请奉陛下幸凤翔，收兵拒之。'上不许，杖剑登乞巧楼。全诲等逼上下楼，上行才及寿春殿，李彦弼已于御院纵火。是

①《资治通鉴》，第8557页。
②《新唐书》，第5897页。
③《旧唐书》卷一七七，第4584—4586页。

日冬至,上独坐思政殿,翘一足,一足踏阑干,庭无群臣,旁无侍者。顷之,不得已,与皇后、妃嫔、诸王百余人皆上马,恸哭声不绝,出门,回顾禁中,火已赫然。是夕,宿鄠县。"①韩偓《辛酉岁冬十一月随驾幸岐下作》诗即写昭宗此次被劫迁事,云:"曳裾谈笑殿西头,忽听征铙从冕旒。凤盖行时移紫气,鸾旗驻处认皇州。晓题御服颁群吏,夜发宫嫔诏列侯。雨露涵濡三百载,不知谁拟杀身酬。"可见诗人对此事感触之深。

        氛霾言下合,日月暗中悬。

        氛霾,云烟、阴霾。按,"氛霾"句比喻当时劫持唐昭宗的宦官和李茂贞、朱全忠等强藩势力,一起将局势扰乱得乌烟瘴气。"日月"句,则比喻被劫持的唐昭宗君臣处境极为险恶。按,昭宗被韩全诲勾结李茂贞劫持西幸凤翔,"是时京师无天子,行在无宰相,崔胤使太子太师卢渥等二百余人列状请朱全忠西迎车驾,又使王溥至赤水见全忠计事。……戊午,全忠发赤水。……全忠使判官李择、裴铸入奏事,称:'奉密诏及得崔胤书,令臣将兵入朝。'韩全诲等矫诏答以:'朕避灾至此,非宦官所劫,密诏皆崔胤诈为之,卿宜敛兵归保土宇。'茂贞遣其将符道昭屯武功以拒全忠,癸亥,全忠将康怀贞击破之。……戊辰,朱全忠至凤翔,军于城东。李茂贞登城谓曰:'天子避灾,非臣下无礼;逭人误公至此。'全忠报曰:'韩全诲劫迁天子,今来问罪,迎扈还宫。岐王苟不预谋,何烦陈谕!'上屡诏全忠还镇,全忠乃拜表奉辞"②。此后,昭宗君臣即处于各方争夺战之中,形势十分危急狼狈。《资治通鉴》即载李茂贞劫持昭宗在凤翔城,朱全忠围攻之情景云:"汴军每夜鸣鼓角,城中地如动。攻城者诟城上人云'劫天子贼',乘城者诟城下人云'夺天子贼'。是冬,大雪,城中食尽,冻馁死者不可胜计;或卧未死已为人所剐。市中卖人肉,斤直钱百,犬肉直五百。茂贞储偫亦竭,以犬彘供御膳。上鬻御衣及小皇子衣于市以充用,削渍松柹以饲御马。"③此时昭宗宫中生活亦极为穷迫艰难,君臣之命运真有"暗中悬"之概。宋曾慥《类说·速与梁和》引韩偓《金銮密记》有如此描述:"汴人列十余栅,围岐宫,掘蚰蜒壕攻城。城中大窖,烧人粪,煮人肉而食。茂贞不肯与梁和,宣谕曰:'全忠兵未退,城内窘急,十六宅诸王日奏三两人下世,皆冻饿所致。在内公主、美人等一日食粥,一日食

---

① 《资治通鉴》卷二六二,第 8559—8560 页。
② 《资治通鉴》卷二六二,第 8562—8564 页。
③ 《资治通鉴》卷二六三,第 8586 页。

不托,今已竭矣! 愿速与梁和。"①

　　恭显诚甘罪,韦平亦恃权。

　　恭显,即汉元帝所宠幸的宦官弘恭、石显。此处用以指韩全诲、张弘彦等宦官。《汉书·楚元王传》附《刘向传》:"四人同心辅政,患苦外戚许、史在位放纵,而中书宦官弘恭、石显弄权。望之、堪、更生议,欲白罢退之。未白而语泄,遂为许、史及恭、显所谮愬。堪、更生下狱,及望之皆免官。"②甘罪,犹服罪。《后汉书·冯绲传》:"(冯)焕欲自杀,绲疑诏文有异,止焕曰:'大人在州,志欲去恶,实无它故,必是凶人妄诈,规肆奸毒。愿以事自上,甘罪无晚。'"③韦平,即汉代的韦氏与平氏。韦氏有韦贤、韦玄成,父子均为宰相。传见《史记》卷九十六、《汉书》卷七十三。平氏为平当、平晏,父子亦皆为宰相。传见《汉书》卷七十一。恃权,依仗权势。此句以韦平喻指崔胤。崔胤父崔慎由亦曾任宰相。按,以上二句上一句谓韩全诲等宦官劫持唐昭宗,固是其罪恶;而下一句谓宦官之所以如此,亦因宰相崔胤恃权,急于欲尽除宦官,勾结朱全忠入京,逼之过甚,故宦官狗急跳墙,铤而走险,以致劫持昭宗以自保。又,关于崔胤"恃权"事,《旧唐书·崔胤传》有载,中云:"大顺中,历兵部、吏部二侍郎,寻以本官同平章事。时王室多故,南北司争权,咸树朋党,外结蕃帅。胤长于阴计,巧于附丽,外示凝重而心险躁。自李茂贞、王行瑜怙乱,兵势不逊,杜让能、韦昭度继遭诛戮,而宰臣崔昭纬深结行瑜以自固,而待胤以宗人之分,屡加荐用,累迁中书侍郎,判户部事。昭宗出幸石门,胤与同列徐彦若、王抟等从。车驾还宫,加礼部尚书,并赐号'扶危匡国致理功臣'。三年,李茂贞犯京师,扈昭宗幸华州。帝复雪杜让能、韦昭度、李磎之枉,惩昭纬之前愿,罢胤政事,检校兵部尚书、广州刺史、岭南东道节度等使。时朱全忠方霸于关东,胤密致书全忠求援。全忠上疏理胤之功,不可离辅弼之地。胤已至湖南,复召拜平章事。胤既获汴州之援,颇弄威权。恨徐彦若、王抟发昭纬前事,深排抑之。俄出彦若为南海节度。又撼王抟交结敕使,同危宗社,令全忠上疏论之。光化中,贬抟溪州司马,赐死于蓝田驿。诛中尉宋道

①曾慥《类说》卷七,北京图书馆古籍珍本丛刊第 62 册,书目文献出版社 1988 年版,第 137 页。
②班固《汉书》卷三十六,中华书局 1962 年版,第 1929—1930 页。
③《后汉书》卷三十八,第 1280 页。

弼、景务修。自是朝廷权政,皆归于己,兼领三司使务。宦官侧目,不胜其忿。"①同书又载崔胤恃权,以致引起唐昭宗之怒,下诏斥责之事云:"明年夏,朱全忠攻陷河中、晋、绛,进兵至同、华,中尉韩全海以胤交结全忠,虑汴军逼京师,请罢知政事,落使务。其年冬,全海挟帝幸凤翔。胤怨帝废黜,不扈从,遣使告全忠,请于岐阳迎驾,令太子太师卢知猷率百官迎全忠入京师。初,全忠至华州,遣掌书记裴铸入奏凤翔,言欲以兵士迎驾。及入京师,又上表曰……昭宗得全忠表,怒胤尤甚。是月二十六日诏曰:'食君之禄,合务于尽忠;秉国之钧,宜思于致理。其有叠膺异渥,继执重权,遽萌狂悖之心,忽构倾危之计,人知不可,天固难容。……殊不知漏卮难满,小器易盈,曾无报国之心,但作危邦之计,四居极位,一无可称。岂有都城,合聚兵甲,暗养死士,将乱国经,聚貔武以保其一坊,致刁斗远连于右辅。……百辟休戚,由其顾盼之间;四方是非,系彼指呼之际。令狐涣奸纤有素,操守无堪,用作腹心,共张声势。遂令滥居深密,日在禁闱,罔惑朕躬,伪行书诏。致兹播越,职尔之由。岂有权重位崇,恩深奖厚,曾无惕厉,转恣睢盱,显构外兵,将图不轨。'"②又载崔胤主张尽杀宦官,宦官恐惧,以此劫持唐昭宗之事云:"初,天复反正之后,宦官尤畏胤,事无大小咸禀之。每内殿奏对,夜则继之以烛。常说昭宗请尽诛内官,但以宫人掌内司事。中尉韩全海、张弘彦、袁易简等伺知之,于帝前求哀请命,乃诏胤密事进囊封,勿更口奏。宦官无由知其谋,乃求知书美妇人进内,以侦阴事。由是胤谋颇泄。宦官每相聚流涕,愈不自安,故全海等为劫幸之谋,由胤忌嫉之太过也。"③

　　　　畏闻巢幕险,宁寤积薪然。

　　"畏闻巢幕"句:巢幕,筑巢于帷幕之上。喻处境危险。语本《左传·襄公二十九年》:"(季札)自卫如晋,将宿于戚,闻钟声焉,曰:'异哉!……夫子(孙文子)之在此也,犹燕之巢于幕上,君又在殡,而可以乐乎?'"杨伯峻注:"幕即帐幕,随时可撤。燕巢于其上,至为危险。"晋潘岳《西征赋》:"危素卵之累壳,甚玄燕之巢幕。"唐李商隐《咏怀寄秘阁旧僚二十六韵》:"乘轩宁见宠,巢幕更逢危。"
　　"宁寤积薪"句:宁寤,哪里醒悟。寤,醒悟、觉醒。《楚辞·离骚》:"闺中既以邃远兮,哲王又不寤。"《魏书·崔僧渊传》:"今执志不寤,忠孝两忘,王晏之辜,安

①《旧唐书》卷一七七,第 4582－4583 页。
②《旧唐书》卷一七七,第 4584－4585 页。
③《旧唐书》卷一七七,第 4586 页。

能自保,见机而作,其在兹乎。"积薪,《汉书·贾谊传》:"夫抱火厝之积薪之下而寝其上,火未及燃,因谓之安,方今之势,何以异此!"后以"积薪"喻隐伏危机。《后汉书·黄琼传》:"前白马令李云,指言宦官罪秽宜诛,皆因众人之心,以救积薪之敝。"然,即燃,燃烧。按,以上两句比喻当时政局险恶,危机四伏,时时有爆发的危险,然而有的人却未能体察醒悟,甚至引狼入室,拒谏而一意孤行。所说盖指宰相崔胤和令狐涣。《新唐书·韩偓传》载:"初,李继昭等以功皆进同中书门下平章事,时谓'三使相',后稍稍更附韩全海、周敬容,皆忌胤。胤闻,召凤翔李茂贞入朝,使留族子继筠宿卫。偓闻,以为不可,胤不纳。偓又语令狐涣,涣曰:'吾属不惜宰相邪? 无卫军则为阉竖所图矣。'偓曰:'不然。无兵则家与国安,有兵则家与国不可保。'胤闻,忧,未知所出。"①又如前引史载,唐昭宗为韩全海、李茂贞劫持于凤翔,崔胤私与朱全忠结,以救驾为名,引朱全忠从汴州西上围攻凤翔,导致朱全忠后来入京且控制朝廷,不仅杀了崔胤,而且弑帝篡唐。《旧唐书·崔胤传》即载崔胤为朱全忠所恶被杀事:"全忠子友伦宿卫京师,因击鞠坠马而卒。全忠爱之,杀会鞠者十余人,而疑胤阴谋,由是怒胤。初,天子还宫,全忠东归,胤以事权在己,虑全忠急于篡代,乃与郑元规谋招致兵甲,以扞茂贞为辞。全忠知其意,从之。胤毁城外木浮图,取铜铁为兵仗。全忠令汴州军人入关应募者数百人。及友伦死,全忠怒,遣其子宿卫军使友谅诛胤,而应募者突然而出。(天复)四年正月初,贬太子宾客,寻为汴军所杀。"②

　　　谅直寻钳口,奸纤益比肩。

　　谅直:谅,诚信、诚实。《礼记·内则》:"朝夕学幼仪,请肄简谅。"郑玄注:"谅,信也。"孙希旦《集解》:"请肄简谅,谓所请肄习者贵乎简要而诚实也。"直,公正、正直。《书·舜典》:"夙夜惟寅,直哉惟清。"《韩非子·解老》:"所谓直者,义必公正,公心不偏党也。"谅直,诚实正直。《楚辞·九辩》:"私自怜兮何极,心怦怦兮谅直。"《论语·季氏》:"友直,友谅,友多闻,益矣。"唐白居易《祭李司徒文》:"惟公之生,树名致节,忠贞谅直,天下所仰。"钳口,闭口。《淮南子·精神训》:"静耳而不以听,钳口而不以言。"唐陈子昂《谏用刑书》:"钳口下列,俛仰偷荣,非臣之始愿也。"奸纤,奸佞邪恶的小人。《旧唐书·贾𫠊传》:"𫠊虽中立自持,然不能以身犯难,排斥奸纤,脂韦其间,遂至覆族。"《唐大诏令集》卷五十八

---

①《新唐书》卷一八三,第5387—5388页。
②《旧唐书》卷一七七,第4587页。

《崔胤工部尚书制》："令狐涣奸纤有素,操守无堪,用作腹心,共张声势。"比肩,一个连接一个。形容众多。《荀子·非相》："弃其亲家而欲奔之者,比肩并起。"汉王充《论衡·效力》："殷周之世,乱迹相属,亡祸比肩,岂其心不欲治乎?"此处奸纤盖指朝中宦官,如韩全诲等人,以及朝官崔胤、令狐涣之流。

晋谗终不解,鲁瘠竟难痊。

晋谗,春秋时,晋献公为骊姬所惑,骊姬为立其子奚齐而谗害太子申生,诬申生欲毒死献公。献公怒,申生惧怕出逃,被迫自缢。事见《左传·襄公二十九年》。《诗·唐风·采苓序》："《采苓》刺晋献公也,献公好听谗焉。"按,此句盖指韩偓等忠臣受到权臣宵小之诽谤排挤。《新唐书·韩偓传》记:"(李)彦弼谮偓及涣漏禁省语,不可与图政,帝怒曰:'卿有官属,日夕议事,奈何不欲我见学士邪?'"又:"宰相韦贻范母丧,诏还位,偓当草制,上言:'贻范处丧未数月,遽使视事,伤孝子心。今中书事,一相可办。陛下诚惜贻范才,俟变缞而召可也。何必使出峨冠庙堂,入泣血柩侧,毁瘠则废务,勤恪则忘哀,此非人情可处也。'学士使马从皓逼偓求草,偓曰:'腕可断,麻不可草!'从皓曰:'君求死邪?'偓曰:'吾职内署,可默默乎?'明日,百官至,而麻不出,宦侍合噪。茂贞入见帝曰:'命宰相而学士不草麻,非反邪?'艴然出。姚洎闻曰:'使我当直,亦继以死。'既而帝畏茂贞,卒诏贻范还相,洎代草麻。自是宦党怒偓甚。从皓让偓曰:'南司轻北司甚,君乃崔胤、王溥所荐,今日北司虽杀之可也。两军枢密,以君周岁无奉入,吾等议救接,君知之乎?'偓不敢对。"又:"有谮偓喜侵侮有位,胤亦与偓贰。会逐王溥、陆扆,帝以王赞、赵崇为相,胤执赞、崇非宰相器,帝不得已而罢。赞、崇皆偓所荐为宰相者。全忠见帝,斥偓罪,帝数顾胤,胤不为解。全忠至中书,欲召偓杀之。郑元规曰:'偓位侍郎、学士承旨,公无遽。'全忠乃止,贬濮州司马。"①又,《旧唐书·崔胤传》载:"昭宗初幸凤翔,命卢光启、韦贻范、苏检等作相,及还京,胤皆贬斥之。又贬陆扆为沂王傅,王溥太子宾客,学士薛贻矩夔州司户,韩偓濮州司户,姚洎景王府咨议。应从幸群官贬逐者三十余人。唯用裴贽为相,以其孤立易制也。内官既尽屠戮,诸使悉罢,天子宣传诏命,惟令宫人宠颜等宣事。而欺君蠹国,所不忍闻。胤所悦者阘茸下辈,所恶者正人君子,人人悚惧,朝不保夕。"②"鲁瘠"句:《左传·襄公二十九年》载:晋侯派司马女叔侯

---

① 《新唐书》卷一八三,第 5388—5390 页。
② 《旧唐书》卷一七七,第 4586—4587 页。

办理让鲁国归还所侵占的杞国田地之事,结果却没有尽数归还,为此晋悼夫人指责叔侯办事不力,"公告叔侯。叔侯曰:'虞、虢、焦、滑、霍、扬、韩、魏皆姬姓也,晋是以大。若非侵小,将何所取?……鲁之于晋也,职贡不乏,玩好时至。公卿大夫,相继于朝,史不绝书,府无虚月,如是可矣。何必瘠鲁以肥杞?'"①按,本诗此处上下句多言朝中险恶以及诗人遭谗状况,故此句似指宦官以及崔胤之流侵逼危害之祸终难除去,故有此下"只拟诛黄皓,何曾识霸先"之句。

　　　　只拟诛黄皓,何曾识霸先。

　　"只拟"二句:黄皓,三国蜀后主刘禅时宦官,善于逢迎,为后主所宠信,擅权乱政。《三国志·蜀志》:"景耀元年,姜维还成都。史官言景星见,于是大赦,改元年。宦人黄皓始专政。"②又"姜维常征伐在外,宦人黄皓窃弄机柄"。③按,此句之黄皓喻指宦官韩全诲等人。韩全诲曾劫持唐昭宗至凤翔,后被诛杀。霸先,即陈霸先,南朝陈开国君王。初仕梁为始兴太守,后起兵与王僧辩讨平侯景之乱,以功累迁为相国,封陈王。后灭梁,称帝,国号陈。《南史·陈武帝本纪》:"(太平二年)九月辛丑,梁帝进帝位相国,总百揆,封十郡为陈公……位在诸侯王上。"又"(十月)辛未,梁帝禅位于陈。"④此处陈霸先用以喻朱全忠。以上二句意为崔胤只是为了诛杀韩全诲等宦官,故借助朱全忠势力以对付韩全诲以及韩全诲所勾结的强藩李茂贞,但又何能识辨朱全忠拥兵自重,陷害忠良,篡权灭唐自立的野心呢!据《资治通鉴》卷二六二天复元年闰六月载:"崔胤请上尽诛宦官,但以宫人掌内诸司事;宦官属耳,颇闻之,韩全诲等涕泣求哀于上,上乃令胤,'有事封疏以闻,勿口奏。'……全诲等大惧,每宴聚,流涕相诀别,日夜谋所以去胤之术。胤时领三司使,全诲等教禁军对上喧噪,诉胤减损冬衣;上不得已,解胤盐铁使。时朱全忠、李茂贞各有挟天子令诸侯之意,全忠欲上幸东都,茂贞欲上幸凤翔。胤知谋泄,事急,遗朱全忠书,称被密诏,令全忠以兵迎车驾,且言:'昨者返正,皆令公良图,而凤翔先入朝抄取其功。今不速来,必成罪人,岂惟功为他人所有,且见征讨矣!'全忠得书,秋,七月,甲寅,遽归大梁发

<hr>

①《十三经注疏·春秋左传正义》卷三十九,中华书局 2009 年影印本,第 4355 页。
②陈寿《三国志》卷三十三,中华书局 1959 年版,第 899 页。
③《三国志》卷三十五,第 933 页。
④《南史》卷九,第 265－269 页。

兵。……冬,十月,戊戌,朱全忠大举兵发大梁。"①

嗾獒翻丑正,养虎欲求全。

"嗾獒"句:嗾獒,《左传·宣公二年》:"晋侯饮赵盾酒,伏甲将攻之。其右提弥明知之,趋登曰:'臣侍君宴,过三爵,非礼也。'遂扶(赵盾)以下。公嗾夫獒焉,明搏而杀之。盾曰:'弃人用犬,虽猛何为?'斗且出。"杜预注:"獒,猛犬也。"②嗾,指使狗时口中所发的声音,口中发出声音来指使狗。唐李贺《公无出门》诗:"嗾犬狺狺相索索,舐掌偏宜佩兰客。"獒,高大凶猛的狗。《书·旅獒》:"西旅献獒。"孔传:"西戎远国贡大犬。"唐舒元舆《坊州按狱》诗:"攫搏如猛虎,吞噬若狂獒。"丑正,谓嫉害正直的人。《左传·昭公二十八年》:"叔敖曰:《郑书》有之:'恶直丑正,实蕃有徒。'"杨伯峻注:"恶、丑同义,直、正同义,恶直即丑正,同义复语。言嫉害正直者。"按,此句指宰相崔胤本想借助强藩朱全忠以铲除宦官,没料到朱全忠反而谄害仇杀朝中忠良,谋夺国家政权。"养虎"句:养虎,即养虎自遗患。比喻纵容敌人,自留后患。《史记·项羽本纪》:"项王已约,乃引兵解而东归。汉欲西归,张良、陈平说曰:'汉有天下太半,而诸侯皆附之。楚兵罢食尽,此天亡楚之时也,不如因其机而遂取之。今释弗击,此所谓"养虎自遗患"也。'汉王听之。"《新唐书·突厥传上》:"陛下必欲引突厥居河南,所谓养虎自遗患者也。"按,此句亦批评崔胤引入朱全忠以自保,但有如姑息养奸,引狼入室,养虎反自害。

万乘烟尘里,千官剑戟边。

"万乘"句:万乘,周制,天子地方千里,能出兵车万乘,因以"万乘"指天子。《孟子·梁惠王上》:"万乘之国,弑其君者,必千乘之家。"赵岐注:"万乘,兵车万乘,谓天子也。"烟尘,烽烟和战场上扬起的尘土。南朝梁萧统《七契》:"当朝有仁义之睦,边境无烟尘之惊。"唐高适《燕歌行》:"汉家烟尘在东北,汉将辞家破残贼。"此指战乱。按,此句指唐昭宗因宦官和强藩的劫持与争夺,蒙尘离京出幸事。如《旧唐书·昭宗纪》天复元年载:"十月己卯朔。戊戌,全忠引四镇之师七万赴河中,京师闻之大恐,豪民皆亡窜山谷。十一月己酉朔。

①《资治通鉴》,第8555—8558页。
②《十三经注疏·春秋左传正义》卷二十一,第4054页。

壬子,中尉韩全诲与凤翔护驾都将李继诲奉车驾出幸凤翔。是日,汴军陷同州,执州将司马邺,华州节度使韩建遣判官李巨川送款。甲寅,汴军驻灵口。乙卯,全忠知帝出幸,乃回兵攻华州。大军驻赤水,全忠以亲兵驻西溪。"①又,唐昭宗被韩全诲、李茂贞等人劫持至凤翔后,朱全忠等军阀即展开争夺天子以号令天下之争斗,《资治通鉴》载:"全忠使判官李择、裴铸入奏事,称:'奉密诏及得崔胤书,令臣将兵入朝。'韩全诲等矫诏答以:'朕避灾至此,非宦官所劫,密诏皆崔胤诈为之,卿宜敛兵归保土宇。'茂贞遣其将符道昭屯武功以拒全忠,癸亥,全忠将康怀贞击破之。……戊辰,朱全忠至凤翔,军于城东。李茂贞登城谓曰:'天子避灾,非臣下无礼;谗人误公至此。'全忠报曰:'韩全诲劫迁天子,今来问罪,迎扈还宫。岐王苟不预谋,何烦陈谕!'上屡诏全忠还镇,全忠乃拜表奉辞。辛未,移兵北趣邠州。"胡三省于此注谓:"屡诏全忠归镇,韩全诲、李茂贞挟天子以令之也。全忠拜表奉辞,若不敢逆诏指者,然其意则有在矣。"②"千官"句:此句指朝中百官处在被杀戮的境地里。考《资治通鉴》卷二六三天复三年春记:"时凤翔所诛宦官已七十二人,朱全忠又密令京兆搜捕致仕不从行者,诛九十人。"又:"朱全忠以兵驱宦官第五可范等数百人于内侍省,尽杀之,冤号之声,彻于内外。其出使外方者,诏所在收捕诛之,止留黄衣幼弱者三十人以备洒扫。"③又同上书卷二六四天祐元年闰四月记:"上之在陕也,司天监奏:'星气有变,期在今秋,不利东行。'故上欲以十月幸洛。至是,全忠令医官许昭远告医官使阎祐之、司天监王墀、内都知韦周、晋国夫人可证等谋害元帅,悉收杀之。"④又同上书卷二六五天祐二年六月载:"戊子朔,敕裴枢、独孤损、崔远、陆扆、王溥、赵崇、王赞等并所在赐自尽。时全忠聚枢等及朝士贬官者三十余人于白马驿,一夕尽杀之,投尸于河。初,李振屡举进士,竟不中第,故深疾搢绅之士,言于全忠曰:'此辈常自谓清流,宜投之黄河,使为浊流!'全忠笑而从之。振每自汴至洛,朝廷必有窜逐者,时人谓之鸱枭。见朝士皆颐指气使,旁若无人。"⑤诗人《八月六日作四首》之三也有"簪裾皆是汉公卿,尽作锋铓剑血腥"句痛诉此事。

————————

①《旧唐书》卷二十上,第773页。
②《资治通鉴》卷二六二,第8563—8564页。
③《资治通鉴》卷二六三,第8593—8595页。
④《资治通鉴》卷二六四,第8630页。
⑤《资治通鉴》,第8643页。

　　斗魁当北坼,地轴向西偏。

　　斗魁,《史记·天官书》:"魁枕参首。"张守节《正义》:"魁,斗第一星也,言北方斗,斗衡直当北之魁,枕于参星之首。"《晋书·天文志》:"斗为人君之象,号令之主也。……一至四为魁,五至七为杓。"此处指北斗。坼,裂开、分裂。《淮南子·本经训》:"天旱地坼。"唐杜甫《登岳阳楼》诗:"吴楚东南坼,乾坤日夜浮。""地轴"句:地轴,古代传说中大地之轴。晋张华《博物志》卷一:"地下有四柱,四柱广十万里。地有三千六百轴,犬牙相举。"梁庾信《齐王进白兔表》:"德动天关,威移地轴。"唐黄滔《融结为河岳赋》:"龟负龙擎,文籍其阳九阴六;共触愚移,倾缺其天枢地轴。"按,以上两句以天地翻覆,比喻李唐王朝因宦官与藩镇勾结作乱、朱全忠谋夺政权而天翻地覆,摇摇欲坠。

　　袁董非徒尔,师昭岂偶然。

　　袁董,指东汉末年的袁绍和董卓,两人均为诛杀宦官,挟天子以令诸侯的大军阀。袁绍,传见《后汉书》卷七十四、《三国志》卷六。董卓,传见《后汉书》卷七十二、《三国志》卷六。《后汉书·袁绍传》:"是时豪杰既多附绍,且感其家祸,人思为报,州郡蜂起,莫不以袁氏为名。韩馥见人情归绍,忌其得众,恐将图己,常遣从事守绍门,不听发兵。桥瑁乃诈作三公移书,传驿州郡,说董卓罪恶,天子危逼,企望义兵,以释国难。馥于是方听绍举兵。乃谋于众曰:'助袁氏乎? 助董氏乎?'治中刘惠勃然曰:'兴兵为国,安问袁、董?'"①按,此处以两人喻指军阀李茂贞、王建等人。师昭,指司马师和司马昭,两人为魏末司马懿之子,均是谋篡帝位之权臣,后曹魏政权为司马氏所夺。司马师,即晋景帝,事迹见《晋书》卷二。司马昭,即晋文帝,事迹见《晋书》卷二。此处师昭用以喻指篡夺李唐政权之朱全忠之流。按,《晚唐诗人韩偓》谓"师指师延,殷纣乐官,作新声北里之乐,纣失天下,自投濮水而死;昭指昭君,汉时涿郡方士,王莽纵淫乐,日与昭君等于后宫考验方术"②。所说未确。盖此诗叙述至"袁董非徒尔,师昭岂偶然"两句后,遂顺承此诗意而下,有"劫火"、"桑田"二句,故"师昭"乃指篡夺政权者,而非所谓的师延、昭君这类乐师与方士之流。

①《后汉书》卷七十四上,第2376－2377页。
②陈香《晚唐诗人韩偓》,台北"国家出版社"1993年版,第183页。

中原成劫火,东海遂桑田。

劫火,佛教语。谓坏劫之末所起之大火。劫,佛教名词,梵文 kalpa 的音译,"劫波"(或"劫簸")的略称。意为极久远的时节。古印度传说世界经历若干万年毁灭一次,重新再开始,这样一个周期叫做一"劫"。"劫"的时间长短,佛经有各种不同的说法。一"劫"包括"成"、"住"、"坏"、"空"四个时期,叫做"四劫"。到"坏劫"时,有水、火、风三灾出现,世界归于毁灭。后人借指天灾人祸。《敦煌变文集·温室讲唱押座文》:"百年(千)万劫作轮王,不乐王宫恩爱事。舍命舍身千万劫,直至今身证菩提。"《仁王经》:"劫火洞然,大千俱坏。"唐白居易《送刘道士游天台》:"苦海不能漂,劫火不能焚。""东海遂桑田":即沧海桑田。语本晋葛洪《神仙传·王远》:"麻姑自说:'接待以来,已见东海三为桑田。'"后以"沧海桑田"比喻世事变化巨大。唐储光羲《献八舅东归》诗:"独往不可群,沧海成桑田。"按,以上二句意指由于各路军阀各怀异心,争权夺利,交相攻战,烽火四起,中原遂举目沧桑,山河巨变,李唐王朝也被篡夺了。这一局势《资治通鉴》多有记载,如天祐元年载:"忠义节度使赵匡凝遣水军上峡攻王建夔州,知渝州王宗阮等击败之。万州刺史张武作铁絚绝江中流,立栅于两端,谓之'锁峡'。六月李茂贞、王建、李继徽传檄合兵以讨朱全忠;全忠以镇国节度使朱友裕为行营都统,将步骑击之;命保大节度使刘鄩弃鄜州,引兵屯同州。癸丑,全忠引兵自大梁西讨茂贞等;秋,七月……西川诸将劝王建乘李茂贞之衰,攻取凤翔。建以问节度判官冯涓,涓曰:'兵者凶器,残民耗财,不可穷也。今梁、晋虎争,势不两立,若并而为一,举兵向蜀,虽诸葛亮复生,不能敌矣。凤翔,蜀之藩蔽,不若与之和亲,结为婚姻,无事则务农训兵,保固疆场,有事则觇其机事,观衅而动,可以万全。'建曰:'善!茂贞虽庸才,然有强悍之名,远近畏之,与全忠力争则不足,自守则有余,使为吾藩蔽,所利多矣。'乃与茂贞修好。……时李茂贞、杨崇本、李克用、刘仁恭、王建、杨行密、赵匡凝移檄往来,皆以兴复为辞。全忠方引兵西讨,以帝有英气,恐变生于中,欲立幼君,易谋禅代,乃遣判官李振至洛阳,与玄晖及左龙武统军朱友恭、右龙武统军氏叔琮等图之。"①又,天祐二年载:"杨师厚攻下唐、邓、复、郢、随、均、房七州,朱全忠军于汉北。九月,辛酉,命师厚作浮梁于阴谷口,癸亥,引兵度汉。甲子,赵匡凝将兵二万陈于汉滨,师厚与战,大破之,遂傅其城下。是夕,匡凝焚府城,帅其族及麾下士沿汉奔广陵。乙丑,师

---

① 《资治通鉴》卷二六五,第 8633—8635 页。

厚入襄阳;丙寅,全忠继至。"①又,天祐三年亦载:"天雄节度使罗绍威心恶之(按,指魏博牙兵),力不能制。朱全忠之围凤翔也,绍威遣军将杨利言密以情告全忠,欲借其兵以诛之。全忠以事方急,未暇如其请,阴许之。及李公佺作乱,绍威益惧,复遣牙将臧延范趣全忠。全忠乃发河南诸镇兵十万,遣其将李思安将之,会魏、镇兵屯深州乐城;声言击沧州,讨其纳李公佺也。会全忠女适绍威子廷规者卒,全忠遣客将马嗣勋实甲兵于橐中,选长直兵千人为担夫,帅之入魏,诈云会葬;全忠自以大军继其后,云赴行营;牙军皆不之疑。庚午,绍威潜遣人入库断弓弦、甲襻,是夕,绍威帅其奴客数百,与嗣勋合击牙军,牙军欲战而弓甲皆不可用,遂阖营歼之,凡八千家,婴孺无遗。诘旦,全忠引兵入城。"②于此可见当时局势之混乱,战乱之频仍残酷。

　　　　溅血惭嵇绍,迟行笑褚渊。

　　"溅血"句:嵇绍,字延祖,晋人,仕至侍中。传见《晋书》卷八十九。《晋书·嵇绍传》:"嵇绍字延祖,魏中散大夫康之子也。……寻征为御史中丞,未拜,复为侍中。……遂拜绍使持节、平西将军。……绍复为侍中。公主以下皆诣邺谢罪于颖,绍等咸见废黜,免为庶人。寻而朝廷复有北征之役,征绍,复其爵位。绍以天子蒙尘,承诏驰诣行在所。值王师败绩于荡阴,百官及侍卫莫不散溃,唯绍俨然端冕,以身捍卫。兵交御辇,飞箭雨集,绍遂被害于帝侧,血溅御服,天子深哀叹之。及事定,左右欲浣衣,帝曰:'此嵇侍中血,勿去。'"③又《资治通鉴》卷二六五天祐元年记唐昭宗被杀情景云:"八月,壬寅,帝在椒殿,玄晖选龙武牙官史太等百人夜叩宫门,言军前有急奏,欲面见帝。夫人裴贞一开门见兵,曰:'急奏何以兵为?'史太杀之。玄晖问:'至尊安在?'昭仪李渐荣临轩呼曰:'宁杀我曹,勿伤大家!'帝方醉,遽起,单衣绕柱走,史太追而弑之。渐荣以身蔽帝,太亦杀之。又欲杀何后,后求哀于玄晖,乃释之。"④此事诗人《八月六日作四首》之二亦有数句及之,云:"金虎挺灾不复论,构成狂猘犯车尘。御衣空惜侍中血,国玺几危皇后身。"故此句意为唐昭宗天祐元年八月被朱全忠杀害于洛阳时,其时诗人正流寓于湖南,未能像晋朝的嵇绍、本朝的昭仪李渐荣以身捍卫皇帝而死,故

①《资治通鉴》卷二六五,第8646页。
②《资治通鉴》卷二六五,第8656—8657页。
③房玄龄《晋书》卷八十九,中华书局1974年版,第2298—2300页。
④《资治通鉴》,第8635—8636页。

而深感惭愧。"迟行"句：褚渊，南朝宋齐间大臣。字彦回，河南阳翟人。宋文帝婿。文帝时任著作佐郎、秘书、尚书吏部郎等职。明帝即位，擢升吏部尚书、尚书右仆射，并受遗诏为中书令、护军将军，与袁粲共辅苍梧王（后废帝）。后又助萧道成代宋建齐。南齐建立后，封南康郡公，任尚书令。因其助萧道成代宋，故时人讥其无节操。传见《南齐书》卷二十三、《南史》卷二十八。据《南齐书·褚渊传》："褚渊字彦回，河南阳翟人也。祖秀之，宋太常。父湛之，骠骑将军，尚宋武帝女始安哀公主。渊少有世誉，复尚文帝女南郡献公主，姑侄二世相继。拜驸马都尉……渊美仪貌，善容止，俯仰进退，咸有风则。每朝会，百僚远国使莫不延首目送之。宋明帝尝叹曰：'褚渊能迟行缓步，便持此得宰相矣。'寻加尚书令，本官如故。"①《南史·褚渊传》："彦回善弹琵琶，齐武帝在东宫宴集，赐以金镂柄银柱琵琶。性和雅，有器度，不妄举动。宅尝失火，烟熖甚逼，左右惊扰，彦回神色怡然，索舆徐去。然世颇以名节讥之，于时百姓语曰：'可怜石头城，宁为袁粲死，不作彦回生。'"②按，此句意为诗人耻笑那些本为昭宗所器重，如今未能报效李唐，反而对朱全忠称臣者。按，《韩偓诗注》释褚渊事引《南史》卷十九《谢灵运传》附《谢超宗传》："（超宗）为人恃才使酒，多所陵忽……司徒褚彦回因送湘州刺史王僧虔，阁道坏，坠水；仆射王俭惊跣下车，超宗拊掌笑曰：'落水三公，坠车仆射。'彦回出水，沾湿狼藉。超宗先在僧虔舫，抗声曰：'有天道焉，天所不容，地所不受；投畀河伯，河伯不受。'彦回大怒曰：'寒士不逊。'"并谓："此句诗人为自己没有归顺朱全忠而感到庆幸，同时耻笑朝中达官依附朱温，纷纷落水。"③所引事迹以及"诗人为自己没有归顺朱全忠而感到庆幸"、"纷纷落水"等说法有所未安。

　　　　四夷同效顺，一命敢虚捐。

　　"四夷"句：四夷，古代华夏族对四方少数民族的统称。《书·毕命》："四夷左衽，罔不咸赖。"孔传："言东夷、西戎、南蛮、北狄，被发左衽之人，无不皆恃赖三君之德。"《后汉书·东夷传》："凡蛮、夷、戎、狄总名四夷者，犹公、侯、伯、子、男皆号诸侯云。"效顺，表示忠顺，投诚。汉贾谊《新书·五美》："细民乡善，大臣效顺。"《旧唐书·裴度传》："度遣辩士游说，客于赵、魏间，使说承宗，令割地入

---

① 萧子显《南齐书》卷二十三，中华书局 1972 年版，第 425—429 页。
② 《南史》卷二十八，第 752—753 页。
③ 《韩偓诗注》，第 109 页。

质以效顺。"按,此句盖谓当时还有四方少数民族军队如李克用、契丹阿保机等,以及其他一些军镇、士人,愿意和自己共同效顺李唐王朝,一起反抗朱全忠后梁政权。《旧五代史》卷二十六《武皇纪》下记沙陀将领李克用(即后唐武皇帝)"天祐元年闰四月,汴帅迫天子迁都于洛阳。五月乙丑,天子制授武皇叶盟同力功臣,加食邑三千户,实封三百户。八月,汴帅遣朱友恭弑昭宗于洛阳宫,辉王即位。告哀使至晋阳,武皇南向恸哭,三军缟素。"①《新唐书》卷二一八《沙陀传》记"帝东迁,诏至太原,克用泣谓其下曰:'乘舆不复西矣。'遣使者奔问行在,俄加号'协盟同力功臣'。李茂贞、王建与邠州杨崇本遣使者来约义举,克用顾藩镇皆附汴,不可与共功,惟契丹阿保机尚可用,乃卑辞召之。保机身到云中,与克用会,约为兄弟,留十日去,遗马千匹、牛羊万计,期冬大举度河,会昭宗弑而止。四年,王建、李茂贞约克用大举。……唐亡,建与淮南杨渥请克用自王一方,须贼平访唐宗室立之。建请悉蜀工制乘舆御物。克用答曰:'自王,非吾志也。'建又劝茂贞王岐,茂贞屡褊,亦不敢当,但侈府第,僭宫禁而已。建、渥乃自王。"②又,《资治通鉴》卷二六六开平元年亦记:"乙亥,下制削夺李克用官爵。是时惟河东、凤翔、淮南称'天祐',西川称'天复'年号;余皆禀梁正朔,称臣奉贡。蜀王与弘农王移檄诸道,云欲与岐王、晋王会兵兴复唐室,卒无应者。蜀王乃谋称帝,下教谕统内吏民,又遗晋王书云:'请各帝一方,俟朱温既平,乃访唐宗室立之,退归藩服。'晋王复书不许,曰:'誓于此生靡敢失节。'"(胡注:"史言李克用虽出于夷狄而终身为唐臣,亦天性之忠纯也。")③又:"是岁,阿保机帅众三十万寇云州,晋王与之连和,面会东城,约为兄弟,延之帐中,纵酒,握手尽欢,约以今冬共击梁。"④又,罗隐当时在吴越钱镠幕,亦说钱镠抗朱全忠,"镇海节度判官罗隐说吴王镠举兵讨梁,曰:'纵无成功,犹可退保杭、越,自为东帝;奈何交臂事贼,为终古之羞乎!'镠始以隐为不遇于唐,必有怨心,及闻其言,虽不能用,心甚义之"⑤。"一命"句:一命,此指诗人自身生命。唐骆宾王《幽絷书情通简知己》诗:"一命沦骄饵,三缄慎祸胎。"敢虚捐,岂敢虚掷。按,此句意为尽管唐昭宗已被朱全忠弑杀,李唐王朝政权也被后梁所篡夺取代,作为李唐的忠臣,且曾蒙受唐昭宗的宠信深恩,诗人觉得虽本该以身殉国,然而此时"四夷同孝顺",尚在为

---

① 薛居正《旧五代史》,中华书局 1976 年版,第 359—360 页。
② 《新唐书》,第 6165—6166 页。
③ 《资治通鉴》卷二六六,第 8675 页。
④ 《资治通鉴》卷二六六,第 8679 页。
⑤ 《资治通鉴》卷二六六,第 8676 页。

复国而抵死反抗朱全忠,自己也同样志存拯救李唐的报国之心,又岂敢虚捐生命呢! 此正可谓"留得青山在,不怕没柴烧"。

　　　山岳还青耸,穹苍旧碧鲜。

　　胡震亨《唐音统签》韩偓卷此诗题下小注云:"丁卯作。……'山岳还青耸',似姑为闽言之。"所说可参。盖其时诗人流寓于闽王王审知所管辖之闽中,而王审知虽此后亦称臣于朱梁,但此时尚未臣服于始自立为帝之朱全忠也,故诗人有此"山岳还青耸"句比拟之。穹苍,亦作"穹仓",苍天。《诗·大雅·桑柔》:"靡有旅力,以念穹苍。"孔颖达疏:"穹苍,苍天,《释天》云。李巡曰:'古时人质仰视天形,穹隆而高,色苍苍然,故曰穹苍。'是也。"按,此二句意为尽管李唐政权已经为朱全忠所篡夺,但李唐的天下山河也还有依然耸立碧鲜者,如尚未称臣之闽,不称臣而图反抗后梁的李克用、契丹阿保机,以及河东、凤翔、淮南、西川诸镇军民。

　　　独夫长啜泣,多士已忘筌。

　　"独夫"句:独夫,原指年老无妻者。《管子·问》:"问独夫寡妇孤寡疾病者,几何人也?"此处诗人用以自称。按,此句谓诗人为李唐之沦丧而深长悲戚抽泣。其《八月六日作四首》之三之"黄旗紫气今仍旧,免使老臣攀画轮",《故都》之"故都遥想草萋萋,上帝深疑亦自迷。塞雁已侵池籞宿,宫鸦犹恋女墙啼。天涯烈士空垂涕,地下强魂必噬脐。掩鼻计成终不觉,冯驩无路学鸣鸡",亦可见诗人哀悼故国之深情。"多士"句:多士,古指众多的贤士。也指百官。《书·多方》:"猷告尔有方多士,暨殷多士。"《诗·大雅·文王》:"济济多士,文王以宁。"晋卢谌《答魏子悌》诗:"多士成大业,群贤济弘绩。"忘筌,忘记了捕鱼的筌。比喻目的达到后就忘记了原来的凭借。语出《庄子·外物》:"荃者所以在鱼,得鱼而忘荃;蹄者所以在兔,得兔而忘蹄。"荃,通"筌"。晋何劭《赠张华》诗:"奚用遗形骸,忘筌在得鱼。"按,此句意为朝廷的百官们多有忘掉唐昭宗的恩惠而不图报国者,此即如诗人《八月六日作四首》之一所谓"右祖簪缨最负恩",之三"显负旧恩归乱主,难教新国用轻刑"者。亦即如以下史籍所记的当时归顺称颂朱全忠,并接受官封原职的如张文蔚、苏循、薛贻矩、张祎等一大批李唐旧臣们。《资治通鉴》开平元年四月载:"王被衮冕,即皇帝位。张文蔚、苏循奉册升殿进读,杨涉、张策、薛贻矩、赵光逢以次奉宝升殿,读已,降,帅百官舞蹈称贺。帝遂与文蔚等宴于玄德殿。帝举酒曰:'朕辅政未久,此皆诸公推戴之力。'文蔚等惭惧,俯伏不能对,独苏循、薛贻矩及刑部尚书张祎盛称帝功德宜应天顺人。"又,"戊辰,大赦,改元,国号大梁。奉唐昭宣帝为济阴王,皆如前代故事;唐中外旧臣官爵并如故。"①按,诗人感慨"多士已忘筌",在赋此诗后之开平三年所作的《余寓汀州沙县病中闻前郑左丞璘随外镇举荐赴洛兼云继有急征旋见脂辖因作七言四韵戏以赠之或冀其感悟也》诗中亦耿耿于怀,云:"莫恨当年入用迟,通材何处不逢知。桑田变后新舟楫,华表归来旧路岐。公干寂寥甘坐废,子牟欢抃促行期。移都已改侯王第,惆怅沙堤别筑基。"后梁乾化二年所作的《余卧疾深村闻一二郎官今称继使闽越笑余迂古潜于异乡闻之因成此篇》亦云:"枕流方采北山薇,驿骑交迎市道儿。雾豹只忧无石室,泥鳅唯要有洿池。不羞莽卓黄金印,却笑羲皇白接䍦。莫负美名书信史,清风扫地更无遗。"

　　郁郁空狂叫,微微几病癫。

　　郁郁,忧伤、沉闷貌。《楚辞·九章·哀郢》:"惨郁郁而不通兮,蹇侘傺而含戚。"王逸注:"中心忧满,虑闭塞也。"唐王昌龄《赠宇文中丞》诗:"郁郁寡开颜,默默独行李。"病癫,精神错乱。《困学纪闻》:"流脉并作则为惊怖,阳气独上则为癫病。"《北史》卷七十一《蔡景王整传》:"时有医师边隐逐势,言我后百日当病癫。"按,此二句状写诗人因伤悼君死国亡,悲痛欲绝,以致心狂如焚,有若癫狂状。

　　丹梯倚寥廓,终去问青天。

　　丹梯,高入云霄的山峰。《文选·谢朓〈敬亭山诗〉》:"要欲追奇趣,即此陵丹梯。"李善注:"丹梯,谓山也。"唐李白《夜泛洞庭寻裴侍御清酌》诗:"遇憩裴逸人,岩居陵丹梯。"王琦注引吕延济曰:"丹梯,谓山高峰入云霞处。"唐欧阳詹《送闻上人游嵩山》诗:"丹梯石磴君先去,为上青冥最上头。"此处喻指上天之梯。寥廓,辽阔的天空。《汉书·司马相如传下》:"观者未睹指,听者未闻音,犹焦朋已翔乎寥廓,而罗者犹视乎薮泽,悲夫!"颜师古注:"寥廓,天上宽广之处。"唐韦

_____

① 《资治通鉴》卷二六六,第 8673—8674 页。

应物《仙人祠》:"千载去寥廓,白云遗旧踪。"按,此二句意为诗人"感事"而悲愤莫名,无可究诘告诉以抒愤,只能上入天庭,追问上苍而已! 此时诗人大有屈子《离骚》之"怨灵修之浩荡兮,终不察夫民心",以致欲"济沅湘以南征兮,就重华而陈辞"之概。

　　韩偓此诗历叙昭宗一朝自己蒙受昭宗之恩泽,及所历兴亡情事,其忠心耿耿,伤痛故国沦亡之深情,使读者诵之而不禁动容。清人吴铭道《韩偓集二首》之一有云:"烧残宫烛泪条条,死恋君恩恨未消。《感事》一篇风义在,史家合恕玉山樵。"①可见《感事三十四韵》诗乃韩偓高尚"风义"之具体写照,其感人也,可谓深矣!

原刊于《厦大中文学报》第 1 辑

_____

① 吴铭道《古雪山民诗后》卷三,清乾隆刻本。

韩偓《失鹤》、《鹊》、《火蛾》
三首诗发覆与解读

在我国诗史上,咏物诗一般有两种,一种是纯粹咏物而别无寄托的,另一种是有所寄托寓意的。有所寄托寓意的咏物诗如为人称道的初唐李义府的《咏乌》诗即是。宋人计有功《唐诗纪事》卷四《李义府》条载:"义府初遇,以李大亮、刘洎之荐。太宗召令咏乌,义府曰:日里飏朝彩,琴中闻夜啼。上林如许树,不借一枝栖。帝曰:与卿全树,何止一枝!"①这种有所寄托寓意的咏物诗在韩偓诗集中亦不少见,其《失鹤》、《鹊》、《火蛾》三首诗即是有所寄托寓意的诗作。

一

《韩偓集系年校注》卷二有一首《失鹤》诗,诗如下:

> 正怜标格出华亭,况是昂藏入相经。碧落顺风初得志,故巢因雨却闻腥。几时翔集来华表,每日沉吟看画屏。为报鸡群虚嫉妒,红尘向上有青冥。②

这首咏失鹤的诗,从诗人"每日沉吟看画屏"句看来应该是一首题画诗,是诗人时常久视着画屏中的失鹤,别有感触共鸣而作。所以这首诗既是一首题咏鹤画之作,又是一首借咏鹤画寄寓自己感触的诗什。从整首诗来看,此诗之作乃是由看画时所激起的压抑不住的深深感触喷发而成。这正如胡震亨《唐音癸签》卷八所云:"致尧闽南逋客,完节改玉之秋。读其诗,当知其意中别有一事在。"③因此诗人咏失鹤字面下乃蕴藏着其所寄寓的深深感触。以此我们解读此

---

① 计有功《唐诗纪事》卷四,上海古籍出版社 1987 年版,第 52 页。
② 本文所引韩偓诗均见吴在庆《韩偓集系年校注》,中华书局 2015 年版,不再一一出注。
③ 胡震亨《唐音癸签》卷八,上海古籍出版社 1981 年版,第 81 页。

诗不能将它作为单纯的咏失鹤诗来读,更为重要的是发覆其所蕴藏的事以及所寄寓的感触。

　　要解读此诗首先必须考订此诗作于何时,那时诗人的处境如何。查《全唐诗》,此诗编排在诗题下有"此后在桃林场"小注的《此翁》后一首,而韩偓至桃林场在开平四年,故此诗与《此翁》诗均为后梁开平四年(公元 910 年)所作(《全唐诗》此卷诗作乃大体按时间先后排列,此处容不赘述),时诗人遭朱全忠之害,从翰林学士承旨、兵部侍郎贬官后辗转避隐于闽南的桃林场。

　　正因为诗人此时乃是在遭贬后隐避于闽南偏僻之乡,以此来理解他诗题的"失鹤"之意蕴,也就可连类而及了。所谓"失鹤",就是失却了"故巢"的原本高贵,而今却落魄流离的鹤。那么诗人借对这只鹤的咏唱要表达的真实涵意是什么呢? 我们认为这首诗是有所寓托的,这只"失鹤"其实即是诗人的化身,写失鹤,其实正是通过描绘失鹤而影写自己的遭际,婉转地表明自己的情感与志向。下面我们即从这一角度逐句解读此诗。

　　诗歌首两句"正怜标格出华亭,况是昂藏入相经",是先从句面上写鹤,均与鹤的典故有关。"华亭",此处指名鹤所由出的处所华亭。《世说新语·尤悔》:"陆平原河桥败,为卢志所谗,被诛。临刑叹曰:'欲闻华亭鹤唳,可复得乎!'"刘孝标注引《八王故事》:"华亭,吴由拳县郊外墅也,有清泉茂林。吴平后,陆机兄弟共游于此十余年。"又引《语林》曰:"机为河北都督,闻警角之声,谓孙丞曰:'闻此不如华亭鹤唳。'故临刑而有此叹。"[1]据此可见华亭鹤标格之名贵特出。"昂藏",即气概轩昂貌。唐白居易《病中对病鹤》:"但作悲吟和嘹唳,难将俗貌对昂藏。""相经",指《相鹤经》。《旧唐书》卷四十七《经籍志下》有"《相鹤经》一卷,浮丘公撰"。《郡斋读书志·后志》卷二:"《相鹤经》一卷。右题曰浮丘公撰。其传云:浮丘公授于王子晋。后崔文子学道于子晋,得其文藏于嵩山之石室。淮南公采药得之,乃传于世。"据此可见,这只失鹤不仅出身于名乡,并且因其不凡的轩昂气概而名入《相鹤经》,原本是何其高贵,何其出俗不凡! 诗人这样赞扬"失鹤"之出身与名品,其实正是以"失鹤"来影写自己。这只要联系诗人的出身与最初经历即可了然于心了。《新唐书·韩偓传》载:"韩偓字致光,京兆万年人。擢进士第,佐河中幕府。"[2]据此可知韩偓是京兆万年人,又在唐昭宗龙纪元年(公元 889 年)登进士第。韩偓籍贯京兆,这在当时讲究郡望里籍的时代,他出生于大唐的京都也颇可令人瞩目的了。而进士出身更是令人推重仰慕,《唐

---

① 本文解读语词、典故出处所引文献资料之具体出处,为免繁冗一般不具注。
② 欧阳修、宋祁《新唐书》卷一八三,中华书局 1975 年版,第 5387 页。

摭言》卷一即谓"进士为时所尚久已,是故俊乂实在其中。由此而出者,终身为文人",又云"缙绅虽位极人臣,不由进士者,终不为美,以至岁贡常不减八九百人。其推重谓之'白衣公卿',又曰'一品白衫'"。初唐"永徽已前,俊、秀二科犹与进士并列;咸亨之后,凡由文学一举于有司者,竞集于进士矣。繇是赵儋等尝删去俊、秀,故目之曰'进士登科记'"①。韩偓是登进士科者,故必名入"进士登科记"。他诗中的"入相经",其实也是表明自己名入"登科记"。在这样推崇进士的时代氛围中,韩偓又由进士第出身,真可让诗人引以自豪自重,故有此诗首两句以鹤之"标格"和"入相经"影写自重之诗句。

　　"碧落顺风初得志,故巢因雨却闻腥。"这两句是既写鹤,又影写自己所经的顺、逆不同遭遇。从诗人"顺风初得志"的经历来讲,他不仅进士登第入仕,而且在被朱全忠所疾忌贬官之前,仕途也是比较顺畅如意的,这有如《新唐书·韩偓传》所记:"召拜左拾遗,以疾解。后迁累左谏议大夫。宰相崔胤判度支,表以自副。王溥荐为翰林学士,迁中书舍人。偓尝与胤定策诛刘季述,昭宗反正,为功臣。……迁兵部侍郎,进承旨。……帝反正,励精政事,偓处可机密,率与帝意合,欲相者三四,让不敢当。"②韩偓这一以自己的才具获得唐昭宗宠重的"顺风初得志"的经历,在其诗中也时有吟唱记叙,其《与吴子华侍郎同年玉堂同直怀恩叙恳因成长句四韵兼呈诸同年》诗有云"往年莺谷接清尘,今日鳌山作侍臣。二纪计偕劳笔研,一朝宣入掌丝纶。声名烜赫文章士,金紫雍容富贵身",又《六月十七日召对自辰及申方归本院》诗云:"清署帘开散异香,恩深咫尺对龙章。花应洞里寻常发,日向壶中特地长。坐久忽疑槎犯斗,归来兼恐海生桑。如今冷笑东方朔,唯用诙谐侍汉皇。"以此可见其"碧落顺风初得志"之自矜真可谓不虚言矣。然而时移世易,祸福相仍,诗人后来却也遭遇了"故巢因雨却闻腥"的厄运。这里的"故巢",表面上说的是失鹤的故巢,实际上是喻指诗人身家性命所依托的唐昭宗朝廷。此时朱全忠已弑杀唐昭宗,而且篡唐立梁,故诗人称李唐王朝为"故巢"。诗中所谓的"因雨却闻腥",实际上乃喻指朱全忠所兴起的充满血腥残杀的政治暴风狂雨,这只要读读《资治通鉴》天祐元、二年所载朱全忠三次血腥屠戮的史事即可知了。唐昭宗天祐元年闰四月,朱全忠逼迫唐昭宗迁都洛阳,"上之在陕也,司天监奏:'星气有变,期在今秋,不利东行。'故上欲以十月幸洛。至是,全忠令医官许昭远告医官使阎祐之、司天监王墀、内都知韦周、晋国夫人可证等谋害元帅,悉收杀之。……自崔胤之死,六军散亡俱尽,所余击

---

① 王定保《唐摭言》,上海古籍出版社 1978 年版,第 1578—1579 页。
② 《新唐书》卷一八三,第 5387—5389 页。

球供奉、内园小儿共二百余人,从上而东。全忠犹忌之,为设食于幄,尽缢杀之"①。同年八月又载:"帝在椒殿,玄晖选龙武牙官史太等百人夜叩宫门,言军前有急奏,欲面见帝。夫人裴贞一开门见兵,曰:'急奏何以兵为?'史太杀之。玄晖问:'至尊安在?'昭仪李渐荣临轩呼曰:'宁杀我曹,勿伤大家!'帝方醉,遽起,单衣绕柱走,史太追而弑之。渐荣以身蔽帝,太亦杀之。又欲杀何后,后求哀于玄晖,乃释之。癸卯,蒋玄晖矫诏称李渐荣、裴贞一弑逆,宜立辉王祚为皇太子,更名柷,监军国事。又矫皇后令,太子于枢前即位。宫中恐惧,不敢出声哭。丙午,昭宣帝即位,时年十三。"②又天祐二年二月记:"是日社,全忠使蒋玄晖邀昭宗诸子德王裕、棣王祤、虔王禊、沂王禋、遂王祎、景王祕、祁王琪、雅王禛、琼王祥,置酒九曲池,酒酣,悉缢杀之,投尸池中。"③诗人对这一屠戮暴行极为愤慨,赋诗云"噉嚜翻丑正,养虎欲求全。万乘烟尘里,千官剑戟边。……中原成劫火,东海遂桑田。溅血惭嵇绍,迟行笑褚渊"(《感事三十四韵》)、"御衣空惜侍中血,国玺几危皇后身。图霸未能知盗道,饰非唯欲害仁人"(《八月六日作四首》之二)、"簪裾皆是汉公卿,尽作锋铓剑血腥"(《八月六日作四首》之三)。诗人对"故巢"(实际上对诗人而言也是故朝、故都、故乡之喻)颇具深情,然而它却成了血腥的屠场,而且正如他在《故都》诗中所说的"塞雁已侵池籞宿",故都已为朱梁所霸占,尽管"宫鸦犹恋女墙啼",但他已成了"失鹤",回不了故都了,而只能"天涯烈士空垂涕",无限悲愤惋伤。然而即使如此,诗人仍存匡复旧国,返回故都之想,以此有以下二句。

"几时翔集来华表,每日沉吟看画屏。"诗人沉吟端详着"失鹤"画屏,他所盼望的是"几时翔集来华表"。华表是古代设在桥梁、宫殿、城垣或陵墓等前兼作装饰用的巨大柱子,此处指宫殿前的华表,即首都长安宫殿前华表。"来华表"句用《搜神后记》卷一"丁令威,本辽东人,学道于灵虚山。后化鹤归辽,集城门华表柱"④之典。此句以华亭鹤比喻自己,意为何时能光复故国,自己能返回故都故乡。我们这样的解读是有诗人作于开平三年(公元909年)的《梦中作》诗为理据的:"紫宸初启列鸳鸾,直向龙墀对揖班。九曜再新环北极,万方依旧祝南山。礼容肃睦缨绥外,和气熏蒸剑履间。扇合却循黄道退,庙堂谈笑百司闲。"诗人在诗中借梦境来抒发光复故国、回到故朝的深切期盼。

————————

① 司马光《资治通鉴》卷二六四,中华书局1956年版,第8630—8631页。
②《资治通鉴》卷二六五,第8635—8636页。
③《资治通鉴》卷二六五,第8640页。
④《搜神后记》卷一,见《汉魏六朝笔记小说大观》本,上海古籍出版社1999年版,第442页。

　　这首诗最末的"为报群鸡虚嫉妒,红尘向上有青冥"句所涉及的典故有"鹤立鸡群"。《晋书·嵇绍传》:"昂昂然如野鹤之在鸡群。"故唐韩愈《醉赠张秘书》循此意云:"张籍学古淡,轩鹤避鸡群。""青冥",即青天,与鹤相关的诗句有《《楚辞·九思》:"玄鹤兮高飞,增逝兮青冥。"因此从咏失鹤的角度来说,这两句诗是不难理解的,但要弄明白诗人借此所寓托的意旨,则需要一番探赜追究。

　　首先"虚嫉妒"的"群鸡"到底指谁?这是理解这两句诗的关键。考韩偓入闽后的经历以及所创作的诗歌,我们知道闽王王审知是有意招揽任用他的,这有作于开平三年正月的《己巳年正月十二日自沙县抵邵武军将谋抚信之行到才一夕为闽相急脚召却请赴沙县郊外泊船偶成一篇》诗可证。但诗人未接受王审知招邀,反而于同年底离开沙县经尤溪,旋即于翌年在今永春之桃林场寓居,并赋有排列在《失鹤》前的《此翁》诗。那么,诗人为何不接受王审知的招邀呢?我认为这主要在于诗人牢记唐昭宗的恩宠,忠于李唐王室,绝不仕依附于朱梁伪政权的王审知闽国幕。尽管如此,从他为闽相急脚召回沙县一事可知,王审知是颇为器重他并热情延请他入仕闽王府。那么既然王审知如此礼重他,而他此时已成天涯亡命的逋客,为何在沙县待了一年后又绝意远离至桃林场隐逸呢?这期间究竟发生了什么?检索韩偓现存的诗作,他作于《失鹤》前一首的《此翁》诗为我们提供了线索。此诗云:"高阁群公莫忌侬,侬心不在宦名中。严光一唾垂绥紫,何胤三遗大带红。金劲任从千口铄,玉寒曾试几炉烘。唯应鬼眼兼天眼,窥见行藏信此翁。"此诗中的严光典为人熟知,"何胤三遗大带红"句则需解释。《南史·何尚之传》附《何胤传》:"胤为后族,甚见亲待。为中书令,领临海、巴陵王师。胤虽贵显,常怀止足。建武初,已筑室郊外,恒与学徒游处其内。至是遂卖园宅欲入东。未及发,闻谢朏罢吴兴郡不还,胤恐后之,乃拜表解职,不待报辄去。……胤以会稽山多灵异,往游焉,居若邪山云门寺。……永元中,征为太常、太子詹事,并不就。梁武帝霸朝建,引为军谋祭酒,并与书诏,不至。及帝践阼,诏为特进、光禄大夫,遣领军司马王杲之以手敕谕意,并征谢朏。……及杲之从谢朏所还,问胤以出期。胤知朏已应召,答杲之曰:'吾年已五十七,月食四斗米不尽,何容复有宦情?'杲之失色不能答。"[1]大带红,指古时高官所用红色绥带。据此我们明白韩偓在这首诗中以严光和何胤故事表明自己绝不再"复有宦情",留恋官位,而只有企求隐逸之心,因此直接告以"高阁群公莫忌侬,侬心不在宦名中"。可见对他误解疑忌与加以谗毁者就是"高阁群

――――――――――
[1] 李延寿《南史》卷三十,中华书局1975年版,第790—791页。

公",也就是王审知幕的"群公"。明白于此,我们就能明了"虚嫉妒"的"群鸡"指的就是王审知幕的这帮"群公"们,也据此明白诗人何以要绝然地离开沙县,远避于桃林场了。

解诗至此,我们可以综述此诗意旨如下:此诗乃诗人受闽王审知幕僚猜忌有感而作。诗乃用寓托之法,失鹤即自喻自谓,以离开故巢之华亭鹤,抒发自己被迫离开朝廷后之处境与心志。首二句以华亭鹤表明自己原本出身不凡,气宇轩昂,正不同于一般群类矣。颔联回首身世经历,谓原本在唐昭宗朝亦曾仕途通达得志,不料却因朱全忠之窃取朝政,屠戮排挤朝臣,以致自己不得不离开故都。颈联则抒写对昭宗朝之向往与怀念。"几时",表热切之盼望也;"每日",明无时不"看画屏",无时不为思念往昔而"沉吟"也。尾联则归结至本诗原意,不无讽意地告诉猜忌者:我本有超脱红尘之高远志向,汝等正不必空嫉妒也。

二

韩偓入闽后曾有《鹊》诗之咏,诗云:

> 偏承雨露润毛衣,黑白分明众所知。高处营巢亲凤阙,静时闲语上龙墀。化为金印新祥瑞,飞向银河旧路岐。莫怪天涯栖不稳,托身须是万年枝。

此诗《全唐诗》编于《江岸闲步》诗后第五首,而《江岸闲步》诗下小注云:"此后壬申年作,在南安县。"又此诗后第五首为《驿步》,其诗题下小注云:"癸酉年在南安县。"则此诗当作于后梁乾化二年壬申(公元 912 年),时诗人在南安县。这首诗不管是看诗题还是所咏内容,是一首句句摹写鹊鸟的咏鹊之作。但如果把这首诗仅仅当作纯粹的咏物诗来欣赏,那就如囫囵吞枣,没能尝到真味。如果我们联系韩偓入仕之后,到贬官入闽寓居南安县时的遭遇,那么就可以体味到此诗内在丰富的意涵,明白这是一首借咏鹊而有所寓托的诗作。那么这首诗寓托之内涵是什么呢? 且让我们逐联逐句加以解读分析。

首联"偏承雨露润毛衣,黑白分明众所知",这从描摹鹊鸟的羽毛起笔,可谓抓住了鹊鸟的外貌特征。但这只是诗人借写鹊以写己,巧妙地以此联追述自己曾有过的经历与爱憎。诗中的"雨露",实际上是在比喻唐昭宗对自己的恩泽,因此"偏承雨露"句意为自己受到唐昭宗的格外器重恩典。我们作这样的解读是有史传和诗人自己的诗歌为依据的。《新唐书·韩偓传》曾有这样两条记载：其一谓："帝反正，励精政事，偓处可机密，率与帝意合，欲相者三四，让不敢当。"其二载："中书舍人令狐涣任机巧，帝尝欲以当国，俄又悔曰：'涣作宰相或误国，朕当先用卿。'辞曰：'涣再世宰相，练故事，陛下业已许之。若许涣可改，许臣独不可移乎？'"①从史传上这两处唐昭宗多次欲命韩偓为宰相的记载，可见唐昭宗对韩偓的器重与宠爱，而且韩偓在唐昭宗朝曾任中书舍人、兵部侍郎、翰林学士承旨等要职，于此可见唐昭宗给他的"雨露"之恩该有多丰沛润泽！而诗人对于这丰沛润泽的"雨露"之恩颇怀感激之心，以至多次形于吟咏。其《中秋禁直》云："长卿只为长门赋，未识君臣际会难。"《赐宴日作》云："臣心净比漪涟水，圣泽深于潋滟杯。才有异恩颁稷契，已将优礼及邹枚。"《感事三十四韵》诗更有歌咏自己在朝廷沐浴皇恩的诗行："紫殿承恩岁，金銮入直年。人归三岛路，日过八花砖。鸳鹭皆回席，皋夔亦慕膻。庆霄舒羽翼，尘世有神仙。虽遇河清圣，惭非岳降贤。皇慈容散拙，公议逼陶甄。江总参文会，陈暄侍狎筵。"于此可见诗人"偏承雨露润毛衣"句所寓托之真意。

"黑白分明众所知"乃抓住喜鹊具有醒目的黑白羽毛的外貌特点，用以自喻具有辨别善恶、爱憎分明之品行。这一自喻并非自我吹嘘，确实极为符合我们所知道的诗人在当时政治斗争中的立场与高贵品德。我们举两件史籍所记载的具体事例以说明之。天复二年，宰相韦贻范"多受人赂，许以官；既而以母丧罢去，日为债家所噪。亲吏刘延美，所负尤多，故汲汲于起复，日遣人诣两中尉、枢密及李茂贞求之"②。其时，昭宗在权臣的压力下只好下诏让韦贻范还位，"偓当草制，上言：'贻范处丧未数月，遽使视事，伤孝子心。今中书事，一相可办。陛下诚惜贻范才，俟变缞而召可也。何必使出峨冠庙堂，入泣血枢侧，毁瘠则废务，勤恪则忘哀，此非人情可处也。'学士使马从皓逼偓求草，偓曰：'腕可断，麻不可草！'从皓曰：'君求死邪？'偓曰：'吾职内署，可默默乎？'明日，百官至，而麻不出，宦侍合噪。茂贞入见帝曰：'命宰相而学士不草麻，非反邪？'靸然出。姚洎闻曰：'使我当直，亦继以死。'既而帝畏茂贞，卒诏贻范还相，洎代草麻。自是宦党怒偓甚"③。《新唐书·韩偓传》又有如下记载："帝反正，励精政事，偓处可机密，率与帝意合，欲相者三四，让不敢当。苏检复引同辅政，遂固辞。初，偓侍宴，与京兆郑元规、威远使陈班并席，辞曰：'学士不与外班接。'主席者固请，乃

①《新唐书》卷一八三《韩偓传》，第 5387—5389 页。
②《资治通鉴》卷二六三，第 8577 页。
③《新唐书》卷一八三，第 5388 页。

坐。既元规、班至,终绝席。全忠、胤临陛宣事,坐者皆去席,偓不动,曰:'侍宴无辄立,二公将以我为知礼。'全忠怒偓薄己,悻然出。"后韩偓因推荐忠臣王赞、赵崇为相而触怒朱全忠,"全忠见帝,斥偓罪……全忠至中书,欲召偓杀之。郑元规曰:'偓位侍郎、学士承旨,公无遽。'全忠乃止,贬濮州司马。帝执其手流涕曰:'我左右无人矣。'再贬荣懿尉,徙邓州司马。"①当时朱全忠和崔胤实际上已把持着朝中大权,唐昭宗处于被胁迫的处境。韩偓在这一严酷的局势下,仍然一身正气,"黑白分明",以大无畏精神和耿耿忠心,刚正不阿对抗着朱全忠之流的邪恶势力的死亡威胁,以至遭到迫害,贬出朝廷。于此韩偓立身处世之"黑白分明"显然为"众所知"矣。

　　颔联"高处营巢亲凤阙,静时闲语上龙墀",亦是以鹊鸟之所居处所与其习性影写自己在朝廷中的经历与所曾为。韩偓入仕后不久即任职朝中,一直仕至中书舍人、翰林学士承旨、兵部侍郎,可谓如鹊般地"高处营巢"。"凤阙",原是汉代宫阙名。《史记·孝武本纪》:"其东则凤阙,高二十余丈。"司马贞《索隐》引《三辅故事》:"北有圜阙,高二十丈,上有铜凤皇,故曰凤阙也。"此处用指皇宫、朝廷。此句亦有寓托,意为诗人曾在朝廷为官,有亲近皇宫皇帝之机遇。诗人于朝中任高官多年,特别是作为被视为内相、皇帝贴身高级秘书的翰林学士承旨,他亲近"凤阙"的机会当然颇为频数。

　　不仅于此,他因为公忠体国赢得唐昭宗的器重宠爱,获得了"静时闲语上龙墀"的待遇。"龙墀",犹丹墀,指宫殿的赤色台阶或赤色地面。"上龙墀",这里指登上龙墀与皇帝"静时闲语"。特别值得进一步解释的是"闲语"一词。何谓"闲语"? 闲语有"说私话"之义项。《史记·魏公子列传》:"公子再拜,因问,侯生乃屏人闲语。"《后汉书·邓禹传》:"光武笑,因留宿闲语。"李贤注:"闲,私也。"但此诗中之闲语并非一般的私语,联系韩偓亲近唐昭宗的经历来说,它实际上指韩偓与唐昭宗在"静时"(指避开公众场合的静穆处所)的私下密谈。考韩偓有《六月十七日召对自辰及申方归本院》诗:"清署帘开散异香,恩深咫尺对龙章。花应洞里寻常发,日向壶中特地长。坐久忽疑槎犯斗,归来兼恐海生桑。如今冷笑东方朔,唯用诙谐侍汉皇。"此诗乃咏诗人某次独自为唐昭宗所秘密召对,长谈久之,故诗人颇以能得唐昭宗的宠信而自豪。检《资治通鉴》卷二六二昭宗天复元年六月癸亥所记,对这次秘密召对有具体记载:"上之返正也,中书舍人令狐涣、给事中韩偓皆预其谋,故擢为翰林学士,数召对,访以机密。……

---

①《新唐书》卷一八三,第5389—5390页。

(崔)胤志欲尽除之(庆按:指宦官),韩偓屡谏曰:'事禁太甚。此辈亦不可全无,恐其党迫切,更生他变。'胤不从。丁卯,上独召偓,问曰:'敕使中为恶者如林,何以处之?'对曰:'东内之变,敕使谁非同恶! 处之当在正旦,今已失其时矣。'上曰:'当是时,卿何不为崔胤言之?'对曰:'臣见陛下诏书云,"自刘季述等四家之外,其余一无所问"。夫人主所重,莫大于信,既下此诏,则守之宜坚;若复戮一人,则人人惧死矣。然后来所去者已为不少,此其所以恓恓不安也。陛下不若择其尤无良者数人,明示其罪,置之于法,然后抚谕其余曰:"吾恐尔曹谓吾心有所贮,自今可无疑矣。"乃择其忠厚者使为之长。其徒有善则奖之,有罪则惩之,咸自安矣。今此曹在公私者以万数,岂可尽诛邪! 夫帝王之道,当以重厚镇之,公正御之,至于琐细机巧,此机生则彼机应矣,终不能成大功,所谓理丝而棼之者也。况今朝廷之权,散在四方;苟能先收此权,则事无不可为者矣。'上深以为然,曰:'此事终以属卿。'"①又《新唐书·韩偓传》载:"茂贞疑帝间出依全忠,以兵卫行在。帝行武德殿前,因至尚食局,会学士独在,宫人招偓,偓至,再拜哭曰:'崔胤甚健,全忠军必济。'帝喜,偓曰:'愿陛下还宫,无为人知。'帝赐以面豆而去。"②史传的上述记载均可作为韩偓这两句诗的注脚。

"化为金印新祥瑞,飞向银河旧路岐。"颈联这两句诗同样以鹊鸟的典故来摹写自己。"化为金印"典出《搜神记》卷九:"常山张颢,为梁州牧。天新雨后,有鸟如山鹊,飞翔入市,忽然坠地,人争取之,化为圆石。颢椎破之,得一金印,文曰:'忠孝侯印。'颢以上闻,藏之秘府。后议郎汝南樊衡夷上言:'尧舜时旧有此官,今天降印,宜可复置。'颢后官至太尉。"③此句以鹊化为金印,张颢拜太尉典,比喻自己在朝中因忠于唐室曾荣任兵部侍郎。"飞向银河"乃用喜鹊为牛郎织女在银河上搭鹊桥的故事。不过这里的"银河"暗指代天廷,实际上指代唐王朝天廷、宫廷。"旧路岐",此处亦有寓托,意为如今想回到唐朝廷,可惜朝廷已改朝换代,山河已异,回故朝的旧路已经找不到了。这正写出诗人当时所面临的残酷现实。

尾联"莫怪天涯栖不稳,托身须是万年枝"仍是以鹊自比,表明自己徙移不定的原因。此处之"天涯",指诗人现在所流寓的闽国。"万年枝",为树名,即冬青,用以比喻唐王朝。此句意为我所能托身的地方,只能是唐王朝。那么诗人何有"莫怪天涯栖不稳"之谓? 此句的内在含义为何? 我们知道韩偓贬官后曾

①《资治通鉴》卷二六二,第 8554 页。
②《新唐书》卷一八三《韩偓传》,第 5389 页。
③干宝《搜神记》卷九,中华书局 1979 年版,第 116 页。

流寓湖南，又经江西抚州、南城而进入在作者看来是"中华地向城边尽，外国云从岛上来"（《登南神光寺塔院》）的边远之地福州。而至福州后的若干年中，诗人又迁徙不定，直至赋此诗的乾化二年在南安时。这有如清人全祖望所云："致光以丙寅至福唐主黄滔家，丁卯唐亡。戊辰尚寓福唐，己巳寓汀州之沙县。庚午寓尤溪之桃林，辛未而后始至南安。则其在福唐亦三年，又二年而居南安耳。"①那么诗人何以"天涯栖不稳"呢？原因即在于他所"托身"的必须是"万年枝"，而此时他已找不到这一"万年枝"了。

上述解读虽揭出了这两句诗的基本内含，但是细读之下尚存有未尽之意蕴。从咏鹊诗所涉及的鹊的语典讲，这两句诗有由曹操《短歌行》中"月明星稀，乌鹊南飞。绕树三匝，何枝可依"所兴起之缘由，但诗人何以用"莫怪"这样的语气提起"天涯栖不稳"之问，之后又以"托身须是万年枝"来回答自己之所以"栖不稳"的原因。这样的语气语句，不禁让我们产生作者为何要如此表述的疑问，这里面似乎存有作者面对的两个问题：一、或许有人认为他的"栖不稳"之类行为很怪异；二、他借此委婉地表明自己不赴招任职的态度。检韩偓有与《鹊》诗作于同年同地的《余卧疾深村闻一二郎官今称继使闽越笑余迁古潜于异乡闻之因成此篇》诗，从诗题可知当时有出使闽国的郎官讪笑诗人"迁古潜于异乡"，而所谓的"迁古"，从此诗回击之句"不羞莽卓黄金印，却笑羲皇白接䍦"可知，大致指诗人不识时务，不肯出来做官，而"潜于异乡"，过着"枕流方采北山薇"的避世隐居的苦日子。因此，韩偓《鹊》诗"莫怪"一联之作，想必与此郎官的讪笑不无关系。又韩偓之所以有"托身须是万年枝"之答，不仅是对一二郎官讪笑的回应，而且也含有对不愿接受王审知招邀原因的解释。从上文所引的韩偓《己巳年正月十二日自沙县抵邵武军将谋抚信之行到才一夕为闽相急脚召却请赴沙县郊外泊船偶成一篇》诗可知，王审知对韩偓很器重，曾热诚招邀他到王府任职，但诗人没有接受，反而远避到桃林场、南安县隐居。这也是一二郎官认为他怪异之所在。而诗人之所以如此，乃在于他坚守"托身须是万年枝"的原则，故有此明志之句。诗人的这番心思已被清人全祖望所知悉，谓"刘后村曰：'唐史谓致光挈族入闽依王氏。按，王氏据福唐，致光乃居南安，曷尝遂依之乎？'后村之言是也，而尚未尽。……然致光之居南安，固不依王氏。即居福唐，亦非依王氏。何以知之？王氏固附梁者也，致光避梁而出，岂肯依附梁之人。故其叹郎官之使闽者曰：'不羞莽卓黄金印，翻笑羲皇白接䍦。'《鹊》诗曰：'莫怪天涯栖不

---

① 全祖望《鲒埼亭集外编》卷三十三《题跋·跋韩致光闽中诗》，清嘉庆十六年刻本。

稳,托身须是万年枝。'……读诗论世,可以得其情状也。"①

　　综上所述可知,此诗虽为咏鹊诗,但显然有借咏鹊寓托抒怀之意。故秋谷读此诗评曰"句句有身分,字字有体裁"②。诚哉斯言!

三

韩偓《火蛾》诗云:

　　阳光不照临,积阴生此类。非无惜死心,奈有灭明意。
　　须穿红焰焦,翅扑兰膏沸。为尔一伤嗟,自弃非天弃。

　　此诗胡震亨的《唐音统签·戊签》韩偓卷也有收录,且在诗题下有"辛未南安县作。此诗盖有所指"小注。此处辛未即后梁乾化元年(公元 911 年),诗即是时作于南安县。这首诗从《火蛾》诗题以及所咏内容来看,是一首咏火蛾的咏物诗,但品味诗人所写,它并非单纯的咏物诗,诗人借此诗所要寓托表达的内在意涵才是此诗的精髓。这正如胡震亨所揭出的"此诗盖有所指"。那么此诗所指的究竟是什么? 这就是我们解读这首诗所要探索发覆的。

　　蛾有趋光的习性,喜明扑火,故称火蛾,亦称飞蛾。《梁书·到溉传》:"如飞蛾之赴火,岂焚身之可吝。"晋崔豹《古今注·虫鱼》:"飞蛾善拂灯烛,一名火花,一名慕光。"晋张协《杂诗》之一:"蜻蜓吟阶下,飞蛾拂明烛。"据此可知"火蛾"指性喜趋火的飞蛾,故韩偓诗以"火蛾"为题乃取其性喜趋火之特性为题意。当然这"火蛾"是有所寓托,别有所指的。我们看这首诗八句皆是咏写火蛾、议论火蛾的,从这两方面说其意皆颇为明畅准确,无需我们再多加解释。只是这首火蛾诗的火蛾到底指谁? 为什么诗人要创作这首别有寓托的诗? 这是我们解读此诗所要探索解密的。

　　韩偓从唐昭宗龙纪元年(公元 889 年)登第入仕后不久即任职朝中,至天复三年(公元 903 年)初因被朱全忠所忌嫉,贬官濮州司马,不久后即流寓湖南,入福建,至隐居于创作这首诗时所在的南安。在这段岁月中,诗人经历了政治生活的风风雨雨,目睹了朝中朝外的各色人物的表演与结局,亲自感受了恩宠与残害,可以说他是位历经磨练、洞明世事而爱憎分明、坚守道德操守的士大夫。

①《鲒埼亭集外编》卷三十三《题跋·跋韩致光闽中诗》。
②胡震亨《唐音统签》卷七百十一《戊签》七十五此诗眉批,复旦大学图书馆藏本。

在这期间他写下了不少展现当时朝廷内外的政治生活与矛盾斗争的诗歌,也创作了一些咏物诗。据我们品读这些咏物诗的体会,他的绝大多数咏物诗都是有所寓托的,而且多是与当时的政治形势和人物紧密相关。我们品味《火蛾》诗,也有相同的感受。这就为解读这首诗揭示了方向。

从诗中"须穿红焰焦,翅扑兰膏沸"以及"为尔一伤嗟,自弃非天弃"诗句看,诗人所指的"火蛾"必是投火而遭焚者,也即是指投靠当时篡权自立梁朝的朱全忠之流而遭殃者。这帮赴火飞蛾尽管下场可悲,诗人虽"非无惜死心",但无奈火蛾本怀着"灭明意"而投火,因此诗人只能一表"为尔一伤嗟,自弃非天弃"之态度。值得具体阐释的是"灭明意"之意及其所喻指。从咏飞蛾投火的角度言,此"明"即谓灯烛之火,诚如晋支昙谛《赴火蛾赋》所咏:"烛耀庭宇,灯朗幽房。纷纷群飞,翩翩来翔。赴飞焰而体燋,投煎膏而身亡。"而从诗人所寓托的用意言,则此"明"乃喻指光明正大的事务与人物。因此"灭明意"即大致谓对光明正大的事务与人物之类怀着残害之心的意思。

考之韩偓当时,这种为诗人所谴责的怀着"灭明意",而最终遭到恶报的人物又有谁呢?我以为其数是不少的,今只揭出其中尤为显著的几个人。检韩偓有作于天祐元年冬的《梅花》诗,其末两句云"应笑暂时桃李树,盗天和气作年芳"。这两句所讥笑的"暂时桃李树",实际上指当时投靠朱全忠而后被朱全忠所杀的原李唐权臣柳璨。我们看看史籍关于柳璨的有关记载:《新唐书·奸臣传》下《柳璨传》记他"为人鄙野,其家不以诸柳齿。……崔胤死,昭宗密许璨宰相,外无知者。日暮自禁中出,驺士传呼宰相,人皆大惊。……遂以谏议大夫同中书门下平章事。起布衣,至是不四岁,其暴贵近世所未有。裴枢、独孤损、崔远皆宿望旧臣,与同位,颇轻之,璨内以为怨。朱全忠图篡杀,宿卫士皆汴人,璨一厚结之,与蒋玄晖、张廷范尤相得。既挟全忠,故朝权皆归之"①。《旧唐书·哀帝纪》于天祐二年十月记"时政出贼臣,哀帝不能制"②。又于稍后的十二月载朱全忠飞扬跋扈,极为"忿恨,语极不逊","帝忧之。甲午上召三宰相议其事,柳璨曰:'人望归元帅(庆按:指朱全忠),陛下揖让释负,今其时也。'帝曰:'运祚去唐久矣,幸为元帅所延。今日天下,非予之天下,神器大宝,归于有德,又何疑焉。他人传予意不尽,卿自往大梁,备言此怀。'乃赐璨茶、药,便令进发"③。柳璨骤升宰相后即逢迎依附朱全忠,并大肆谗害朝臣。《旧唐书·柳璨传》记朱全

---

① 《新唐书》卷二二三下,第 6359—6360 页。
② 刘昫《旧唐书》卷二十下,中华书局 1975 年版,第 800—801 页。
③ 《旧唐书》卷二十下,第 803 页。

忠的爪牙"蒋玄晖、张廷范谋杀衣冠宿望难制者,璨即首疏素所不快者三十余人,相次诛杀,班行为之一空,冤声载路"①。柳璨就是这样一个依势谗害朝臣,且又粗鄙为人不齿的小人。诗人对于这样一个倚仗朱全忠邪恶势力的小人充满了鄙视与轻蔑。后来柳璨因恶行昭著,连朱全忠也厌恶他,《新唐书·柳璨传》载:"及玄晖死,而全忠恚璨背己,贬登州刺史,俄除名为民,流崖州,寻斩之。临刑悔吒曰:'负国贼柳璨,死宜矣!'弟瑀、瑊皆榜死。"②可见柳璨正是韩偓在《八月六日作四首》之三诗中所斥责的"显负旧恩归乱主,难教新国用轻刑"者,也是诗人借《火蛾》所欲讥刺者之一。

《火蛾》诗所欲讥刺者也包括奉朱全忠之命弑昭宗而嫁罪昭仪李渐荣、河东夫人裴贞一的蒋玄晖和史太之流。对于这些"火蛾"们,诗人曾在《八月六日作四首》之二中以"饰非唯欲害仁人"之句严加谴责。《旧唐书》二十上《昭宗纪》曾记此弑杀事谓:天祐元年八月"壬寅夜,朱全忠令左龙武统军朱友恭、右龙武统军氏叔琮、枢密使蒋玄晖弑昭宗于椒殿。……是夜二鼓,蒋玄晖选龙武衙官史太等百人叩内门,言军前有急奏面见上。内门开,玄晖……至椒殿院,贞一夫人启关,谓玄晖曰:'急奏不应以卒来。'史太执贞一杀之,急趋殿下。玄晖曰:'至尊何在?'昭仪李渐荣临轩谓玄晖曰:'院使莫伤官家,宁杀我辈。'帝方醉,闻之遽起。史太持剑入椒殿,帝单衣旋柱而走,太追而弑之。渐荣以身护帝,亦为太所杀"③。《旧唐书》卷二十下《哀帝纪》天祐元年八月载:"蒋玄晖夜既弑逆,诘旦宣言于外曰:'夜来帝与昭仪博戏,帝醉,为昭仪所害。'归罪宫人,以掩弑逆之迹。"④就是这个奉朱全忠之命,带领手下弑杀昭宗等人而又嫁祸于人的家伙,后来又为朱全忠所怒,终于被"削在身官爵,送河南府处斩"。时下敕云:"蒋玄晖身居密近,擅弄威权,鬻爵卖官,聚财营第,而苞藏悖逆,稔浸奸邪。虽都市已处于极刑,而屈法尚慊于众怒,更示焚弃之典,以惩显负之踪。宜追削为凶逆百姓,仍委河南府揭尸于都门外,聚众焚烧。"⑤其实据《旧唐书·哀帝纪》以及《新唐书》卷二二三下《奸臣下》所载,与蒋玄晖相似投靠朱全忠而朋比为奸、包藏祸心的尚有张廷范、张茂枢、氏叔琮、朱友恭等等人,这些人后来也均逃不过被杀的下场,他们应也是韩偓所讥刺的"火蛾"。

---

① 《旧唐书》卷一七九,第 4670 页。
② 《新唐书》卷二二三下,第 6360 页。
③ 《旧唐书》卷二十上《昭宗纪》,第 782—783 页。
④ 《旧唐书》,第 786 页。
⑤ 《旧唐书》卷二十下,第 803—804 页。

　　韩偓此诗中的"火蛾"决不会漏过韩偓在朝时的同僚崔胤。这位投靠勾结朱全忠的宰相,更是一位霸权误国、谗害朝臣、葬送唐昭宗王朝的"火蛾"。据史载,崔胤掌宰相大权后勾结强藩朱全忠,导致昭宗播迁被弑等灾难。《旧唐书·崔胤传》对其恶行多有记载,谓其"长于阴计,巧于附丽,外示凝重而心险躁";一度被罢相后,"胤密致书全忠求援。全忠上疏理胤之功……复召拜平章事。胤既获汴州之援,颇弄威权。……自是朝廷权政,皆归于己";"及全忠攻凤翔,胤寓居华州,为全忠画图王之策"①。《新唐书·崔胤传》亦载:"帝之在凤翔,以卢光启、苏检为相,胤皆逐杀之,分斥从幸近臣陆扆等三十余人,惟裴贽孤立可制,留与偕秉政。帝动静一决于胤,无敢言者。"②崔胤陷害诸臣,是以诬陷诸人勾结藩镇、与宦官结党为罪名,故《旧唐书·昭宗纪》记其"怒(陆)扆代己,诬奏扆党庇(李)茂贞"③,又诬王抟与枢密使宋道弼、景务修"三人中外相结"④。实则崔胤勾结朱全忠陷害诸大臣之恶行,正如《新唐书·崔胤传》所云:"崔胤……喜阴计,附离权强,其外自处若简重,而中险谲可畏。……陆扆当国,时王室不竞,南、北司各树党结藩镇,内相凌胁。胤素厚朱全忠,委心结之。全忠为言胤有功,不宜处外,故还相而逐扆。……帝丑其行,罢为吏部尚书,复倚扆以相。会清海无帅,因拜胤清海节度使。始,(崔)昭纬死,皆王抟等白发其奸,胤坐是赐罢,内衔憾。既与抟同宰相,胤议悉去中官,抟不助,请徐图之。及是不欲外除,即漏其语于全忠,令露劾抟交敕使共危国,罪当诛。胤次湖南,召还守司空、门下侍郎、平章事……而赐抟死,并诛中尉宋道弼、景务修,由是权震天下,虽宦官亦累息。"⑤故《资治通鉴》卷二六四云:"胤恃全忠之势,专权自恣,天子动静皆禀之。朝臣从上幸凤翔者,凡贬逐三十余人。刑赏系其爱憎,中外畏之。"⑥崔胤既勾结朱全忠以自固霸权,又为朱全忠"画图王之策",最终利用价值已尽,反遭朱全忠所疑怒,被贬遭杀。故昭宗于诏书中斥其"岂有权重位崇,恩深奖厚,曾无惕厉,转恣睢盱,显构外兵,将图不轨"、"负我何多,构乱至此!"⑦史臣于《旧唐书·崔胤传》中亦不禁怒斥"自古与盗合从,覆亡宗社,无如胤之甚也"⑧。从上

①《旧唐书》卷一七七,第 4582—4586 页。
②《新唐书》卷二二三下,第 6357 页。
③《旧唐书》,第 760 页。
④《旧唐书》,第 766 页。
⑤《新唐书》卷二二三下,第 6355 页。
⑥《资治通鉴》卷二六四,第 8603 页。
⑦《旧唐书》卷一七七,第 4585—4586 页。
⑧《旧唐书》卷一七七,第 4587 页。

述史籍关于崔胤的记载,我们坚信崔胤当是韩偓《火蛾》所讥刺的重要对象之一。当然,被诗人视为"火蛾"者应该还有一些,我们只不过揭出其主要者而已,这也是解读此诗所要明了的。

原刊于《厦大中文学报》第 4 辑

韩偓《露》、《六言三首》诗发覆与解读

一

韩偓有首题为《露》的咏物诗,诗如下:

> 鹤飞千岁饮犹难,莺舌偷含岂自安。光湿最宜丛菊亚,荡摇无奈绿荷干。名因霈泽随天眷,分与浓霜保岁寒。五色呈祥须得处,戛云仙掌有金盘。①

这首诗可谓句句紧扣露珠,从各个不同的角度描绘渲染乃至议论露珠。从纯粹的咏物诗来考量,这首诗是颇为成功的。不仅于此,值得提出的是,当我们吟诵品味之际,同时觉得此诗并非仅仅是纯粹的咏物诗,其中多有蕴藏于词语诗句内,值得品味探究的寄托寓意在。

那么这首诗有何寄托寓意呢? 发覆解读这种有所寄托寓意的诗作,尤其需要知人论世的说诗方法。因此要揭橥这首诗的寄托寓意,我们就必须了解韩偓其人以及赋此诗的时间、背景,否则我们就会堕入五里雾中而不得其解。

据清永瑢《四库全书总目》卷一百五十一《韩内翰别集提要》所载,我们可以略知韩偓之经历与其人其诗:"偓亦登龙纪元年进士第,昭宗时官至兵部侍郎、翰林学士承旨。忤朱全忠,贬濮州司马,再贬荣懿尉,徙邓州司马。天祐二年,复故官。偓恶全忠逆节,不肯入朝,避地入闽,依王审知以卒。偓为学士时,内预秘谋,外争国是,屡触逆臣之锋。死生患难,百折不渝。晚节亦管宁之流亚,实为唐末完人。其诗虽局于风气,浑厚不及前人,而忠愤之气时时溢于语外。性情既挚,风骨自遒,慷慨激昂,迥异当时靡靡之响。其在晚唐,亦可谓文笔之

---

① 本文所引韩偓诗均见吴在庆《韩偓集系年校注》,中华书局 2015 年版。

鸣凤矣!"①

　　了解了韩偓之经历与其人其诗,那么要解读这首诗还得考察诗人作这首诗的时间与背景。收有此诗的《全唐诗》韩偓卷,乃大抵按时间先后排列,而此诗编于《江岸闲步》诗后第六首。《江岸闲步》诗题下小注云:"此后壬申年作,在南安县。"②又此诗后第四首为《驿步》,其诗题下小注云:"癸酉年在南安县。"③此处壬申年即后梁乾化二年(公元912年),癸酉年即后梁乾化三年(公元913年),则此诗当作于后梁乾化二年,时诗人在南安。诗题为"露",又有"光湿最宜丛菊亚,荡摇无奈绿荷干"、"分与浓霜保岁寒"等句,均为秋日景象,故此诗当为乾化二年秋作。此时韩偓为避后梁朱全忠政权迫害,远遁于闽王王审知治下的闽南南安县内。从韩偓在这一时期的遭遇处境来品味这首《露》诗,我们更坚信它是有所寄托寓意的,而其各诗句所内蕴的寓意亦可经过细细品味逗露出来。下面即来发覆解读各诗句,探索此诗之寓意。

　　诗题"露",即露珠,甘露,诗中既是指自然界之露水,又用于比喻唐昭宗之恩泽。《新唐书·韩偓传》载:"帝反正,励精政事,偓处可机密,率与帝意合,欲相者三四,让不敢当。"④韩偓任职朝中正是如此"率与帝意合",故获得唐昭宗宠重,对此诗人曾在《六月十七日召对自辰及申方归本院》诗中有"清署帘开散异香,恩深咫尺对龙章。花应洞里寻常发,日向壶中特地长"的感念皇恩的诗句,又在《锡宴日作》诗中云:"臣心净比漪涟水,圣泽深于潋滟杯。才有异恩颁稷契,已将优礼及邹枚。"两诗中的"恩深"、"圣泽"、"异恩"均是表示唐昭宗对他的宠重及诗人的感戴之情,特别是"圣泽"一词正是此诗之"露"的内在含义。因此"鹤飞千岁"句,正是以仙鹤千载尚难饮得甘露,来衬托比喻自己能获得皇恩,实在是千载难逢之隆遇。

　　那么"莺舌偷含岂自安"句又有何寓意呢?这里关键在于对"莺舌偷含"寓意的解读,尤其是如何解读"偷安"一词。为了说明其含义,有必要了解韩偓移居南安县前关于他的两件重要事情。我们知道韩偓因忠于唐室,忤逆朱全忠而贬为濮州司马,后于"天祐二年,复故官。偓恶全忠逆节,不肯入朝,避地入闽,依王审知以卒"。考韩偓天祐二年复故官事,其《乙丑岁九月在萧滩镇驻泊两月忽得商马杨迢员外书贺余复除戎曹依旧承旨还缄后因书四十字》诗即可证实。

①　永瑢等《四库全书总目》卷一百五十一,中华书局1965年版,第1302页。
②　彭定求等《全唐诗》卷六八一,中华书局1960年版,第7807页。
③　《全唐诗》卷六八一,第7809页。
④　欧阳修、宋祁《新唐书》卷一八三,中华书局1975年版,第5389页。

其时他另有《病中初闻复官二首》,其二云:"又挂朝衣一自惊,始知天意重推诚。青云有路通还去,白发无私健亦生。曾避暖池将浴凤,却同寒谷乍迁莺。宦途巉岭终难测,稳泊渔舟隐姓名。"从此诗可知,韩偓是拒绝复官而情愿隐遁的。实际上韩偓后来还有两次被招复官而坚辞不赴之事。元马端临《文献通考》卷二四三《经籍考》七十谓:"石林叶氏曰:……韩偓传自贬濮州司马后……其再召为学士,在天祐二年。……其后又有丁卯年正月《闻再除戎曹依前充职诗》,末句云'岂独鸥夷解归去,五湖鱼艇且铺糟',天祐四年也。是尝两召皆辞,《唐史》止书其一。是岁四月,全忠篡,其召命自哀帝之世。自后复召,则癸酉年南安县之作,即梁之乾化二年(庆按,'癸酉年'乃乾化三年,此谓乾化二年误),时全忠亦已被弒,明年梁亡。"①又,明何乔远《闽书》卷八《方域志·泉州府·南安县·山·葵山》记韩偓:"昭宗既弒,哀帝复召为学士,还故官,偓不敢入朝,挈族依王审知,寓居南安。三年,复有前命,偓复辞,为诗曰:'岂独鸥夷解归去,五湖渔艇且铺糟。'是年,全忠篡唐为梁。乾化三年,复召,亦辞不往。"②据上述文献,韩偓贬官后被招复故官凡三次,其中前两次即在诗人远避南安作《露》诗之前,最后一次则在赋《露》诗次年。由此可见即是在赋《露》诗前后,后梁朝廷一直没有放弃征召他复故官之念;而在这种局势下,韩偓则一直心存不仕后梁伪朝之念,一再坚辞复官,为此远避南安。他如此坚辞复官,原因在于他认为后梁政权乃是弒杀唐昭宗后而立的伪政权,还在于他一直感念着"圣泽深于潋滟杯"的唐昭宗的恩泽。

与上述事有关的另一件是上文所提及的韩偓"不肯入朝,避地入闽,依王审知以卒"事。所谓的韩偓"依王审知",据我们对韩偓的考察,这个"依"字其实是不够准确的,只能理解为避难于王审知所管辖的闽国治下而已,而不能理解为依附于王审知政权,尽管王审知确实十分礼重他,有意招揽重用他。他终身未在王审知政权下任职,这就是他没有依附王审知的铁证。尽管如此,王审知确实是有意重用他的,这只要细味诗人《己巳年正月十二日自沙县抵邵武军将谋抚信之行到才一夕为闽相急脚相召却请赴沙县郊外泊船偶成一篇》一诗即可明了(关于此事详情容不在此处细说)。那么诗人为何不依附王审知,不肯入仕其下为其效力呢?这是因为王审知虽然在唐亡前即在闽主政,但据《十国春秋》卷九十《司空世家》所载,在梁开平元年(公元907年),即韩偓入闽后的第二年,

① 马端临《文献通考》卷二四三,中华书局1986年版,第1923—1924页。
② 何乔远《闽书》卷八,福建人民出版社1994年版,第194页。

"五月己卯,梁加王(庆按:指王审知)兼侍中"①;"开平三年夏四月庚子,梁加王中书令、福州大都督长史,进封闽王"②。因此王审知在韩偓入闽后次年即依附朱梁政权,那么在这种关系到政治归属名分的情况下,"己巳年"(即后梁开平三年,公元 909 年)正月韩偓不愿为王审知所用,离开闽沙县而"将谋抚信之行",拟远避到江西也就可以理解了。

我们提出的上述二事,又和"莺舌偷含岂自安"诗句有何关系呢?上文提到韩偓在首次被征召复故官时所作的《病中初闻复官二首》其二有云"曾避暖池将浴凤,却同寒谷乍迁莺"。他明白此次复官是"天意重推诚",他对复官之招的感觉是"却同寒谷乍迁莺"。值得注意的是这句诗字面上也与"莺舌偷含岂自安"同用"莺"字。其实韩偓在《与吴子华侍郎同年玉堂同直怀恩叙恳因成长句四韵兼呈诸同年》诗中也早就有以莺自喻的"往年莺谷接清尘,今日鳌山作侍臣"之句。以此可见"莺舌偷含岂自安"也是在以莺自喻,自感如偷含了露珠(比喻唐皇之恩泽),又怎能自安呢!那么在韩偓心中,又何谓"偷含"呢?我认为这里的"偷含"既可指他贬谪后接受"复故官",回到朱梁朝中,又可指依附王审知,为其效劳。在诗人心中,无论是复故官之召还是王审知之邀,均是基于唐昭宗曾给他的宠爱恩泽。如果他接受上述两种招邀,那就如莺舌偷含露珠般地偷含皇恩,背负唐皇朝,这又怎能自安呢!

再试释"光湿最宜丛菊亚,荡摇无奈绿荷干"两句。从咏自然界露珠的角度来说,"光湿"乃谓露珠光泽湿润。"丛菊亚",亚乃低垂,谓丛菊饱承露珠之沾润而枝叶低垂。此有如杜甫《春夜喜雨》诗之"好雨知时节,当春乃发生。随风潜入夜,润物细无声。……晓看红湿处,花重锦官城"之意。"荡摇无奈绿荷干",从咏露层面上说,其意为无奈狂风吹袭而使绿荷摇荡,以致荷叶上的露珠滑落,荷叶也因失去甘露的滋润而干枯了。如此咏露,自然真实贴切,然而诗人之意并非仅止于此。蕴藏在"最宜"、"无奈"神情之中的,尚有其亲历家国荣辱兴衰之后的深沉叹息与惋伤!因此,从政治寓托的角度品味这两句,才是诗人透过咏露所欲抒发之真意。

那么这两句所关涉的政治寓意各自何指呢?我以为这里的"光湿"句,乃谓皇上隆恩曾普及自己与群臣。"光湿",喻指皇上之恩泽;"绿荷",则喻指唐昭宗朝之众臣。因此这一句所蕴含的意思,是以诗人自身所经历所感受的事实与情感为根据的,这可以用诗人自己的诗句以显明之。《露》之前的诗作《中秋禁直》

---

① 吴任臣《十国春秋》,中华书局 1983 年版,第 1309 页。
②《十国春秋》,第 1310 页。

云"长卿只为长门赋,未识君臣际会难",《锡宴日作》云"臣心净比潋涟水,圣泽深于潋滟杯。才有异恩颁稷契,已将优礼及邹枚",《感事三十四韵》云"紫殿承恩岁,金銮入直年。人归三岛路,日过八花砖。鸳鹭皆回席,皋夔亦慕膻。庆霄舒羽翼,尘世有神仙。虽遇河清圣,惭非岳降贤。皇慈容散拙,公议逼陶甄"。读了上述这些盛称隆恩的诗句,我们便不难品味到诗人"光湿最宜丛菊亚"所蕴含的寓意。

"荡摇无奈绿荷干"的政治寓托又如何理解呢?此处"荡摇"乃谓李唐政权遭到朱全忠等强蕃的叛乱攻击,以致国家倾覆。"绿荷"则比喻李唐众臣,"绿荷干"乃谓国家动乱、昭宗被弑群臣因无法得到皇上之雨露恩泽而蒙难。此诚如诗人《感事三十四韵》诗所言"万乘烟尘里,千官剑戟边。……袁董非徒尔,师昭岂偶然。中原成劫火,东海遂桑田"。史乘也有对这一动乱的真实记载,如《旧唐书·昭宗纪》天复元年载:"十月己卯朔。戊戌,全忠引四镇之师七万赴河中,京师闻之大恐,豪民皆亡窜山谷。十一月己酉朔。壬子,中尉韩全海与凤翔护驾都将李继海奉车驾出幸凤翔。是日,汴军陷同州,执州将司马邺,华州节度使韩建遣判官李巨川送款。甲寅,汴军驻灵口。乙卯,全忠知帝出幸,乃回兵攻华州。"①又《资治通鉴》卷二六三天复三年记:"时凤翔所诛宦官已七十二人,朱全忠又密令京兆搜捕致仕不从行者,诛九十人。"②又"朱全忠以兵驱宦官第五可范等数百人于内侍省,尽杀之,冤号之声,彻于内外"③。又同上书卷二六五天祐二年六月载:"戊子朔,敕裴枢、独孤损、崔远、陆扆、王溥、赵崇、王赞等并所在赐自尽。时全忠聚枢等及朝士贬官者三十余人于白马驿,一夕尽杀之,投尸于河。"④

"名因霈泽随天眷,分与浓霜保岁寒。"解读这两句诗,先从语词释义始。所谓的"名",即名分,此谓露之名分。"霈泽",雨水,此处又暗喻恩泽。唐李嘉祐《江湖秋思》诗:"共望汉朝多霈泽,苍蝇早晚得先知。"⑤宋范仲淹《邓州谢上表》:"乃宣霈泽,以安黎元。""天眷",上天的眷顾。南朝齐谢朓《三日侍华光殿曲水宴》诗:"天眷休明,且求至德。"唐任华《寄杜拾遗》诗:"英才特达承天眷,公卿无不相钦羡。"此处指唐昭宗的恩泽,亦兼谓皇帝之眷爱。"分",职分、本分。"分与浓霜"谓霜乃天气转寒后由露水转化而成,寒露与浓霜实共属一体,故有"白

① 刘昫等《旧唐书》,中华书局 1975 年版,第 773 页。
② 司马光《资治通鉴》,中华书局 1956 年版,第 8593 页。
③《资治通鉴》,第 8594—8595 页。
④《资治通鉴》,第 8643 页。
⑤ 本文多涉及对词语以及典故之诠释,所引资料繁多,为免文繁,容不一一注明资料出处。

露为霜"之说。"保岁寒",语出《论语·子罕》:"岁寒,然后知松柏之后凋也。"《资治通鉴·陈宣帝太建十二年》:"梁主奕叶委诚朝廷,当相与共保岁寒。"此处喻忠贞不屈的节操(或品行)。因此结合当时的国家政治局势,诗人作为颠沛流离于闽中的故朝忠臣,他诗中的"名因"、"分与"两句,实谓雨露恩泽皆是唐皇所恩赐,故吾等处于局势严酷之时,应保有忠贞不屈之节操,此乃人臣本分耳。

　　韩偓的这一诗句除了有感于自己复故官之招和王审知之邀外,也有感于某些唐故臣接受后梁之任用。朱全忠篡夺李唐政权建立后梁之初即"奉唐昭宣帝为济阴王……唐中外旧臣官爵并如故"①。当时不少李唐旧臣如张文蔚、苏循、张祎、杨涉、张策、薛贻矩、赵光逢等均靦颜以仕新朝。韩偓这一效忠李唐耻仕新朝的立场,也见于唐亡梁立之际所赋的《感事三十四韵》诗中:"溅血惭嵇绍,迟行笑褚渊。四夷同效顺,一命敢虚捐。山岳还青笯,穹苍旧碧鲜。独夫长啜泣,多士已忘筌。郁郁空狂叫,微微几病癫。"后在梁开平三年(公元 909 年)也有《余寓汀州沙县病中闻前郑左丞璘随外镇举荐赴洛兼云继有急征旋见脂辖因作七言四韵戏以赠之或冀其感悟也》诗劝阻将入仕朱梁的唐尚书左丞郑璘。他之所以这么做,就在于他认为作为李唐旧臣,就不应改仕篡唐的伪梁政权,而应"分与浓霜保岁寒"。

　　"五色呈祥须得处,夏云仙掌有金盘。"这两句均与露有关,后句之典见于《史记·孝武本纪》:"其后则又作柏梁、铜柱、承露仙人掌之属矣。"《索隐》:"《三辅故事》曰'建章宫承露盘高三十丈,大七围,以铜为之。上有仙人掌承露,和玉屑饮之'。故张衡赋曰'立修茎之仙掌,承云表之清露'是也。"金盘,即谓承露仙人掌。首句"五色"即五色露。汉郭宪《汉武帝别国洞冥记》卷二载:"东方朔曰:'臣有吉云草十顷,种于九景山东。二千岁一花,明年应生,臣走请刈之。得以秣马,马终不饥也。'朔曰:'臣至东极,过吉云之泽,多生此草,移于九景之山,全不如吉云之地。'帝曰:'何谓吉云?'朔曰:'其国俗以云气占吉凶,若乐事,则满室云起,五色照人,著于草树,皆成五色露珠,甚甘。'帝曰:'吉云露可得乎?'朔乃东走,至夕而返,得玄露、青露,盛青琉璃,各受五合,跪以献帝。遍赐群臣,群臣得尝者,老者皆少,疾者皆愈。""五色呈祥"亦比喻太平祥瑞之世。唐贾㻋《五色露赋》:"表四方之具庆,故五色而俱出。"葛洪《西京杂记》卷五:"太平之世……云则五色而为庆。"呈祥,呈现祥瑞。得处,意为得有适当的处所。通读"五色呈祥"两句诗,其字面之意思乃谓欲得五色甘露,必须在有如东方朔所说

---

① 《资治通鉴》卷二六六,第 8674 页。

之"吉云之地",而非"九景之山"。当然这两句也有言外之音,实谓我欲蒙受甘露之恩泽,也需在"吉云之地",而非"九景之山"。进一步说,乃需在"夐云仙掌有金盘"之吉祥之地,亦即李唐王朝,而非朱氏梁朝或王氏闽国。于此可见诗人忠于唐昭宗,坚拒朱氏政权与王氏闽国之召用。

二

《韩偓集系年校注》卷四有《六言三首》诗,诗如下:

一

春楼处子倾城,金陵狎客多情。朝云暮雨会合,罗袜绣被逢迎。华山梧桐相覆,蛮江豆蔻连生。幽欢不尽告别,秋河怅望平明。

二

一灯前雨落夜,三月尽草青时。半寒半暖正好,花开花谢相思。惆怅空教梦见,懊恼多成酒悲。红袖不干谁会,揉损联娟澹眉。

三

此间青草更远,不唯空绕汀洲。那里朝日才出,还应先照西楼。忆泪因成恨泪,梦游常续心游。桃源洞口来否,绛节霓旌久留。

对于这三首诗之真伪、作年及其主旨之解读,前辈学者已有所探讨。徐复观先生以为韩偓"另有《六言三首》。这些杂言诗有一共同的特点,即是粗率而不温婉,有似韩熙载。连上面《横塘》的诗,不妨推测这是韩熙载的大作"①。按,徐先生疑诗非韩偓作,所言不成理由,更缺乏必要的实证,不可据信,此处容不赘言。清末民国初学者震钧先生笺第一首云:"此初去国也。追忆旧恩而言,有沅芷澧兰之慨。"笺第二首云:"此居贬所也。'红袖不干谁会',即'自吟自泪无人会'也。'揉损联娟淡眉',即'谁适为容'意。"其笺第三首云:"此忆京师也。'此间',自谓也。'那里',指长安也。'西楼',唐翰林在禁中西偏。'朝日',比君恩。'桃源洞口',指昔日锡宴之处,如曲江等处玉辇常经之所也。"②对震钧这一笺评,施蛰存先生《读韩偓词札记》虽对"桃源洞口"之释有所别解,但大致取

---

① 徐复观《中国文学论集》,台北学生书局 1976 年版,第 283 页。
② 震钧《香奁集发微》,扫叶山房 1924 年版,第 4—5 页。

赞赏态度，谓"谪仙怨三首，其一首笺云……按此诸解亦大致可从，唯桃源洞口二句，恐所拟不伦。考致光于天复三年二月被贬出关，转徙不常，然踪迹多在湘沅。至次年八月，朱全忠弑帝于椒殿。此词必作于此一时期。桃源正在湘中，自是当时故实，盖深悯帝之为朱全忠劫持，避秦无地，故有此语。夫曰'来否'，可知其必非'那里'之事也。余以为此三章必致光有意拟谪仙怨而作，非偶合也。然又不欲名著其意绪，但以《六言三首》为题，遂以艳词瞒过天下后世读者。王国维浮槎寻源，揭著其本题，发覆抉隐，可谓快事。惜震氏未尝经意及此，然由此亦可为震笺之佐证，《发微》之作，故未必纯以意逆也。"①上述震钧、施蛰存之说我以为均有所误解误笺，此误在三方面：此诗是否有意拟《谪仙怨》而作；诗作年；诗作语词、主旨之解读。

　　关于此诗是否有意拟《谪仙怨》而作问题。如上所引，施蛰存先生赞赏王国维先生将此《六言三首》题为《谪仙怨》。但现代学者任半塘先生《唐声诗》第十《六言八句》谓"王国维跋韩偓《香奁集》，指六言八句三首云：'比《三台》多二韵，比冯延巳《寿山曲》少一韵。考唐人刘长卿、窦弘余等皆填此，调名《谪仙怨》。'"又谓"林大椿《唐五代词》据王说，录韩辞三首于校记中，而冠以'谪仙怨'调名，错误之极！盖韩辞次首起句云：'一灯前、雨落后，三月尽，草青时。'作三字折腰句法，为《谪仙怨》调所绝无，一也。韩辞前二首三、四两句以平起，与本调以仄起者异，二也。韩辞末首仅叶四韵，本调概叶五韵，三也。六言八句除本调外，尚有上列之《破阵乐》（二），安见韩辞必为本调，而不为《破阵乐》（二）欤？四也。——声诗不为近代学者所习，乖戾情况有如此者，不得谓之不严重！"②曾昭岷、曹济平等编著《全唐五代词》本亦认同任半塘之说云："三首本六言诗，诸本《香奁集》俱题作《六言》。王辑本援刘长卿、窦弘余词例，收作《谪仙怨》词，《唐五代词》因之收入，《唐声诗》下编第三二九至三三〇页已辨其非。"③据此可见此三首《六言》诗本非《谪仙怨》词，因此以为韩偓此三首诗乃有意拟《谪仙怨》而作，并以《谪仙怨》之题意解读此三首诗，实为误判。

　　此诗之作年，震钧以为乃韩偓"居贬所"时作，也就是在天复三年（公元903年）之后作。施先生以为"桃源正在湘中"，诗乃作于韩偓贬谪至湖南的天复三、四年间。总之两位均认为是韩偓贬谪后之作，并以韩偓在此时间之经历、处所、情感等解读此诗。按，《六言三首》见于各种版本之《香奁集》。关于《香奁集》，

① 施蛰存《读韩偓词札记》，《中华文史论丛》1979年第4辑，第279页。
② 任半塘《唐声诗》下编，上海古籍出版社1982年版，第329—330页。
③ 曾昭岷、曹济平等《全唐五代词》，中华书局1999年版，第1060页。

明代的胡震亨在《唐音癸签》卷八谓:"韩致尧偓冶游情篇,艳夺温、李,自是少年时笔。"①陈寅恪先生《唐代政治史述论稿》中云:"韩偓以忠节著闻,其平生著述中《香奁》一集,淫艳之词亦大抵应进士举时所作。"②据我考察,上述胡、陈二位所言确实可信。《香奁集》中诗多是创作于其应进士举时,只有《代小玉家为蕃骑所虏后寄故集贤裴公相国》《无题》《寄远》《袅娜》《多情》《思录旧诗于卷上凄然有感因成一章》等等不到十首诗为入仕后以及贬官寓居福建时所咏,而这些作于入仕后的诗歌却也是与政治寓托了不相关的。在我看来,《香奁集》中的大部分诗作多是表现男女恋情的诗歌,而其中的一部分很可能与诗人早年的一段刻骨铭心而终"一生赢得是凄凉"的未果爱情经历有关。我们现在所论的《六言三首》并没有作于韩偓贬后的靠得住的证据,也与政治寓托无关,因此对于这首作于贬谪之前的诗作,用其贬后的经历、处所、情感等来解读就必然失之千里。

从上所述可知由于震钧、施蛰存二位对《六言三首》的创作年代和诗题名的误判,他们对此诗的语词、主旨的解读也就多有误解了。我认为此三首是纯粹表现男女恋情的诗歌,这从诗之字面与情感是可以领会的。为了更准确地解读这三首诗,其中的某些语词、句子及其典故,还需加以阐释,以明确其所蕴含,以便更清楚地揭橥其主旨,证明三首诗确实是没有政治寓意的男女恋情诗。

先阐释第一首。"春楼处子"句:春楼,此指处子所居之闺楼。陈后主《采桑》:"春楼髻梳罢,南陌竞相随。……不应归独早,堪为使君知。"南朝陈张正见《采桑》:"春楼曙鸟惊,蚕妾候初晴。迎风金珥落,向日玉钗明。"处子,犹处女,指待字闺中之女子。《庄子·逍遥游》:"藐姑射之山,有神人居焉,肌肤若冰雪,绰约若处子。"唐韩愈《送区弘南归》诗:"处子窈窕王所妃,苟有令德隐不腓。"倾城,即倾国倾城,谓极为美丽之女子。典出《汉书·外戚传上·李夫人》:"延年侍上起舞,歌曰:'北方有佳人,绝世而独立,一顾倾人城,再顾倾人国。宁不知倾城与倾国,佳人难再得!'"

"金陵狎客"句:狎客,指亲昵接近常共嬉游饮宴之人。《陈书·后主沈皇后》附《张贵妃传》:"后主每引宾客对贵妃等游宴,则使诸贵人及女学士与狎客共赋新诗,互相赠答。采其尤艳丽者以为曲词,被以新声,选宫女有容色者以千百数,令习而哥之。"此句暗用《陈书·江总传》所记江总等人为"狎客"事字面:"总笃行义,宽和温裕,好学,能属文,于五言七言尤善,然伤于浮艳,故

①胡震亨《唐音癸签》,上海古籍出版社1981年版,第80页。
②陈寅恪《唐代政治史述论稿》,上海古籍出版社1997年版,第90页。

为后主所爱幸。多有侧篇，好事者相传讽玩，于今不绝。后主之世，总当权宰，不持政务，但日与后主游宴后庭，共陈暄、孔范、王瑳等十余人，当时谓之狎客。"值得一提的是此处"狎客"仅用其字面以影写男方，而与出典之具体史事无影射关系。

"朝云暮雨"典出于宋玉《高唐赋序》："昔者楚襄王与宋玉游于云梦之台，望高唐之观，其上独有云气……王问玉曰：'此何气也？'玉对曰：'所谓朝云者也。'王曰：'何谓朝云？'玉曰：'昔者先王尝游高唐，怠而昼寝，梦见一妇人，曰："妾，巫山之女也，为高唐之客。闻君游高唐，愿荐枕席。"王因幸之，去而辞曰："妾在巫山之阳，高丘之阻，旦为朝云，暮为行雨，朝朝暮暮，阳台之下。"'"会合，此处谓男女欢会事。

"罗袜绣被"句：罗袜，曹植《洛神赋》："体迅飞凫，飘忽若神。凌波微步，罗袜生尘。……华容婀娜，令我忘餐。"绣被，梁吴均《咏少年》："董生唯巧笑，子都信美目。百万市一言，千金买相逐。不道参差菜，谁论窈窕淑。愿言捧绣被，来就越人宿。"逢迎，宋谢灵运《江妃赋》："覃曩日之敷陈，尽古来之妍媚。刬今日之逢迎，迈前世之灵异。姿非定容，服无常度。两宜观顿，俱适华素。"南朝陈张正见《采桑》："叶高知手弱，枝软觉身轻。人多羞借问，年少怯逢迎。""罗袜绣被"句，盖兼取上述诗赋意以表达幽会时两情之欢悦。

"华山梧桐"句：《孔雀东南飞》："两家求合葬，合葬华山傍。东西植松柏，左右种梧桐。枝枝相覆盖，叶叶相交通。"此句即用上述诗意表示两情之交欢。

"蛮江"句：蛮江，指四川青衣江。因自塞外流入乐山境与岷江会合，故称。亦泛指南方少数民族聚居地带的江水。宋苏轼《初发嘉州》诗："锦水细不见，蛮江清可怜。"王十朋注引林子仁曰："蛮江，阳山与青衣江也。"查慎行注："《太平寰宇记》：青衣水，濯衣即青，故名。至龙游县，与汶水合，以其来自徼外，故曰蛮江。"豆蔻，植物名。红豆蔻生于南海诸谷中，南人取其花尚未大开者，名含胎花，言如怀妊之身。诗人或以喻未嫁少女，言其少而美。唐杜牧《赠别》："娉娉袅袅十三余，豆蔻梢头二月初。""蛮江豆蔻连生"句，喻男女亲密交欢事。此句用梁简文帝《和萧侍中子显春别四首》之一诗句意："别观蒲萄带实垂，江南豆蔻生连枝。无情无意又如此，有心有恨徒别离。"

"秋河怅望"句：秋河，指银河。南朝齐谢朓《暂使下都夜发新林至京邑赠西府同僚》诗："秋河曙耿耿，寒渚夜苍苍。"南朝梁简文帝《七励》："秋河晓碧，落蕙山黄。"此句乃用牛郎织女七夕鹊桥相会，翌日清晨分别故事。

从上所释，可以明确此诗是写男女幽会欢爱的诗作，故首两句从"春楼处子"、"金陵狎客"写起,后又有"朝云暮雨"、"幽欢不尽"等句咏男女之幽会欢爱。

　　再释第二首。此诗乃分写女子于春三月为相思而愁泣。首二句点明在三月春末时节,女子于雨夜之灯前正陷入相思。所谓"半寒半暖正好",乃谓此时节乃欢会之佳时也;"花开花谢相思",乃言女子目睹花开花谢,而更感青春大好时光之流逝,以此引发相思,冀盼相会以共度华年。"惆怅"、"懊恼"二句,谓因相思之惆怅而空于梦中相见,以此反而更为懊恼,借酒解愁。然饮酒不仅未能消愁,反而更添悲愁矣。"红袖不干",意为女子伤心,不断落泪,泪湿衣袖,久久未干。"谁会",即谁能领悟、理解。会,领悟、理解。《韩非子·解老》:"其智深则其会远。"唐于濆《拟古讽》诗:"余心甘至愚,不会皇天意。""联娟",《文选·宋玉〈神女赋〉》:"眉联娟以蛾扬兮,朱唇的其若丹。"李善注:"联娟,微曲貌。"三国魏曹植《洛神赋》:"云髻峨峨,修眉联娟。"从上所释可见,此诗纯粹是描写女子相思之作。震钧谓此诗"此居贬所也",意为诗乃韩偓被贬后所作,借此诗以写其贬中心情。所说实为误会,不可据信。

　　最后阐释第三首。这一首乃男子回应第二首女子之相思之作,这以首二句以及五、六两句尤为明显。"此间青草更远"二句乃接第二首的"三月尽草青时"而来,且所含寓意更为丰富绵远。它令我们联想起古诗《饮马长城窟行》"青青河畔草,绵绵思远道。远道不可思,宿昔梦见之。梦见在我傍,忽觉在他乡。他乡各异县,展转不可见",以及李煜《清平乐》"离恨恰如春草,更行更远还生"句的情感意绪。值得一提的是"此间"即谓诗中的"汀洲",乃诗中男子游处之地,并与下句女子所处之地"那里"对举照应。震钧解读"那里朝日才出,还应先照西楼"云:"'西楼',唐翰林在禁中西偏。'朝日',比君恩。"此解未确。其实"西楼"乃指女子所处"那里"的居楼,而"朝日"亦指一般的旭日,两者均别无特殊寓意。而且"朝日"在时间上乃照应并接续上首的"雨落夜"、"梦见"而来,表明男子翌日清晨在"梦游"之后的他乡,同样也处于相思之中,揣摩想象着心中眷念的女子。"忆泪因成"二句,乃接续照应上首女子之"惆怅空教梦见,懊恼多成酒悲"之句,描状男子昨夜也苦苦思念着心中女子之情状。此处的"恨泪"乃因思忆之泪转化而成,而所谓的恨,乃是相思却不得相见之恨;"梦游"是常在心游之后,由心中苦苦相思而转入梦境。两者之情感均是越转越深,日益强烈,真有"中心藏之,何日忘之"之缠绵深情。

　　对这首诗中"桃源洞口"的理解也有分歧。震钧认为"'桃源洞口',指昔日锡宴之处,如曲江等处玉辇常经之所也";而施蛰存则以为"桃源正在湘中",是实指诗人所在之地。两者的解读均因将此诗政治化而有违诗意,其实它只是以典故写男女恋情而已。先解释"绛节霓旌"。绛节是传说中上帝或仙君的一种仪仗。唐杜甫《玉台观》诗之一:"中天积翠玉台遥,上帝高居绛节朝。"宋陆游《老学庵笔记》卷九:"天下神霄,皆赐威仪,设于殿帐座外。……六物:曰锦伞、曰绛节、曰宝盖、曰珠幢、曰五明扇、曰旌。"霓旌,相传仙人以云霞为旗帜,故称。《楚辞·刘向〈九叹·远逝〉》:"举霓旌之墆翳兮,建黄缫之总旄。"王逸注:"扬赤霓以为旌。"唐韦庄《喜迁莺》词:"香满衣,云满路,鸾凤绕身飞舞。霓旌绛节一群群,引见玉华君。"再看"桃源洞"之典。我以为此典乃指刘义庆《幽明录》所载刘晨、阮肇共入天台山,迷不得返,"遥望山上有一桃树,大有子实,而绝岩邃涧,永无登路。攀援藤葛,乃得至上。各啖数枚,而饥止体充",后下山遇见"溪边有二女子",邀其至家中,"食毕行酒,有一群女来,各持五三桃子,笑而言:'贺汝婿来。'酒酣作乐",半年后,两人方得出山回家的故事。诗人以此故事,寄予着期盼眷念中的女子能如仙女般降临相见的愿望。

　　总而言之,通过上述阐释解读,我以为此《六言三首》乃一组诗,均咏男女之情爱相思。首篇乃总写,合咏男女双方之欢爱;第二首乃分写相思中之女子,以女子为主角;第三首则写男子之思念女子,以男子为主角。故"此间"指男方,"那里"指女方。"忆泪"、"梦游"两句,均写男子之思念盼望女子。末两句亦紧承上两句意脉,喻女子为神仙,盼望其来临也。震钧所谓"此忆京师也"云云,乃失于附会,不可信。

韩偓诗解读及相关问题辨释

  韩偓的生平与诗文虽然为学者所关注,也有所研究,但尚欠全面深入,留下不少疑难与值得进一步探讨的问题。可喜的是近些年来在韩偓的诗歌注释与生平研究上已有较大的进展,其中陈继龙先生的《韩偓诗注》、《韩偓事迹考略》(下简称《考略》)二书尤为突出,多有发明。后一书是作者对自己前一书的补充与个别问题的修正,尤能代表作者最近的看法。不过翻阅二书,尤其是《考略》,其中千虑一失之处也在所难免。今仅就其中若干诗歌的解读及相关问题试作辨释。或有不妥,以此请教于陈先生和读者。

《感旧》

  省趋弘阁侍貂珰,指座深恩刻寸肠。秦苑已荒空逝水,楚天无限更斜阳。时昏却笑朱弦直,事过方闻锁骨香。入室故僚流落尽,路人惆怅见灵光。[1]

  解读此诗前有必要先对此诗的作年及相关问题加以说明。从诗中的"楚天无限更斜阳"句看,此似为眼前即景之句,也就是说其时诗人在楚地。核之于韩偓经历,颇疑诗乃唐末其贬官南来湖南时作。但这首诗在韩偓的不少诗集如关中丛书本《韩翰林集》、汲古阁本《韩内翰别集》、《全唐诗》韩偓卷等均置于《江岸闲步》诗后,而《江岸闲步》诗下有原注:"此后壬申年作,在南安县。"尽管此类原注下诗作的编排位置在全集中也存在个别窜乱的情况,其所说的作年不可尽信,但并无确证说明此诗现所编排的位置有误,因此此诗乃壬申年(即乾化二年,公元 912 年)作于南安的说明仍应遵从,《韩偓诗注》即将此诗系于乾化二年。如果此诗作于乾化二年韩偓在南安时,则诗中的"楚天无限更斜阳"句即非

---

[1] 彭定求等《全唐诗》卷六八一,中华书局 1960 年版,第 7808 页。

目前的即景之句。通读全诗及诗题"感旧",这句应是回想当时所见之句。也就是说,诗人前此某年曾在楚地有感于当时某事,而其时眼前正是"楚天无限更斜阳"时。但当时他未能写下所感,在事过多年之后,回想当时所感所见,才触感而追记,并糅合此时所感,遂有此诗作。因此,此诗所写多为过去的某一时间之所感所见,但也包含些许赋诗时的感慨。明了这一情况,对我们解读这首诗是颇为重要的。

《韩偓诗注》对此诗某些词语有如下的注释:"弘阁,大阁。这里指昭宗所居之阁。""貂珰……这里用作宦官的代称。""指座,指昭宗欲相韩公。""秦苑已荒,指代唐室宫苑已被荒弃。""楚天无限,谓朱全忠已奄有长江中下游地区。""灵光,即鲁灵光殿。……后以'灵光'借指硕果仅存的老成人。这里是诗人自谓。"[1]在此注释的基础上,《考略》释此诗有云:"首两句显系追忆往昔宫闱情事,一写阉竖势焰熏天,一写君恩铭心刻骨。'秦苑'句写李唐故都荒芜凋零……末两句,一慨同僚故旧流落殆尽,一以'鲁灵光殿'自命,硕果仅存,使路人见之,徒增唏嘘惆怅而已。"[2]这些注释解读也有可通之处,但由于此诗词语诗句义涵多端,不甚明晰,有些解释似可通,但若结合诗人之生平及其时代,揣摩体味全诗情景,细加考察,则亦有不尽如人意或窒碍难通者。以下试加考释。

理解这首诗的关键之一在于对"指座深恩"到底指谁的理解,我以为不是指唐昭宗。那么指谁呢? 这须从"入室故僚"一句寻味。诗题为"感旧",则全诗即围绕故人旧事而抒发情事。因此"指座深恩"之故旧亦必与下句的"入室故僚"相关。而能"指座"使诗人感念其"深恩"者,此人亦必是提拔礼待诗人的上司恩人,也即下句"入室故僚"所关联者。那么何谓"入室故僚"? 故僚,指与诗人同官于朝的旧僚友,而这些"故僚"均是"指座深恩"者的入室门生与关系颇密切之类的人物。也就是说指座者与诗人等入室故僚的关系乃朝臣间的上下级和师生关系,而不是皇帝与臣子的关系,如若是后一种关系是不宜以"入室故僚"之称谓表示的。因此,此诗中的故旧、指座者及所咏具体情事的主要人物均非唐昭宗。我以为从韩偓的生平及其时代看,指座者、"入室故僚"之"室主"应主要指韩偓的座主赵崇(上一句则指王溥,详下)。让我们看看韩偓与赵崇、王溥的关系。

《新唐书》卷一八三《韩偓传》:"韩偓……后迁累左谏议大夫。宰相崔胤判度支,表以自副。王溥荐为翰林学士,迁中书舍人。……中书舍人令狐涣任机

---

① 陈继龙《韩偓诗注》卷二,学林出版社 2001 年版,第 178 页。
② 陈继龙《韩偓事迹考略》,上海古籍出版社 2004 年版,第 189 页。

巧,帝尝欲以当国,俄又悔……偓因荐御史大夫赵崇劲正雅重,可以准绳中外。帝知偓,崇门生也,叹其能让。……全忠怒偓薄己……会逐王溥、陆扆,帝以王赞、赵崇为相,(崔)胤执赞、崇非宰相器,帝不得已而罢。赞、崇皆偓所荐为宰相者。全忠见帝,斥偓罪,帝数顾胤,胤不为解。全忠至中书,欲召偓杀之。"①

据此,我们知道王溥曾推荐韩偓为翰林学士,而其时王溥为宰相,其位在韩偓之上,《新唐书》卷一八二《王溥传》即记:"王溥字德润……帝反正,骤拜翰林学士、户部侍郎,以中书侍郎同中书门下平章事,判户部。"②韩偓之任翰林学士在他一生仕宦中是极为关键的一步,至为重要,因而韩偓对王溥极为感激。又赵崇乃韩偓之座主。唐人极重座主门生间关系,故韩偓对赵崇亦极为感念,其《与吴子华侍郎同年玉堂同直怀恩叙恳因成长句四韵兼呈诸同年》诗即云:"往年莺谷接清尘,今日鳌山作侍臣。……绛帐恩深无路报,语余相顾却酸辛。"③故此后韩偓得到昭宗信任时推荐赵崇为宰相。从上所述,我们反观韩偓此诗,即不难领会到诗中"指座深恩"与"入室故僚"之"室主"与赵崇的密切关系,以此关系解读此诗,则其中第二句之意旨也就显而易见了。

首句中"弘阁",应是运用汉公孙弘的典故。《汉书》卷五八《公孙弘传》:"时上方兴功业,娄举贤良。弘自见为举首,起徒步,数年至宰相封侯,于是起客馆,开东阁以延贤人,与参谋议。弘身食一肉,脱粟饭,故人宾客仰衣食,俸禄皆以给之,家无所余。"④而诗中的"侍貂珰",貂珰虽在汉代以后多用以指宦官,但此前本非如此。范晔《后汉书》卷四三《朱穆传》:"穆居家数年,在朝诸公多有相推荐者,于是征拜尚书。穆既深疾宦官,及在台阁,旦夕共事,志欲除之。乃上疏曰:'案汉故事,中常侍参选士人。建武以后,乃悉用宦者。自延平以来,浸益贵盛,假貂珰之饰,处常伯之任……故放滥骄溢,莫能禁御。'"此下唐李贤注引《汉官仪》曰:"中常侍,秦官也。汉兴,或用士人,银珰左貂。光武已后,专任宦者,右貂金珰。"⑤因此,"貂珰"也可指士人之任朝中高官者,韩偓此诗即用此意。如用以指宦官,则"侍貂珰"岂不是说韩偓侍奉宦官吗?而且还用"趋"这一也表示崇敬的字眼,这对于反对宦官,并为宦者所迫害的韩偓来说是说不通的,韩偓是不可能趋侍宦官的。如果我们再联系王溥的仕宦经历,此句的句中之意就更可

---

① 欧阳修、宋祁《新唐书》,中华书局 1975 年版,第 5387—5389 页。
② 《新唐书》,第 5377 页。
③ 《全唐诗》卷六八○,第 7787—7788 页。
④ 班固《汉书》卷五十八,中华书局 1962 年版,第 2621 页。
⑤ 范晔《后汉书》,中华书局 1965 年版,第 1472—1473 页。

体味了。《新唐书·王溥传》:"昭宗蒙难东内,溥与(崔)胤说卫军执刘季述等杀之。"后任宰相,"罢为太子宾客,分司东都。未几,召拜太常卿、工部尚书"①。值得注意的是,典故中的汉代朱穆与王溥一样均是反对宦官的,因此,韩偓诗中的"侍貂珰",我们有理由理解为侍奉朝中的曾任过宰相、太常卿、工部尚书的王溥。当然,也不仅仅他一人,还可能有类似的大臣。如若上述理解不误,则"省趋弘阁"的开阁主人也就是指王溥。因此首联大意乃表明王溥以宰相之尊如公孙弘那样开阁延揽人才,自己有幸被荐为翰林学士,得以侍奉左右;而赵崇为自己的座师,其提拔之恩,自是极为深厚,此均铭刻于心间。

《考略》以为"'秦苑'句写李唐故都荒芜凋零",可通,但说"'楚天'句谓全忠奄有长江中游",这就有问题了。细加体味,"秦苑"、"楚天"两句,前句写唐故都长安,"楚天"句写诗人眼前所见,即为即景抒情之句。那么,此诗如作于乾化二年,则韩偓其时早已隐居于闽南南安县,是不会面对楚天斜阳之景的。因此,此句如前所说乃是诗人回忆以前贬经湖南时所见所感的句子。如若说这是乾化二年诗人用于比喻"全忠奄有长江中游"之句,那么,时在闽南的韩偓又有何必要在感旧时想象楚天斜阳之景,并用于暗喻朱全忠之奄有长江中游呢?朱全忠政权其时早已建立后梁,并奄有当时的全国绝大部分地区,不仅马殷的楚国,就是韩偓当时所居的王审知的闽国也称臣于他。在这种情况下,如要表明朱全忠的势力如何如何,就不应该仅说"楚天"。如是即景以喻,起码也应该说"闽天……",而无须说"楚天……"。因此认为此句乃"谓全忠奄有长江中游",这是说不通的。如果联系此诗所深怀念者,并结合"入室故僚流落尽,路人惆怅见灵光"两句加以考察,则可体味到诗人之有此感旧,乃是与其在楚地(即湖南)时听闻的一件大事息息相关的。

解读末两句,须先审视《考略》的解释:"一慨叹同僚故旧流落殆尽,一以'鲁灵光殿'自命,硕果仅存,使路人见之,徒增唏嘘惆怅而已。"《考略》对"灵光"句的理解不合诗意。据《考略》的理解,"硕果仅存"是对照"故僚流落尽"而言的,也就是说重点在"流落",而流落并非死亡之谓,故此"硕果仅存"即不能理解为存活的意思,而只能理解为与故僚不同,诗人并未流落。那么,此时被贬流寓中的韩偓岂非流落?他何能自感"硕果仅存"?可见这样的解释是窒碍难通的,因而也是不合诗意的,我们还得另辟解读的新途径。这新途径还得回到与此诗有关的历史背景上来。检《资治通鉴》卷二六五天祐二年五月,朱全忠在柳璨、李

---

①《新唐书》卷一八二,第 5377 页。

振的怂恿下大肆贬谪、杀戮朝臣：

> 李振亦言于朱全忠曰："朝廷所以不理，良由衣冠浮薄之徒紊乱纲纪；且王欲图大事，此曹皆朝廷之难制者也，不若尽去之。"全忠以为然。癸酉，贬独孤损为棣州刺史，裴枢为登州刺史，崔远为莱州刺史。乙亥，贬吏部尚书陆扆为濮州司户，工部尚书王溥为淄州司户。庚辰，贬太子太保致仕赵崇为曹州司户，兵部侍郎王赞为潍州司户。自余或门胄高华，或科第自进，居三省台阁，以名检自处，声迹稍著者，皆指为浮薄，贬逐无虚日，搢绅为之一空。①

同年六月又载：

> 戊子朔，敕裴枢、独孤损、崔远、陆扆、王溥、赵崇、王赞等并所在赐自尽。时全忠聚枢等及朝士贬官者三十余人于白马驿，一夕尽杀之，投尸于河。②

这些被贬逐、杀戮的朝臣王溥、赵崇、王赞、陆扆等人或为韩偓的座主、恩人，或为其关系密切的同僚，他们的被贬被杀一时震动朝野，当此之时，韩偓闻之岂有不震惊感慨之理。因此，韩偓此诗之作当即有感于此，故有对被贬、被杀戮的王溥、赵崇等人的哀伤感念。这些被贬、被杀的大臣们均曾是"秦苑"的主人，如今被杀了，朝廷为之一空，则"秦苑已荒空逝水"句实际上也暗喻这一惨况。"楚天"句不仅写眼前景色，也是以景抒发其哀悼悲凉之情，与后面的"入室故僚流落尽"之情感相类。诗末的"灵光"句亦即此深沉感情的抒发表达。故此处"灵光"应理解为"圣贤的德泽"，《汉语大辞典》即有这种解释，并举其义例云："清侯方域《拟上遣官祭先师孔子阙里群臣谢表》：'岂魂应眷此，灵光自在人间。'"③实际上《汲冢周书》"被先王之灵光"的"灵光"即为此义。故此诗末句的"灵光"即指王溥、赵崇等恩人故旧的德泽，而非韩偓"硕果仅存"之谓。如果以上的解读不误的话，则此诗所感的故旧旧事应即发生于天祐二年赵崇、王溥等人被贬、被杀之事。闻知此事时，韩偓恰流寓于湖南，故有诗中的"楚天"之句。

----

① 司马光《资治通鉴》，中华书局 1956 年版，第 8642—8643 页。
②《资治通鉴》，第 8643 页。
③ 罗竹风主编《汉语大词典》第十一册，第 750 页，汉语大词典出版社 1990 年版。

长卿只为长门赋　未识君臣际会难

韩偓《中秋禁直》云：

> 星斗疏明禁漏残，紫泥封后独凭栏。露和玉屑金盘冷，月射珠光贝阙寒。天衬楼台笼苑外，风吹歌管下云端。长卿只为长门赋，未识君臣际会难。①

对于后二句诗，《考略》解读云："似乎暗示昭宗已厌于政事，欲其亲贤远佞而不可得，故身为内相的韩偓只能徒呼君臣际会之难。"②这一解读值得商量，而之所以作如此解说其实也其来有自。关中丛书本《韩翰林集》此诗后吴汝纶注："旧说此为朱全忠之毁，非也。昭宗待韩公始终不衰，并不以全忠之毁而异。此诗当是未播迁时入直禁中之作。"③吴汝纶的这一看法是对的。但此诗旧有"为朱全忠之毁"的说法，故吴汝纶尽管不同意此说，还是会受此类思路的影响，故说"此奏封事后作，前六句皆自幸遭际，故末句云云，言为《长门赋》者徒知沦落可怜，未知遭际后之弥不易也。盖公与昭宗有鱼水之契，而事势至亟，故叹其不易，此其忠悃勃郁处，词意至为深沉"④。此处"未知遭际后之弥不易也"的意思是韩偓自叹受昭宗如此恩遇，但处于时势艰厄之中，却难于为昭宗解除困厄，有负昭宗的恩遇。吴汝纶的这层意思与何义门的下述说法是相同的："陈后废，以相如一赋得召幸。昭宗幽于东内，身为内相，不能建复辟之绩，岂不负此际会乎？当于言外求之。"⑤这些解释其实是不符合诗意的，而清人薛雪《一瓢诗话》的解读则更远离诗旨："韩致尧《中秋禁直》，望宫阙于九霄，听弦歌于五夜，欲使主上亲贤远佞而不可得，展转不寐，隐约可念。"⑥《考略》的上述说法实际上乃有取于上引之说，而其《韩偓诗注》的"尾联两句谓才华出众的司马相如只知沦落可怜，未知君臣遇合后更不易也"⑦之说，同样也采用了前人的有违于诗旨的说

---

① 《全唐诗》卷六八〇，第 7788 页。
② 《韩偓事迹考略》，第 81 页。
③ 《韩翰林集》卷一，关中丛书本，第 2 页。
④ 高步瀛《唐宋诗举要》卷五，上海古籍出版社 1959 年版，第 633 页引。
⑤ 《韩偓诗注》，第 13 页。
⑥ 王夫之等《清诗话》，上海古籍出版社 1978 年版，第 710—711 页。
⑦ 《韩偓诗注》，第 12 页。

法,这均值得商榷。

前人对韩偓此诗还有以下的理解:《对床夜语》卷四:"李商隐《贾谊》诗云:
'可怜夜半虚前席,不问苍生问鬼神。'韩偓云:'如今冷笑东方朔,唯用诙谐侍汉
皇。'又:'长卿只为长门赋,未识君臣际会难。'皆反其事而言之。是时韩在翰
林,故出此语,视李为切。"①《唐诗鼓吹笺注》:"通首只'君臣际会难'五字耳……
'天衬'二句,写禁中入直之所见、所闻也。当此君臣际会,自有一段忠君爱国念
头,一番忠君爱国事业。托'长卿'正以自况耳。"②

通观前人评说及韩偓当时的情况,我以为上引两则评说是较接近诗意的。
此处的"际会",应是君臣遇合,关系极为密切融洽的意思。而所谓"君臣际会
难",应理解为君臣要做到像我们君臣这样关系极为密切融洽,那是很难的。之
所以这样理解,乃在于作于同年六月的韩偓《六月十七日召对自辰及申方归本
院》诗中就有"如今冷笑东方朔,唯用诙谐侍汉皇"句,而此句和此诗的"长卿只
为长门赋,未识君臣际会难",其实所表明的主要意思是相同的,都是用司马相
如或东方朔来与自己对比,亦即"皆反其事而言之",突显自己与君王的密切融
洽关系非东方朔、司马相如所能比。在此有必要引用《汉书·东方朔传》的记载
以助解读:"朔尝至太中大夫,后常为郎,与枚皋、郭舍人俱在左右,诙啁而已。
久之,朔上书陈农战强国之计,因自讼独不得大官,欲求试用。其言专商鞅、韩
非之语也,指意放荡,颇复诙谐,辞数万言,终不见用。朔因著论,设客难己,用
位卑以自慰谕。"③于此可见,韩偓乃冷笑东方朔只能以诙谐取媚君王,而不像自
己受到昭宗的格外重用。故吴汝纶评末两句云:"收借东方生以明己之密筹大
计也。"④"长卿只为长门赋,未识君臣际会难"两句之意旨实与此同。况且,天复
元年六月时,韩偓正受到唐昭宗的器重,被单独召见与唐昭宗密议处理宦官之
策,此后也同样受到信任器重。因此其时韩偓深深感受到恩宠,并对此终生难
忘。天复元年中秋作这首诗时,韩偓对唐昭宗的感受也同样如此,他只有感恩
受宠的情感,怎么会有"暗示昭宗已厌于政事,欲其亲贤远佞而不可得"的于昭
宗不满之意呢? 实际上这最后两句诗应作如下的解读:司马相如虽然也受到汉
皇的器重,但汉皇只是看重他的文才而已,他只能创作《长门赋》罢了。但他根
本不会懂得要能像我这样与皇上关系如此密切融洽,受到如此信任重用,一起

---

① 范晞文《对床夜语》卷四,见丁福保《历代诗话续编》本,中华书局 1983 年版,第 438 页。
②《韩偓诗注》,第 13 页集评引。
③《汉书》卷六五,第 2863-2864 页。
④《唐宋诗举要》卷五,第 632 页引。

密谋国家大事,那是很难很难的。

若为将朽质　犹拟杖于朝

这是《乙丑岁九月在萧滩镇驻泊两月忽得商马杨迢员外书贺余复除戎曹依旧承旨还缄后因书四十字》诗的两句,全诗云:

> 旅寓在江郊,秋风正寂寥。紫泥虚宠奖,白发已渔樵。事往凄凉在,时危志气销。若为将朽质,犹拟杖于朝。①

对于后两句,《考略》解读云:"'若为'两句,表面是说即使拼了老骨头亦要再为朝廷效力,但只是说'犹拟',何况还是'朽质'呢!"②应该说明的是《考略》对整首诗主旨的把握还是基本正确的,如谓:"官复原职,自然属于'宠奖',不过在诗人看来,朝廷这次召回,已是枉然之事了。什么缘故呢?'白发'句道出了个中的因果关系,因为自己已经下定决心,坚欲归隐江湖。……作于同一时间的《病中初闻复官二首》诗里实际上对是否应旨就官已经给出了明确的答案:'宦途险巇终难测,稳泊渔舟隐姓名。'在其一诗里,诗人写道:'闻道复官翻涕泪,属车何在水茫茫。'可谓感慨、遗恨与茫然之情,一并涌上心头……韩公遂断入朝之念,此彰彰明矣。"③问题在于上引的"表面是说"的这一解释却是很不准确的,这里其实并无"表面"的含义。作这样的解释可能是对"若为"、"犹拟"这一句式的解读不够到位所致。"若为"一词《辞源》释:"如何,怎样。《南齐书·明僧绍传》:'僧远问僧绍曰:"天子若来,居士若为相对?"'唐王维《王右丞集》五《送秘书晁监还日本国》诗:'别离方异域,音信若为通。'"④韩偓不应诏回朝的具体原因不同于何琦,但这两句诗取意乃出于《晋书·何琦传》:何琦"除郎中,以选补宣城泾县令",后丁母忧,"服阕,乃慨然叹曰:'所以出身仕者,非谓有尺寸之能以效智力,实利微禄,私展供养。一旦荧然,无复恃怙,岂可复以朽钝之质

---

①《全唐诗》卷六八〇,第7795页。
②《韩偓事迹考略》,第150页。
③同上。
④《辞源》,商务印书馆1979年版,第2631页。

尘黩清朝哉！'于是养志衡门，不交人事"，后朝廷屡征而不起①。因此，韩偓
这两句诗的心态口气，其实是略同于"岂可复以朽钝之质尘黩清朝哉"的，
表明的乃是决然否定的意思，其意乃谓：何必以衰颓之身，还想策杖于朝
廷呢！

"莲花幕下风流客"为韩偓？

韩偓《寄湖南从事》诗云：

> 索寞襟怀酒半醒，无人一为解余酲。岸头柳色春将尽，船背雨声天欲
> 明。去国正悲同旅雁，隔江何忍更啼莺。莲花幕下风流客，试与温存谴
> 逐情。②

　　《韩偓诗注》注"莲花幕下"句谓："韩偓时在幕府任职，故谓。风流客，
诗人自谓。"又注"温存"云："抚慰；体贴。可能来自某个女人。"③其《考
略》又释后一联谓："明言自己正在湖南帅马殷幕府供职，且以'风流客'
自许。……对于此诗，从来研韩者，或含糊其辞，或语焉不详。其实，该篇
为我们提供了韩偓在长沙行迹的重要线索，尤其是入马殷幕府的有力佐
证，故有详加考辨之必要。……"④且不说作者之考辨仍有勉强难通之
处，其所要论证的韩偓在"马殷幕府供职"，"风流客，诗人自谓"之说就首
先了无实据。

　　其实这首诗是不难理解的，我们先看前人是如何说的。《评注唐诗鼓吹》卷
二云："首言襟怀萧索而当半醒，无复有知己者解我之余酲。醒乃解愁，此
借喻之词；且岸头柳色，正春将尽之时；船背雨声，又天欲晓之际。斯时也，雁向
南而背北，有同去国之悲；莺唤友以啼春，益动怀人之情，此吾之所以愁思不绝
也。"⑤这样的解释是符合诗意的。诗前六句主要是抒发诗人去国流寓，索寞无
侣的愁情，并希冀有人为之"解余酲"。至此，诗歌主要是写自己，尚未明确写及

---

① 房玄龄等《晋书》卷八八，中华书局 1974 年版，第 2292—2293 页。
② 《全唐诗》卷六八〇，第 7791 页。
③ 《韩偓诗注》卷一，第 44 页。
④ 《韩偓事迹考略》，第 137—138 页。
⑤ 《韩偓诗注》，第 45 页集评引。

"湖南从事",但已有暗笔稍涉及处,此即"无人"一句。诗既然是《寄湖南从事》,则按一般常例,必有较明确提及湖南从事之句,这首诗的最后两句即是点题之处,也就是说主要即着笔于湖南从事,这样也就与上面的"无人"句起到草蛇灰线,前后呼应的效果。因此,"莲花幕下风流客"乃指湖南从事,而决非韩偓自谓。顺此以读最后一句,这一句语关双方,既由己而发抒愿望,又由此而希冀于湖南从事之"试与温存",可以宽慰自己之"谴逐情"。在这里,"温存"是与"某个女人"无关的。

据上述阐释,我们可以十分明确地说,从这首诗中是绝对找不出韩偓"入马殷幕府"、"在湖南帅马殷幕府供职"的"重要线索"的,而且,从现存的资料,我们也看不出韩偓入湖南马殷幕府为从事的任何迹象。因此,《考略》此后对于韩偓为何入马殷幕府,以及"与马殷周旋未久,即离他而去"原因的解释也就显得多余,故此不赘。

李冉为当州刺史?

韩偓有《访同年虞部李郎中》、《春阴独酌寄同年虞部李郎中》和《奉和峡州孙舍人肇荆南重围中寄诸朝士二篇时李常侍洵严谏议龟李起居殷衡李郎中冉皆有继和余久有是债今至湖南方暇牵课》等诗,前两诗中的虞部李郎中即李冉,故韩偓在湖南时仍与李冉有交往。《考略》在说明"在长沙,韩偓还与同年、虞部郎中李冉邂逅"[①]的问题时,指出唐代有两个李冉,其中另一个即是中唐时曾为右司郎中的李冉,并引《全唐文》卷六二二《举前池州刺史张严自代表》,证明此李冉曾为当州刺史。其所引《全唐文》今据上海古籍出版社 1990 年版重引如下:

> 臣某言:伏惟建中元年正月五日制条,诸州刺史授讫,于四方馆上表让一人自代者。前池州刺史张严,苦节立身,直躬激俗,洁廉惠爱,特异常流。自军兴以来,职役繁重,江淮百姓多有流亡。张严在任三年,辟田加户,顷因公坐法,至免官。在理可容,原情堪录。臣当州自定两税以来,讵今四岁,户口减省,差科日增,臣无政能,坐待颠踬。使严代处,必有成功。伏望天恩遂臣诚请。无任恫款之至。[②]

---

① 《韩偓事迹考略》,第 129 页。
② 董诰等《全唐文》,上海古籍出版社 1990 年版,第 2783—2784 页。

《考略》据此论曰：

> 此表为我们提示了二个时间：一是建中元年，按建中为德宗年号，公元780年；二是两税法施行后四年（含当年），按两税法实施于建中元年……这里有一个矛盾之处，李冉是建中元年上的表，何以在表中又会言及建中四年的事呢？或者表文有讹误。可能建中元年之"元"字乃"四"字之误。或者当州之实行两税法早于全国，有时个别地方的某种做法先于朝廷的规定，亦不是没有可能。如果李冉建中四年（783）已为当州刺史，那么，怎么会与一百余年后的韩偓同登进士第呢？由此可以得出结论，历史上有两个李冉，一个在德宗朝，不仅做过当州刺史，而且充任过右司郎中；一个在昭宗朝……官至虞部郎中。①

这一段论说考明有两个李冉是对的，但也存在多处误解，特别是中唐李冉曾为当州刺史之说尤需一辨。

其一，《全唐文》李冉所上表并非建中元年所上。推测《考略》之所以说李冉所上表为建中元年所上，乃在于表中有"伏惟建中元年正月五日制条，诸州刺史授讫，于四方馆上表让一人自代者"之句，《考略》误以为此即李冉上表之时间。实际上"建中元年"云云并非李冉上表之时间，而是唐德宗所下新任官员须举人自代制之时间。今检《旧唐书》卷十二《德宗纪上》，建中元年春正月："辛未，有事于郊丘。是日还宫，御丹凤门，大赦天下。自艰难以来，征赋名目颇多，今后除两税外辄率一钱，以枉法论。常参官、诸道节度观察防御等使、都知兵马使、刺史、少尹、畿赤令、大理司直评事等，授讫三日内，于四方馆上表让一人以自代。"②因有这一举人自代制，此后官员任新职后多有据此制之规定而上表举人自代者，如白居易长庆元年正月授尚书主客郎中、知制诰时即举杨嗣复自代，其《举人自代状》中云："臣伏准建中元年正月五日敕：文武常参官上后三日，举一人自代者，伏以前件官，有辩政之学……臣既谙详，辄举自代。"③又如刘禹锡大和六年任苏州刺史时有《苏州举韦中丞自代状》，中云："臣伏奉去年十月十二日敕授使持节苏州诸军事、守苏州刺史，伏准建中元年正月五日制，刺史上后举一人自代者。前件官历掌剧务,皆有美名……"①据此可见李冉表中的"建中元年"云云乃是德宗下举人自代制的时间,而非李冉上表之时间。《考略》所云乃误读所致,其所谓的"矛盾"并不存在,而所推测的"或者表文有讹误"云云均颇无谓。

其二,《考略》据李冉表文"臣当州自定两税以来"句,而认为中唐李冉"做过当州刺史",这也是不明奏表之表述习惯,误读表文所致误。唐人在上奏表中多有以"当州"指代其所在之州者,当州亦即本州之谓。如刘禹锡奏文中即多有用"当州"指代其所在州的,前举其《苏州举韦中丞自第状》即是一例。在上引文后,即又云:"伏以当州口赋,首出诸郡,况经灾沴,切在抚绥。内省无能,辄敢公举。"②又如开成元年刘禹锡任同州刺史,时有《谢恩赐粟麦表》,中云:"臣某言:伏奉今月一日制书,以臣当州连年歉旱,特放开成元年夏青苗钱并赐斛斗六万石,仰长吏逐急济用,不得非时量有抽敛于百姓者。"③上引刘禹锡两文中的"当州",一指代苏州,另一指代同州,均非谓唐代剑南道的当州(天宝元年曾改为江源郡,乾元元年复为当州)。同此之例,李冉表中的"当州"也即本州之谓,决不能因有此"当州"字眼,即遽谓李冉"做过当州刺史"。

原刊于《漳州师范学院学报》2005年第4期

①陶敏、陶红雨《刘禹锡全集编年校注》卷一八,岳麓书社2003年版,第1166页。
②《刘禹锡全集编年校注》卷一八,第1166页。
③《刘禹锡全集编年校注》卷一九,第1211页。

韩偓若干诗歌解读系年辨释

韩偓的生平与诗文虽然为学者所关注,也有所研究,但尚欠全面深入,留下不少疑难与值得进一步探讨的问题。可喜的是近些年来在韩偓的诗歌注释与生平研究上已有较大的进展,其中陈继龙先生的《韩偓诗注》、《韩偓事迹考略》(下简称《考略》)二书尤为突出,多有发明。后一书是作者对自己前一本书的补充与个别问题的修正,尤能代表作者最近的看法。不过翻阅二书,尤其是《考略》,其中千虑一失之处也在所难免。今仅就其中若干诗歌的解读、系年试作辨释。或有不妥,以此请教于陈先生和读者。

《和王舍人抚州饮席赠韦司空》

为了说明问题的方便,先录此诗如下:

> 楼台掩映入春寒,丝竹铮钹向(一作入)夜阑。席上弟兄皆杞梓,花前宾客尽鸳鸾。孙弘莫惜频开阁,韩信终期别筑坛。削玉风姿官水土,黑头公自(一作相)古来难。①

关于此诗,《考略》认为王舍人为王涤,韦司空为韦庄,并有如下的解释:"看来,这是一次丧乱中难得的聚会,东道主自然是那位王舍人,时当初春,寒气料峭,然而,这并不能冲淡宴会的热烈气氛。……出席这次宴会的,都是当年朝廷中站在同一行列的僚友,彼此情谊厚笃,可以称兄道弟,且多为一时之选。……抚州宴席的东道主是王涤,那么,韦司空韦庄是否与会呢? 鄙意以为,韦庄没有与会。如果韦庄与会的话,应亦有和诗,故韩公没有必要再将自己的和诗赠与韦庄。可能诗人在这次宴席上,打听到了韦庄的消息,故拿这首和诗,托同席可

---

① 彭定求等《全唐诗》卷六八二,中华书局 1960 年版,第 7815 页。

以接近韦庄的好友转赠给他。该诗最末两句'削玉风姿官水土,黑头公自古来难'应该是写韦庄而非王涤,因诗虽乃属和王涤,而重点却落在赠韦上。'削玉风姿'乃叹赏韦庄的仪态都丽,'官水土'显指韦庄在蜀地为官;'黑头公'句谓韦庄虽年逾古稀,仍一头黑发,身体健旺,精神矍铄,实属难得。韦庄时在前蜀,先为王建掌书记,至本年十月,始封安抚副使。韦庄之拜相在第二年(907),而韩诗却已称其为司空,所以有理由怀疑,此诗之最后定稿,不在写作的当年,而是在一二年以后。"①

《考略》的这段解读有些是值得再考虑的。首先,东道主是否王涤?诚如《考略》所云题中的王舍人即为王涤。据《唐诗纪事》卷六七:"(王)涤,字用霖,及景福进士第。"②《全唐诗》卷七二六王涤小传:"王涤,字用霖。……景福中擢第。累官中书舍人。后终于闽。"③韩偓另有《丙寅二月二十二日抚州如归馆雨中有怀诸朝客》诗,乃作于丙寅年,即天祐三年在抚州时。而此诗也同样作于抚州,且同年秋韩偓已离开抚州前往南城,故此诗也当是天祐三年之作。这也就是说,王涤在天祐三年已以中书舍人的身份与会。王涤既是中书舍人,不是地方官吏,那么他到抚州就是客人,就如诗中所说的属于"花前宾客",而非主人。其实,王涤也如韩偓一样,其时乃是为避朱全忠之害而远离朝廷的朝中官员,故此后的天祐四年春,他即和韩偓等多避难于闽中了,此有以下载籍可证:

　　《十国春秋》卷九五《黄滔传》:"梁时强藩多僭位称帝,太祖据有全闽而终其身为节将者,滔规正有力焉。中州名士避地来闽,若韩偓、李洵数辈,悉主于滔。"④
　　《莆阳黄御史集·别录》引《莆阳志》:"王审知据有全闽而终其身为节将者,滔规正有力焉。中州若李绚、韩偓、王涤、崔道融、王摽、夏侯淑、王拯、杨承休、杨赞图、王倜……避地于闽,悉主于滔。"⑤
　　《莆阳黄御史集·附录》引吴源《莆阳名公事述》:"御史乃从容进退,为闽藩上幕,又能专长史之任,规正闽王审知……为时推重。中朝士大夫若常侍李洵、翰林承旨韩偓、中舍王涤、补阙崔道融、大司空王标、吏部夏侯

① 陈继龙《韩偓事迹考略》,上海古籍出版社2004年版,第153—155页。
② 计有功《唐诗纪事》,上海古籍出版社1987年版,1008页。
③《全唐诗》,第8320页。
④ 吴任臣《十国春秋》,中华书局1983年版,第1373页。
⑤ 黄滔《莆阳黄御史集》,商务印书馆《丛书集成初编》本,第355页。

淑、司勋员外杨承休、御史王拯、弘文馆直学士杨赞图……莫不浮荆襄吴
楚，交集于闽，恃御史为宗主。"①

　　按，上述记载均据史实而言，黄滔的《丈六金身碑》也提供了这一史实。此
文中记天祐四年正月十八日，王审知在闽设二十万人的无遮佛会，时参加者有
来闽依王审知的座客"右省常侍陇西李公洵、翰林承旨制诰兵部侍郎昌黎韩公
偓、中书舍人琅琊王公涤、右补阙博陵崔征君道融、大司农琅琊王公标、吏部郎
中谯国夏侯公淑、司勋员外郎王公拯、刑部员外郎弘农杨公承休、弘文馆直学士
弘农杨公赞图、弘文馆直学士琅琊王公倜……"②。据此可见，中书舍人王涤也
是与韩偓等人一样从中朝避难南来的官员。既然如此，则他在抚州只是一位流
寓南来的中朝宾客，要他作为东道主在抚州郡楼来招待同样是朝中南来的官员
们，这是难于做到的，也是不符合情理的。合理的应该是当地的官员设宴招待
他们这些南来的中朝之士。因此此次宴会的东道主不是王涤，而应该是诗中的
"韦司空"。据此以读诗题，应是王涤和韩偓等人参加韦司空为东道主的宴会，
王涤先作诗赠韦司空，然后韩偓即赋诗唱和。以此而解读此诗，方与诗中人物
的身份及各诗句的意思贴合。
　　其二，《考略》谓"韦司空"为韦庄，并据此而作了包括上述在内的对韦庄的
解释。其实，这样的解释是很勉强的，有的也有违于事实。如韦庄没有任司空，
而诗题却称司空，这称谓不合的问题没能得到合理的解释。其认为"此诗之最
后定稿，不在写作的当年，而是在一二年以后"的说法，以及其《韩偓诗注》的韦
庄"因被王建授吏部侍郎同平章事，而同平章事为加官，故诗人称他司空"③的解
释，也同样过于牵强。
　　《考略》认为"削玉风姿官水土，黑头公自古来难"两句均是指韦庄，"'削玉
风姿'乃叹赏韦庄的仪态都丽"，"'黑头公'句谓韦庄虽年逾古稀，仍一头黑发，
身体健旺，精神矍铄"云云，不知有何根据？ 考之于《韦庄集》，我们来看看韦庄
自己怎么说的：

　　　　《同旧韵》："方愁丹桂远，已怯二毛侵。……貌愧潘郎鬓，文惭吕

---

①《莆阳黄御史集》，第372—373页。
②董诰等《全唐文》卷八二五，上海古籍出版社1990年版，第3855页。
③陈继龙《韩偓诗注》，学林出版社2001年版，第236页。

相金。"①

　　《对酒赋友人》:"多病仍多感,君心自我心。……乱离俱老大,强醉莫沾襟。"②

　　《晚春》:"风月应相笑,年年醉病身。"③

　　《遣兴》:"如幻如泡世,多愁多病身。"④

　　《语松竹》:"多病不禁秋寂寞,雨松风竹莫骚骚。"⑤

　　《南游富阳江中作》:"浪迹华应笑,衰容镜每知。"⑥

　　《寄湖州舍弟》:"多病似逢秦氏药,久贫如得顾家金。"⑦

　　从上引诗中我们不难看到韦庄多病而衰容,故其自感"貌愧潘郎鬓",因此我们是看不到他"仪态都丽"、"身体健旺"的。

　　《早秋夜作》:"不须更作悲秋赋,王粲辞家鬓已凋。"⑧

　　《王道者》:"应笑我曹身是梦,白头犹自学诗狂。"⑨

　　《镊白》:"白发太无情,朝朝镊又生。始因丝一缕,渐至雪千茎。……新年过半百,犹叹未休兵。"⑩

　　《避地越中作》:"伤心潘骑省,华发不禁秋。"⑪

　　《与东吴生相遇》:"十年身事各如萍,白首相逢泪满缨。"⑫

　　《过樊川旧居》:"应刘去后苔生阁,嵇阮归来雪满头。"⑬

　　从上面的这些"白发"、"白首"、"白头"、"雪满头"的诗句,我们可以看到韦

①《韦庄集·浣花集》卷一,人民文学出版社 1958 年版,第 17—18 页。
②《韦庄集·浣花集》卷二,第 28 页。
③《韦庄集·浣花集》卷三,第 44 页。
④《韦庄集·浣花集》卷五,第 61 页。
⑤《韦庄集·浣花集》卷五,第 72 页。
⑥《韦庄集·浣花集》卷七,第 83 页。
⑦《韦庄集·浣花集》卷七,第 86 页。
⑧《韦庄集·浣花集》卷二,第 30 页。
⑨《韦庄集·浣花集》卷四,第 48 页。
⑩《韦庄集·浣花集》卷四,第 55 页。
⑪《韦庄集·浣花集》卷七,第 87 页。
⑫《韦庄集·浣花集》卷九,第 94 页。
⑬《韦庄集·浣花集》卷十,第 98 页。

庄刚年过半百时已是"白发太无情"而"至雪千茎"了,我们怎能设想在他此后"年逾古稀,仍一头黑发"呢? 这岂不是返老还童了吗! 综上所考,显然《考略》将"韦司空"坐实为韦庄,这是张冠李戴,认错了人。

那么"韦司空"到底是什么人? 其实早在 1996 年出版的陶敏先生的《全唐诗人名考证》中就有所考释:"'韦'当'危'之音讹。危司空,危全讽。韩偓天祐三年春在抚州,时危全讽为抚州刺史。《九国志·危全讽传》:'中和五年,黄巢余党柳彦璋攻破抚州,逐郡守,大掠而去,全讽遂入之。诏即以全讽为抚州刺史。'《金石萃编》卷一一七《抚州宝应寺钟款》:'金紫光禄大夫、检校工部尚书、使持节抚州诸军事抚州刺史、兼御史大夫、上柱国危全讽。'大顺元年十月造。《通鉴》:开平三年六月,'抚州刺史危全讽自称镇南节度使'。危全讽亦地方割据者,唐末官爵极滥,大顺元年全讽已加尚书,十余年后加司空亦在情理之中。"①这一考证解释是可通的。我们还可以举二事加以补证。《九国志·贾铎传》:铎"光化二年授检校右仆射。天复三年,加金紫光禄大夫、检校司空,授黄州刺史。天祐三年移光州刺史"②。贾铎的经历与时代略同危全讽。贾铎以金紫光禄大夫、检校司空,授黄州刺史,而危全讽大顺元年即为金紫光禄大夫、检校工部尚书、使持节抚州诸军事抚州刺史等职,则此后像贾铎那样加检校司空也正符合当时的封授制度。这就能补上今日史载未见危全讽授司空的疑惑。又《九国志·危全讽传》载:"全讽,临川南越人,世为农夫。初生赤而毛,丑状骇人。父母欲勿举,其姊保护之,仅而得全。及长,人质明秀,豪勇任气。"③此传特记危全讽幼丑,而长"人质明秀",可知其成人后体貌之明秀必颇为人所称,故史传特地记载此事。危全讽既然"人质明秀",这就与韩偓此诗所云"削玉风姿"颇为相符。危全讽为抚州人,他此时任官抚州,故诗中说他"官水土",即在本乡本土为官。据此也可证此诗的"韦司空"为"危司空"(即危全讽)之讹。

其三,《考略》对"黑头公"句的解释也不确,此处不能解释为"韦庄虽年逾古稀,仍一头黑发"云云。其实此句"黑头公"的典实应取《晋书》卷七七《诸葛恢传》之意:"恢弱冠知名,试守即丘长,转临沂令,为政和平。值天下大乱,避地江左,名亚王导、庾亮。导尝谓曰:'明府当为黑头公。'及导拜司空,恢在坐,导指冠谓曰:'君当复著此。'"④诗中的"黑头公"一方面表明"韦司空"尚壮而居高位,

---

① 陶敏《全唐诗人名考证》,陕西人民教育出版社 1996 年版,第 925 页。
② 路振《九国志》卷二,守山阁丛书本。
③ 《九国志》卷二。
④ 房玄龄等《晋书》,中华书局 1974 年版,第 2041 页。

另一方面又与典故中的拜司空相关,以切合"韦司空"之身份。

此外《韩偓诗注》对"孙弘莫惜频开阁,韩信终期别筑坛"一联的后句,引用《史记·淮阴侯列传》有关刘邦设坛场拜韩信为大将的典故,然后解释此句意旨说:"这里诗人是反其意而用之。诗人曾任兵部侍郎,后因得罪朱全忠而被贬官,故说'终期别筑坛'。期,希冀也。"①这一理解也不合原意。一者,韩偓虽然任过兵部侍郎,但在遭受朱全忠迫害南贬流寓,又听闻器重他的唐昭宗被弑后,他对朱全忠控制的朝廷已丧失了信心,又深惧遭迫害,所以他宁肯流寓隐居而不肯回朝做官。如作于此前的《病中初闻复官二首》之二云:"宦途巉崄终难测,稳泊渔舟隐姓名。"②又《乙丑岁九月在萧滩镇驻泊两月忽得商马杨迢员外书贺余复除戎曹依旧承旨还缄后因书四十字》云:"旅寓在江郊,秋风正寂寥。紫泥虚宠奖,白发已渔樵。事往凄凉在,时危志气销。若为将朽质,犹拟杖于朝。"③其《即目二首》之一云:"宦途弃掷须甘分,回避红尘是所长。"④这些诗句均表明韩偓此时毫无回朝任官之意,事实上,在朝廷招他复官时,他也不为所动,避而不往。既然如此不为复官所动,他怎么会在抚州地方官员面前表示自己希冀能被筑坛拜将呢? 其实,此句的意思是对危全讽而言的。危乃武人出身,属地方豪强而任节将者,故韩偓以刘邦筑坛拜韩信为大将事期许他。因此此句乃应酬期许之辞,而非自我期冀之言。

《中秋寄杨学士》

鳞差甲子渐衰迟,依旧年年困乱离。
八月夜长相思切,鬓边添得几茎丝。⑤

《韩偓诗注》系此诗于天复二年(902),而《考略》改为天复元年,并介绍杨学士等云:"天复年间,政治形势时张时弛。八月,韩偓有《中秋寄杨学士》诗以奉寄杨凝式兄弟……韩偓与杨凝式为忘年交。天复元年,韩偓写作上述怀人诗时,已行年六十,而凝式犹未及而立之年,乃一青年学子,然两人之交谊已甚厚,

①《韩偓诗注》,第 237 页。
②《全唐诗》卷六八〇,第 7793 页。
③《全唐诗》卷六八〇,第 7795 页。
④《全唐诗》卷六八〇,第 7794 页。
⑤《全唐诗》卷六八一,第 7805 页。

韩偓有手简尝云：'杨学士兄弟来此消梨子，两日前已寻得花时。'（见《全唐文》卷八二九）彼此共消遣梨子，共探寻花汛，可见平时交往之密迩。"①此处对诗歌的系年和对杨学士的介绍均有失误。

首先，《考略》将此处的"学士"理解为青年学子是不妥的，此处的"学士"乃官称，非现在的学子之谓。若如《考略》所理解的当作青年学子之谓，又将"杨学士兄弟来此消梨子"的杨学士认为杨凝式，则"消梨子"时的杨凝式乃与韩偓同在闽南，时早已是后梁时（详下），而杨凝式早在天祐二年（905）及第，后又解褐入仕，起码也任过秘书郎、礼部员外郎等官了，怎么还称他学子意义的"学士"呢？

其次，认为杨学士为杨凝式，此说也早为吴汝纶所主张，《韩翰林集》此诗题下吴注："杨学士当是杨凝式。此唐未亡时作。"②其实此杨学士乃杨赞图，杨学士兄弟也即指杨赞图兄弟。韩偓诗文中之杨学士为杨赞图之说，早在 1990 年出版的吴汝煜、胡可先两先生的《全唐诗人名考》中即有如下的考证："杨学士为杨赞图，兄弟兼指杨赞禹。《全唐文》卷八二九韩偓《手简十一帖》云：'杨学士兄弟来此，消梨子两日前已寻得，花时伏望拴拔，谨状，十四日偓状。'即诗中之杨学士兄弟。又《全唐文》卷八二五黄滔《丈六金身碑》题：'弘文馆直学士杨赞图。'是杨赞图唐末为弘文馆直学士。又宋乐史《广卓异记》卷十九《兄弟二人状元及第》条：'右按《登科记》：杨赞禹，大顺元年状元及第，弟赞图，乾宁四年状元及第。'黄滔又有《寄杨赞图学士》诗，题注：'学士与元昆俱以龙脑登选。'均可证。"③此后出版于 1996 年的陶敏先生的《全唐诗人名考证》亦论证杨学士指杨赞图，只是又据黄滔《丈六金身碑》所提到的天祐四年来闽参加佛会的有韩偓和"刑部员外郎弘农杨公承休、弘文馆直学士弘农杨公赞图"等人，故谓"杨学士兄弟，谓杨赞图、杨承休兄弟。……杨赞图乃杨知退子，承休乃杨堪子，均杨虞卿孙，见《新表》一下杨氏越公房"④。两书所考虽有不太一致处，但杨学士为杨赞图这一点则相同。至于此处其兄弟为杨赞禹或是杨承休乃无关大局，俟另考。可补充的是，据《新唐书·宰相世系表》一下，"赞禹字昭谟，左司郎中、集贤学

①《韩偓事迹考略》，第 89—91 页。
②《韩翰林集》卷二，关中丛书本，第 8 页。
③吴汝煜、胡可先《全唐诗人名考》，江苏教育出版社 1990 年版，第 660 页。
④《全唐诗人名考证》，第 924 页。

士"①,而杨承休则"字祐之,刑部员外郎"②,未见其学士之任。因此,韩偓此诗中的杨学士决非杨凝式,而是杨赞图。

其三,此诗作年《韩偓诗注》系于天复二年,《考略》改作天复元年,然均未确。其所以如此系年,乃将"鳞差甲子"理解为韩偓时"已行年六十"。但这一理解是不确切的。"甲子"既可以解作花甲之年,又有岁月、年岁的意思。以后一义解释"鳞差甲子",乃是岁月一年年流逝的意思,与诗人行年六十无关。其实此诗作年我们可以从两种途径推定。首先,此杨学士为杨赞图,其登第在乾宁四年(897),如至天复二年(902)才首尾六年。杨赞图为弘文馆直学士,而登第后六年是不可能高任此职的。据此可知此诗不可能作于天复二年或元年。据黄滔《丈六金身碑》,杨赞图于天祐四年(907)已为弘文馆直学士,且是年韩偓与杨赞图均参加闽中佛会,则其以学士身份交往当在是年前后。又韩偓的《手简十一帖》提到"杨学士兄弟来此",说明其时他们曾面晤于某地。今检读其《手简十一帖》,其中有自述"偓以风毒,脚气发动,今日亦不任入谒,彼此抱病"、"偓今日衰迫情地,旦夕难胜"、"旬日前所咨启,乞一书与建州,为右司李郎中经过,希稍延接。……偓虽承建州八座眷私,自是旅客,难于托人"、"来早令入州,人马必希践言。泉州书谨封纳书中……"③。通读手简,这些手简乃韩偓衰迟隐居泉州南安时所作。其居南安始于后梁开平四年(910),故手简乃此年后之作。以此读《中秋寄杨学士》诗及诗中的"鳞差甲子渐衰迟"句,可悟此诗大抵作于其初居泉州前后,亦即开平四年前后。其次,《全唐诗》韩偓卷(其他诗集如汲古阁本《韩内翰别集》、吴汝纶评注本《韩翰林集》等亦同)的部分诗作下往往注有创作时地,并按此编排顺序,虽然也存在个别诗作编排窜乱的情况,但确实可以为我们确定某诗作创作时地提供一些参考。检其《中秋寄杨学士》诗乃在卷六八一中,此诗前第十七首乃《自沙县抵龙溪县值泉州军过后村落皆空因有一绝》诗,此诗下注"此后庚午年"。再下一首为《此翁》,下注"此后在桃林场"。《中秋寄杨学士》诗后第十一首为《江岸闲步》,下注"此后壬申年作,在南安县"。桃林场属南安县,韩偓先居桃林场,后又迁居于南安县。从上诗注可知,《中秋寄杨学士》诗乃作于庚午年韩偓居桃林场后壬申年迁南安县前。庚午年为后梁开平四年(910),壬申年为后梁乾化二年(912)。今考《中秋寄杨学士》后第六首为《信笔》,诗有"春风狂似虎,春浪白于鹅"句,显然至《信笔》诗已是新一年作,即乾化

①欧阳修、宋祁《新唐书》卷七一下,中华书局1975年版,第2372页。
②《新唐书》卷七一下,第2375页。
③《全唐文》卷八二九,第3874—3875页。

元年(911)诗。《信笔》后第三首为《喜凉》,再后二首即《江岸闲步》。由此可见,《中秋寄杨学士》诗作于庚午年居桃林场后,乾化元年《信笔》诗前,则其作年必是开平四年中秋,其时诗人在南安桃林场。

《六月十七日召对自辰及申方归本院》

清暑帘开散异香,恩深咫尺对龙章。花应洞里寻常发,日向壶中特地长。坐久忽疑槎犯斗,归来兼恐海生桑。如今冷笑东方朔,唯用诙谐侍汉皇。①

《考略》对这首诗的解读大致可通,说"诗的尾联,既自负又自信,颇不以东方朔为然,想来必有奇谳达于昭宗圣听"。但在探求此诗中韩偓被召见的时间(即作年)时就有所失误了。《考略》据岑仲勉先生所考,认为韩偓初授翰林学士在光化三年(900)六月钱珝被贬前。又据《新唐书·宰相表下》云:"光化三年(900)六月丁卯,以崔胤为尚书左仆射兼门下侍郎、同中书门下平章事、诸道盐铁转运等使,以宰相身份判度支,韩偓做他的副手。这就是《新唐书·韩偓传》所谓'宰相崔胤判度支,表以自副'。"又引《新唐书·韩偓传》"后累迁左谏议大夫。宰相崔胤判度支,表以自副。王溥荐为翰林学士,迁中书舍人",根据史传文字先后顺序,确定"韩偓擢为翰林学士在光化三年六月以内"。因此又结合这首诗考证说:"据陈垣《二十史朔闰表》,光化三年六月,丁巳为朔日,丁卯为十一日,戊辰为十二日,己巳为十三日。韩偓之充任翰林学士当在光化三年六月十一日至十三日之间。韩偓充翰林后不久,于六月十七日即蒙昭宗召对,并且是自晨至暮,可以想见君臣相得之欢。"②这也就是说韩偓这首诗乃作于光化三年六月十七日。本来这首诗的系年,《韩偓诗注》系于天复元年是对的,但作者后来可能考虑到韩偓光化三年已为翰林学士,故重新系年,但反而改错了。盖韩偓虽然光化三年已为翰林学士,但又有确切的记载表明韩偓因王溥之荐,于天复元年五月再为翰林学士。因此,他作于翰林院的诗作就既可能作于首任翰林学士的光化三年,也可能作于再任翰林学士的天复元年五月后。因此,他这类诗作究竟作于何时,关键就在于对诗作的具体分析考求。

考清吴汝纶评注本《韩翰林集》卷一此诗题下注云:"是时崔胤为相,欲尽诛

---

① 《全唐诗》卷六八〇,第 7787 页。
② 《韩偓事迹考略》,第 74—77 页。

宦官。昭宗独召韩公问计，公请择数人置之于法，抚谕其余，使咸自安。此诗召对是其事也。"①而汲古阁本《韩内翰别集》韩偓此诗亦置于"入内庭后诗"，亦即"天复元年辛酉五月后"诗中的第二首②。明代胡震亨《唐音统签》卷七一〇此诗题下有注云："以下天复元年入翰林后作。"上述的注释值得参考，并可作为佐证。其实，这首诗所记载的内容与时间在《资治通鉴》卷二六二天复元年六月中就有记载：

> 上之反正也，中书舍人令狐涣、给事中韩偓皆预其谋，故擢为翰林学士，数召对，访以机密。……时上悉以国事委崔胤，每奏事，上与之从容，或至然烛。宦官畏之侧目……胤志欲尽除之，韩偓屡谏曰："事禁太甚，此辈亦不可全无，恐其党迫切，更生他变。"胤不从。丁卯，上独召偓，问曰："敕使中为恶者如林，何以处之？"对曰："东内之变，敕使谁非同恶！处之当在正旦，今已失其时矣。"上曰："当是时，卿何不为崔胤言之？"对曰："……今此曹在公私者以万数，岂可尽诛邪！夫帝王之道，当以重厚镇之，公正御之，至于琐细机巧，此机生则彼机应矣，终不能成大功，所谓理丝而棼之者也。况今朝廷之权，散在四方；苟能先收此权，则事无不可为者矣。"上深以为然，曰："此事终以属卿。"③

《资治通鉴》所记此事乃在天复元年六月丁卯。据《中国史历日和中西历日对照表》，天复元年六月丁卯即是是年六月十七日。《资治通鉴》此处所记者即韩偓诗"恩深咫尺对龙章"的具体内容。因此，这首诗的作时并非光化三年六月，而是唐昭宗反正后的天复元年六月。

《与吴子华侍郎同年玉堂同直怀恩叙恳因成长句四韵兼呈诸同年》

往年莺谷接清尘，今日鳌山作侍臣。二纪计偕劳笔砚，一朝宣入掌丝纶。声名烜赫文章士，金紫雍容富贵身。绛帐恩深无路报，语余相顾却

①《韩翰林集》卷一，第1页。
②韩偓《韩内翰别集》，汲古阁本，第1页。
③司马光《资治通鉴》，中华书局1956年版，第8553—8554页。

酸辛。①

　　此诗中的吴子华即吴融,韩偓和他都在龙纪元年(889)登进士第,故两人称为同年。诗中有"一朝宣入掌丝纶"句,所谓"掌丝纶",即谓为皇帝草诏。翰林学士有替皇帝草诏之责。因此对韩偓来说,此处"掌丝纶"也即表明此时韩偓为翰林学士。《考略》以光化三年韩偓、吴融均为翰林学士,故认为此诗"应作于光化三年六月"②,其《韩偓生平简表》同③。

　　按,此诗系年有误。此诗在汲古阁本《翰内翰别集》和胡震亨《唐音统签》中均置于《六月十七日召对自辰及申方归本院》诗后,也就是说此诗之作年在上述两书作者看来应在天复元年五月韩偓入翰林后,这一看法同样值得参考。再,此诗诗题称"吴子华侍郎",也即是说作此诗时,吴融已为侍郎了。那么吴融何时为侍郎呢?考《新唐书》卷二○三《吴融传》:"融学自力,富辞调。龙纪初,及进士第。……坐累去官,流浪荆南……久之,召为左补阙,以礼部郎中为翰林学士,拜中书舍人。昭宗反正,御南阙,群臣称贺,融最先至。于时左右欢骇,帝有指授,叠十许稿,融跪作诏,少选成,语当意详,帝咨赏良厚。进户部侍郎。"④据此可见,吴融任户部侍郎在昭宗反正时。考《旧唐书·昭宗纪》:"天复元年春正月甲申朔,昭宗反正,登长乐门楼,受朝贺。"⑤据此,可见昭宗反正受朝臣称贺在天复元年(901)正月初。此后不久,吴融因善于草诏,进户部侍郎。又据严耕望《唐仆尚丞郎表》卷三,在户部侍郎一栏中记:"吴融——春,盖二月由中舍、翰学迁户侍,仍充翰学,十一月卸。"⑥据严耕望所考,吴融任户部侍郎在天复元年二月至十一月,则韩偓此诗之作也当在此时期中。韩偓与吴融同在玉堂值班,则其时他也在翰林学士任,如此则此诗之作最早即在天复元年五月后,而不可能在此前的光化三年六月。要之,此诗当系于天复元年。

《及第过堂日作》、《中秋禁直》

　　《及第过堂日作》云:

---

① 《全唐诗》卷六八○,第7787页。
② 《韩偓事迹考略》,第78页。
③ 《韩偓事迹考略》,第205页。
④ 《新唐书》,第5795页。
⑤ 刘昫等《旧唐书》卷二十上,中华书局1975年版,第771页。
⑥ 严耕望《唐仆尚丞郎表》,中华书局1986年版,第128页。

　　早随真侣集蓬瀛，阊阖门开尚见星。龙尾楼台迎晓日，鳌头宫殿入青冥。暗惊凡骨升仙籍，忽讶麻衣谒相庭。百辟敛容开路看，片时辉赫胜图形。①

　　《韩偓诗注》、《考略》对此诗的注解说明多有可取之处，但对某些词语诗句的解说尚有未确，如《韩偓诗注》谓："'真侣，道士。'岑参《下外江舟怀终南旧居》：'敝庐终南下，久与真侣别。'"②《考略》云："首联两句谓，为拜谒宰相，早早随道士集合于朝庭，待到皇宫正门打开，还可望见天上的星星。'真侣'指道士……颈联两句谓，暗暗惊诧自己由布衣而升入官吏的行列（所谓'释褐'），忽又惊讶昔日之举子（实今日之进士）能够拜谒宰相。"③此处释韩偓诗中的"真侣"为道士，谓"惊诧自己由布衣而升入官吏的行列"均不合诗意。

　　此诗中的真侣，即仙侣，即指已登科及第的进士们，而不是道士。"真"在唐人有作"仙"之义的用法，陈寅恪先生在《元白诗笺证稿·读莺莺传》中已揭橥："兹所欲言者，仅为'会真'之名究是何义一端而已。庄子称关尹老冉为博大真人，（天下篇语。）后来因有真诰真经诸名。故真字即与仙字同义，而'会真'即遇仙或游仙之谓也。"④又唐人每喜称登科为登仙，谓登科为登蓬瀛。此诚如《韩偓诗注》所说的："升仙籍，跻身及第者的行列。仙籍，古代科举及第为登仙，故称及第者的资格与名姓籍贯为仙籍。李沧《及第后宴曲江》：'紫毫粉壁题仙籍，柳色箫声拂御楼。'"⑤又如《唐摭言》卷三所载会昌三年登科者崔轩、孟球诗："国器旧知收片玉，朝宗转觉集登瀛"、"仙籍共知推丽则，禁垣同得荐嘉名。"⑥进士们称自己登科为登仙，则将自己视若仙人，因此进士们称同年进士为"仙侣"。以此，此诗首句应理解为自己一早就随同同年进士们聚集在朝廷中，而与道士无关。试想，在进士们过堂时，哪里还要道士陪伴？我们在哪里能找到这一礼仪制度的根据呢？

　　至于颈联两句也没有"惊诧自己由布衣升入官吏的行列"的意思。按唐代科举制度，进士及第后有谢恩、期集、点检文书、过堂、关试等等活动与考试。其

①《全唐诗》卷六八二，第 7819 页。
②《韩偓诗注》，第 260 页。
③《韩偓事迹考略》，第 45—46 页。
④陈寅恪《元白诗笺注稿》，上海古籍出版社 1978 年版，第 107 页。
⑤《韩偓诗注》，第 261 页。按，《及第后宴曲江》为刘沧之作，非李沧诗，此误。
⑥王定保《唐摭言》，上海古籍出版社 1978 年版，第 34—35 页。

中过堂后的"关试"即是关键的一种。《唐摭言》卷三《关试》谓:"吏部员外,其日于南省试判两节。诸生谢恩。其日称门生,谓之'一日门生'。自此方属吏部矣。"①这也就是说,进士登第过堂后,还属礼部所管,只有通过吏部关试后,才属吏部所管,取得以后做官的资格。但这时尚未任官,在晚唐一般还需要有一段时间守选,待以后铨选任官后方进入官员行列。因此,像晚唐的许棠,及第后已年过半百,但还不能做官,还得回到家乡待选,这使他非常感叹,不禁伤叹:"丹霄空把桂枝归,白首依前着布衣。……应念无媒居选限,二年须更守渔矶。"②明于此制度,我们就可以明白韩偓他们进士及第过堂时,还是未能解下布衣(解褐)做官,还没进入官员行列,因此是不会有《考略》所说的那种惊诧的。其实这两句仅是表明暗惊着像自己这么普通的人,也能登科及第;惊讶着自己这么一个穿着麻衣的百姓,也能有幸来到相庭拜谒宰相。

又《中秋禁直》云:

> 星斗疏明禁漏残,紫泥封后独凭栏。露和玉屑金盘冷,月射珠光贝阙寒。天衬楼台笼苑外,风吹歌管下云端。长卿只为长门赋,未识君臣际会难。③

对于此诗后两句,《考略》解释说:"似乎暗示昭宗已厌于政事,欲其亲贤远佞而不可得,故身为内相的韩偓只能徒呼君臣际会之难。吴汝纶评说此诗有云:'此奏封事后作。前六句皆自幸遭际,故末句云云。言为《长门赋》者徒知沦落可怜,未知遭际后之弥不易也。盖公与昭宗有鱼水之契,而事势至亟,故叹其不易。此其忠悃勃郁处,词意至为深沉。'"④

上引吴汝纶之说也有不够准确之处,而《考略》所说的"似乎暗示昭宗已厌于政事,欲其亲贤远佞而不可得,故身为内相的韩偓只能徒呼君臣际会之难",这一解释大概也是受到《韩偓诗注》已在《集评》中引列的《一瓢诗话》的影响,其云:"韩致尧《中秋禁直》,望宫阙于九霄,听弦歌于五夜,欲使主上亲贤远佞而不可得,展转不寐,隐约可念。"⑤这一说法恐有未的。先引用《韩偓诗注》所引列的

---

① 《唐摭言》,第 27 页。
② 《全唐诗》卷六〇四《讲德陈情上淮南李仆射八首》之八,第 6984—6985 页。
③ 《全唐诗》卷六八〇,第 7788 页。
④ 《韩偓事迹考略》,第 81 页。
⑤ 《韩偓诗注》,第 13 页。

两则前人评说：

> 《对床夜语》卷四："李商隐《贾谊》诗云：'可怜夜半虚前席，不问苍生问鬼神。'韩偓云：'如今冷笑东方朔，唯用诙谐侍汉皇。'又云：'长卿只为长门赋，未识君臣际会难。'皆反其事而言之。是时韩在翰林，故出此语，视李为切。"①
>
> 《唐诗鼓吹笺注》："通首只'君臣际会难'五字耳……'天衬'二句，写禁中入直之所见、所闻也。当此君臣际会，自有一段忠君爱国念头，一番忠君爱国事业。托'长卿'正以自况耳。"②

　　通观前人评说及韩偓当时的情况，我以为上引两则评说是较切合诗意的。此处的"际会"，应是君臣遇合，关系极为密切融洽的意思。而此处所谓"君臣际会难"，应理解为君臣要做到像我们君臣这样关系极为密切融洽，那是很难的。我们之所以这样理解，乃在于作于同年六月的韩偓《六月十七日召对自辰及申方归本院》诗中就有"如今冷笑东方朔，唯用诙谐侍汉皇"句，而此句和此诗的"长卿只为长门赋，未识君臣际会难"，其实所表明的主要意思是相同的，都是用司马相如或东方朔来与自己对比，亦即"皆反其事而言之"，突显自己与君王的密切融洽关系非东方朔、司马相如所能比。在天复元年六月时，韩偓受到唐昭宗的器重，被单独召见与唐昭宗密议处理宦官之策，此后也同样受到信任器重。因此其时韩偓深深感受到恩宠，并对此终生难忘。天复元年中秋作这首诗时，韩偓对唐昭宗的感受也同样如此，他只有感恩受宠的情感，怎么会有"暗示昭宗已厌于政事，欲其亲贤远佞而不可得"的于昭宗不满之意呢？实际上这最后两句诗应作如下的解读：司马相如虽然也受到汉皇的器重，但汉皇只是看重他的文才而已，他只能创作《长门赋》罢了。但他根本不会懂得要能像我这样与皇上关系如此密切融洽，受到如此信任重用，那是很难很难的。

原刊于《中国韵文学刊》2005 年第 2 期

---

① 《韩偓诗注》，第 12 页。
② 《韩偓诗注》，第 13 页。

解读几首韩偓诗的史料依据

——兼谈韩偓诗与《资治通鉴》、两《唐书》的关系

一

　　唐末五代的著名诗人韩偓,尽管以其《香奁集》的脂粉气被有些读者目为香艳诗人,但作为唐昭宗朝历仕谏议大夫、中书舍人、兵部侍郎、翰林学士承旨的重臣,他的命运遭际不能不和唐末的时局、朝廷的重大事件以及政治斗争中的风云人物紧密地纠缠在一起。这不仅决定了他的政治命运和个人生活,也影响着他的情感心态。加之,他又是一位唐昭宗所倚重的尽心尽力的忠鲠之臣,有如清代纪昀在《四库全书总目》卷一五一"韩内翰别集一卷"条所称:"偓为学士时,内预秘谋,外争国是,屡触逆臣之锋,死生患难,百折不渝,晚节亦管宁之流亚,实为唐末完人。其诗虽局于风气,浑厚不及前人,而忠愤之气时时溢于言外。"①说韩偓诗"忠愤之气时时溢于言外"并非溢美之辞。作为情感与政治生活均非常丰富,感情世界又极为纤细蕴藉的诗人,他既有"半身映竹轻闻语,一手揭帘微转头。此意别人应未觉,不胜情绪两风流"(《复偶见三绝》之三,以下引其诗均见《全唐诗》韩偓卷,不具注)的风情之什,也有"谋身拙为安蛇足,报国危曾捋虎须"(《安贫》)的忠愤之篇。从这些寓含着他所经历的历史事件,所接触的朝中人物,所感喟的时局世态的忠愤之篇来说,由于时局的险恶,诗人处于被迫害中,因此诗人在这类诗作中好用比拟寄托之法、委婉含蓄之笔,将其所寓指的历史事件与人物的真事隐去,只让我们感到似有所寓有所指,而其所寓所指又在字面上难以捉摸确定,这样就造成了理解这些诗作的隔膜与困惑。要消除这一隔膜困惑,关键即在于要将诗人有意虚幻化而隐去的真事,亦即韩偓所经历所闻见所感触的史实真相,透过诗句表象展现出来。只有这样,我们才能对

---

① 永瑢等《四库全书总目》,中华书局 1965 年版,第 1302 页。

这些诗句的内涵与真意有确切的把握,才能解读其真味。

那么如何了解这些诗句的真相呢?这决不是靠冥想与猜测所能得到的,还须依靠相关的历史典籍,而其中《资治通鉴》(下简称《通鉴》)和《旧唐书》《新唐书》乃是最为重要而直接的典籍。由于韩偓是一位有别于一般文士,在朝任要职的诗人,因此他的诗中多有涉及朝政之什,而史籍对他也多有记载。这三部史籍,尽管不可能对韩偓本人的经历以及他诗中所涉及的史实巨细靡遗全部记载,但却是我们所能见到的记载韩偓所处的时代及相关历史事件与人物的最详细而可信的史籍。要了解韩偓的时代以及相关的事件,要真正解读他的诗作,舍此难以达到目的。就是说,韩偓的某些诗的解读与这三部史籍有着极为密切的关系,它们是解读这些诗作的最真实可靠的史料依据。下面我们用具体例子来说明与论证这一点,分为两种情况:一是只需依靠史籍中的一处记载便可解读全诗或诗中关键句子;二是需要综合运用多处史籍记载来解读各句诗意。

二

先来看只需依靠上述史籍的一处记载即可解读全诗或诗中关键句子的情况。兹举二首为例。第一首为《六月十七日召对自辰及申方归本院》诗:

> 清暑帘开散异香,恩深咫尺对龙章。花应洞里寻常发,日向壶中特地长。坐久忽疑槎犯斗,归来兼恐海生桑。如今冷笑东方朔,唯用诙谐侍汉皇。

解读此诗的关键不在于诗中所运用的典故传说,更不在于词语,这都好办,而是在于这些词语典故传说中所寓含着的事实真相。只有知道它,我们才能真正理解诗意,而不至于停留在诗歌表面的依稀仿佛中。从诗题知道,诗人在某年的六月十七日被皇上召见,召见的时间从辰时至申时,长达四个时辰,然后才回翰林院,遂有此诗之作。这样诗中所咏必与此次召见的情形直接相关。那么这次召见在何年?召见的背景及内容又是什么?这些对于深入确切地理解这首诗是至为关键的。说来也巧,《通鉴》卷二六二昭宗天复元年六月的这一段记载引起了我的注意:

> 上之返正也,舍人令狐涣、给事中韩偓皆预其谋,故擢为翰林学士,数

召对,访以机密。……时上悉以军国事委崔胤,每奏事,上与之从容,或至然烛。宦官畏之侧目,皆咨胤而后行。胤志欲尽除之,韩偓屡谏曰:"事禁太甚。此辈亦不可全无,恐其党迫切,更生他变。"胤不从。丁卯,上独召偓,问曰:"敕使中为恶者如林,何以处之?"对曰:"东内之变,敕使谁非同恶!处之当在正旦,今已失其时矣。"上曰:"当是时,卿何不为崔胤言之?"对曰:"臣见陛下诏书云,'自刘季述等四家之外,其余一无所问。'夫人主所重,莫大于信,既下此诏,则守之宜坚;若复戮一人,则人人惧死矣。然后来所去者已为不少,此其所以恟恟不安也。陛下不若择其尤无良者数人,明示其罪,置之于法,然后抚谕其余曰:'吾恐尔曹谓吾心有所贮,自今可无疑矣。'乃择其忠厚者使为之长,其徒有善则奖之,有罪则惩之,咸自安矣。今此曹在公私者以万数,岂可尽诛邪!夫帝王之道,当以重厚镇之,公正御之,至于琐细机巧,此机生则彼机应矣,终不能成大功,所谓理丝而棼之者也。况今朝廷之权,散在四方;苟能先收此权,则事无不可为者矣。"上深以为然,曰:"此事终以属卿。"①

《通鉴》的这一记载在《新唐书》卷一八三《韩偓传》中亦略及之:

偓尝与胤定策诛刘季述,昭宗反正,为功臣。帝疾宦人骄横,欲尽去之。偓曰:"陛下诛季述时,余皆赦不问,今又诛之,谁不惧死?含垢隐忍,须后可也。天子威柄,今散在方面,若上下同心,摄领权纲,犹冀天下可治。宦人忠厚可任者,假以恩幸,使自剪其党,蔑有不济。今食度支者乃八千人,公私牵属不减二万,虽诛六七巨魁,未见有益,适固其逆心耳。"帝前膝曰:"此一事终始属卿。"②

两史书所记虽有详略之别,但可互为补充。尤可贵者在于《通鉴》将此次召对的时间记在天复元年六月丁卯。据《中国史历日和中西历日对照表》推算,这一年的六月丁卯即天复元年六月十七日,恰与韩偓诗题中的日期同,可见诗中所咏召对事即上述史籍所载者。诗史并读,即可明白诗人在朝中斗争极为复杂激烈的局势下,单独被唐昭宗召对,询以国事,他为皇上所倚重宠信甚至连当时大权在握的宰相崔胤也比不上。这一"此事终以属卿"的君臣遇合之情,使诗人

---

① 司马光《资治通鉴》,中华书局 1956 年版,第 8553—8554 页。
② 欧阳修、宋祁《新唐书》,中华书局 1975 年版,第 5387 页。

受宠若惊,感慨良深,遂有"如今冷笑东方朔,唯用诙谐侍汉皇"等句之咏。可见依靠上述史籍所提供的材料,我们对这首诗的解读也就毫无隔膜困惑了,诗歌的意旨也就豁然显现。

与上述情况有所不同的是韩偓《冬至夜作》这首诗:

> 中宵忽见动葭灰,料得南枝有早梅。四野便应枯草绿,九重先觉冻云开。阴冰莫向河源塞,阳气今从地底回。不道惨舒无定分,却忧蚊响又成雷。

这首诗题下有注云:"天复二年壬戌,随驾在凤翔府。"因此诗的作年及背景大致还是清楚的。而诗前六句乃主要就冬至这个节令而发,自不难理解,唯有后两句,尤其是"却忧蚊响又成雷"则一时难明所指。以此弄明白这一句的真意,乃解读此诗的关键。要明白它,也非依靠《通鉴》等史书不可。

据《通鉴》和两《唐书》所载,天复元年冬至三年初间,唐昭宗为李茂贞、韩全诲所劫,从长安移幸凤翔,而强藩朱全忠亦欲挟持昭宗往洛阳,因此李、朱等军展开了争夺昭宗的混战。天复二年冬,韩偓以兵部侍郎、翰林承旨学士的身份随驾在凤翔。韩偓诗有一个特点,即凡在诗题上标明时间的,其诗中所咏必与这时间所发生的事件有关。这首诗题目标明为"冬至夜",表面上似写这年的冬至,其实却是有感于去年冬至所发生的变故。检《通鉴》天复元年十一月载,此时"朱全忠引四镇兵七万趣同州",目的在于入京城从韩全诲等人手中夺得昭宗。因此,"壬子,韩全诲等陈兵殿前,言于上曰:'全忠以大兵逼京师,欲劫天子幸洛阳,求传禅;臣等请奉陛下幸凤翔,收兵拒之。'上不许,杖剑登乞巧楼。全诲等逼上下楼,上行才及寿春殿,李彦弼已于御院纵火。是日冬至,上独坐思政殿,翘一足,一足踏阑干,庭无群臣,旁无侍者。顷之,不得已,与皇后、妃嫔、诸王百余人皆上马,恸哭声不绝,出门,回顾禁中,火已赫然。是夕,宿鄠县"①。

读《通鉴》的这一条资料,不由得顿悟韩偓诗之以《冬至夜作》为题,原来正是有感于上一年(即天复元年)冬至夜唐昭宗为韩全诲等人所劫持幸凤翔之变故,至今已一周年,故诗人抚今思昔,借冬至这一节令为题,深慨而成咏。因此,这首诗的末两句必与这一事件有关。有鉴于此,诗中"惨舒无定分",其意应指时局变化莫测,结局好歹难以预料。以此意复核《通鉴》、两《唐书》所载天复二

---

① 《资治通鉴》卷二六二,第 8560 页。

年十一月之局势恰相符合。"蚊响"句,乃用聚蚊成雷之典故。《汉书·中山靖王胜传》:"夫众煦漂山,聚蚊成雷,朋党执虎,十夫桡椎,是以文王拘于牖里,孔子厄于陈、蔡,此乃丞庶之成风,增积之生害也。"①以此典故之意结合《通鉴》等所记天复二年冬至前之时局,则此句之旨也就不难解悟了。据上述史籍所载,天复二年冬,诸强藩为争夺控制昭宗之权,互相恶斗,其中尤以朱全忠、李茂贞、李克用、杨行密等人为烈。为了摆脱韩全诲、李茂贞的控制,宰相崔胤早在劫迁之初即私自暗中联络朱全忠,想借以打击李茂贞的势力。《旧唐书·昭宗纪》天复元年十一月即记崔胤"促全忠以兵迎驾。戊午,全忠自赤水趋长安……昭宗怒胤矫命,连诏全忠以兵士还镇"②。尽管昭宗不主张借助朱全忠势力,但至天复二年十月,局势的恶化使得昭宗也无可奈何,只能默许并劝诸藩议和,朱全忠也加紧了"效忠"昭宗的攻势。《通鉴》此时载:"朱全忠遣幕僚司马邺奉表入城;甲申,又遣使献熊白;自是献食物、缯帛相继。上皆先以示李茂贞,使启视之,茂贞亦不敢启。丙戌,复遣使请与茂贞议连和……丁亥,全忠表请修宫阙及迎车驾。己丑,遣国子司业薛昌祚、内使王延续赍诏赐全忠。"③昭宗此时有意借助朱全忠,而韩偓亦知此内情,此事《新唐书·韩偓传》亦有所透露:"茂贞疑帝间出依全忠,以兵卫行在。帝行武德殿前,因至尚食局,会学士独在,宫人招偓,偓至,再拜哭曰:'崔胤甚健,全忠军必济。'帝喜,偓曰:'愿陛下还宫,无为人知。'帝赐以面豆而去。"④此事《通鉴》记在天复二年十一月甲辰(初二),时间当在是年冬至韩偓赋诗稍前。在上述背景下,我们对"却忧蚊响又成雷"句的含意也就可领悟了。诗人之意乃在于担心借助朱全忠这一强藩后,虽然可以解一时之围,但朱全忠更为强项难制,昭宗将会更深地陷进他的挟制之中,此犹如典故所云文王之拘牖里,蚊响成雷,"增积之生害"。诗人审时度势,虑患于未来,借诗中典实以抒忧,于此可见。了解了这一隐秘,也就可得此诗之确解。

<h1 style="text-align:center">三</h1>

　　再谈需依据史传多处记载综合理解方能解读一诗中各句寓意的情况。这一情况韩偓诗中多有,在此仅举《八月六日作四首》之二为例:

---

① 班固《汉书》卷五三,中华书局 1962 年版,第 2423 页。
② 刘昫等《旧唐书》卷二十上,中华书局 1975 年版,第 773 页。
③《资治通鉴》卷二六三,第 8585 页。
④《新唐书》卷一八三,第 5389 页。

金虎挺灾不复论，构成狂猘犯车尘。御衣空惜侍中血，国玺几危皇后身。图霸未能知盗道，饰非唯欲害仁人。黄旗紫气今仍旧，免使老臣攀画轮。

这组诗其一有"日离黄道十年昏，敏手重开造化门"等句。"日离黄道"寓指唐昭宗被弑，其时据《通鉴》所记在天祐元年（904）八月壬寅（十一日，《旧唐书·哀帝纪》记于八月十二日）。又朱全忠被其子朱友珪所杀在乾化二年（912）六月戊寅（二日）。韩偓在闽中初闻此消息盖在八月六日，此月又恰与八年前昭宗被弑的月份同，故抚今追昔，感而赋诗。结合这一背景从诗中用典和句面上体味，尽管对此诗总的意思也可窥见大概，但如果对唐末的历史没有较细致的了解，还是不能明白各句中具体所指。

这首诗前六句牵涉到不少史实，必须依据史籍而逐句破解。

首句金虎典见于《文选》张衡的《东京赋》："周姬之末，不能厥政，政用多僻。始于宫邻，卒于金虎。"唐李善注："应劭《汉官仪》曰：'不制之臣，相与比周……宫邻金虎，言小人在位，比周相进，与君为邻，贪求之德坚若金，谗谤之言恶若虎也。'"①据此，"金虎挺灾"，乃谓不制的小人在位，导致灾难发生。偓诗中的小人即是崔胤。据《通鉴》及两《唐书》，朱全忠拟劫昭宗至洛阳，而韩全诲、李茂贞以此颇惧全忠，崔胤则私结朱全忠，矫诏令全忠以兵迎车驾。天复元年十月，"韩全诲闻朱全忠将至，丁酉，令李继筠、李彦弼等勒兵劫上，请幸凤翔"②。因此昭宗之被劫往凤翔以及由此引起的一系列灾难主要是由崔胤导发的。第二句即指上文已述的朱全忠、李克用、李茂贞等诸强藩为争夺对昭宗的挟制权而展开的恶斗，以及昭宗因此而蒙尘受侵犯。而这也是崔胤这不制的金虎所造成的。

"御衣"句乃用《晋书·嵇绍传》所记嵇绍以身捍卫晋帝，血溅御服的典故。韩偓用此典亦有具体所指。《旧唐书·昭宗纪》载昭宗被弑情景：

是夜二鼓，蒋玄晖选龙武衙官史太等百人叩内门……玄晖每门留卒十人，至椒殿院，贞一夫人启关，谓玄晖曰："急奏不应以卒来。"史太执贞一杀之，急趋殿下。玄晖曰："至尊何在？"昭仪李渐荣临轩谓玄晖曰："院使莫伤官家，宁杀我辈。"帝方醉，闻之遽起。史太持剑入椒殿，帝单衣旋柱而走，

①萧统《文选》卷三，清胡克家刻本。
②《资治通鉴》卷二六二，第8559页。

太迫而弑之。渐荣以身护帝,亦为太所杀。①(《通鉴》所记略同)

"国玺"句亦实指朱全忠等人为篡夺政权,在逼害昭宗的过程中亦逼害何皇后之事。《通鉴》在记昭宗遭弑后又记:"又欲杀何后,后求哀于玄晖,乃释之。……(蒋玄晖)又矫皇后令,太子于枢前即位。"②《旧唐书·后妃传》记何后于"蒙尘薄狩之中,尝膳御侮,不离左右。左关、右辅之幸,时事危迫,后消息抚御,终获保全"。昭宗被弑后,她"遭罹变故,迫以凶威,宫中哭泣,不敢声闻于外"③。最后还是被朱全忠所害。如此等等即是"国玺几危皇后身"之所指。

五、六两句均写崔胤之霸权误国,谗害朝臣诸事。上文已据史实说明崔胤掌宰相大权后勾结强藩朱全忠(即诗中之"盗"),导致昭宗播迁被弑等灾难。《旧唐书·崔胤传》对其恶行多有记载,谓其"长于阴计,巧于附丽,外示凝重而心险躁";一度被罢相后,"胤密致书全忠求援。全忠上疏理胤之功……复召拜平章事。胤既获汴州之援,颇弄威权。……自是朝廷权政,皆归于己";"及全忠攻凤翔,胤寓居华州,为全忠画图王之策"④。崔胤既勾结朱全忠以自固霸权,又为朱全忠这个强盗"画图王之策",但他又如诗中所说的"未能知盗道",最后利用价值已尽,反而被朱全忠所疑怒而被贬遭杀。总之这一金虎小人就如昭宗在诏书中指斥他的"岂有权重位崇,恩深奖厚,曾无惕厉,转恣睢盱,显构外兵,将图不轨"、"负我何多,构乱至此!"史臣在《旧唐书·崔胤传》中不禁指斥他"自古与盗合从,覆亡宗社,无如胤之甚也!"⑤

第六句的"饰非"、"害仁人"之事也见于《旧唐书·崔胤传》。如乾宁三年崔胤被罢复相后,"恨徐彦若、王抟发昭纬前事,深排抑之。俄出彦若为南海节度。又擿王抟交结敕使,同危宗社,令全忠上疏论之。光化中,贬抟溪州司马,赐死于蓝田驿。诛中尉宋道弼、景务修";天复时,"昭宗初幸凤翔,命卢光启、韦贻范、苏检等作相,及还京,胤皆贬斥之。又贬陆扆为沂王傅,王溥太子宾客,学士薛贻矩虁州司户,韩偓濮州司户,姚洎景王府咨议。应从幸群官贬逐者三十馀人。唯用裴贽为相,以其孤立易制也。……胤所悦者阘茸下辈,所恶者正人君

①《旧唐书》卷二十上,第783页。
②《资治通鉴》卷二六五,第8636页。
③《旧唐书》卷五二,第2203页。
④《旧唐书》第一七七,第4582—4586页。
⑤《旧唐书》卷一七七,第4585—4587页。

子,人人悚惧,朝不保夕"①。末两句亦均用典,表明诗人不信李唐政权就此泯灭,仍有重振之日。

　　上述列举的韩偓诗之解读,如无《通鉴》、两《唐书》的史料依据,我们是很难确解的。类似的韩偓诗实不少,如《故都》、《避地》、《感事三十四韵》、《息兵》、《病中初闻复官》、《从猎》、《侍宴》、《梅花》、《湖南梅花一冬再发偶题于花援》、《安贫》等等,其解读均与上述史籍有着紧密的关系。

原刊于《古典文学知识》2003 年第 1 期

---

①《旧唐书》卷一七七,第 4583—4587 页。

谈误解韩偓诗歌的几种原因

解读诗歌，时见误解的情况。推其误解的原因，常见的有多种，今揭出几种，以韩偓诗为例加以说明。

上篇：不明典故而致误

诗歌中典故的运用是常有之事。运用典故不仅可以明志抒情，而且可以使诗歌更为含蓄蕴藉，更显得典雅而富于文采。但也因不少典故本身内涵比较丰富，有的看似平常语词让人不知其为典故，有的对于今人来讲比较艰僻晦涩，等等，故因不明典故而误读误解诗意的情况时常存在。典故又分为事典与语典两种。事典指诗文里引用的古书中的故事；语典指诗文中引用的有出典的语词，相对于"事典"而言。先谈因不明事典而致误的情况。

韩偓有《奉和峡州孙舍人肇荆南重围中寄诸朝士二篇时李常侍洵严谏议龟李起居殷衡李郎中冉皆有继和余久有是债今至湖南方暇牵课》诗。这首诗有两首，先一并引如下：

一

敏手何妨误汰金，敢怀私忿敩羊斟。直应宣室还三接，未必丰城便陆沈。炽炭一炉真玉性，浓霜千涧老松心。私恩尚有捐躯誓，况是君恩万倍深。

二

征途安敢更迁延，冒入重围势使然。众果却应存苦李，五瓶惟恐竭甘泉。多端莫撼三珠树，密策寻遗七宝鞭。黄篾舫中梅雨里，野人无事日高眠。

这两首诗比较难懂，为了便于下面说明因不明事典而误解的情况，先简略地通释两首诗之意。从诗题所叙可知,这首诗是中书舍人孙肇在荆南重围中寄诗给诸朝士,许多朝士如李常侍洵、严谏议龟、李起居殷衡、李郎中冉都回诗唱和,而韩偓久久未能酬和,直至流寓湖南时才得暇作此诗酬和。第一首诗先从自己写起,叙述自己被贬之遭际,相信仍有被召回的机会;表明自己依然铭记昭宗宠信之深恩,誓为报答君恩而捐躯。首二句谓自己被贬非昭宗之过,乃因朱全忠之迫害而不得不如此,所以自己不敢如羊斟那般因私怨而置国难于不顾,贻误救国大事。颈联谓相信自己仍有可能被皇上礼遇接回,不会像丰城的宝剑长久被埋没于地底。腹联以被炽热的炭火淬炼过的真玉,和久经严霜的松柏,比喻自己虽遭迫害磨难而愈坚刚不屈。尾联表明为报答私恩尚肯捐躯以报,更何况自己蒙受皇上的宠爱深恩,则为此而捐躯更不在话下了。由此诗可见诗人遭贬一年后,仍然不忘报国效忠昭宗之心,也尚未完全消退回朝报国之念。第二首前半先写孙舍人之勇武突入围城,以及自己担心围城中缺粮断水之困境。诗中"征途安敢"、"冒入重围"二句,正写出重兵压城,形势紧急,而救援者义无退缩,冒死突入重围之忠勇忘身。三、四两句借用典故,准确描述围城中之艰困境况。"却应"、"惟恐"二句,亦微妙地流露诗人对围城中友人与兵众之忡忡忧心。五、六句又坚信敌方纵然多方围攻,终难撼损围城中孙舍人等一班才智之士,相信他们会有周密良策摆脱围杀,脱身而出,赢得胜利。"三珠树"、"七宝鞭"两故实之应用,将此层意思全然表出,可谓善于用典。末两句则回视己身,感叹自己如今只是流贬在外的野人,只能在梅雨纷纷的蓬船里终日无事高卧,未能一展报国之志。末两句写出有志报国而未能,其慨叹之深沉可知矣。"梅雨里"三字妙甚,一指季节,一谓愁绪如纷纷不断之梅雨。既是写景,也是以景抒情,诗家之高妙如此。

在第一首诗的解读上,因对一些诗句中典故的误解而出现了与上面不同的解释。如陈香先生《晚唐诗人韩偓》(台北"国家出版社"1993年出版)释"敢怀私忿敩羊斟"、"直应宣室还三接"两句中之"敩羊斟"与"宣室还三接"即均误解。其释"羊斟"谓:"即斟羊羔酒。《事文类聚》:'陶谷得党家姬,冬日取雪水煎茶,谓姬曰:党家识此风味否?姬曰:彼粗人,安有此。但能销金帐底,浅斟低唱,饮羊羔美酒耳。'"此释显误。盖羊斟为人名,乃春秋时宋国的御夫。诗中此处乃用典,并非如上引所解释。据《左传·宣公二年》载:"郑公子归生,受命于楚,伐宋,宋华元、乐吕御之。……将战,华元杀羊食士,其御羊斟不与。及战,曰:'畴昔之羊子为政,今日之事我为政。'与入郑师,故败。君子谓:'羊斟,非人也,以其私憾,败国殄民。'"诗中即用此事典表明:在局势危急之秋,我尽管因"敏手"

"误汰金"而遭贬谪,但哪敢效法那个因怀私愤、为报私怨而导致打败仗的羊斟呢! 言下之意乃表示自己不因遭贬而泄私愤,仍然心怀报国救危之心。

又,其释"直应宣室还三接"句云:"'宣室',犹言大室。殷时宫名;汉时未央宫前殿之正室。'三接',用荀彧事。《襄阳记》:'荀令君至人家坐幄三日,三日连接香气不歇。'李顾诗'风流三接令公香。'"按,此处所释"宣室"与"三接"均未确。先说"宣室"。宣室固然可以解释为古代宫殿名,也即殷代宫名。如《淮南子·本经训》:"武王甲卒三千,破纣牧野,杀之于宣室。"高诱注:"宣室,殷宫名。"也可以解释为指汉代未央宫中之宣室殿。如司马贞《索隐》引《三辅故事》云:"宣室在未央殿北。"但韩偓此诗中之"宣室"不仅指汉代宫殿名,更主要的是指发生在汉宣室殿的汉文帝召见贾谊之事典。《史记·屈原贾生列传》载:"后岁余,贾生征见,孝文帝方受厘,坐宣室。上因感鬼神事,而问鬼神之本。贾生因具道所以然之状。至夜半,文帝前席。既罢,曰:'吾久不见贾生,自以为过之,今不及也。'居顷之,拜贾生为梁怀王太傅。"这一典故后来多用以指君王召见贤才,如卢照邻《至望喜瞩目言怀贻剑外知已》诗之"无由召宣室,何以答吾君";又如李商隐《贾生》:"宣室求贤访逐臣,贾生才调更无伦。可怜夜半虚前席,不问苍生问鬼神。"

再说"三接"。韩偓此诗中之"三接"确实是用典,但并非上引所说的"用荀彧事",而是用《周易》所载的晋康侯"昼日三接"之事典。《周易》:"晋康侯用锡马蕃庶,昼日三接。"孔颖达疏:"昼日三接者,言非惟蒙赐蕃多,又被亲宠频数,一昼之间三度接见也。"唐代柳宗元《为崔中丞请朝觐表》即用此事典,云:"非敢窃国宾五献之礼,希康侯三接之恩。"可见在"直应宣室还三接,未必丰城便陆沈"这一联中用康侯事典的作用,是为了说明相信自己仍有可能被皇上礼遇接回,不会像丰城的宝剑长久被埋没于地底。如说是用"荀彧事",则荀令"三日连接香气不歇",在诗中这特定氛围中不仅讲不通,而且显得莫名其妙,不可理喻。

第二首的"多端莫撼三珠树,密策寻遗七宝鞭"句,《晚唐诗人韩偓》对"七宝鞭"的解释也有误,其释云:"'七宝鞭',《隋书》:'孟公子得七宝鞭,以七宝缀之,耀眼欲眩。'"按,欲准确解读"七宝鞭"的典故内涵,应结合上句"多端莫撼三珠树"加以理解。所谓"三珠树",《山海经·海外南经》云:"三株树在厌火北,生赤水上,其为树如柏,叶皆为珠。"《艺文类聚》卷八十一:"梁吴筠《采药大布山》诗曰:'……安得昆仑山,偃蹇三珠树。三珠始结荄,绛叶凌朱台。……'"《新唐书·王勃传》:"初,(王)勔、(王)勮、(王)勃皆著才名,故杜易简称三珠树。"故此处"三珠树"乃用以比喻杰出人材,此诗中乃用以称许围城中的中书舍人孙偓。

下句"七宝鞭"乃运用晋明帝事典。《晋书·明帝纪》："六月,（王）敦将举兵内向,帝密知之,乃乘巴滇骏马微行,至于湖,阴察敦营垒而出。有军士疑帝非常人。又敦正昼寝,梦日环其城,惊起曰:'此必黄须鲜卑奴来也!'帝母荀氏燕代人,帝状类外氏,须黄,敦故谓帝云。于是使五骑物色追帝,帝亦驰去。马有遗粪,辄以水灌之。见逆旅卖食妪,以七宝鞭与之,曰:'后有骑来,可以此示也!'俄而追者至,问妪。妪曰:'去已远矣!'因以鞭示之。五骑传玩,稽留遂久。又见马粪冷,以为信远而止不追。帝仅而获免。"以此,这一典故乃是因巧妙计策而脱险之意。唐温庭筠《奉天西佛寺》"宗臣欲舞千金剑,追骑犹观七宝鞭"也是运用此事典。因此这两句诗的意思是尽管敌军多方百计围城,但也无奈守军何,孙肇将会想出突破围城脱身的周密办法。反观用"孟公子得七宝鞭"典,就难于讲通这两句诗了。

再谈误解语典的情况。

上述韩偓诗第二首颈联谓"众果却应存苦李,五瓶惟恐竭甘泉。"《韩偓诗注》（陈继龙注,学林出版社2001年版）释"五瓶"为"五宝瓶",并引《大日经》疏八曰"次说吉祥瓶法,当用金银等宝,乃至无者应以瓷或净瓦为之,极令圆满端正,又不泄漏。如毗尼中方便灌漉净水盛满其中,内五宝、五谷、五药"为证;《晚唐诗人韩偓》释谓"'五瓶'即五位瓶。以银或铜为之,高三尺,围八九寸,上下直如筒样,安嵌盖"。上述两种解释均将"五瓶"视为一般的语词,均未确。将这两种解释放在这一联句中,非但不能串通与"惟恐竭甘泉"之间的的意脉联系,而且还让人莫名其妙,不知所云。要明了"五瓶"句的意思,其实应与其上句"众果却应存苦李"句联系起来上下串通理解,这样就有必要了解"苦李"这一典故。《晋书·王戎传》记:"王戎字浚冲,琅邪临沂人也。……戎幼而颖悟,神彩秀彻,视日不眩。……尝与群儿嬉于道侧,见李树多实,等辈竞趣之,戎独不往。或问其故,戎曰:'树在道边而多子,必苦李也。'取之信然。"这典故是说,王戎之所以不去摘道边的李子,是他知道道边的李子是苦李,味道不好,很难吃,所以人们不去采它,所以李子特别多。因此"众果却应存苦李"句的意思是诗人想象荆南围城中的粮食当已吃尽而只能仰靠野果,而此时恐怕只存难吃的苦李了,以此表明诗人担心荆南围城中断了粮食。因此"五瓶惟恐竭甘泉"句,应是顺上句"存苦李"之意而下的。"惟恐竭甘泉",也就是唯恐围城中缺水之意。那么,"五瓶"和"惟恐竭甘泉"有何关系呢？如果用上述"五瓶"的两种解释,那是说不清其间关系的。其实这里的"五瓶"是"一井五瓶"语典,《太平御览》卷一八六载:"鲁连子曰:'一井五瓶,泄可立待。一灶五突,烹饪十倍,分烟者众。'"《太平御览》卷七五八:"曾子曰:'一井五瓶,泄之可待,监流者众也。'"韩偓诗中用此语典,其意为围城中人多井少,担心久围而城中饮水用尽。下句这样解释,就与上句能够一脉相承,很流畅地串通起来。

韩偓又有《过茂陵》诗:"不悲霜露但伤春,孝理何因感兆民。景帝龙髯消息断,异香空见李夫人。"我们先解释这首诗,以便之后说明其误解语典之故。

此诗乃诗人经过茂陵而咏汉武帝,究其诗旨,乃批评汉武帝。其意乃谓汉武帝虽倡孝道,然而未能亲躬孝道,唯重女色。故画李夫人之图形,又信方士之言,以求见李夫人之魂魄,然此举乃徒然而已耳。首句"不悲霜露但伤春",乃总评汉武,概括以下三、四两句之意。"不悲霜露",乃"景帝龙髯消息断"之谓,批评武帝之不悲思先帝,则有违孝道;"但伤春",乃刺武帝"异香空见李夫人",讥讽其重色。"伤春",喻伤李夫人之早逝也。第二句"孝理何因感兆民",乃批评汉武帝虽倡孝道,然未能躬行孝道,唯重女色,则其所倡孝道,又如何能感动百姓,令人信服!"消息断",与下句"异香空见李夫人"成反衬,讥刺之意自在其中。

这首诗也用了典故,其中有事典,也有语典。语典即"悲霜露"。但有人在解释中未觉察出"悲霜露"的语典,而解释"霜露"云:"霜露,指秋季。《诗·秦风·蒹葭》:'蒹葭苍苍,白露为霜。'"(《韩偓诗注》)这只是解释"霜露"的字面之意,而未能解释"霜露之悲"这一语典之意,故不符合此诗诗意,也就不能揭櫫此处所含之真意。作为语典的"霜露之悲"乃意为对父母先祖之悲思,其典出北齐颜之推《颜氏家训》卷下《终制篇》:"死者人之常分,不可免也。……四时祭祀,周孔所教,欲人勿死其亲,不忘孝道也。……若报罔极之德,霜露之悲,有时斋供,及尽忠信,不辱其亲,所望于汝也。"后人也多运用此语典,如宋郑獬《郧溪集》卷七《赠母制》:"君子履霜露,则怵然而怀……朕之继大业,庆行于士大夫,亦念乎北堂之贤母,禄养不能及,乃饬有司,裂邑而封之。……犹足以慰霜露之悲乎!"宋杨冠卿《客亭类稿》卷十《册宝礼成追封三代代焚黄祭文·妣》:"母兮鞠我,垂休无穷。子之慕亲,欲报罔极。……焚告墓庭,增光泉壤。莫罄晨昏之养,惟深霜露之悲。"可见韩偓此诗中的"悲霜露"即用"霜露之悲"的语典。将此作为"霜露"解释之原因,盖未能通察全诗各句之关联以明诗旨,且未觉此处乃"霜露之悲"语典之缩略语。这种典故的缩略语,在诗词中因表达的方便之故常有出现。

中篇：误解语词之义而致误

诗句是由一个个语词按照所要表达的意思有机组成的，而每个语词在诗句中也均有其特定的意思。由于语词常常有多义，在不同的诗句中就可能有不同的内涵，解释就可能有所不一，故我们要准确解读诗歌，首先就要准确地解读具体诗句中每个语词的含义。因误解语词之义而导致误读诗歌常有这三种情况。

先说第一种，即常见的因误解诗中特定语言环境中的语词之义而误读诗歌。如韩偓《侍宴》诗："蜂黄蝶粉两依依，狎宴临春日正迟。密旨不教江令醉，丽华微笑认皇慈。"此诗中的"日正迟"的"迟"字，《韩偓诗注》释云："迟，徐行貌。《诗·豳风·七月》：'春日迟迟，采蘩祁祁。'"按，此处引《诗经·七月》诗之诗例以解释韩偓诗中之"迟"字是恰当的，因韩诗中的"迟"字正是取此义。但此处的"迟"应作"迟迟"解，"春日迟迟，采蘩祁祁"中的"迟迟"之义如释为"徐行貌"则有所未安，而应如《汉语大词典》所释："阳光温暖、光线充足的样子。"元刘瑾《诗传通释》卷八引朱子《诗集传》解此句谓"迟迟，日长而暄也"，又引孔颖达曰："人在阳则舒，在阴则惨。遇春暄，则四体舒泰，觉昼景之稍稍长。谓日行迟，故以迟迟言之也。"《西京杂记》卷四引汉枚乘《柳赋》之"阶草漠漠，白日迟迟"，亦用此义。所释的"徐行貌"义，则适合于《诗·邶风·谷风》"行道迟迟，中心有违"诗例。《毛传》解释云："迟迟，舒行貌。"《楚辞·刘向〈九叹·惜贤〉》"时迟迟其日进兮，年忽忽而日度"，亦用此义。故王逸注曰："迟迟，行貌。"洪兴祖补注："迟迟，来迟也。"我们如以"徐行貌"义放在韩诗"狎宴临春日正迟"中检验，则诗意有所窒碍，而以"阳光温暖、光线充足的样子"解释，则宴会时春日明媚的和煦气象即呈现而出，与全诗的欢乐氛围十分融合。

再看另一诗例。韩偓有《晨兴》诗："晓景山河爽，闲居巷陌清。已能消滞念，兼得散余酲。汲水人初起，回灯燕暂惊。放怀殊未足，圆隙已尘生。"诗末句的"圆隙"究为何物呢？《增订注释全唐诗》韩偓卷（陈贻焮主编，文化艺术出版社2001年版）谓："圆隙，圆形的孔隙。所指不明。疑指心，古人相传人心有七窍，见《史记·殷本纪》。窍者，孔隙也。"《韩偓诗注》谓："圆隙，补苴罅漏。已尘生，犹言为时已晚。尘生说明时间已久。"按，上引释"圆隙"均未确。其实"圆隙"乃门上小圆孔，用以从门内往外窥视。黄宗炎《周易象辞》卷七："阒，闪也，从门，从规。规指门中圆隙，人以目就之，而外视或见或否，闪烁不定也。其义与窥相侣。"唐王棨《麟角集·珠尘赋》亦用此义："丹海之滨，青珠似尘。盖轻细以无滞,遂飞扬而有因。……半穿圆隙,影寒于云母。"故"放怀殊未足,圆隙已尘生"两句直译为:放宽心怀尚未尽兴,门上的圆隙(小圆孔)已经生起了灰尘。其意则为诗人沉醉于晨景,久久流连忘返而尚未尽兴,本以为时间才过了一会儿,没想到其实已过了好久,连门上圆隙中都新沾上了灰尘。

韩偓另一首《访同年虞部李郎中》也有被误解的诗句。此诗云:"策蹇相寻犯雪泥,厨烟未动日平西。门庭野水滩裳鹭,邻里短墙咿喔鸡。未入庆霄君择肉,畏逢华毂我吹齑。地炉贳酒成狂醉,更觉襟怀得丧齐。"此诗末句的"得丧齐"本可以分成两部分来解释,即"得丧"和"齐"。得丧,犹得失,指名利等的得到与失去。如《庄子·田子方》:"而况得丧祸福之所介乎!"《韩诗外传》卷四:"天子不言多少,诸侯不言利害,大夫不言得丧,士不言通财货,不贾于道。"宋梅尧臣《村墅闲居》诗:"古来得丧何须问,世上荣枯只等闲。"均是此义。而"齐",即相同。也可以把"得丧齐"三个字合起来解释,意谓将得与失等量齐观,置之度外,此即是庄子《齐物论》之义。故韩偓此诗末两句的意思是:与李郎中煮酒共饮,以致酩酊大醉,然而此时更觉豁达开怀,等同得失,直置人生得失于度外矣。但《韩偓诗集笺注》(齐涛笺注,山东教育出版社 2000 年版)则分开先解释"齐",又再解释"丧齐",引《周礼·天官·酒正》:"凡为公酒者亦如之,辨五齐之名。一曰泛齐,二曰醴齐,三曰盎齐,四曰缇齐,五曰沈齐。"又引郑玄注:"谓齐者,每有祭祀,以度量节作之。"并加按云:"本诗之'丧齐',犹言饮酒无度也。"这样的解读就完全不合诗意了。

再说第二种,即不明比喻之义而误解的情况。如韩偓《寄隐者》诗:"烟郭云扃路不遥,怀贤犹恨太迢迢。长松夜落钗千股,小港春添水半腰。已约病身抛印绶,不嫌门巷似渔樵。渭滨晦迹南阳卧,若比吾徒更寂寥。"《韩偓诗注》释"长松夜落钗千股"句谓"夜来风吹,松树纷纷落叶,犹如一股一股的头钗。状落叶之多"。按,此释有误,其误在于将"钗千股"看作"松树纷纷落叶"的比喻,所以才说"状落叶之多"。其实,并非如此。一者,按照一般常识,松树是难有落叶纷纷景象的。二者,从"小港春添水半腰"诗句知道,此时乃春天,春天怎会有松叶纷纷而落的景象呢? 其实,"钗千股"只是用以比喻月光照在松树上,繁密的松叶投映在地上的影子,犹如千万股头钗掉在地上似的,而非真的松叶纷纷落下,有如"钗千股"。

又如前引《奉和峡州孙舍人肇荆南重围中寄诸朝士二篇时李常侍洵严谏议龟李起居殷衡李郎中冉皆有继和余久有是债今至湖南方暇牵课》诗的"敏手何妨误汰金"句,"敏手"和"汰金"两词自有其本意。"敏手"即快手,犹能手。明叶盛《水东日记·奏止议事官入朝》："侍郎于公巡抚河南、山西，妙年敏手，下视无人。"即为此义。"汰金"的"汰"，意为选取、挑拣。如《新唐书·杨绾传》："宦者鱼朝恩判国子监，既诛，因是建言太学当得天下名儒汰其选，即拜绾国子祭酒。"而"汰金"，即意为选取、挑拣金子。此处金子比喻最优秀、最宝贵的人或事物等。而除本意外，无论"敏手"或"汰金"，在各具体诗文中常有不同的比喻之义。就韩偓此诗而言，《韩偓诗注》谓："敏手，快手，诗人自谓。汰金，沙沙取金，比喻在诗文上去芜存精。高仲武《中兴间气集》：'崔拾遗文采炳然，意思方雅。……斯亦披沙拣金，往往见宝。'这里指自己的和诗。"这样的解释是难于让人信服的。试想韩偓在孙肇寄给他诗后久久才回酬此诗的情况下，怎好自我称夸是作诗的"快手"，又称自己的诗歌是"去芜存菁"？而且这样解释又怎能和下一句"敢怀私忿敦羊斟"串讲得通呢？实际上，这样的解释是因误解这两个语词的比喻之意而致误的。这里的"敏手"，应比喻唐昭宗，而"汰金"的"金"乃借以比喻包括诗人在内的贤臣。诗人如此说，乃基于天复四年初夏朝廷被朱全忠等权奸所把持的客观严酷局势，以及自己和诸贤臣被贬谪的境况。其时，在朱全忠之流主宰朝廷大权的情形下，唐昭宗本身早已难于自保。早在此前的天复三年二月，在朱全忠的威迫下，唐昭宗不得不将户部侍郎、翰林学士承旨韩偓贬为濮州司马，所以韩偓这时才有"敏手何妨误汰金"的宛转比喻之句。

　　第三种为误解语词之义而致误。有些语词有多义，在诗文中往往因对它们的真正意思没有把握准确而误作他解，这样就导致对诗文的误解。

　　如韩偓《欲明》诗云："欲明篱被风吹倒，过午门因客到开。忍苦可能遭鬼笑，息机应免致鸥猜。岳僧互乞新诗去，酒保频征旧债来。唯有狂吟与沈饮，时时犹自触灵台。"此诗中"岳僧互乞新诗去"的"岳僧"，《韩偓诗注》谓"岳州的和尚。岳州，州名"。按，此释误。由此而推出错误的结论："时诗人在洞庭湖。"实际上，此诗并非诗人作于岳州洞庭湖，而是在醴陵。据汲古阁本、旧抄本、明代胡震亨《唐音统签》本等多种韩偓诗集，此诗题后均有诗人"在醴陵"的自注，也即谓其时诗人在湖南醴陵县作此诗。既然如此，则诗中的僧人未必是岳州僧人，而倒可能是醴陵当地的僧人。再者，所谓"岳僧"，实际上即"山僧"，乃对居住于山间的僧人之称谓。如唐李咸用《友生携修睦上人诗见访》云："雪中敲竹户，袖出岳僧诗。"再如张乔《题湖上友人居》："远无潮客信，闲寄岳僧书。"两诗中的"岳僧"即如《汉语大词典》所释均为"山僧"。

　　韩偓又有《出官经硖石县》诗，诗题下有自注"天复三年二月二十二日"，亦即注明这首诗的写作时间。此诗前四句谓："谪官过东畿，所抵州名濮。故里欲清明,临风堪恸哭。"《韩偓诗注》在"故里"一句下注释云:"故里,故乡。韩偓是京兆万年县人。万年县在今陕西省西安市。诗人去濮州,路过家乡。清明,天气清澈明朗。时值旧历二月下旬,地气渐暖,天朗气清。"按,"清明"确有"天气清澈明朗"之义,但这里将"清明"作这样的解释显然有误。一者,所谓"故里欲清明"之"欲",乃表明"将要"的意思,说明此时尚未"清明",但已经接近"清明"了。如果此处的"清明"乃"天气清澈明朗"之义,而写诗时乃在离家乡甚远的河南硖石县,诗人又如何能逆料"故里欲清明"呢? 再者,若故里果然"欲清明",那么诗人又为何要"临风堪恸哭"? 难道诗人喜欢家乡阴霾风雨,不喜"欲清明"吗? 这实在均有违常理常情,这样解释这一诗句,实在窒碍难通。其实,这里的"清明"乃指节气意义上的"清明",即清明节。据此诗所提供的地点与时间,诗人告诉我们,地点乃在河南硖石县,时间则为旧历二月二十二日。此时距离一般在旧历三月初的清明节已经很接近了,故诗人才有"故里欲清明"之句。而清明节乃是世人进行祭祖扫墓等活动的时节,故署名杜牧的《清明》诗云"清明时节雨纷纷,路上行人欲断魂"。将逢此重要节日,而诗人却离开故乡贬官在途中,未能在"故里"过"清明",身处此令人生哀之境地,诗人"临风堪恸哭"也就很自然了。

再看上引诗人《寄隐者》诗"已约病身抛印绶,不嫌门巷似渔樵。渭滨晦迹南阳卧,若比吾徒更寂寥"句中的"已约"、"若比"两语词的"约"和"若"《韩偓诗注》是如何解释的。"已约病身抛印绶"句之"约",《韩偓诗注》谓:"约,环绕、缠绕。李商隐《江南曲》:'扫黛开宫额,裁裙约楚腰。'"按,此释不确。盖此处之"约",乃相约、约定之意,如《汉语大词典》所释:"以语言或文字订立共同应遵守的条件。"如《荀子·正名》:"名无固宜,约之以命。"《汉书·高帝纪上》:"初,怀王与诸将约,先入定关中者王之。""抛印绶",谓自弃官职。故此句意思为:已自我约定将自弃官职。又"若比吾徒更寂寥"句之"若",《韩偓诗注》释为:"你,指隐者。"所释亦未确。实际上此处之"若"应解释为如,或如果。因此此句的意思是:如果比起我辈来,他们(指姜太公和诸葛亮)更为寂寞沉寂。

下篇:因误解题面作年背景主旨等而致误

由于对诗题题面有所误读,或是误解诗歌的创作年代及其相关背景,或是对诗歌的主旨意蕴理解有所偏颇,均易导致误解诗意。

韩偓有《过临淮故里》:"交游昔岁已凋零,第宅今来亦变更。旧庙荒凉时饧绝,诸孙饥冻一官成。五湖竟负他年志,百战空垂异代名。荣盛几何流落久,遣人襟抱薄浮生。"徐复观于《中国文学论集·韩偓诗与香奁集论考》(台北学生书局 1976 年版)认为此诗非韩偓作,认为"《江南送别》、《过临淮故里》、《吴郡怀古》、《游江南水陆院》这一类的诗,可断言其非出于韩偓"。他认为"韩偓的'故里',不可能在'临淮';'诸孙饥冻一官成'的情景,尤与韩偓不合;则此诗之不出于韩偓,实甚为明显。临淮为由金陵赴中原(洛阳)必经之路,这首诗及江南诸诗,或出于韩熙载。然韩之故里亦非临淮,所以只好存疑了"。高文显《韩偓》(台北新文丰出版公司 1984 年版)亦就这一首诗说:"他虽有甜美的故乡,但是故乡啊,也不是可留恋及安身之所啊! 他经过故里临潼(庆按,'临潼'应是'临淮'之排误)时,曾悲感地写道……故国与故乡,原是不足留恋的啊! 从此他甘心栖隐林泉了。"按,上引两说均误,其误之由乃在于误解诗题题面。此处"临淮",并非地名,乃谓李光弼。李光弼因封临淮郡王,故称。且此处"故里"亦指李光弼所封旧居地而言,非谓临淮乃其故乡。《旧唐书》卷一一〇《李光弼传》云:"李光弼,营州柳城人。……宝应元年,进封临淮王,赐铁卷,图形凌烟阁。"《新唐书》卷一三六云:"宝应元年,进封临淮郡王。……广德元年,遂禽晁,浙东平。诏赠实封户二千,与一子三品阶,赐铁卷,名藏太庙,图形凌烟阁。"可见诗中的"诸孙饥冻一官成"之"诸孙"亦与韩偓无关,乃指李光弼之孙。《新唐书·李光弼传》又记:"子汇,有志操,廉介自将。从贾耽为裨将,奏兼御史大夫。元和初,分徐州苻离为宿州,光弼有遗爱,擢汇为刺史。后迁泾原节度使,罢军中杂徭,出奉钱赎将士质卖子,还其家。卒,赠工部尚书。"诗中的"一官成",盖指李光弼之子李汇。韩偓约咸通十二年(871 年)秋离家往游江南,此诗疑即此行于秋冬间过临淮(今江苏盱眙县西北)之作。

再说因误解作年背景而误之例。韩偓《乱后却至近甸有感》云:"狂童容易犯金门,比屋齐人作旅魂。夜户不扃生茂草,春渠自溢浸荒园。关中忽见屯边卒,塞外翻闻有汉村。堪恨无情清渭水,渺茫依旧绕秦原。"此诗诗题下原有"乙卯年作"小注,乙卯年指乾宁二年(895 年),据此诗应作于是年。故汲古阁本于诗后注云:"乙卯年为昭宗乾宁二年,是年李茂贞、王行瑜称兵犯阙。"但清人吴汝纶评注本《韩翰林集》题下小注后注云:"乙卯字误。韩公贬谪后亦无却至近甸之事。此疑昭帝发凤翔至长安,公未贬濮州时随驾还京之作,事在天复三年癸亥也。"《韩偓诗注》亦认同吴汝纶之说,认为"乱后,指昭宗被宦官韩全诲劫持至凤翔后被平息",并解释"狂童"云:"这里应指韩全诲。"按,上述系年及解释均未确。其实,原小注不误。孙克宽《韩偓简谱》(台北广文书局 1970 年版)即驳云："吴注以为乙卯年误,以为贬谪后,亦无却至近甸之事。予谓此乙卯为乾宁二年,时三镇举兵犯阙,昭宗避兵出幸山南,崔胤复相,致尧殂亦避乱,而复至近甸,其时(李)克用兵驻渭桥,帝始返京,故有'关中始见屯边卒'之句。"《增订注释全唐诗》韩偓卷据两《唐书·昭宗纪》、《资治通鉴》卷二六〇亦云:昭宗乾宁二年"五月,凤翔节度使李茂贞及静难军节度使王行瑜、镇国军节度使韩建等各引精兵数千至长安,同谋废昭宗立吉王。河东节度使李克用以讨李茂贞等为名,于七月举军渡过黄河,屯兵渭北。神策军中尉骆全瓘、指挥使李继鹏等反叛,欲劫持昭宗,京师混战,城中大乱。昭宗仓皇出奔终南山,百姓弃家亡窜者数十万,中暑死者达三分一。八月,乱平,昭宗还京"。按,后二者所说符合诗意,诗歌确实是"乙卯年作",而吴汝纶等人误解此诗作于天复三年(903年),因天复三年的时代背景不同于乾宁二年,故其对诗歌之解释显然也就失误了。

又,对于诗歌主旨背景的误判,也必然导致误解句意诗旨。就历来对韩偓《香奁集》中诗意的解释而言,清人震钧所说颇多令人不敢苟同之处。他在《香奁集发微序》中不无发千古之覆后的得意地说:"《香奁集》,有唐之《离骚》、《九歌》也。自后人不善读,而古人之命意晦。自后人不能尚论古人,而古人扶植纲常之词,且变为得罪名教之作矣!……乃夷考其辞,无一非忠君爱国之忧,缠绵于无穷者。然则灵均《九歌》所云'满堂兮美人,忽独与余兮目成',信为名教罪人乎!《香奁》之作,亦犹是也。然自唐末至今近千岁矣,绝无一人表而出之。徒使耿耿孤忠,不白于天下,世之阅者,遂与《疑雨集》等量齐观,可异哉!"雷瑨《香奁集发微跋》(见震钧《香奁集发微》卷首)亦赞同震钧之说云:"即《香奁》一集,亦等诸《疑雨》、《疑云》,不复藏弄,冬郎之诗,几湮没弗彰。盖致尧仕唐昭宗为翰林承旨,为朱温所怒,贬斥海峤,依王审知而卒。见忌权奸,洊遭离乱,于是愤逆臣之窃命,慨唐室之不兴,乃本诗人忠厚之旨,为屈子幽忧之辞,托诸美人,著为篇什,以抒忠爱,此《香奁集》之所为作也。然无人为之诠释,则作者之意终焉晦塞,而辞深旨远,其难殆倍于温李。今得曼殊震钧氏为之发微,并作年谱附后,探赜索隐,能将作者心事曲曲道出,遂使承旨忠愤之气跃然纸上,而读者知人论世,亦当不仅以艳体目之,洵足媲美顾、冯二家,而为韩氏功臣矣。"他们皆以香草美人均有托的视角解读《香奁集》,故所解多有令人难于苟同者。今仅举震钧所释的两首韩偓诗为例说明之。

韩偓《偶见》诗云:"秋千打困解罗裙,指点醍醐索一尊。见客入来和笑走,手搓梅子映中门。"又《南浦》诗云:"月若半环云若土(一作'吐'),高楼帘卷当南浦。应是石城艇子来,两桨咿哑过花坞。正值连宵酒未醒,不宜此际兼微雨。

直教笔底有文星,亦应难状分明苦。"

　　震钧《香奁集发微》解释前诗云:"此讥崔胤之恃功而骄,指挥如意。及引全忠入朝,又不能制,但旁观而生妒也。秋千喻战功,笑指醍醐,恃功而妄事要求也。梅子酸物,喻妒意。"又解释后诗云:"梁开平三年,淮南遣张知远修好于王审知。知远醉后倨傲,审知斩之,表上其书于全忠。云'石城艇子来',正咏此事。云'直是连宵酒未醒',言谓知远倨傲由于醉。致尧有舔糠及米之忧,故云'难状分明苦',真心摇摇如悬旌矣。"这一解释让高文显先生大为不满,云:"啊,够了! 以此等语来替致尧辩护,岂能说是适当! ……像这种的发微,或可以说是以蠡测海了。"实际上此诗并没有什么"香草美人"的寓托之意,诚如刘拜山、富寿荪选注《千首唐人绝句》所释:"此诗活画打罢秋千,见客走避之少女形象,生动传神,娇痴如见。韩偓《想得》:'两重门里玉堂前,寒食花枝月午天。想得那人垂手立,娇羞不肯上秋千。'殆《偶见》诗中之少女,则非漫写所见也。"也如沈祖棻先生《唐人七绝诗浅释》所赏析云:"韩偓像一个高明的摄影师,他善于捕捉少女们生活中一些稍纵即逝的镜头,即时地将其形神兼备地拍摄下来,如其《偶见》一首,也是可以和《新上头》比美的。……诗人在这里,给我们精心地拍下了一位半大不小的姑娘日常生活中一个侧面镜头。……这位姑娘荡完秋千,又热又渴。一面脱掉裙子,一面要喝醍醐(精制奶酪)。事情也真凑巧,正在这时,却来了客人,这位又热又渴的姑娘不免有些狼狈了,她只好赶忙朝屋里走。可是,好奇心又吸引着她,于是就又躲在中门之后,向外窥探客人。她脱了裙子以后,随手在树上摘了一个梅子,这时,她就一面下意识地搓着手中的梅子,一面有意识地从门旁向外瞭望,其形象也就掩映于中门之间了。"

　　再如震钧先生解释《南浦》诗也有不妥。他将此诗定为梁开平四年(910年)作,并附会以前一年"淮南遣张知远修好于王审知"事。但此诗之作年亦有歧说,如《韩偓诗注》以为"作于唐昭宗天复三年(903年),时诗人由河南转入湖北,沿汉江而至汉口"。其实上述两说均无确证,实不可信。此诗作年不可确考,既然不能确定为后梁开平四年之作,则震钧何能以开平三年事解释之? 据我所见,此诗乃怀人而抒发思愁之作。首二句描写怀人之环境处所,营造眷念伊人之气氛。"月若半环",言月未圆尚缺,寓人未团圆而分离也。"云若土",乃云朵乌黑也,用以衬托心情之黯淡。"高楼帘卷"句,谓人正伫立高楼,卷帘面对分别之处。"应是"、"两桨"二句,系想望之辞,乃借古歌谣以抒发思念盼望伊人之情思。"正值"句,谓因思念者久盼未至而愁绪缠绵,故云"连宵酒未醒"。"不宜"句,谓正当此连宵忧愁之时,天又微雨濛濛,更增添丝丝愁绪也。末二句则谓此种闲愁思绪之苦楚,纵使有生花妙笔,亦难于描述分明。陈伯海《韩偓生平及其诗作简论》(《中华文史论丛》1981 年第 4 辑)评析此诗谓:"诗写候人不来的心情。先借半明半暗的月色、若吞若吐的云影,渲染出迷离不定的气氛;又通过桨声咿哑、艇子虚过的细节,点明候人的焦灼心理;再加上醉酒、微雨的烘托,把此时此刻相思之苦形容得曲尽其妙。"所说诚是。

原刊于《杭州电子科技大学学报》2014 年第 3 期

韩偓诗解读献疑

前人在解读韩偓诗,尤其是他的《香奁集》中诗时,因各种误解而导致错会某些诗或诗句的意旨,以致远离韩偓这些诗的内在蕴含,令人不敢苟同。今即就其中的五首诗加以辨析,并提出自己的解读心得。

一

韩偓有《寄恨》诗:"秦钗枉断长条玉,蜀纸虚留小字红。死恨物情难会处,莲花不肯嫁春风。"[①]

此诗乃韩偓《香奁集》中诗,震钧《香奁集发微》此诗下评云:"'玉钗枉断','红纸虚留',喻君宠不终,赐环无日也,于是思及唐代之盛时。夫以致尧之才,使遇贞观、开元,何难与房、杜、姚、宋比肩。乃生末季,不幸极矣。故以莲花不嫁春风自比。"[②]

按震钧所谓"喻君宠不终,赐环无日也"云云之说恐不可信。据《新唐书·韩偓传》以及韩偓所作诗,我们不难明白韩偓在唐昭宗朝始终深得昭宗恩宠,其被贬官乃因遭到权臣崔胤和强藩朱全忠所嫉恨排斥,而昭宗其时受制于朱全忠,虽宠爱诗人而莫能助。此诚如《新唐书·韩偓传》所记:"全忠怒偓薄己,悻然出。有谮偓喜侵侮有位,胤亦与偓贰。会逐王溥、陆扆,帝以王赞、赵崇为相,胤执赞、崇非宰相器,帝不得已而罢。赞、崇皆偓所荐为宰相者。全忠见帝,斥偓罪,帝数顾胤,胤不为解。全忠至中书,欲召偓杀之。郑元规曰:'偓位侍郎、学士承旨,公无遽。'全忠乃止,贬濮州司马。帝执其手流涕曰:'我左右无人

---

① 见吴在庆《韩偓集系年校注》卷四,中华书局 2015 年版,第 917 页。以下引韩偓诗均见此书,不具注。
② 震钧《香奁集发微》,扫叶山房民国三年石印本,第 9 页。以下引震钧之说以及其《韩承旨年谱》均见此书,不具注。

矣。'再贬荣懿尉,徙邓州司马。"①况且天祐元年八月,昭宗竟为朱温所弑杀,已身尚且不保,安能召回韩偓欤?再说诗人一生始终忠于昭宗,感戴不尽,绝不愿因朱全忠之召复官兵部侍郎而仕于朱温控制下的哀帝朝,故有"紫泥虚宠奖,白发已渔樵……若为将朽质,犹拟杖于朝"、"宦途巇崄终难测,稳泊渔舟隐姓名"之作,以抒绝不仕伪朝之决心。以此可见此诗绝无"喻君宠不终,赐环无日"之寓意。

其实细心体味此诗之意脉,乃咏男子尽管倾情于所恋之女,然最终留下"莲花不肯嫁春风"之遗恨。为明了此意,我们有必要对此诗以下诗句作进一步解读。体味诗中"秦钗枉断"、"蜀纸虚留"、"死恨"、"莲花不肯"云云,均在在扣紧诗题"寄恨"二字。秦钗,此指宝钗,用秦嘉赠其妻徐淑宝钗事。《艺文类聚》卷三十二引秦嘉《重报妻书》:"间得此镜,既明且好,形观文彩,世所希有。意甚爱之,故以相与。并宝钗一双,好香四种。素琴一张,常所自弹也。明镜可以鉴形,宝钗可以耀首,芳香可以馥身,素琴可以娱耳。"徐淑答云:"未奉光仪,则宝钗不列也。"长条玉,即指宝钗。蜀纸,指蜀笺,乃蜀地所制精致华美之笺纸。唐李贺《湖中曲》:"越王娇郎小字书,蜀纸封巾报云鬟。"②小字红,乃谓写在蜀纸上的红色小字。

再释"莲花不肯嫁春风"一句。韩偓此句或从唐彦谦《离鸾》诗"闻道离鸾思故乡,也知情愿嫁王昌"句脱化改造而来,却也影响了后来诸多诗词作者。如贺铸《踏莎行》之"断无蜂蝶慕幽香,红衣脱尽芳心苦。……当年不肯嫁东风,无端却被西风误",宋范成大《菩萨蛮》之"冰明玉润天然色,凄凉拼作西风客。不肯嫁东风,殷勤霜露中",宋邓肃《古意》之"妾如傍篱菊,不肯嫁春风。郎如出谷莺,飞鸣醉乱红",清乾隆帝《芍药》之"度牖麝兰味,猗阶锦绣丛。……洁映冰盘白,艳争榴朵红。花王常欲傲,不肯嫁东风"等,皆可见效仿之迹。因此韩偓"莲花不肯嫁春风"句乃用比喻表明因女子的不肯(也许是主观的,也许是被迫的)嫁与,而造成男子"物情难会处"的"死恨"!

明白了上述诗句的基本含义,我们即可明了"秦钗枉断长条玉,蜀纸虚留小字红"两句,盖乃诗人借以表达与所眷恋之女子因分离阻隔不得结秦晋之好的遗憾与痛苦。也就是说女子前曾赠送头钗和书信,以表达相眷念的情意,然而如今却因"莲花不肯嫁春风"而反成了令人遗憾的"秦钗枉断"、"蜀纸虚留"的徒

---

①欧阳修、宋祁《新唐书》卷一八三,中华书局 1975 年版,第 5389—5390 页。

②此文所引唐人诗歌均见《全唐诗》,中华书局 1960 年版。而引历代之诗词文以为证者,亦均见各家集以及有关总集、史籍,文繁,恕不具注。

然之举了！与韩偓的这种切身的"死恨"之痛相关联的,还有《香奁集》中的《惆怅》诗:"身情长在暗相随,生魄随君君岂知。被头不暖空沾泪,钗股欲分犹半疑。朗月清风难惬意,词人绝色多伤离。何如饮酒连千醉,席地幕天无所知。"此处"钗股欲分"涉及"分钗断带"之典故。晋袁宏《后汉纪·灵帝纪上》:"夏侯氏父母曰:'妇人见去,当分钗断带。'"钗,为钗子,由两股簪子交叉汇编成的一种首饰,用来绾住头发,乃女子之首饰。钗分即比喻夫妻或恋人分离、离异。韩偓此诗则表示恋人之分离。据韩偓这两首互有关联的诗作,我们不难领悟出其《寄恨》诗乃咏男女伤离之情,而非如震钧所言的"喻君宠不终,赐环无日"。

　　这里还需附带略为辨析震钧认为韩偓的《惆怅》诗"当是闻昭宗被弑而作,故有'生魄随君'语。似醉后愤激走笔,故重押'知'字。其语意之悲,直继《天问》"(震钧《香奁集发微》此诗下评)。我们则以为此诗并无震钧所说的意思。其实,此诗乃抒发有情人因被阻隔两地而情深难忘之惆怅心曲。首二句即抒发"身情长在"之深情。"被头不暖"二句,则描述被阻隔而难于分离之愁苦。"朗月清风"二句,谓才子佳人为分离而伤怀也。末二句则谓惆怅痛楚难于释怀,唯有"席地幕天"之大醉而已。诗歌之意脉又回归"惆怅"题意以醒题。因此,震钧谓此诗"当是闻昭宗被弑而作,故有'生魄随君'语",显然与诗中"被头不暖空沾泪,钗股欲分犹半疑"、"词人绝色多伤离"等句意不合,所说实乃附会之言。

二

　　韩偓又有《袅娜》一诗,此诗题下有"丁卯年作"小注。诗云:"袅娜腰肢澹薄妆,六朝宫样窄衣裳。著词暂见樱桃破,飞盏遥闻豆蔻香。春恼情怀身觉瘦,酒添颜色粉生光。此时不敢分明道,风月应知暗断肠。"

　　震钧在《韩承旨年谱》中谓:"《香奁集》《袅娜》一首乃感唐亡赋也,故自注为'丁卯年作'。诗中所谓'此时不敢分明道',是其意矣。"又于《香奁集发微》此诗下评云:"此诗作于丁卯时,正朱全忠受禅,唐社已墟时也。故云'不敢分明道'也。"

　　按,此诗震钧谓作于丁卯年,即唐天祐四年(907),时李唐王朝为后梁所取代,故以为"乃感唐亡赋也"。此说恐未必。盖当唐亡之际,诗人感伤国事之作,多直陈痛哭,虽有以典实比喻言之,亦分明可见所咏之意,而未见整首或大多诗句以儿女风月情事寓托之者。如唐亡前一年之《故都》诗:

"天涯烈士空垂泪,地下强魂必噬脐。掩鼻计成终不觉,冯驩无路敎鸣鸡。"
丁卯年唐亡时所作之《感事三十四韵》诗更是直抒感愤胸臆之作,如云:"只
拟诛黄皓,何曾识霸先。嗷嗷翻丑正,养虎欲求全。万乘烟尘里,千官剑戟
边。斗魁当北坼,地轴向西偏。袁董非徒尔,师昭岂偶然。中原成劫火,东
海遂桑田。溅血惭嵇绍,迟行笑褚渊。四夷同效顺,一命敢虚捐。……独
夫长啜泣,多士已忘筌。郁郁空狂叫,微微几病癫。丹梯倚寥廓,终去问青
天。"此皆分明道及李唐被篡夺覆亡之痛,故震钧以为《袅娜》一首"乃感唐
亡赋也……诗中所谓'此时不敢分明道',是其意矣"云云实不足为据,乃附
会之说。又,徐复观先生以为韩偓晚年有所谓"畸恋"事,认为包括此诗在
内的几首诗均咏此"畸恋"事,中云:"若许我作进一步的推测,韩偓畸恋的
对象,可能是我未及详考的赵国夫人;也可能是宫人宋柔。"①所说没有真实
可靠的凭证,属臆想,亦不足信据。考诗题明题"袅娜",且诗中所言皆为儿
女情事,虽"不敢分明道",然末句"风月应知暗断肠",则十分明确道出此乃
"风月"情事;诗中的"春恼情怀"句也明谓乃因儿女恋情而苦恼。稍微品味
诗情即可明白看透,所谓的"不敢分明道",乃是眷恋对方而缺乏勇气直接
道出恋情耳。总之,全诗没有一句可令人体味出诗人感时伤世之意味。

　　那么如何解读此诗呢? 据此诗题下小注,乃知作于丁卯唐亡之年。然诗中
所咏儿女情事,并非指是年所发生之事,私以为乃追咏至其晚年仍萦系于心的
其年轻时所曾经的恋情事。读其《香奁集》,我们不难从许多诗中明显感知诗人
早年曾有过一段刻骨铭心的恋情,此恋情虽然未成正果,但诗人始终难于忘却,
铭记于心。如《病忆》云:"信知尤物必牵情,一顾难酬觉命轻。曾把禅机销此
病,破除才尽又重生。"《五更》诗云:"往年曾约郁金床,半夜潜身入洞房。怀里
不知金钿落,暗中唯觉绣鞋香。此时欲别魂俱断,自后相逢眼更狂。光景旋消
惆怅在,一生赢得是凄凉。"直至其晚年之《思录旧诗于卷上凄然有感因成一章》
亦云:"缉缀小诗钞卷里,寻思闲事到心头。自吟自泣无人会,肠断蓬山第一
流。"可见其晚年编录《香奁集》时,对于早年那些引发他创作某些香奁诗之背景
情事,依然刻骨铭心,令其"自吟自泣"不已,故丁卯年有此追忆追思其早年情事
之《袅娜》之作也就在情理之中了。据此,此诗乃诗人丁卯年追忆早年恋情事之
作,当非臆断之辞可决矣。

---

① 徐复观《韩偓诗与香奁集论考》,见《中国文学论集》,台北学生书局 1976 年版,第 291 页。

三

韩偓《香奁集》有《金陵》诗云:"风雨萧萧,石头城下木兰桡。烟月迢迢,金陵渡口去来潮。自古风流皆暗销,才鬼妖魂谁与招。彩笺丽句今已矣,罗袜金莲何寂寥。"

对于这首诗的理解,首先要解决的是它是否是韩偓的手笔。徐复观先生在《韩偓诗与香奁集论考》中就以为韩偓未到过金陵,故此诗非韩偓作。按,此说不可信。据我所考,韩偓早年曾约于唐懿宗咸通十二、三年到过江南,此行有《过临淮故里》、《游江南水陆院》、《江南送别》、《吴郡怀古》等诗(详见《韩偓集系年校注》附录《韩偓生平诗文系年简谱》,第 1148—1149 页),则其或于此时过金陵,遂有《金陵》之咏。再者,诗人咏历史名城古迹,亦未必非到过方可咏,如刘禹锡《金陵五题》即咏于未到金陵时,其《刘禹锡集》卷二十四《金陵五题并序》云:"余少为江南客,而未游秣陵,尝有遗恨。后为历阳守,跂而望之。适有客以《金陵五题》相示,逌尔生思,歘然有得。它日,友人白乐天掉头苦吟,叹赏良久,且曰:'《石头诗》云:"潮打空城寂寞回。"吾知后之诗人不复措词矣!'余四咏虽不及此,亦不孤乐天之言尔。"据此,则《金陵》诗收于韩偓《香奁集》中,其为韩偓作,未可否定也。

再者,有人虽认定此诗为韩偓作,却有如此的解读:"此似讥徐知诰之不能拥戴皇家,徒知僭窃者。"(震钧《香奁集发微》此诗下评)按,此说乃误解此诗之主旨,盖徐知诰与此诗所咏可谓风马牛不相及。据新、旧《五代史》以及《资治通鉴》所载,震钧所说的徐知诰事乃在唐后五代时。如《资治通鉴》卷二六八后梁乾化二年五月载:"徐知诰以功迁升州刺史。知诰事(徐)温甚谨,安于劳辱,或通夕不解带,温以是特爱之,每谓诸子曰:'汝辈事我能如知诰乎?'"此处记载下有小注云:"徐温以善事杨行密而窃吴国之权,徐知诰以善事徐温而窃徐氏之权,天邪,人邪!"又载:"时诸州长吏多武夫,专以军旅为务,不恤民事;知诰在升州,独选用廉吏,修明政教,招延四方士大夫,倾家赀无所爱。洪州进士宋齐丘,好纵横之术,谒知诰,知诰奇之,辟为推官,与判官王令谋、参军王翃专主谋议,以牙吏马仁裕、周宗、曹悰为腹心。仁裕,彭城人;宗,涟水人也。"之后小注云:"为知诰篡杨氏张本。"[1]据此记载,徐知诰"不能拥戴皇家,徒知僭窃者"之事应

---

① 司马光《资治通鉴》,中华书局 1956 年版,第 8757 页。

该在上文所引事之后,也就是远在后梁乾化二年(912)之后。那么据我们所考,韩偓此诗乃作于唐懿宗咸通十三年(872),其时远在后梁乾化二年之前,诗人又怎能借此诗讥讽徐知诰呢!

其实此诗乃诗人未及第时游江南咏金陵之作,有如怀古诗。诗前半首似有刘禹锡《金陵五题·石头城》"山围故国周遭在,潮打空城寂寞回。淮水东边旧时月,夜深还过女墙来"之意绪,后半首则亦囊括刘禹锡《乌衣巷》"朱雀桥边野草花,乌衣巷口夕阳斜。旧时王谢堂前燕,飞入寻常百姓家"、《台城》诗"台城六代竞豪华,结绮临春事最奢。万户千门成野草,只缘一曲《后庭花》"等之诗旨意趣,可见此诗乃受刘禹锡《金陵五题》诗之影响。

四

韩偓《懒卸头》诗云:"侍女动妆奁,故故惊人睡。那知本未眠,背面偷垂泪。懒卸凤皇钗,羞入鸳鸯被。时复见残灯,和烟坠金穗。"

前人对此诗有如下评论:丁绍仪《听秋声馆词话》卷一《韩致尧词》谓:"韩致尧遭唐末造,力不能挥戈挽日,一腔忠愤,无所于泄,不得已托之闺房儿女。世徒以香奁目之,盖未深究厥旨耳。……至《生查子》云:'侍女动妆奁,故故惊人睡。谁知本未眠,背面偷垂泪。懒卸凤凰钗,羞入鸳鸯被。时复见残灯,和烟坠金穗。'其蒿目时艰,自甘贬死,深鄙杨涉辈之意,更昭然若揭矣。"[1]震钧《香奁集发微》此诗下评云:"一腔热血,寂寞无聊,惟以眼泪洗面而已。"施蛰存《读韩偓词札记》谓:"王、林二家辑本,均有《生查子》二首。此二首均见于汲古阁本《香奁集》,第一首题作《懒卸头》,第二首题作《五更》,《全唐诗》韩偓诗卷四同。……《生查子》第一首,笺云:'一腔热血,寂寞无聊,惟以眼泪洗面而已。'按震氏此笺,犹嫌空泛。此作原题为《懒卸头》,甚可注意。盖作者已指出全篇要语在'懒卸凤凰钗,羞入鸳鸯被'二句。何以'懒卸'?何以'羞入'?则由于时见残灯落穗耳。味其情绪,殆作于初入闽倚王审知时。偓有《闺情》七言律诗一首,起句云:'清风滴砾动帘钩,宿酒初醒懒卸头。'此诗题下自注云:'癸酉年在南安作。'二诗同用'懒卸头',可知其实一时所作。癸酉为梁乾化三年。乾化二年六月,朱友珪杀朱全忠而自立。三年二月,朱友贞杀朱友珪而自立。时韩偓在闽之南安也。"[2]按,上述诸说均有需一辩者。丁绍仪《听秋声馆词话》所说的

---

① 见《韩偓集系年校注》卷四此诗下集评引,第 801 页。
② 见《韩偓集系年校注》卷四此诗下注释一引,第 798 页。

《生查子》即是《懒卸头》本诗这是对的,但他以韩偓"蒿目时艰,自甘贬死,深鄙杨涉辈之意,更昭然若揭矣"解读此诗则误解其旨。而他如此看待此诗之意旨,首先在于他将韩偓的香奁诗均看作"一腔忠愤,无所于泄,不得已托之闺房儿女"之作的有所寓托的政治诗,也就是所谓的"楚雨含情皆有托",香花美草均有所比兴之意。其实据我们研究,韩偓的香奁诗是不具有这种寓托之意的。因此震钧的"一腔热血,寂寞无聊,惟以眼泪洗面而已",以及施蛰存先生因认为此诗乃梁乾化三年作,而"乾化二年六月,朱友珪杀朱全忠而自立。三年二月,朱友贞杀朱友珪而自立。时韩偓在闽之南安",故此诗乃感此时事而作也是不得要领的。

今察导致上述误解的原因,其中尚有对《懒卸头》诗作年之误判。如施蛰存先生谓"味其情绪,殆作于初入闽倚王审知时"。他之所以如此体味,是依据韩偓《闺情》诗题下有自注"癸酉年在南安作",而《闺情》诗与《懒卸头》诗同用"懒卸头",故而推断二诗为一时所作,都作于"梁乾化三年"。对《懒卸头》诗作年如此的考订是存在问题的。首先,不能因韩偓这两首诗同用"懒卸头",即认为是同时之作,这之间没有必然的逻辑关系。再者,所举的韩偓《闺情》诗"题下自注云'癸酉年在南安作'",这所谓的"自注"也是靠不住的。据《韩偓集系年校注》,此诗见于韩集旧钞本、汲古阁本、麟后山房刻本、玉山樵人本、统签本、屈抄本、石印本等等多种韩诗版本,而只有石印本《香奁集》诗题下有"癸酉年在南安县作"小注。石印本据称乃以汲古阁本为底本,但今查汲古阁本实无此小注,则石印本所称此小注来历不明,实在不可信据。因此无论是《闺情》诗还是《懒卸头》,均不能依此"癸酉年在南安县作"的小注而系年。如是,则谓《懒卸头》诗是"癸酉年在南安作",其时"朱友珪杀朱全忠而自立。三年二月,朱友贞杀朱友珪而自立",诗"殆作于初入闽倚王审知时"云云均是无根之说,实在不可信。

再说丁绍仪谓此诗乃诗人"蒿目时艰,自甘贬死,深鄙杨涉辈之意"云云亦实牵强附会。所谓杨涉辈事,据《新五代史》:"(天祐四年)三月,唐哀帝逊位于梁,遣中书侍郎、同中书门下平章事张文蔚为册礼使,礼部尚书苏循为副,中书侍郎、同中书门下平章事杨涉为押传国宝使,翰林学士、中书舍人张策为副,御史大夫薛贻矩为押金宝使,尚书左丞赵光逢为副。四月甲子,文蔚等自上源驿奉册宝,乘辂车……朝梁于金祥殿。王衮冕南面,臣文蔚、臣循奉册升殿,进读已,臣涉、臣策奉传国玺,臣贻矩、臣光逢奉金宝,以次升,进读已,降,率文武百官北面舞蹈再拜贺。"①则杨涉等大臣,乃于天祐四年主动称臣于朱全忠之后梁

---

① 欧阳修《新五代史》卷三十五《唐六臣传》,中华书局 1974 年版,第 375—376 页。

政权。考韩偓此诗收于《香奁集》,并无证据表明此诗作于后梁代唐之际,而大抵乃未仕时所作艳情诗,故其当无"自甘贬死,深鄙杨涉辈"之政治寓意。此诗当以艳情诗视之。此诚如许学夷《诗源辩体》卷三十二所云:"韩偓《香奁集》,皆裙裾脂粉之诗。……五言古如'侍女动妆奁,故故惊人睡。那知本未眠,背面偷垂泪'。七言古如'娇娆意绪不胜羞,愿倚郎肩永相著'……则诗余变为曲调矣。……至七言律如'仙树有花难问种,御香闻气不知名','静中楼阁深春雨,远处帘栊半夜灯',亦颇有致。又'分明窗下闻裁剪,敲遍栏干故不应',则曲尽艳情。"①因此我认为此诗乃描写女子因相思愁苦,而终夜未眠之情景。其"懒卸凤皇钗,羞入鸳鸯被",乃扣"懒卸头"题面。首二句侍女之所以"动妆奁",乃因女子之未卸头钗而睡,故而欲以此敦促女子起卸头钗再睡也。"那知本未眠,背面偷垂泪",则谓侍女不晓得女子尚"背面偷垂泪"而未眠也。四句中两人之举动心态,被展现得细腻婉曲而场面活现。沈雄《柳塘词话》卷三评末两句谓"'时复见残灯,和烟坠金穗',如此结构方为含情无限"。因此末两句乃表现女子彻夜苦思之"柔情密意"(陈廷焯《闲情集》卷一)②。

五

韩偓《拥鼻》诗云:"拥鼻悲吟一向愁,寒更转尽未回头。绿屏无睡秋分簟,红叶伤心月午楼。却要因循添逸兴,若为趋竞怆离忧。殷勤凭仗官渠水,为到西溪动钓舟。"

吴乔《围炉诗话》评论此诗云:"天复二年,昭宗在凤翔,宰相韦贻范遭丧图起复,偓不肯草制,忤李茂贞意。'趋竞',谓贻范也。'离忧',谓有去志而思西溪钓舟也。问曰:'君于致尧诗何太拳拳?'答曰:'弘、嘉人惟求词,不求意,故敢轻忽大历。余故举唐末诗之有意者,以破天下之障。人能于唐诗一二字中见透其意,即脱宋、明之病。仙人灵丹,岂须升斗?'致尧又有诗云:'昨夜三更雨,今朝一阵寒。海棠花在否?侧卧卷帘看。'亦必伤时之作。"③又震钧《香奁集发微》此诗下评云:"致尧集中有《寓汀州沙县闻前郑左丞璘随外镇举荐赴洛作七言四韵赠之或冀其感悟也》,诗中有云'公干寂寥甘坐废,子牟欢忻促行期。移都已改侯王第,惆怅沙堤别筑基'之句,正可证此诗之'却要因循沾逸兴,若为趋竞怆

---

① 见《韩偓集系年校注》卷二《南浦》诗下集评引,第 340 页。
② 以上评语均见《韩偓集系年校注》卷四《懒卸头》诗下集评引,第 800—801 页。
③ 吴乔《围炉诗话》卷一,见《韩偓集系年校注》卷四《拥鼻》诗下集评引,第 923—924 页。

离忧'二句。夫因循者得逸兴,趋竞者反离忧,此意可会也。结句凭仗官渠水而动钓舟者,是虽五湖之兴,亦必藉君恩而动,否则西山薇蕨,亦非殷之土地所生,则置身无所矣。"《韩偓诗注》盖主震钧之说,故其注释诗中"西溪"云:"指闽江之西源。闽江上游有二源:一曰富屯溪,源出福建光泽县;一曰将溪,源出福建归化县,至顺昌县合流为西溪。"①

按,上述所言亦有未合此诗之真意者。吴乔认为此诗正是他所认为的"唐末诗之有意者",他从此诗"一二字中见透其意"者乃是"'趋竞',谓贻范也。'离忧',谓有去志而思西溪钓舟也",而韩偓之所以有此诗之咏,乃是因"天复二年,昭宗在凤翔,宰相韦贻范遭丧图起复,偓不肯草制,忤李茂贞意"。也就是说解读此诗应与此背景相联系。震钧则联系韩偓在闽沙县时因不赞同郑璘赴洛阳仕朱全忠朝,故以"公干寂寥甘坐废,子牟欢忭促行期"诗句规劝他,以证韩偓此诗"趋竞"之所指。今细味此诗,上述之说恐缘附会而误解,盖均无确证以证实其所说也。且如谓"'趋竞',谓贻范也","趋竞怆离忧"与劝"郑左丞璘随外镇举荐赴洛"同一用意,则此讥、劝又与"拥鼻"前四句所表现的秋日寒更时分因离别而睹景伤愁之情景何干?无乃诗意阻隔不畅矣。又如谓致尧时在闽中沙县,"西溪"乃在闽中,则与所言"为到西溪动钓舟"又有何关涉?又如何能"凭仗官渠水"至"西溪"?盖此诗中的"官渠",乃指官家之渠,即御沟。《汉书·王嘉传》:"引王渠灌园池。"颜师古注:"苏林曰:王渠,官渠也,犹今御沟也。"唐白居易《杂兴三首》之二:"国中新下令,官渠禁流水。"那么如谓"西溪"乃闽中之溪,则又如何"凭仗"京城的御沟水到"西溪动钓舟"呢?此皆难于读通前后诗句。

品味诗意,此诗未必与吴乔等人所言官场政治之事有关,恐为一般抒发离别愁情、一表心志之咏。此诗以"拥鼻"为题,何为拥鼻?我们认为拥鼻即拥鼻吟。《晋书·谢安传》:"安本能为洛下书生咏,有鼻疾,故其音浊,名流爱其咏而弗能及,或手掩鼻以效之。"后即以"拥鼻吟"指用雅音曼声吟咏。韩偓稍前的诗人唐彦谦即有《春阴》诗,中云"天涯已有销魂别,楼上宁无拥鼻吟"。韩偓此诗之意,或即有唐彦谦这两句诗之意。其所以要"拥鼻"吟,即因"离忧"之故,也即是因感慨如唐彦谦所说的"天涯已有销魂别"。所谓"离忧",即离别的忧思,离人的忧伤。唐杜甫《长沙送李十一》诗:"李杜齐名真忝窃,朔云寒菊倍离忧。"仇兆鳌注:"离忧,离别生忧也。"因此寻味此诗前四句,乃抒发秋日之悲愁,故以"绿屏无睡秋分簟,红叶伤心月午楼"明之。而其所悲愁者乃"离忧",所向往者

①陈继龙《韩偓诗注》,学林出版社2001年版,第409页。

为"逸兴",故径逼出"却要因循添逸兴,若为趋竞怆离忧"二句以发明一己之情志。所谓"因循",即道家所谓的顺应自然。如《史记·太史公自序》:"道家无为,又曰无不为……其术以虚无为本,以因循为用。"张守节《正义》曰:"任自然也。"故"因循"句乃表明诗人欲追求顺任自然的自由自在的无拘束的超逸生活。"殷勤凭仗官渠水,为到西溪动钓舟"二句,则明谓欲过"动钓舟"之"逸兴"生涯矣。而"西溪"并非《韩偓诗注》所谓的"指闽江之西源",而更可能指韩偓故居之溪流。盖考韩偓《汉江行次》诗有"痛忆家乡旧钓矶"、《归紫阁下》诗有"钓矶自别经秋雨,长得莓苔更几重"句,则诗人故居本有"钓矶"。以此,此诗末"动钓舟"之西溪,疑指诗人故居钓矶之溪流。据上分析,颇疑此诗乃诗人觅仕或初仕在京时所作,而非天复二年或晚年避难入闽时之作。

韩偓若干诗歌系年考

晚唐著名诗人韩偓的诗作见于《全唐诗》卷六八〇至六八三，凡四卷[①]。其中有些诗作诗题下有小注标明其作年，而不少诗作则无作年小注，故近代以来的诸家韩偓年谱、传记在考证这些无作年小注的诗歌上下了不少功夫，厘清了其中一些诗作的创作年代，使我们能更为准确地了解这些诗歌的创作背景，从而更为准确地解读这些诗作，了解诗人的行踪。不过仍有相当部分诗作未能考出其创作年代，有的诗作虽然有了新的系年，但因各种原因而仍然颇有存疑未确之处。这也就多少影响了对韩偓生平事迹的了解，及对其诗歌内容的准确把握，从而也影响了对其诗歌创作发展轨迹的厘清。本文有见于此，故对其若干诗歌的作年予以考辨。

一

韩偓有《代小玉家为蕃骑所虏后寄故集贤裴公相国》诗（本文所引韩偓诗均见《全唐诗》中，不具注），全诗云："动天金鼓逼神州，惜别无心学坠楼。不得回眸辞傅粉，便须含泪对残秋。折钗伴妾埋青冢，半镜随郎葬杜邮。唯有此宵魂梦里，殷勤相觅凤池头。"此诗末句的"相"，原作"见"，韩偓诗其他版本如《玉山樵人集》附《香奁集》、屈大均手抄《香奁集》等多种版本均作"相"，今即据改。

此诗诸家年谱、传记未见系年，盖此诗在韩偓《香奁集》中，而《香奁集》中绝大多数诗均难于系年；且诗题中的"裴相公"易让人产生困扰，故不易考清其创作年代。对于诗题中的"裴相公"，《韩偓诗注》以为"即裴贽。裴贽，字敬臣。咸通十三年登进士第，曾拜中书侍郎，兼刑部尚书，同中书门下平章事，故诗人称其为相公。昭宗幸凤翔，为大明宫留守。天复三年，罢为左仆射。天祐二年，以司空致仕。时朱全忠将篡唐，贬贽为青州司户参军，旋被杀。事详《新唐书》卷

---

① 见彭定求等《全唐诗》，中华书局1960年版。

一八二《裴坦传》附"①。《韩偓诗注》据《新唐书·裴坦传》附对裴贽生平的介绍是可信的,但问题在于如果以裴贽之生平来解释此诗,则有窒碍难通之处。据《旧唐书·昭宗纪》,裴贽光化三年(公元900年)九月"为中书侍郎,兼刑部尚书、同平章事,充集贤殿大学士"②。又据《旧唐书·哀帝纪》,天祐二年六月,"特进、守司空致仕、上柱国、河东县开国公(裴贽)……责授青州司户"③。据此,裴贽被杀约在天祐二年(公元905年)六月稍后。诗题谓"故集贤裴公相国",则诗约作于天祐二年六月后,然此时韩偓已贬官流寓于江西,因此此时韩偓恐不能代小玉赋诗;且以裴贽生平核之于此诗,亦多有不合之处,故前人即有疑诗题有误者。清人吴乔《围炉诗话》卷一即谓:"又其香奁诗有云:'动天金鼓逼神州,惜别无心学堕楼。不得回眸辞傅粉,更须含泪对残秋。折钗伴妾眠青冢,半镜随郎葬杜邮。惟有此宵魂梦里,殷勤相觅凤池头。'观其起句及'杜邮'、'凤池',当是李茂贞兵逼京城,昭宗赐杜让能死,代其姬人之作。'残秋'对'傅粉',似乎趁韵,然其事在景福二年九十月间,正是残秋也。而题绝不相类,将讳之,抑传写误也。让能之死可悯,致尧于此,宜有诗以哀惜之也。"④吴乔疑此诗当写杜让能,并疑题中之"裴公"为有意讳之或传写之误,这一见解是值得注意的。现有的诸家年谱都未提及吴乔之说,不知何故。我们试以杜让能之生平所历解读此诗,看看是否符合此诗所咏情事。

题中的"蕃骑"应是指西北外族之骑兵,即指李克用所率沙陀军队。首句"动天金鼓逼神州"乃指蕃军进攻唐首都长安,据当时局势,应指李克用所率沙陀军入长安事。据《旧唐书·僖宗纪》,光启元年(公元885年)十二月"神策军溃散,遂入京师肆掠。乙亥,沙陀逼京师,田令孜奉僖宗出幸凤翔。初,黄巢据京师……贼平之后,令京兆尹王徽经年补葺,仅复安堵。至是,乱兵复焚,宫阙萧条,鞠为茂草矣"⑤。又杜让能,传见《旧唐书》卷一七七、《新唐书》卷九十六。据《旧唐书·僖宗纪》及杜让能本传,光启元年十二月,"神策军溃散,遂入京师肆掠",李克用率"沙陀逼京师,田令孜奉僖宗出幸凤翔"。"是夜,(杜)让能宿直禁中,闻难作,步出从驾。出城十余里,得遗马一匹,无羁勒,以绅束首而乘之。驾在凤翔,朱玫兵遽至,僖宗急幸宝鸡,近臣唯让能独从。……至褒中,加金紫

---

① 陈继龙《韩偓诗注》,学林出版社2001年版,第394页。
② 刘昫《旧唐书》卷二十上,中华书局1975年版,第769页。
③ 《旧唐书》第二十下,第796页。
④ 吴乔《围炉诗话》,见《清诗话续编》本,上海古籍出版社1983年版,第496页。
⑤ 《旧唐书》卷十九下,第722页。

光禄大夫,改兵部侍郎,同平章事。……京师平,拜特进、中书侍郎,兼兵部尚书、集贤殿大学士,进封襄阳郡开国公,食邑二千户。……(景福二年)九月,(李)茂贞出军逆战,王师败于盩屋。岐兵乘胜至三桥,让能奏曰:'臣固预言之矣。请归罪于臣,可以纾难。'上涕下不能已,曰:'与卿诀矣。'即日贬为雷州司户。茂贞在临皋驿,请诛让能,寻赐死,时年五十三。驾自石门还京,念让能之冤,追赠太师①。又据《旧唐书·昭宗纪》,景福二年"十月乙未,赐杜让能自尽,其弟户部侍郎弘徽坐让能赐死"②。据此,则杜让能与本诗中所言集贤相国的身份相符,其经历也与诗中所赋合;且光启元年十二月蕃骑入长安时,杜让能是夜随僖宗出幸,则当小玉被蕃骑虏获时,杜让能已随僖宗出幸,正是小玉"不得回眸辞傅粉"时。

又杜让能被贬,随后被杀乃在景福二年九、十月,与诗中"含泪对残秋"所暗指之集贤相国被贬杀之时节合,而裴贽被杀于六月,与"残秋"时节不符。且杜让能乃京兆人,其当归葬京兆之祖坟,与诗中所言"半镜随郎葬杜邮"之地望亦合(杜邮,又名杜邮亭,古地名,在京兆府咸阳,即今陕西省咸阳市东。战国属秦。北魏郦道元《水经注·渭水三》:"渭水北有杜邮亭,去咸阳十七里,今名孝里亭,中有白起祠。"据《史记·白起列传》,秦昭王赐白起剑,令其自杀于此)。诗中之"葬杜邮",除以白起被逼自杀喻指集贤相国被杀外,尚有指其归葬之地意。而裴贽非京兆人,与此"杜邮"地望不合。故此诗诗题之"故集贤裴公相国"乃"故集贤杜公相国"之误。倘上所考不误,则此诗最早乃作于昭宗景福二年十月杜让能死后之冬日,亦即约景福二年(公元893年)冬。其时韩偓任官朝中,清楚杜让能之遭遇,故哀怜之而赋此诗。

二

韩偓又有《中秋寄杨学士》诗,云:"鳞差甲子渐衰迟,依旧年年困乱离。八月夜长乡思切,鬓边添得几茎丝。"此诗诗题《玉山樵人集》本、胡震亨《唐音统签》本均作"中秋永夕奉寄杨学士兄弟"。

此诗之作年诸家所记有三种说法:孙克宽《韩偓简谱》记在开平二年,谓"吴注此唐未亡时诗,学士凝式也"③;缪荃孙《韩翰林诗谱略》、邓小军《韩偓年谱》则

---

①《旧唐书》卷一七七,第4612—4615。

②《旧唐书》卷二十上,第750页。

③孙克宽《诗文述评》,台北广文书局1970年版,第97页。

系于开平四年,岑仲勉《唐人行第录·唐集质疑》于天祐七年(即后梁开平四年)亦记此诗;陈继龙《韩偓诗注》则谓:"作于唐昭宗天复二年(公元 902 年)。杨学士指杨凝式。……韩公与杨凝式交谊甚厚,其手简谓:'杨学士兄弟来此消梨子,两日前已寻得花时。'"①按,诸家所系年不同,其原因多与杨学士为何人看法有异所致。吴汝纶于此诗下注:"杨学士当是杨凝式,此唐未亡时作。"②(《韩偓诗注》盖从之)按,谓此杨学士为杨凝式,实误。据《旧五代史》卷一二八《杨凝式传》注引《凝式年谱》云:"唐咸通十四年癸巳,凝式是年生,故题识多自称癸巳人。"③按咸通十四年癸巳为公元 873 年。又《旧五代史》本传记其"唐昭宗朝,登进士第……梁开平中,为殿中侍御史、礼部员外郎、三川守,齐王张宗奭见而嘉之,请以本官充留守巡官。梁相赵光裔素重其才(陈尚君《旧五代史新辑会证·杨凝式传》谓'梁时赵光裔未尝拜相,疑系赵光逢之误',所说是),奏为集贤殿直学士,改考功员外郎。唐同光初,授比部郎中、知制诰"④。据此所载杨凝式历官,其为集贤殿直学士在后唐同光初(923 年)前数年,即约在后梁末帝贞明(915 至 921 年)中,约公元 919 年左右。韩偓生于唐武宗会昌二年(842 年),则至此时韩偓已经七十八岁左右,而杨凝式年四十七左右。韩偓素恶后梁政权,是时恐未必与身为后梁朝官,且年龄小自己三十岁左右之杨凝式在闽中有来往。且以此诗"鳞差甲子渐衰迟"、"鬓边添得几茎丝"考之,谓"渐衰迟"等,亦与韩偓此时年已近八十之"衰迟"状态不符,故以为杨学士为杨凝式不可信。

那么此杨学士兄弟指谁呢?《增订注释全唐诗》韩偓卷以为"指杨赞禹、杨赞图"⑤。岑仲勉《唐人行第录·唐集质疑·韩偓南依记》于天祐七年(即后梁开平四年庚午)下谓韩偓"其《中秋寄杨学士》诗,一作《中秋永夕奉寄杨学士兄弟》,余谓杨学士赞图也。新表,承休,杨堪之子,虞卿之孙,与赞图为从昆,故曰学士兄弟也;《全文》八二九《手简帖》,'杨学士兄弟来此',亦同"⑥。陶敏《全唐诗人名汇考》则谓:"杨学士兄弟,谓杨赞图、杨承休兄弟。《全唐文》卷八二五黄滔《丈六金身碑》:'我公粤天祐三年丙寅秋七月乙卯,铸金铜像一,丈有六尺之高。……其明年正月十有八日乙未,设二十万人斋。……座客有右省常侍陇西

①《韩偓诗注》,第 151 页。
②吴汝纶评注《韩翰林集》,关中丛书本,台北学生书局 1967 年版,第 45 页。
③薛居正等《旧五代史》,中华书局 1976 年版,第 1682 页。
④《旧五代史》,第 1683 页。
⑤陈贻焮主编《增订注释全唐诗》韩偓卷,文化艺术出版社 2001 年版,第 1108 页。
⑥岑仲勉《唐人行第录》,中华书局 2004 年版,第 479 页。

李公洄、翰林承旨制诰兵部侍郎昌黎韩公偓……刑部员外郎弘农杨公承休、弘文馆直学士弘农杨公赞图……皆……谓安莫安于闽越,诚莫诚于我公,依刘表,起襄汉,其地也,交辙及馆。'杨赞图乃杨知退子,承休乃杨堪子,均杨虞卿孙,见《新唐书·宰相世系一下》杨氏越公房。"①据上所考,谓杨学士兄弟为杨赞图兄弟可信。至于杨学士兄弟是指杨赞禹、杨赞图,还是杨赞图、杨承休,则以杨赞图、杨承休为较可信。据韩偓《手简帖》"杨学士兄弟来此",知此杨氏兄弟乃皆来闽者,而杨赞图、杨承休兄弟于唐将亡时即来闽,并与韩偓一起出席天祐四年春佛斋会。而杨赞禹是否来寓闽,未见文献记载,故难于确定其是否来闽与韩偓往还。

至于此诗之作年,《韩偓简谱》据"吴注此唐未亡时诗,学士凝式也"而记在开平二年,不可信。盖杨学士非杨凝式,且开平二年唐已亡,不可谓"唐未亡时诗"。又《韩偓诗注》系此诗于天复二年亦误,其误之由除了上所述将杨学士误作杨凝式之外,亦与其误解"鳞差甲子渐衰迟"句意直接相关。其注释"鳞差"句云:"这里诗人谓自己行年六十,犹如鱼鳞排列,斑斑可见。甲子,古代以天干地支相配纪年,一甲子正好六十年。如超过六十岁称'年逾花甲'。天复二年,诗人六十有一岁。此举其整数而已。"②按,此处"甲子"并非指韩偓年纪为"一甲子"(指六十岁),乃代指岁月年光而言。此处甲子乃泛指岁月,光阴。如唐杜甫《春归》诗:"别来频甲子,倏忽又春华。"元谷子敬《城南柳》第一折:"叹人间甲子须臾,眨眼间白石已烂。"明高启《樵》诗:"逢仙休看弈,甲子易骎骎。"上举三例"甲子"皆为岁月、光阴之意。故《韩偓诗注》以"甲子"指韩偓年岁,并以此系此诗于天复二年,实误。

此诗之作年诚如《韩翰林诗谱略》、《韩偓年谱》所系应在开平四年,然两书惜均未具体说明系年之依据。今重新为之考述如下。

此诗及其前后数诗在《全唐诗》韩偓卷中大致是按时间前后排列的,此诗之前一首为《桃林场客舍之前有池半亩木槿栉比阒水遮山因命仆夫运斤梳沐豁然清朗复睹太虚因作五言八韵》诗,《唐音统签》韩偓卷此诗题下有小注"庚午",亦即谓作于后梁开平四年庚午(公元910年)。其后一首为《寄禅师》,此诗《韩翰林诗谱略》、《唐韩学士偓年谱》、《韩偓年谱》、《韩偓诗注》等均系于后梁开平四年,时韩偓在桃林场。上引诸书所系年是。故排列于两诗之间的《中秋寄杨学士》诗当亦开平四年中秋诗人在桃林场时之作。是年诗人六十九岁,可谓"鳞差

①陶敏《全唐诗人名汇考》,辽海出版社2006年版,第1198页。
②《韩偓诗注》,第151页。

甲子渐衰迟"、"鬓边添得几茎丝"了。

<h1 style="text-align:center">三</h1>

韩偓又有《夏课成感怀》诗:"别离终日心切切,五湖烟波归梦劳。凄凉身事夏课毕,濩落生涯秋风高。居世无媒多困踬,昔贤因此亦号咷。谁怜愁苦多衰改,未到潘年有二毛。"

此诗徐复观先生以为非韩偓诗,认为"《夏课成感怀》中有'未到潘年有二毛'之句,潘安仁《秋兴赋》'余春秋三十有二,始见二毛',则此诗是三十二岁以前所作的。但起首两句'别离终日思切切,五湖烟波归梦劳',这决非籍居万年(长安)人的口气,则这首诗也不是韩偓的。"①按,所说未确。韩偓虽为长安人,然其为科举考试而做"夏课",非必于长安不可,或因各种原因而于长安外(如五湖一带)为此"夏课"。

《韩偓年谱》系此诗于大中十二年,谓"偓青年时期曾游江南。父瞻任睦州刺史,偓盖从父至游江南。《翰林集》中《夏课成感怀》(首联云"别离终日心切切,五湖烟波归梦劳")、《游江南水陆院》、《江南送别》等诗,为游江南时所作。姑系于此"②。韩偓确实在"未到潘年"时有江南之行,然将《夏课成感怀》等诗姑系于大中十二年(公元858年),时韩偓十七岁,似过早。盖此诗有"谁怜愁苦多衰改,未到潘年有二毛"句,且有"凄凉身事"、"居世无媒多困踬"等历经觅举苦难之语,此当非其时其父正任睦州刺史的十七岁左右年轻举子之语,故此数诗也非韩偓随从其父韩瞻任睦州刺史时之作。

《韩偓诗注》谓此诗"作于唐懿宗咸通十四年(公元873年)"③。其《韩偓事迹考略·韩偓生平简表》于咸通十四年亦谓"三十二岁。作《夏课成感怀》,中有'未到潘年有二毛'之句。潘岳三十二岁,始见二毛"④。按,所系亦稍晚。其诗既谓"未到潘年",则其时韩偓行年尚未到三十二。韩偓生于唐武宗会昌二年(公元842年),则其年三十二为咸通十四年,"未到潘年",则最多为三十一岁,时乃咸通十三年(公元872年),则此诗之作年应约为咸通十三年。诗有"濩落生涯秋风高"句,则乃此年秋之作。其集中游江南诸作,亦多有约作于是年者,

<hr>

① 徐复观《中国文学论集》之《韩偓诗与香奁集论考》,台北学生书局2001年版,第281页。
② 邓小军《韩偓年谱》,见其《诗史释证》,中华书局2004年版,第206页。
③《韩偓诗注》,第262页。
④ 陈继龙《韩偓事迹考略》,上海古籍出版社2004年版,第204页。

如《再止庙居》、《游江南水陆院》、《江南送别》、《洞庭玩月》等诗皆是。今将上举诸诗之作年简略考述如下。

韩偓《再止庙居》诗云："去值秋风来值春,前时今日共销魂。颓垣古柏疑山观,高柳鸣鸦似水村。菜甲未齐初出叶,树阴方合掩重门。幽深冻馁皆推分,静者还应为讨论。"此诗《韩偓诗注》以为"作于唐昭宣帝天祐三年(公元906年)。再止,第二次栖居。庙居,犹庙宇,此庙居究在何处,不得而知。"①按,此系年未言何据,故所系年不可信。考此诗题为《再止庙居》,又有"去值秋风来值春,前时今日共销魂"句,据此可知韩偓前后两次经过此庙居,上一次(即"去")在秋季,后一次(即"来")在春日。诗又有"颓垣古柏疑山观"、"幽深冻馁皆推分"等句,与韩偓咸通十二年秋所作《过临淮故里》诗中之"交游昔岁已凋零,第宅今来亦变更。旧庙荒凉时飨绝,诸孙饥冻一官成"等句,颇有相关联之处,故两诗中之庙为临淮王郭子仪在临淮之庙(详见下考)。以此两诗盖乃咸通后期游江南一带,前后两次路过临淮郭子仪旧庙之作。《过临淮故里》乃约咸通十二年秋之作,而此诗乃次年春再经过所咏,则盖约作于咸通十三年(公元872年)春。

《游江南水陆院》诗云："早于喧杂是深仇,犹恐行藏坠俗流。高寺懒为携酒去,名山长恨送人游。关河见月空垂泪,风雨看花欲白头。除却祖师心法外,浮生何处不堪愁。"此诗亦作于江南,且据"风雨看花欲白头"句,知乃作于春时。诗之作年《韩偓简谱·年谱后记》云："考致尧集中有《游江南水陆院》,及江南风物之诗,似系广明乱前所作,岂(韩)瞻亦曾官江南?"②所疑作于"广明乱前"可确定,但可惜未考定具体时间,失之过泛。按,现在唯知韩偓平生游江南五湖(指太湖等)一带仅上诗所考的咸通后期一次,则此诗盖作于咸通十三年春。《韩偓事迹考略》系于咸通十二年,未确。

又韩偓《江南送别》诗云："江南行止忽相逢,江馆棠梨叶正红。一笑共嗟成往事,半酣相顾似衰翁。关山月皎清风起,送别人归野渡空。大抵多情应易老,不堪岐路数西东。"《韩偓诗注》谓此诗"作于唐懿宗咸通十三年(公元872年)。诗人畅游江南,适逢故人,匆匆相聚,匆匆离别"③。然同人后来出版的《韩偓事迹考略·韩偓生平简表》则改系此诗于咸通十二年④。按,据前考韩偓《夏课成感怀》诗乃作于江南,时间约在咸通十三年秋。此诗亦在江南作,且诗有"江馆

---

①《韩偓诗注》,第269页。

②《诗文评述·韩偓简谱》,第103页。

③《韩偓诗注》,第265页。

④《韩偓事迹考略》,第204页。

棠梨叶正红"句,乃秋日景色,故此诗即约作于咸通十三年(公元 872 年)秋。

　　韩偓《洞庭玩月》诗云:"洞庭湖上清秋月,月皎湖宽万顷霜。玉椀深沈潭底白,金杯细碎浪头光。寒惊乌鹊离巢噪,冷射蛟螭换窟藏。更忆瑶台逢此夜,水晶宫殿挹琼浆。"此诗之作年诸家所说不一。吴汝纶于诗题后评注谓"此在湖南时作,唐未亡也"①,然未系具体年月。陈敦贞《唐韩学士偓年谱》则先后系《出官经硖石县》、《江行》、《汉江行次》、《过汉口》、《洞庭玩月》、《赠隐逸》、《雪中过重湖》等诗于天复三年。《韩偓诗注》所系同,以为此诗"作于唐昭宗天复三年(公元 903 年)初秋,是年诗人在湖南洞庭湖边"②。而缪荃孙《韩翰林诗谱略》于天祐元年谓"偓在湖南长沙,五月复至醴陵县"③,此下即系该年诗,先后为《过汉口》、《汉江行次》、《洞庭玩月》等等诗作。《增订注释全唐诗》韩偓卷亦谓"此诗当作于天祐元年秋流寓湖南时"④。按,作于天复三年和天祐元年两说均不可信。据此诗"洞庭湖上清秋月"句,知此诗作时乃秋季。今考韩偓天复三年二月贬官濮州后至天祐元年入湖南后经历,未见其秋日在湖南洞庭湖之行迹。据邓小军《韩偓年谱》,其虽未为此诗系年,但据其所考,韩偓天复三年尚未入湖南。天祐元年初后先后作《江行》、《过汉口》、《汉江行次》、《雪中过重湖信笔偶题》诸诗。《韩偓年谱》这一考述是可信的。今考《雪中过重湖信笔偶题》诗题有"雪中",诗中有"水国春寒向晚多"句,据此知韩偓天祐元年初春已在湖南洞庭湖。又据韩偓《甲子岁夏五月自长沙抵醴陵贵就深僻以便疏慵……》诗,知天祐元年五月(即甲子岁夏五月)韩偓已经由长沙至醴陵。此后韩偓寓居醴陵久之,至天祐二年春夏间方至江西袁州。故自天复三年至天祐二年韩偓并无秋日在湖南洞庭湖之经历。且诗题谓"洞庭玩月",其于初贬官不久,倘若果真经湖南洞庭湖,亦恐无"玩月"之心情。可见此《洞庭玩月》诗盖非韩偓在天复三年或天祐元年所作。

　　今考诗题之"洞庭",及诗中之"洞庭湖",亦非必指湖南境内之洞庭湖,亦有指在江苏太湖者。考唐陆龟蒙、皮日休在苏州均有咏及此洞庭、洞庭湖之作。如陆龟蒙《木兰堂》:"洞庭波浪渺无津,日日征帆送远人。"⑤《圣姑庙》:"渺渺洞

①《韩翰林集》,第 43 页。
②《韩偓诗注》,第 145 页。
③见《烟画东堂四谱》,北京图书馆出版社 2001 年版,第 532 页。
④《增订注释全唐诗》,第 1107 页。
⑤《全唐诗》卷六二八,第 7210 页。

庭水,盈盈芳屿神。因知古佳丽,不独湘夫人。"①陆龟蒙《明月湾》:"昔闻明月观,只伤荒野基。今逢明月湾,不值三五时。择此二明月,洞庭最看奇。"②皮日休《江南书情二十韵寄秘阁韦校书贻之商洛宋先辈垂文二同年》:"默坐看山困,清斋饮水严。薜生天竺屐,烟外洞庭帆。"③可见晚唐时亦称苏州太湖为洞庭。此称至清代亦然。黄景仁《两当轩集》卷二即有《洞庭行赠别王大归包山》诗,诗题下注云:"太湖亦名洞庭,而太湖之包山暨洞庭之君山。"④故今人史为乐主编之《中国历史地名大辞典》"洞庭湖"条除记载湖南之洞庭湖外,又云:"即今江苏太湖。晋左思《吴都赋》:'指包山而为期,集洞庭而淹留。'《文选》注引王逸曰:'太湖在秣陵东。湖中有包山,山中有如石室,俗谓洞庭。'"⑤可见韩偓此诗之"洞庭"未必指湖南之洞庭湖,倒可能指江苏太湖而言。那么,韩偓有否中秋时节经苏州之太湖的可能呢?据前考韩偓咸通十三年春有《游江南水陆院》诗,是年秋有《江南送别》诗。又韩偓亦有《吴郡怀古》诗,首二句云"主暗臣忠枉就刑,遂教强国醉中倾",乃咏春秋吴国夫差事,此诗亦作于咸通十三年韩偓游江南时。可见韩偓到过吴郡,即今苏州,且其时他尚未入仕,其游苏州太湖,遇见湖光水色之美景,故有欣赏烟霞风月之《洞庭玩月》之作。如此可定韩偓此《洞庭玩月》非作于湖南,乃作于咸通十三年秋其游江南吴郡时。

四

　　韩偓有《离家》诗,云:"八月初长夜,千山第一程。款颜唯有梦,怨泣却无声。祖席诸宾散,空郊匹马行。自怜非达识,局促为浮名。"此诗《韩偓诗注》谓"作于唐懿宗咸通十三年(公元 872 年)"⑥。按,据其于《江南送别》、《游江南水陆院》等诗下注,以为咸通十三年韩偓有江南之游,故其将此诗看作离家游江南时作。按,上所说可参。然据我们前文对于《夏课成感怀》一诗之所考,韩偓在江南赋此《夏课成感怀》诗乃在咸通十三年秋,而同年春在江南已有《江南送别》、《游江南水陆院》等诗作。今《离家》诗有"八月初长夜,千山第一程"句,则

---

①《全唐诗》卷六一八,第 7124 页。
②《全唐诗》卷六一八,第 7122 页。
③《全唐诗》卷六一二,第 7064 页。
④黄景仁《两当轩集》,上海古籍出版社 1983 年版,第 37 页。
⑤《中国历史地名大辞典》,中国社会科学出版社 2005 年版,第 1979 页。
⑥《韩偓诗注》,第 284 页。

其初离家远游乃在秋八月,其咏《离家》诗之时间,当是咸通十三年春咏《江南送别》等诗之前一年八月,即咸通十二年八月。

韩偓《过临淮故里》诗云:"交游昔岁已凋零,第宅今来亦变更。旧庙荒凉时殓绝,诸孙饥冻一官成。五湖竟负他年志,百战空垂异代名。荣盛几何流落久,遣人襟抱薄浮生。"

此诗徐复观于《中国文学论集·韩偓诗与香奁集论考》中认为非韩偓诗,云:"《江南送别》、《过临淮故里》、《吴郡怀古》、《游江南水陆院》这一类的诗,可断言其非出于韩偓。"①按徐先生此说不可信,《韩偓诗注》虽未提及徐先生之说,然认为是韩偓诗,并谓"写作年代不详,估计为中年之作"②。诸年谱、传记亦未见系年。按,此诗确为韩偓诗,而其作年也大致可考。诗题中之临淮指唐代临淮郡王李光弼。以其封临淮郡王,故称。李光弼,传见《旧唐书》卷一一〇、《新唐书》卷一三六。《旧传》云:"李光弼,营州柳城人。……宝应元年,进封临淮王,赐铁券,图形凌烟阁。"③《新传》云:"宝应元年,进封临淮郡王。……广德元年,遂禽晁,浙东平。诏赠实封户二千,与一子三品阶,赐铁券,名藏太庙,图形凌烟阁。"④诗题中的"临淮故里",指李光弼封王号的临淮郡。其地唐天宝元年改泗州置,治所在临淮县,即今江苏省盱眙县西北。韩偓因路过此地,见临淮王李光弼旧庙荒废之景象,遂感而成是诗。

那么韩偓何时路过李光弼的这一旧庙呢? 上面我们考知韩偓约于咸通十二年秋八月离家往游江南,咸通十三年春已在江南吴郡苏州一带,一直至十三年秋尚在江南。韩偓此次从长安家乡前往江南是可以路过临淮的,那么他是前往时路过咏诗还是翌年咸通十三年路过赋此诗呢? 前文我们据韩偓《再止庙居》诗"去值秋风来值春,前时今日共销魂"等诗句,并联系本诗考定韩偓本诗乃咸通十二年秋时离家往江南路过临淮之作,故有明年春《再止庙居》诗的"去值秋风来值春"句,这也就与他咸通十二年秋八月首途往江南之时季相符合。

原刊于《河南科技大学学报》2013 年第 2 期

---

①《中国文学论集》,第 280 页。
②《韩偓诗注》,第 225 页。
③《旧唐书》,第 3301—3310 页。
④ 欧阳修、宋祁《新唐书》,中华书局 1975 年版,第 4589—4590 页。

韩偓疑伪诗文考辨

唐末著名诗人韩偓创作有《韩偓诗》、《香奁集》以及其在翰林学士任所记的《金銮密记》等。《金銮密记》约宋代后佚失，然现存诸典籍尚引录其中某些记载；而其现存诗则以清编《全唐诗》韩偓卷为最完备。检阅某些典籍，尚可见到一些在《全唐诗》韩偓卷外而署名为韩偓的诗句；亦可见到一些注明引自韩偓《金銮密记》的记载，然是否真为《金銮密记》中文，实在令人怀疑。这些署名韩偓的疑伪诗文尚未见有给予辨正者，本文即加以考辨甄别。

一

前人的某些地志、诗话、诗集注等常引录韩偓诗，虽大都可信，然而细加考查，张冠李戴之处却也存在。下面即举数例。

宋王象之《舆地纪胜》卷一百三十《泉州·诗·泉南花木诗》载："遐方不许贡珍奇，密诏惟教进荔枝（小注：韩偓《荔枝》）。闻得乡人说刺桐，叶先花后始年丰。我今到此忧民切，只爱青青不爱红（小注：韩偓《刺桐花》）。"①据此，韩偓有《刺桐花》诗之作。今检诸典籍，提及此诗者尚多，且所说作者不同。且录诸典籍之记载如下：

宋祝穆《方舆胜览》卷十二《福建路·泉州·郡名》"桐城"下小注云："留从效重加版筑，傍植刺桐环绕。其木高大，而枝叶蔚茂，初夏开花极鲜红。如叶先萌芽，而其花后发，则五谷丰熟。○丁公言廉问至此，赋诗云：'闻得乡人说刺桐，叶先花发始年丰。我今到此忧民切，只爱青青不爱红。'"②又，宋陈景沂《全芳备祖》前集卷十九《七言绝句》："闻道乡人说刺桐，花如后发始年丰。我今到此忧民切，只爱青青不爱红。（小注：丁晋公）"③又，明徐应秋《玉芝堂谈荟》卷三十

---

① 王象之《舆地纪胜》，中华书局 1992 年版，第 3754 页。
② 祝穆《方舆胜览》，中华书局 2003 年版，第 207 页。
③ 陈景沂《全芳备祖》，文渊阁四库全书本。下引诸书除另注外，均用四库本，不具注。

五《蘋阳花》:"闽中有刺桐花,泉州初筑城时环植此花,号桐城。初开花极鲜红,如叶先芽花后则年丰。丁谓诗'闻得乡人说刺桐,叶先花发卜年丰'是也。"又,明彭大翼《山堂肆考》卷二百一《绕城》:"郡志:温陵城留从效重加板筑,植刺桐环绕之。其树高大而枝叶蔚茂,初夏开花极鲜红。如叶先萌芽而其花后发,主明年五谷丰熟。故丁谓诗曰:'闻得乡人说刺桐,花如后发始年丰。我今至此忧民切,只爱青青不爱红。'"又,清《佩文斋广群芳谱》卷七十三《木谱·桐》后《附录·刺桐》载《宋丁谓刺桐花》:"闻说乡人说刺桐,花如后发始年丰。我今到此忧民切,只爱青青不爱红。"又,清厉鹗《宋诗纪事》卷六丁谓下载《咏泉州刺桐》:"闻得乡人说刺桐,叶先花发始年丰。我今到此忧民切,只爱青青不爱红。"又,清郑方坤《全闽诗话》卷二《丁谓》:"泉州城,五代时留从效重加版筑,傍植刺桐,岁久繁密,其木高大,枝叶蔚茂。初夏时开花鲜红,叶先萌芽,而花后发,则年谷丰熟。廉访丁谓至此,赋诗云:'闻得乡人说刺桐,叶先花后始年丰。我今到此忧民切,只爱青葱不爱红。'(小注:《闽省通志》)"①

据以上诸典籍所载,《刺桐》诗除《舆地纪胜》谓韩偓诗之外,其他七部典籍均记为宋人丁谓诗。又据《宋史》卷二八三《丁谓传》,丁谓登第后曾"为大理评事通判饶州。踰年,直史馆,以太子中允为福建路采访"②。则《全闽诗话》谓"廉访丁谓至此,赋诗云",以及诗中"我今到此忧民切"云云皆与丁谓经历合,故此诗当为丁谓作。且今人所编《全宋诗》卷一百一亦将此诗以《咏泉州刺桐》为诗题收为丁谓诗③。可见《刺桐》为宋人丁谓诗,非韩偓之作。

又,宋王象之《舆地纪胜》卷一百三十《泉州·人物》"唐韩偓"下小注云:"郑诚之哀词云:'有唐翰林韩偓,因左迁遂家焉。'有《南安寓居》诗云:'迹为乱离飘岭海,文从歌颂变风骚。故都禾黍身难到,宝剑尘埃思谩劳。'"④又同上书卷一百三十《泉州·外邑诗》载:"此地三年偶寓家,枳篱茅屋共桑麻(小注:韩偓《南安寓居》)。"⑤按,韩偓确有《南安寓止》诗,诗云:"此地三年偶寄家,枳篱茅厂共桑麻。蝶矜翅暖徐窥草,蜂倚身轻凝看花。天近函关屯瑞气,水侵吴甸浸晴霞。岂知卜肆严夫子,潜指星机认海槎。"⑥《舆地纪胜·泉州·外邑诗》下所记是,然

① 郑方坤《全闽诗话》,福建人民出版社 2006 年版,第 69 页。
② 脱脱《宋史》,中华书局 1985 年版,第 9566 页。
③ 《全宋诗》,北京大学出版社 1998 年版,第 1148 页。
④ 《舆地纪胜》,第 3746 页。
⑤ 《舆地纪胜》,第 3756 页。
⑥ 彭定求等《全唐诗》,中华书局 1960 年版,第 7809-7810 页。

《泉州·人物》下所记"迹为乱离飘岭海,文从歌颂变风骚"诗则非韩偓所作,《全唐诗》韩偓卷未见此诗。据明何炯纂辑《清源文献》卷三,此诗乃宋人陈从易之作。其书谓:"陈从易《题韩侍郎致光诗》:'鳌头遗集自挥毫,三世传来纸有毛。迹为乱离飘岭海,文从歌颂变风骚。故都禾黍身难到,宝剑尘埃思漫劳。百二十篇皆读彻,可怜先笑后号啕。'"①今再考宋曾巩《隆平集》卷十四载:"陈从易,字简夫,泉州人。"则陈从易为泉州人,其在泉州感韩偓事而吟此诗当可信。今编《全宋诗》未收入此诗,当可据补。

又,清宋长白《柳亭诗话》卷九《乌龙》云:"沈份《续仙传》云:韦善俊尝携一犬号乌龙,后乘之飞升。韩致尧《香奁集》屡用之。有曰:'洞门深闭不曾开,横卧乌龙作妒媒。'又曰:'相风不动乌龙睡,时有幽禽自唤名。'又曰:'遥知小阁还斜照,羡杀乌龙卧锦茵。'此句又见义山集。"②按,"遥知小阁还斜照,羡杀乌龙卧锦茵"诗句为李商隐《题二首后重有戏赠任秀才》诗句,见《全唐诗》卷五四〇。多家诗话所引此句署名韩偓亦同错误。

又,清张英《渊鉴类函》卷四五〇《花部一·海棠三》"仙品"下小注云:"韩偓句曰:'郁郁苍髯真道友,丝丝红蓇是乡人。'贾耽《花谱》以为花中神仙。"按,所引所谓韩偓此两句诗见于《全宋诗》卷八三七,乃苏轼《三月二十日开园三首》其三中句,诗云:"郁郁苍髯真道友,丝丝红蓇是乡人。何时翠竹江村路,送我柴门月色新。"

又陈元龙《详注片玉集》卷十《早梅芳二首·留恋》注云:"泪多罗袖重。(小注:韩偓诗:'泪湿香罗袖。')"按,"泪湿香罗袖"非韩偓诗句,乃宋诗人丁渥妻诗句。检陶宗仪《说郛》卷二十九下引李献民《云斋广录》云:"进士丁渥在太学,梦归家,见妻于灯下披笺握管,为书寄生。生曰:'我已至矣,何用书为?'妻但挥涕而不答。又于别幅见诗一首云:'泪湿香罗帕,临风不肯干。欲凭西去雁,寄与薄情看。'生既觉,以语同舍客,客曰:'君思念之极,以至于此。'后旬日得书并诗,皆梦中所见,无少差失。"又,较《说郛》更早的宋曾慥《类说》卷十八《梦妻寄诗》已记此诗句:"进士登(庆按,'登'乃'丁'之讹)渥在太学,梦至其家,见妻于灯下披笺握管,写书寄生。生曰:'我已至矣,何用书为?'妻但挥涕而不答。又于别幅见诗一绝曰:'泪湿香罗袖,临风不肯干。欲凭西去雁,寄与薄情看。'生既觉,以语同舍,曰:'君思念之极,以至于此。'后旬日得书并诗,皆梦中所见,无少差焉。"后《御选宋金元明四朝诗·御选宋诗》卷六十三记丁渥妻《寄外》云:

①何炯纂辑《清源文献》,明万历二十五年刻本。
②宋长白《柳亭诗话》,清康熙天茁园刻本。

"泪湿香罗袖,临风不肯干。欲凭西去雁,寄与薄情看。"检今编《全宋诗》卷三七三六已收作丁渥妻诗。

又,宋陈景沂《全芳备祖》后集卷十卉部,宋谢维新《事类备要》别集卷五十五百草门,明彭大翼撰《山堂肆考》卷二〇二"留与醉眠"均将"花落江堤簇暖烟,雨余江色远相连。香轮莫碾青青破,留与游人一醉眠"诗作为韩偓诗。按,此诗非韩偓作,乃唐人郑谷诗。唐韦縠《才调集》卷五、宋《文苑英华》卷三二七、《万首唐人绝句》卷五十四、《全唐诗》卷六七五均收作郑谷诗,诗题为《曲江春草》。其中"江色"《才调集》作"草色"。

又,明杨慎《升庵集》卷六十九《宫衣尚窄》云:"自汉魏六朝至唐,宫中衣皆尚窄。非唯便于趋承,亦以示俭为天下先也。……唐人垂带多飘扬,而衣仍古制。韩偓诗'长长汉殿眉,窄窄楚宫衣',李贺诗'秃衫小袖调鹦鹉',李贺诗'越罗小袖新香蒨'可证也。"明徐树丕《识小录》卷四《宫衣尚窄》①、清沈自南《艺林汇考·服饰篇》五所引《丹铅录》、陈元龙《格致镜原》卷十五所引《升庵外集》所记同。按,所引所谓的韩偓诗句"长长汉殿眉,窄窄楚宫衣",实乃李商隐《效长吉》诗句,见《李义山诗集》卷下、《全唐诗》卷五四一等,诗云:"长长汉殿眉,窄窄楚宫衣。镜好鸾空舞,帘疏燕误飞。君王不可问,昨夜约黄归。"

二

前人所集的集句诗,喜摘韩偓诗句,然而其中也有署名韩偓诗而实非韩偓诗句者。下举四例加以辨识。

明童轩《清风亭稿》卷八七言绝句云:"予按石屏州学偶染瘴疠,遂舆至临安公馆药之。稍愈,因集唐人之句聊以自遣云:'病多慵引架书看(谭用之),老去悲秋强自宽(杜工部)。文轨尽同尧历象(权德舆),蛮方今有汉衣冠(韩偓)。黄花浥露开江岸(刘长卿),山鸟将雏傍药阑(钱起)……'"按,所引韩偓诗句乃许浑诗,见《全唐诗》卷五三四许浑《朝台送客有怀》诗:"赵佗西拜已登坛,马援南征土宇宽。越国旧无唐印绶,蛮乡今有汉衣冠。江云带日秋偏热,海雨随风夏亦寒。岭北归人莫回首,蓼花枫叶万重滩。"所引"蛮方",《全唐诗》作"蛮乡"。

明乌斯道《春草斋集》卷十二《月夜弹琴记》所附《谭节妇集句三十首》,其最后一首云:"起看天地色凄凉(王介甫),尘梦那知鹤梦长(宋邕)。血汗游魂归不

①徐树丕《识小录》,涵芬楼秘籍景稿本。

得（杜甫），新坟空筑旧衣裳（韩偓）。"按，此句见于《全唐诗》卷六四〇曹唐《哭陷边许兵马使》诗，乃曹唐作，其诗云："北风裂地黯边霜，战败桑干日色黄。故国暗回残士卒，新坟空葬旧衣裳。散牵细马嘶青草，任去佳人吊白杨。除却阴符与兵法，更无一（一作异）物在仪床。"所引"空筑"应以原作"空葬"为是。

清朱彝尊《曝书亭集》卷三十载："《采桑子·秋日度穆陵关》：穆陵关上秋云起（郎士元），习习凉风（萧颖士）。于彼疏桐（宋华），搣搣凄凄叶叶同（吴融）。　　平沙渺渺行人度（刘长卿），垂雨蒙蒙（元结）。此去何从（宋之问），一路寒山万木中（韩偓）。"按，"一路寒山万木中"非韩偓诗句，而是唐人韩翃诗句。《全唐诗》卷二四五韩翃《送齐山人归长白山》云："旧事仙人白兔公，掉头归去又乘风。柴门流水依然在，一路寒山万木中。"明《唐诗品汇》卷四十九、清《佩文斋咏物诗选》卷二七五等亦作韩翃诗。

释绍嵩《江浙纪行集句诗·赠李先辈》："饥食松花渴饮泉（卢纶），寂寥芳草茂芊芊（韦庄）。岩边石室低临水（韦庄），窟里阴云不上天（方干）。难与英雄论教化（宝昙），等将身世付罴筌（韩偓）。无由住得吟相伴（杜荀鹤），目送归鸿篱下眠（李顾）。"[1]按，"等将身世付罴筌"亦非韩偓诗句，乃宋释宝昙《和史太师蜗室三首》之二诗中句，见《全宋诗》卷二三六三，第27131页。全诗为："伊雒闲人晚自贤，等将身世付蹄筌。春风犹有耆英会，未必饥餐困即眠。"

三

韩偓有《金銮密记》，乃其晚年任翰林学士时所撰。《新唐书》卷五十八《艺文志》二杂史类著录韩偓《金銮密记》五卷，王尧臣《崇文总目》卷二杂史类则记为一卷，晁公武《郡斋读书志》卷二上记"《金銮密记》一卷。右唐韩偓撰。天复中为翰林学士，从昭宗西幸。梁祖以兵围凤翔。偓每与谋议，因密记之，及所闻见。事止复京师，偓贬云"。陈振孙《直斋书录解题》卷五杂史类亦记"《金銮密记》三卷。唐翰林学士承旨京兆韩偓致尧撰，具述在翰苑时事，危疑艰险甚矣"。《文献通考》卷一九六谓："一本厘天复二年、三年各为一卷，首尾详略颇不同。互相雠校，凡改正千有余字云。"据上引晁公武等所著书录所记，《金銮密记》乃韩偓"天复中为翰林学士"时所记，其书乃"具述在翰苑时事"，而"事止复京师，偓贬"时，即所记事止于天复三年（公元903年）正月。又今知韩偓光化三年（公

---

① 陈起《江湖小集》卷六，文渊阁《四库全书》本。

元900年)中即入翰林院为学士,今《金銮密记》中又有其入院时试文五篇之记载,则《金銮密记》中文乃作于光化三年至天复三年初间(公元900－903年)。此书宋以后佚失,然其中一些内容尚在一些典籍中有所引录。不过有些典籍所载韩偓《金銮密记》文实在不可信,今捡得五则加以辨伪。

《御定渊鉴类函》卷三四二《居处部三·殿二》载:"《金銮密记》曰:'天宝初,贺知章见李白文,叹曰:"子谪仙也!"言于元宗,召见金銮殿,论当世事。'"

按,此则大致内容又见于他书所引,如《玉海》卷一五九《唐金銮殿》条云:"《李白传》:'天宝中,贺知章言之,召见金銮殿,论当世事,奏颂一篇。赐食,亲为调羹。'"又如锦绣万花谷·后集》卷二十三《宫殿》云:"《金銮》:'天宝初,贺知章见李白文,叹曰:"子谪仙人也!"言于玄宗,召见金銮殿,论当世事,奏颂一篇。帝赐食,亲为调羹,有诏供奉翰林。'(小注:出《李白传》)"又如宋潘自牧《记纂渊海》卷三十一《翰苑》亦载:"李白天宝初至长安,往见贺知章。知章见其文而叹曰:'子谪仙人也!'言于玄宗,召见金銮殿,论当世事,奏颂一篇。有诏供奉翰林。(小注:《本传》)"又《天中记》卷十三亦记:"《金銮》:'李白,天宝中,贺知章言于玄宗,召见金銮殿,论当世事,奏颂一篇。赐食,亲为调羹。'(小注:《本传》)"据上所引,此则所载李白事,诸书多言引自《李白传》。今检《新唐书》卷二〇二《李白传》,载:"天宝初,南入会稽,与吴筠善,筠被召,故白亦至长安。往见贺知章,知章见其文,叹曰:'子,谪仙人也!'言于玄宗,召见金銮殿,论当世事,奏颂一篇。帝赐食,亲为调羹,有诏供奉翰林。"[1]可见以上诸书所记李白事当源自《新唐书·李白传》。而《新唐书·李白传》所记又有取资于唐孟棨《本事诗·高逸第三》之说:"李太白初自蜀至京师,舍于逆旅。贺监知章闻其名,首访之。既奇其姿,复请所为文。出《蜀道难》以示之。读未竟,称叹者数四,号为'谪仙',解金龟换酒,与倾尽醉。期不间日。由是称誉光赫。贺又见其《乌栖曲》,叹赏苦吟曰:'此诗可以泣鬼神矣。'……玄宗闻之,召入翰林。以其才藻绝人,器识兼茂,欲以上位处之,故未命以官。"[2]故"天宝初,贺知章见李白文"云云乃早出现于韩偓《金銮密记》前之典籍中。且韩偓《金銮密记》所记,乃唐昭宗朝光化、天复间之世事,当无玄宗朝李白之事。故《御定渊鉴类函》以及《锦绣万花谷·后集》、《天中记》等书所记引自韩偓《金銮密记》之说,当不可信。

又,《说郛》卷四十九有谓引自韩偓《金銮密记》之数则文:

其一载:"逆韦之变,吏部尚书张嘉福河北道存抚使,至怀州武陟驿,有敕所

① 欧阳修、宋祁《新唐书》,中华书局1975年版,第5762－5763页。
② 孟棨《本事诗》,见丁福保《历代诗话续编》本,中华书局1983年版,第14页。

至处斩之。寻有敕矜放，使人马上昏睡，迟行一驿，比至，已斩讫。"

其二载："周黔府都督谢祐凶险忍毒。则天朝，徙曹王于黔中，祐吓云则天赐自尽，祐亲奉进止，更无别敕。王怖而缢死。后祐于平阁上卧，婢妾十余人同宿，夜不觉刺客截祐首去。后曹王破家，簿录事得祐头，漆之题'谢祐'字，以为秽器。方知王子令刺客杀之。"

其三载："则天后尝梦一鹦鹉，羽毛甚伟，两翅俱折。以问宰臣，群公默然，内史狄仁杰曰：'鹉者，陛下姓也；两翅折，陛下二子庐陵、相王也。陛下起此二子，两翅全也。'武承嗣、武三思连项皆赤。后契丹围幽州，檄朝廷曰：'还我庐陵、相王来！'则天乃忆狄公之言，曰：'卿曾为我占梦，今乃应矣！朕欲立太子，何者为得？'仁杰曰：'陛下有贤子，外有贤侄，取舍详择，断在圣衷。'则天曰：'我自有圣子，承嗣、三思是何疥癣！'承嗣等惧，掩耳而走。即降敕追庐陵，立为太子，充元帅。初募兵，无有应者，闻太子行，北邙山头皆兵满，无容人处。贼自退散。"

其四载："姚南仲滑州苦于监军使薛盈珍，遣部将曹洽奏论盈珍。盈珍亦遣小使偕行。洽自度不得尽言于上，至滋水驿，夜半先杀小使，乃自杀，缄遗表于囊中，以冀上闻也。"

按，以上四则皆载唐朝中期前之事，固非唐末韩偓《金銮密记》所记时间范围内之事。且"逆韦之变"、"周黔府都督谢祐"、"则天后尝梦一鹦鹉"三则皆分别见于唐朝前期人张鷟所著之《朝野佥载》卷一、卷二、卷三；又分别见于宋初人所编《太平广记》卷一四八、卷二六八、卷二七七所引《朝野佥载》。而"姚南仲滑州苦于监军使薛盈珍"条，则见于中唐人李肇《唐国史补》卷中。据此可见，此四则均非韩偓《金銮密记》文，乃后人所误记。

四

署名唐末人冯贽所著的《云仙杂记》与《云仙散录》皆引录四则所谓的韩偓《金銮密记》文，然其所引实令人生疑，大体上可否定，可惜今亦难有确证以辨定之，故将疑点揭出，列为"备考"，以俟高明。

署名冯贽之《云仙杂记》与《云仙散录》（前者所录实与后者同，仅后二卷为后人所增添）所引书多为历代论家所怀疑，故陈振孙《直斋书录解题》谓此书"称唐金城冯贽撰……冯贽者，不知何人。自言取家世所蓄异书，撮其异说，而所引书名皆古今所不闻。且其记事造语如出一手，正如世俗所行东坡诗注之类。然则所谓冯贽者，及其所蓄书，皆子虚乌有也。"胡应麟《四部正讹》卷下亦云："《云仙散录》，题冯贽撰，共八卷。昔人皆以为伪，洪景卢尤斥之。余读其前六卷，所引诸杂说无一实者，盖伪撰其事，又伪撰书名实之。"近人余嘉锡先生《四库提要辨证》云："今案《云仙散录》，事既诡异，词复纤巧，相其文章风调，首尾如一，诚有如直斋所云者。……是其填注书名，出于随意支配。直斋疑为子虚乌有，良非苛论。然谓所引书名皆古今所未闻，则有不尽然者。……又引《金銮密记》者亦四条。《唐志》杂史类有韩偓《金銮密记》五卷……虽未知《散录》所引，果出原书与否，然不可谓无此书名也。……特其中见于著录者，不过数种，余皆仅见于此书，无可征信。不应凡贽之所藏，适为前人所未见，后世所不传，其为杜撰依托，殆无疑义。直斋之言，未尝不深中其病也。"①据此可见，此书虽引录《金銮密记》四条，然是否即引自韩偓之《金銮密记》，实可怀疑。又如前所说，韩偓《金銮密记》乃记当时其所见所闻所经历之事，诚如《郡斋读书志》所云乃"天复中为翰林学士，从昭宗西幸。梁祖以兵围凤翔。偓每与谋议，因密记之，及所闻见"，恐未必记及中唐白居易以及数则无关政事时务之事。以此之故，以下《云仙杂录》、《云仙散录》所引《金銮密记》四则，是否真为韩偓《金銮密记》中文，实属可疑。

【备考一】

《金銮密记》：金銮故例，翰林当直学士，春晚困，则日赐成象殿茶果。（《云仙杂记》卷六《赐成象殿茶果》）；亦见于《云仙散录》。

此则又见于他书，个别文字有所不同，今移录于下：

《金銮密记》：故例，翰林当直学士，春晚人困，则日赐成象殿茶。（《白孔六帖》卷十五《茶》"成象殿茶"条）

韩偓《金銮密记》：翰林当直学士，春晚，则日赐成象殿茶。（宋王应麟《玉海》卷九十《唐赐成象殿茶》）

故例，翰林当直学士，春晚人困，则日赐成象饼茶。（小注：《金銮密记》）（宋陈景沂《全芳备祖》后集卷二十八）

《金銮密记》：故例，翰林学士，春晚人困，则日赐成象殿茶。（清陈元龙《格致镜原》卷二十一，《锦绣万花谷》后集卷三十五《茶》"成象殿茶"条同）

《金銮密记》：故例，翰林当直学士，每春晚人困，则日赐成象殿茶。

① 余嘉锡《四库提要辨正》卷十七子部八，中华书局1980年版，第1036—1037页。

（《御定佩文斋广群芳谱》卷十八）

《金銮密记》：故例，翰林学士，每春晚人困，则日赐成殿茶。（明彭大翼《山堂肆考》卷一九三《学士例赐》）

《金銮密记》：金銮故例，翰林当直学士，春晚人困，则日赐成象殿茶果。（清陆廷灿《续茶经》卷下之三）

【备考二】

翰林有龙口渠，通内苑，大雨之后，必飘诸花蕊，经由而出，有百种香色，名不可尽，春月尤妙。（《云仙杂记》卷八《龙口渠》；亦见于《云仙散录》）

此则亦见于《说郛》卷一一九下《龙口渠》，《玉芝堂谈荟》卷六以及《永乐大典》卷五八三九，文字全同。

【备考三】

九仙殿银井有梨二株，枝叶交结，宫中呼为雌雄树。（《云仙杂记》卷三《雌雄树》；亦见于《云仙散录》）

此则又见于《说郛》卷一一九《雌雄树》、《御定佩文斋广群芳谱》卷二十七，文字同。他本个别文字有所不同，今移录于下：

九仙殿银井有梨花二株，枝叶交结，宫中呼为雌雄树。（小注：《银銮记》）（《记纂渊海》卷九十三《梨花》）

九仙殿银井有梨二株，枝叶交结，宫中呼为雌雄。（《锦绣万花谷》后集卷三十七）

《金銮密记》曰："九仙殿银井有梨二株，枝叶交结，宫中呼为雌雄梨。（《渊鉴类函》卷四百、《格致镜原》卷七十）

【备考四】

《金銮密记》：白居易在翰林，赐防风粥一瓯，剔取防风，得五合余，食之，口香七日。（《云仙杂记》卷五《防风粥》，亦见于《云仙散录》）

　　此则又见于《御定佩文斋广群芳谱》卷九十四《防风》、《香乘》卷十《口香七日》、《说郛》卷一一九下《防风粥》等，文字全同。亦见于《山堂肆考》卷一九四《口香七日》、《格致镜原》卷二十二《粥》，然其文字较上述书所记均有缺漏，乃作："《金銮密记》：白居易在翰林，赐防风粥一瓯，食之，口香七日。"

　　　　　　　　　　　　　　　　　　原刊于《燕赵学术》2013 年秋之卷

读《新唐书·韩偓传》断想

我国是个历史悠久的文明古国,具有极为丰富优秀的传统文化。其中浩如烟海的史籍即蕴藏着今日仍可取鉴的优秀传统以及人品节操。谈史以鉴今,汲取其中精华以为营养,则是学习传统文化的目的。近读《新唐书·韩偓传》,颇以为有让今人取资或借以对照自励者。

韩偓是唐末任兵部侍郎、翰林学士承旨的一位著名诗人。后以忠耿被贬,流寓入闽,侨居南安十余年至卒。他以早年所作的《香奁集》著名,被人们误以为只是位香艳诗人,其实这是片面的。作为一位封建士大夫,他是位刚直忠耿的大臣;作为诗人,他也有不少颇具骨气、忠愤之气四溢的诗篇。诚如清人纪昀《四库全书总目提要》对他的评价:"偓为学士时,内预密谋,外争国是,屡触逆臣之锋,死生患难,百折不渝,晚节亦管宁之流亚,实为唐末完人。其诗虽局于风气,浑厚不及前人,而忠愤之气时时溢于言外。性情既挚,风骨自遒,慷慨激昂,迥异当时靡靡之响。"韩偓既是这么一位"完人",那么他有哪些值得今人取资借鉴的呢? 且读《新唐书·韩偓传》的有关传文:"宰相韦贻范母丧,诏还位,偓当草制,上言:'贻范处丧未数月,遽使视事,伤孝子心。今中书事,一相可办。陛下诚惜贻范才,俟变缞而召可也,何必使出蛾冠庙堂,入泣血枢侧,毁瘠则废务,勤恪则忘哀,此非人情可处也。'学士使马从皓逼偓求草,偓曰:'腕可断,麻不可草!'从皓曰:'君求死耶?'偓曰:'吾职内署,可默默乎?'明日,百官至,而麻不出,宦侍合噪。"韦贻范在任相时,多受人贿赂,许以官。母丧罢相时,因欠人情债,所以走权要之门,汲汲于起复任相,以达到还人情债的目的。但按当时礼制,他必须罢相在家守孝,故韩偓据制度而拒绝起草他起复任相的制诰。韩偓这种"腕可断,麻不可草"的断然态度,是在皇帝已被迫欲起复韦贻范,诸权要宦官以死相威胁的严峻情势下坚持的。这种顶着极大压力,秉公守法,恪尽职守,决不让汲汲经营跑官要官者达到目的的刚正操守,并不是今日每一位执掌提拔、任官大权者所能做到的,要不也就没有"成克杰应甘某等十三名党政机关及企业领导干部要求,为解决他们的提拔、调动等问题,向有关人员打招呼,并多次接受甘某等人的钱物"这样的事件屡屡出现了。对比之下,韩偓的这一节操,难道没有值得人们钦佩取资的地方吗?

《新唐书·韩偓传》又载:"初,偓侍宴……(朱)全忠、(崔)胤临陛宣事,坐者皆去席,偓不动,曰:'侍宴无辄立,二公将以我为知礼。'全忠怒偓薄己,悻然出。"应该说明的是朱全忠是当时凌驾于唐昭宗之上,专横跋扈的强藩;而崔胤则是巴结朱全忠的大权在握的宰相。两人在朝均颐指气使,擅作威福,故朝臣对他们极为畏惧,以致在侍宴这样的场合,本可坐着,但朝臣们见到他们,却离席侍立,以示敬意。只有韩偓不为淫威所慑,坚守礼仪,依然坐席不立。这段记载能给我们什么启迪呢? 一般说,对于上级领导是应该尊重和以礼相敬的,这也是今人所应具有的基本素质。问题在于如上述"皆去席"的坐者,是本不必去席侍立的。他们的去席乃由于慑于淫威,怕遭迫害。这固然不无令人同情之处,但在人品人格上却不能不说逊韩偓一筹。由此想开去,世间也非没有一种人,为了一己之私,处心积虑地阿媚上司,无原则礼仪地屈己献媚,蝇营狗苟以售其私。比起上文的去席者,这种人距韩偓的品格更不可以道里计了。在上者应对这种人的卑躬媚笑有足够的认识警惕。而像韩偓这样的人,才是真正正直可靠有脊梁的。

韩偓的让相推荐他人,也值得一提。《韩偓传》记:"帝反正,励精政事,偓处可机密,率与帝意合,欲相者三四,让不敢当。苏检复引同辅政,遂固辞。"又记昭宗曾想任命韩偓为相,偓辞,"因荐御史大夫赵崇劲正雅重,可以准绳中外",以此昭宗"叹其能让"。在今日竞争上岗的时风下,有人可能觉得韩偓的让相之举并不可贵。其实,这里还有具体的背景原因在。《资治通鉴》载:"苏检数为韩偓经营入相,言于(李)茂贞及中尉、枢密,且遣亲吏告偓,偓怒曰:'公与韦公自贬所召归,旬月致位宰相,讫不能有所为,今朝夕不济,乃欲以此相污邪!'"韩偓对宰相苏检、韦贻范的"不能有所为"是不满的,以此可知他认为担任宰相就必须有能力,"有所为",改变岌岌可危的政局。但处于兵连祸结,强藩宦侍当道的时代,韩偓自知无扭转乾坤之力,故不失自知之明地一再辞相,并推荐"劲正雅重"的赵崇,认为他较己为强,"可以准绳中外",或有改变政局的希望。因此他的辞相推荐他人,既是清醒地估量自己,也是以国家政局为重,不仅是"能让"而已。这一种理智与品格,难道不值得那些不能正确估量自己,利益当前,好孜孜营之谋之,一心想爬上竿顶儿者用以相形而见己绌,从而有以反省吗?

原刊于《群言》2002 年第 3 期

韩偓《过茂陵》、《故都》、《宫词》、《踏青》、《懒卸头》诗解读

一

韩偓《过茂陵》诗云：

> 不悲霜露但伤春，孝理何因感兆民。
> 景帝龙髯消息断，异香空见李夫人。

有人说此诗"作于唐昭宗乾宁三年秋（公元896年）。乃诗人护驾由华州至奉天途经茂陵时所作"。按，所说未必可信，盖乾宁三年秋诗人未必经过茂陵，况谓此诗作于秋日，推原其说，当以为首句之"霜露"指秋季，然此解未确，此诗不能据此而定秋季作矣。且诗人为京兆人，茂陵离长安不远，诗人之经茂陵，并非迟至乾宁三年年五十五岁时方可能。

诗中"悲霜露"，即霜露之悲，意为对父母先祖之悲思。所用即北齐颜之推《颜氏家训》卷下《终制篇》之语典："死者人之常分，不可免也。……四时祭祀，周孔所教，欲人勿死其亲，不忘孝道也。……若报罔极之德，霜露之悲，有时斋供，及尽忠信，不辱其亲，所望于汝也。"宋郑獬《郧溪集》卷七《赠母制》即谓："君子履霜露，则怵然而怀……朕之继大业，庆行于士大夫，亦念乎北堂之贤母，禄养不能及，乃饬有司，裂邑而封之。……犹足以慰霜露之悲乎！"宋杨冠卿《客亭类稿》卷十《册宝礼成追封三代代焚黄祭文·妣》亦云："母兮鞠我，垂休无穷。子之慕亲，欲报罔极。……焚告墓庭，增光泉壤。莫罄晨昏之养，惟深霜露之悲。"故有人释"霜露，指秋季。《诗·秦风·蒹葭》：'蒹葭苍苍，白露为霜。'"所

释乃字面之意,未能揭橥此处所含之真意。

而诗中之"孝理",犹孝道。其意谓汉武帝以孝治国教民。《汉书·武帝纪》:"(建元元年)夏四月己巳,诏曰:'古之立教,乡里以齿,朝廷以爵,扶世导民,莫善于德。然则于乡里先耆艾,奉高年,古之道也。今天下孝子顺孙愿自竭尽以承其亲,外迫公事,内乏资财,是以孝心阙焉。朕甚哀之。民年九十以上,已有受鬻法,为复子若孙,令得身帅妻妾遂其供养之事。'"《南齐书·文惠太子传》:"(王)俭又谘太子曰:'《孝经》"仲尼居,曾子侍"。夫孝理弘深,大贤方尽其致,何故不授颜子,而寄曾生?'"

诗中"景帝龙髯"句之景帝,即汉孝景皇帝,武帝之父。景帝与其父汉文帝均为明主,史称两人治国期间为"文景之治"。《汉书·景帝纪·赞》谓:"汉兴,扫除烦苛,与民休息。至于孝文,加之以恭俭,孝景遵业,五六十载之间,至于移风易俗,黎民醇厚。周云成康,汉言文景,美矣!"而"龙髯"乃龙之须。《史记·封禅书》:"黄帝采首山铜,铸鼎于荆山下。鼎既成,有龙垂胡髯下迎黄帝。黄帝上骑,群臣后宫从上者七十余人,龙乃上去。余小臣不得上,乃悉持龙髯,龙髯拔,堕,堕黄帝之弓。百姓仰望黄帝既上天,乃抱其弓与胡髯号,故后世因名其处曰鼎湖,其弓曰乌号。"后用为皇帝去世之典。如唐李峤《汾阴行》:"自从天子向秦关,玉辇金车不复还。珠帘羽扇长寂寞,鼎湖龙髯安可攀?"

诗中"异香空见"句之李夫人,即汉孝武李夫人。《汉书·外戚传上·孝武李夫人传》:"上叹息曰:'善!世岂有此人乎?'平阳主因言延年有女弟,上乃召见之,实妙丽善舞。由是得幸……李夫人少而蚤卒,上怜闵焉,图画其形于甘泉宫。……初李夫人病笃,上自临候之……上思念李夫人不已,方士齐人少翁言能致其神。乃夜张灯烛,设帐帷,陈酒肉,而令上居他帐,遥望见好女如李夫人之貌,还幄坐而步。又不得就视,上愈益相思悲感,为作诗曰:'是邪,非邪?立而望之,偏何姗姗其来迟!'令乐府诸音家弦歌之。上又自为作赋,以伤悼夫人。"

据上所释,可见此诗乃诗人过茂陵而咏汉武帝之作。究其诗旨,乃批评汉武帝虽倡孝道,然而未能亲躬孝道。唯重女色,故画李夫人之图形,又信方士之言,以求见李夫人之神魂,然此乃徒然而已耳。首句"不悲霜露但伤春",乃总评汉武,概括以下三、四两句之意。"不悲霜露",乃"景帝龙髯消息断"之谓,批评武帝之不悲思先帝也。"但伤春",乃刺武帝"异香空见李夫人",讥其重色也。"伤春",喻伤李夫人之早逝。第二句"孝理何因感兆民",乃批评汉武帝虽倡孝道,然未能躬行孝道,唯重女色,则其所倡孝道,又如何能感动百姓,令人信服!

"何因",乃就首句而反诘,讽意由此亦可见。"消息断",与下句"异香空见李夫人"成反衬,讥刺之意自在其中。此诗亦有承李义山衣钵之处。义山亦有《茂陵》、《汉宫》诗,中亦讽汉武之耽于神仙方士与女宠,《茂陵》谓"玉桃偷得怜方朔,金屋修成贮阿娇",《汉宫》谓"通灵夜醮达清晨,承露盘晞甲帐春。王母不来方朔去,更须重见李夫人"。于此可知致尧之亲炙义山,实有其事也。

二

韩偓《故都》诗云:

> 故都遥想草萋萋,上帝深疑亦自迷。
> 塞雁已侵池籞宿,宫鸦犹恋女墙啼。
> 天涯烈士空垂涕,地下强魂必噬脐。
> 掩鼻计成终不觉,冯骓无路敦鸣鸡。

这是唐韩偓所作的七言律诗。据《资治通鉴》,天祐元年(904)朱温胁迫唐昭宗迁都洛阳。诗中"故都"即指长安,此诗盖作于该年迁都后。诗人通过对故都长安的眷念,表达了对朱温篡唐的愤慨,抒发了报国无门的一腔悲愤。

首联"草萋萋"写长安的荒凉景象,深致惆怅之情。颔联"塞雁"、"宫鸦"二句,以比兴手法抒发对故都之眷念。塞雁本不该宿于宫中池籞,而今竟已侵宿,则长安宫中荒凉颓败可知矣。宫鸦乃诗人自指,其恋女墙而啼,可见诗人魂系故都,眷眷爱国情怀之深沉。这一联可谓妙极。

颈联"天涯烈士"亦诗人自况,"地下强魂"盖指宰相崔胤等人。崔胤于光化三年(900)将朱温召入长安,想借以消除宦官,却导致大权落于朱温之手,胤于天祐元年(904)亦为朱温所杀。则此时其虽欲反悔,亦如噬脐而不及矣。此联亦极佳,"提笔挺起作大顿挫",乃"大家气魄"(《唐宋诗举要》卷五引吴汝纶语,下引同)。

"掩鼻"句以郑袖工谗,美人掩鼻被劓的典故,说明朱温篡唐阴谋已成。末句深慨自己不能效冯骓报主,而抒发报国无门的悲愤,劲气内转,而又韵致凄迷深沉,乃抒发孤愤之佳作。

清人纪昀极推赏此诗,评云:"此真所谓鬼诗,刘后村《老吏》诗从此生出而又加甚焉。"于此,亦可见此诗之影响。

三

韩偓《宫词》诗云：

> 绣裙斜立正销魂，侍女移灯掩殿门。
> 燕子不来花著雨，春风应自怨黄昏。

此诗既以《宫词》为题，则所描摹者乃春日黄昏时，宫女有所祈盼而不得之幽怨。后两句尤含蓄蕴藉，韵味无穷，于短短两句之中含无限韵致，故宋人赵令畤特为赏爱之。既为宫怨之作，故首句之"正销魂"，末句之"怨黄昏"，皆言怨也。怨者何人？乃"绣裙斜立"者，"春风应自"者，实皆为宫女也。而何为有怨？乃"燕子不来花著雨"也。此句既为景语，实亦含比意。燕子亦比所盼之人，花亦自喻也。燕子春时应来而今不来，则爽约失信；宫女"斜立"等候，直至黄昏而"移灯掩殿门"，则难免失望而怨泣，所谓"花著雨"也。诗虽为《宫词》，然自不必以为宫女即诗人之化身也，故震钧以为此诗乃以"阿娇长门自比"云云，恐失于比附。

四

韩偓《踏青》诗云：

> 踏青会散欲归时，金车久立频催上。
> 收裙整髻故迟迟，两点深心各惆怅。

诗写踏青会散时，女子有所眷恋而迟迟不忍遽归也。诗题虽为《踏青》，然而着重点并不在于踏青，而是描摹女子有所眷恋，不愿遽归之情态，故此诗实可看作"无题"。中二句描摹女子有所属意，眷恋不愿遽归之情态颇为栩栩如生。谓"久立"，谓"频催"；既"收裙"，又"整髻"，后复明揭出"故迟迟"，在在显示女子之有所依恋也。末句"两点深心各惆怅"，则直揭女子如此情态之原委也。震钧谓此诗"被迫去国，情景如见"，乃以为此诗是韩偓晚年被贬时作，并加以政治比附，皆为不实之词。

五

韩偓《懒卸头》诗云：

> 侍女动妆奁，故故惊人睡。那知本未眠，背面偷垂泪。
> 懒卸凤皇钗，羞入鸳鸯被。时复见残灯，和烟坠金穗。

此诗乃描写女子因相思愁苦，而终夜未眠之情景。其"懒卸凤皇钗，羞入鸳鸯被"乃扣"懒卸头"题面。首二句侍女之所以"动妆奁"，乃因女子之未卸头钗，而欲以此"故故惊人睡"，促使女子卸头钗也。"那知本未眠，背面偷垂泪"，则谓侍女不晓女子尚"偷垂泪"而未眠也。四句中两人之举动心态展现得细腻婉曲而场面活现。再与"时复见残灯，和烟坠金穗"等句并读，可见女子彻夜苦思之"柔情密意"。丁绍仪《听秋声馆词话》谓此诗中"蒿目时艰，自甘贬死，深鄙杨涉辈之意，更昭然若揭矣"。所云杨涉事，据《新五代史·唐六臣传》：天祐四年"三月，唐哀帝逊位于梁，遣中书侍郎、同中书门下平章事张文蔚为册礼使，礼部尚书苏循为副；中书侍郎、同中书门下平章事杨涉为押传国宝使，翰林学士、中书舍人张策为副；御史大夫薛贻矩为押金宝使，尚书左丞赵光逢为副。四月甲子，文蔚等自上源驿奉册宝，乘辂车……朝梁于金祥殿。梁王衮冕南面，臣文蔚、臣循奉册升殿，进读已，臣涉、臣策奉传国玺，臣贻矩、臣光逢奉金宝，以次升，进读已，降，率文武百官北面舞蹈再拜贺"。则杨涉等大臣，乃于天祐四年主动称臣于朱全忠之后梁。韩偓此诗乃未仕时所作之艳情诗，当无"自甘贬死，深鄙杨涉辈"之政治寓意。

韩偓小传

韩偓（842—914?）字致尧，一作致光，小字冬郎，自号"玉山樵人"，京兆万年（今陕西西安市）人，韩瞻子。龙纪元年登进士第，初佐河中幕府，召拜左拾遗，迁刑部员外郎。历司勋（一作司封）郎中兼侍御史知杂事。宰相王溥荐为翰林学士，复迁中书舍人。尝与崔胤等人定策诛宦官刘季述。天复元年冬，从昭宗避乱凤翔，以功拜兵部侍郎、翰林学士承旨。时昭宗为宦官所制，偓为其筹划，以安定局势，深为昭宗所倚重，屡欲任其为相，固辞不就。三年，因不阿附朱全忠，为其所恶，贬濮州司马，再贬荣懿尉，徙邓州司马。天祐二年，复召为翰林学士，惧不赴任。次年，入闽依王审知。后寓居南安卒。偓十岁即能诗，其姨父李商隐曾称其"雏凤清于老凤声"（《韩冬郎即席为诗相送一座皆惊》）。其诗多感时伤事、慨叹身世之作。故清人评其《韩内翰别集》云："此集忠愤之气溢于句外，激昂慷慨，有变风变雅之遗。"（《四库全书简明目录》）沈德潜亦称其诗云："一归节义，得风雅之正。"（《唐诗别裁集》）而其《香奁集》多涉艳情，词致婉丽，了不关教化，致后人称艳情诗为"香奁体"。实当时诗坛风气使然。宋人亦有以《香奁集》为和凝作而托名韩偓者，近人阎简弼曾撰文深辨其非。《新唐书·艺文志》著录其《金銮密记》五卷、《韩偓诗》一卷、《香奁集》一卷。《郡斋读书志》则著录为《韩偓诗》二卷、《香奁集》一卷。《直斋书录解题》记《香奁集》一卷、入内廷后诗集一卷、别集三卷、《金銮密记》三卷。今所存《玉山樵人集》（内附《香奁集》）乃传世通行本。《全唐诗》编其诗为四卷，见卷六八〇至卷六八三，卷八九一又录其词三首。《全唐诗补编·续拾》卷四七又补其诗一句，重录一首。文一七篇，见《全唐文》卷八二九。生平事迹见《新唐书》卷一八三本传、《唐诗纪事》卷五六、《郡斋读书志》卷一八、《唐才子传校笺》卷九、《十国春秋》卷九五本传。近人震钧著有《韩承旨年谱》。

周祖譔主编《中国文学家大辞典·唐五代卷》，中华书局 1992 年版。

《唐才子传·韩偓传》笺证

偓字致尧,京兆人。

　　韩偓,《旧唐书》无传,传见《新唐书》卷一八三、《十国春秋》卷九五。按,偓名又有作渥者。郑文宝《南唐近事》、沈括《梦溪笔谈》均作渥。然《唐摭言》等书均作偓,渥或因与偓形近而误。

　　《郡斋读书志》卷一八云:"右唐韩偓致尧也,京兆人。"《直斋书录解题》卷五杂史类于偓《金銮密记》三卷下云:"唐翰林学士承旨京兆韩偓致尧撰。"此即《才子传》之所本。

　　又按偓字,诸书所载不一,其字又有作致光、致元者。《新传》、《南部新书》乙卷、《宣和书谱》卷一○、《十国春秋》卷九五本传、钱曾《读书敏求记》卷四等均作致光,而王安石《唐百家诗选》卷二○谓其字致光,然又云"一云字致尧";胡仔《苕溪渔隐丛话》前集卷二三引《遯斋闲览》又作致元。宋周弼《唐贤绝句三体诗法》谓偓"字致尧,一字致光"。《唐诗纪事》卷六五《韩偓》条云:"偓,字致尧,今曰致光,误矣。"《四库全书总目》卷一五一偓集提要亦辨云:"《唐书》本传谓偓字致光,计有功《唐诗纪事》作致尧,胡仔《渔隐丛话》谓字致元。毛晋作是集跋,以为未知孰是。案刘向《列仙传》称偓尧时仙人,尧从而问道。则偓字致尧,于义为合。致光、致元皆以字形相近误也。"《瀛奎律髓刊误》卷二所说略同。近人阎简弼《香奁集跟韩偓》(《燕京学报》总第38期)以为纪昀所言"满有理,咱就姑且定他:名偓字致尧"。然今人施蛰存则辨云:"吴融有《和韩致光侍郎无题三首十四韵》,吴融与韩偓同官,可证其字实为致光。"(《读韩偓词札记》,《中华文史论丛》1979年第4辑)要之,偓字孰是,迄今尚无定论。

　　又按《新传》谓偓"京兆万年人",《通鉴》卷二六二同。京兆万年县在今陕西省西安市。

　　又偓之小字及其父,《才子传》未及。据《南部新书》卷乙及《纪事》等,偓小字冬郎。父瞻,字畏之,开成二年(837)进士及第(庆按《纪事》言开成六年,误）。裴廷裕《东观奏记》卷下谓瞻宣宗时尝为虞部郎中，改凤州刺史。又据陈公亮《严州图经》卷一，瞻大中十二年(858)为睦州刺史。

又偓生年诸史未载，近人震钧《韩承旨年谱》据李商隐《韩冬郎即席为诗相送……因成二绝寄酬兼呈畏之员外》诗中"十岁裁诗走马成"句，以为是时偓年十岁，而此诗作于大中七年，定偓生于会昌四年(844)。然陈伯海以为此诗乃商隐"大中十年春返回长安重逢冬郎追忆之作"，所写实是其大中五年秋末赴梓州幕情景，故以为偓"当生于会昌二年(842)"(见《韩偓生平及其诗作简论》，《中华文史论丛》1981年第4辑)。所考偓生年可信。（王达津《唐诗丛考·〈宫柳〉诗和韩偓的生卒年》亦据商隐此诗，认为偓赋诗送李商隐赴柳仲郢幕在大中四年，而定偓生于会昌元年，即公元841年。然据《唐方镇年表》卷六，柳仲郢镇东川梓州乃大中五年，张采田《玉溪生年谱会笺》卷四亦记商隐赴梓州在大中五年冬，非四年。）

龙纪元年，礼部侍郎赵崇下擢第。

按《新传》云偓"擢进士第"，但未载何时。《郡斋》则记其龙纪元年(889)进士，未及其座主。考偓有《与吴子华侍郎同年玉堂伴直怀昔叙恳因成长句兼呈诸同年》诗(《纪事》卷六五)，则偓、融乃同年。又孙光宪《北梦琐言》卷五云："吴融侍郎，乃赵崇大夫门生。"则偓之座主亦为赵崇。此与《唐摭言》(卷六)所载偓奏昭宗云"臣座主右仆射赵崇"合。

又前引偓诗自注其"二纪计偕劳笔砚"句云："予与子华，俱久困名场。"则偓乃久困名场，历二十余年方及第者。

天复中，王溥荐为翰林学士，迁中书舍人。

《摭言》卷六云："偓，天复初入翰林。"《纪事》同。《新传》云："王溥荐(偓)为翰林学士，迁中书舍人。"《才子传》当本此而改天复(901—904)初为天复中。然言偓为翰林学士在天复初或天复中均误。岑仲勉《补僖昭哀三朝翰林学士记》(《郎官石柱题名新考订(外三种)》)所辨甚力，且考及偓之仕历，云："《英华》三八四有钱珝《授司勋郎中兼侍御史知杂事赐绯鱼韩偓本官充翰林学士制》(庆按司勋郎中，岑以为似以司封郎中近是)……(偓)《新唐书》一八三有传，云：'擢进士第，佐河中幕府，召拜左拾遗。'……今制有云：'朕初嗣丕业，擢升谏曹。'即指左拾遗言也。……偓入充翰学之年分，《新唐书》传与《才子传》记载不符，两非信史，而以《新唐书》传为近是。《新唐书》传云：'后累迁左谏议大夫,宰相崔胤判度支,表以自副,王溥荐为翰林学士,迁中书舍人,偓尝与胤定策诛刘季述,昭宗反正为功臣。'胤判度支,《旧唐书》纪二〇上在光化三年九月,《新唐书》表六三在六月。又《旧唐书》纪,'天复元年春正月甲申朔昭宗反正',依此以读《新唐书》传,偓充翰学,其必在天复前无疑矣。《才子传》则云:'天复中,王溥荐为翰林学士,迁中书舍人。'平加天复中三字。夫反正之前,已晋中舍,而初充翰学之日,犹是郎中,此初充最迟不过光化之证也。最要者钱珝行制,《新唐书》一七七云:'子珝,……宰相王抟荐知制诰,进中书舍人,抟得罪,珝贬抚州司马。'抟以光化三年六月赐死,珝贬亦同时,尤为偓充翰学不始天复之铁案。……《新唐书》书翰学于累迁谏议之下,虽不确符,要在反正之前,吾故谓其近是也。"

又偓为翰林学士前之行迹,《才子传》未及,今除前所引岑仲勉文所言及者外,又补充如下。

《全唐文》卷八三二钱珝有《授窦回凤翔节度副使崔澄观察判官韩偓节度掌书记等制》,云:"汉诏子弟理郡国,必择诸儒有材行者以左右之……今朕以汧岐奥壤而辅京师,推择统临,重在藩邸,用乃命丞相选宾介于朝……尔等亮直勤敬,如在谏省郎署时。"岑仲勉复考云:"按《通鉴》二六一,乾宁四年六月乙卯,以覃王嗣周为凤翔节度使,即制所谓诏子弟理郡国也。《全唐诗》十函七册韩偓诗引,'余自刑部员外郎为时权所挤,值盘石出镇藩屏,朝选宾佐,以余充职掌记,郁郁不乐,因成长句寄所知。'"据此可知偓乾宁四年(897)六月由刑部员外郎出为凤翔掌书记。又《通鉴》卷二六一:"覃王赴镇,李茂贞不受代,围覃王于奉天。"乾宁四年七月又载:"茂贞解奉天之围,覃王归华州。"八月,王建与刘季述矫制发兵围十六宅,拥通、覃十一王至石隄谷,尽杀之。光化元年(898)正月,复李茂贞凤翔节度使职。据此,则偓实未至凤翔,且其掌书记职至迟至光化元年正月即自行解去。稍后偓之踪迹无可确考,或即返朝,旋授司勋(封)郎中兼侍御史知杂事。

从昭宗幸凤翔,进兵部侍郎、翰林承旨。

《新传》云:"及(崔)胤召朱全忠讨(韩)全诲,汴兵将至,偓劝胤督(李)茂贞还卫卒。又劝表暴内臣罪,因诛全诲等;若茂贞不如诏,即许全忠入朝。未及用,而全诲等已劫帝西幸。偓夜追及鄠,见帝恸哭。至凤翔,迁兵部侍郎,进承旨。"《郡斋》卷一八于偓进兵部侍郎、承旨学士事亦略及之。《才子传》所云即据此。

又据《旧唐书·昭宗纪》及《通鉴》卷二六二，昭宗幸凤翔乃在天复元年十一月，则偓为翰林学士承旨当亦在此时。

又偓迁兵部侍郎前疑为户部侍郎。岑仲勉云："《旧唐书》纪二〇上天复三年正月下仍书偓为户部侍郎，似改户侍在迁兵侍之后。然历观前例，充承旨者俱自户侍改兵侍（唐末用兵，故以兵为重），则疑偓先迁户侍，后改兵侍，《旧唐书》纪所书不实也。"（《补文宗至哀帝七朝翰林承旨学士记》）岑说备参。

尝与崔胤定策诛刘季述。昭宗反正，论为功臣。

《新传》云："偓尝与胤定策诛刘季述，昭宗反正，为功臣。"偓与崔胤等定策诛刘季述事，《通鉴》卷二六二所载较详，云："孙德昭为左神策指挥使，自刘季述废立，常愤惋不平。崔胤闻之，遣判官石戬与之游。德昭每酒酣必泣，戬知其诚，乃密以胤意说之曰：'自上皇幽闭，中外大臣至于行间士卒，孰不切齿！今反者独季述、仲先耳。公诚能诛此二人，迎上皇复位，则富贵穷一时，忠义流千古；苟狐疑不决，则功落他人之手矣！'德昭谢曰：'德昭小校，国家大事，安敢专之！苟相公有命，不敢爱死。'戬以白胤。胤割衣带，手书以授之。德昭复结右军清远都将董彦弼、周承诲，谋以除夜伏兵安福门外以俟之。天复元年春正月，乙酉朔，王仲先入朝，至安福门，孙德昭擒斩之，驰诣少阳院，叩门呼曰：'逆贼已诛，请陛下出劳将士。'何后不信，曰：'果尔，以其首来！'德昭献其首，上乃与后毁扉而出。崔胤迎上御长乐门楼，帅百官称贺。周承诲擒刘季述、王彦范继至，方诘责，已为乱梃所毙。……宦官奉太子匿于左军，献传国宝。上曰：'裕幼弱，为凶竖所立，非其罪也。'命还东宫，黜为德王。"两《唐书·崔胤传》略同。此虽未记偓与谋诛季述事，然同书同卷天复元年八月复记："上问韩偓曰：'闻陆扆不乐吾返正，正旦易服，乘小马出启夏门，有诸？'对曰：'返正之谋，独臣与崔胤辈数人知之，扆不知也。'"由此可见偓实与其事，《新传》、《才子传》所云即指此。

又据上考，昭宗幸凤翔，偓进侍郎事在天复元年十一月后，而谋诛季述乃在天复元年元旦前，《才子传》反述诛季述事于后，所叙时序颠倒。

崔胤，《旧唐书》卷一七七、《新唐书》卷二二三有传。刘季述，传见《新唐书》卷二〇八，均可参。

帝疾宦人骄横，欲去之。偓画策称旨，帝前膝曰："此一事终始以属卿。"

按此本《新传》，云："帝疾宦人骄横，欲尽去之。偓曰：'陛下诛季述时，余皆赦不问,今又诛之,谁不惧死？含垢隐忍,须后可也。天子威柄,今散在方面,若上下同心,摄领权纲,犹冀天下可治。宦人忠厚可任者,假以恩倖,使自剪其党,蔑有不济。今食度支者乃八千人,公私牵属不减二万,虽诛六七巨魁,未见有益,适固其逆心耳。'帝前膝曰:'此一事终始属卿。'"

又《通鉴》卷二六二天复元年六月载此事较《新传》为详,且略有不同,今并录以资参研:"时上悉以军国事委崔胤,每奏事,上与之从容,或至然烛。宦官畏之侧目,皆咨胤而后行。胤志欲尽除之,韩偓屡谏曰:'事禁太甚。此辈亦不可全无,恐其党迫切,更生它变。'胤不从。丁卯,上独召偓,问曰:'敕使中为恶者如林,何以处之?'对曰:'东内之变,敕使谁非同恶！处之当在正旦,今已失其时矣。'上曰:'当是时,卿何不为崔胤言之?'对曰:'臣见陛下诏书云,'自刘季述等四家之外,其余一无所问'。夫人主所重,莫大于信,既下此诏,则守之宜坚;若复戮一人,则人人惧死矣。然后来所去者已为不少,此其所以恼恼不安也。陛下不若择其尤无良者数人,明示其罪,置之于法,然后抚谕其余曰:"吾恐尔曹谓吾心有所贮,自今可无疑矣。"乃择其忠厚者使为之长。其徒有善则奖之,有罪则惩之,咸自安矣。今此曹在公私者以万数,岂可尽诛邪！夫帝王之道,当以重厚镇之,公正御之,至于琐细机巧,此机生则彼机应矣,终不能成大功,所谓理丝而棼之者也。况今朝廷之权,散在四方,苟能先收此权,则事无不可为者矣。'上深以为然,曰:'此事终以属卿。'"

偓因荐座主御史大夫赵崇,时称能让。

《新传》云:"中书舍人令狐涣任机巧,帝尝欲以当国,俄又悔曰:'涣作宰相或误国,朕当先用卿。'(偓)辞曰:'涣再世宰相,练故事,陛下业已许之。若许涣可改,许臣独不可移乎?'帝曰:'我未尝面命,亦何惮?'偓因荐御史大夫赵崇劲正雅重,可以准绳中外。帝知偓,崇门生也,叹其能让。"《才子传》当本此。然《新传》记偓荐崇事于天复元年十一月帝幸凤翔前,时间有误(见下)。《才子传》所记时序亦涉《新传》而误。

李彦弼倨甚,因谮偓漏禁省语,帝怒曰:"卿有官属,日夕议事,奈何不欲我见韩学士邪?"

《新传》云:"李彦弼见帝倨甚,帝不平,偓请逐之,赦其党许自新,则狂谋自破,帝不用。彦弼谮偓及(令狐)涣漏禁省语,不可与图政。帝怒曰:'卿有官属,日夕议事,奈何不欲我见学士邪?'"《才子传》所记即本此,然所载时间有误。据《新传》，此事在天复元年反正后，十一月帝幸凤翔前。《才子传》则记于昭宗幸凤翔，偓为翰林承旨学士后，殊为颠倒。

又《新传》、《才子传》皆未记彦弼辈骄横倨傲，挟制昭宗，致帝未能见偓等情状，而此事《通鉴》卷二六二有所述及，云："韩全诲等惧诛，谋以兵制上……他日，上问韩偓：'外间何所闻？'对曰：'惟闻敕使忧惧，与功臣及（李）继筠交结，将致不安，亦未知其果然不耳。'上曰：'是不虚矣。比日继海、（李）彦弼辈语渐倨强，令人难耐。'"又云："上又谓偓曰：'继海、彦弼辈骄横益甚，累日前与继筠同入，辄于殿东令小儿歌以侑酒，令人惊骇。'"又云："上遣赵国夫人出语韩偓：'朝来彦弼辈无礼极甚，欲召卿对，其势未可。'且言：'上与皇后但涕泣相向。'自是，学士不复得对矣。"

李彦弼，两《唐书》无传。据《通鉴》卷二六二、二六三，彦弼，本姓董，为右军清远都将，天复元年以诛刘季述有功赐姓李，为宁远节度同平章事。后复朋比宦官，勒兵劫昭宗幸凤翔，天复三年（903）伏诛。

帝励精政事，偓处可机密，率与上意合。欲相者三四，让不敢当。偓喜侵侮有位，朱全忠亦恶之，乃构祸贬濮州司马。帝流涕曰："我左右无人矣！"

《新传》云："帝反正，励精政事，偓处可机密，率与帝意合，欲相者三四，让不敢当。苏检复引同辅政，遂固辞。初偓侍宴，与京兆郑元规、威远使陈班并席，辞曰：'学士不与外班接。'主席者固请，乃坐。既元规、班至，终绝席。全忠、胤临陛宣事，坐者皆去席，偓不动，曰：'侍宴无辄立，二公将以我为知礼。'全忠怒偓薄己，悻然出。有谮偓喜侵侮有位，胤亦与偓贰。会逐王溥、陆扆，帝以王赞、赵崇为相，胤执赞、崇非宰相器，帝不得已而罢。赞、崇皆偓所荐为宰相者。全忠见帝，斥偓罪，帝数顾胤，胤不为解。全忠至中书，欲召偓杀之。郑元规曰：'偓位侍郎、学士承旨，公无遽。'全忠乃止。贬濮州司马。帝执其手流涕曰：'我左右无人矣！'"《才子传》所言当本《新传》，然所记亦有不甚合《新传》原意者。如《新传》记"有谮偓喜侵侮有位"，而《才子传》则径云"偓喜侵侮有位"，不确。

又《新传》所记，其前之《摭言》亦已述及，所言不尽相同，且有可纠正《才子传》之误处。是书卷六《公荐》条云："韩偓，天复初入翰林（庆按偓入翰林乃光化时，此云天复初非是）。其年冬，车驾出幸凤翔，偓有扈从之功。返正初，上面许偓为相，奏云：'陛下运契中兴，当复用重德镇风俗。臣座主右仆射赵崇可以副陛下是选，乞回臣之命授崇，天下幸甚。'上嘉叹。翌日，制用崇暨兵部侍郎王赞为相。时梁太祖在京,素闻崇之轻佻,赞复有嫌衅,驰入请见,于上前具言二公长短。上曰:'赵崇是偓荐。'时偓在侧,梁主叱之。偓奏曰:'臣不敢与大臣争。'上曰:'韩偓出。'寻谪官入闽。"阮阅《诗话总龟》卷四二《怨磋》门、郭绍虞《宋诗话辑佚》卷下《诗史》同。按《摭言》载偓之荐崇,乃在昭宗幸凤翔后返正初。考《旧唐书·昭宗纪》,昭宗自凤翔返京师乃天复三年正月,则偓荐崇事当在此时稍后,《才子传》前记偓荐崇事于昭宗幸凤翔前,实有误(今人刘乾刊于《中国史研究》1984年第3期之《〈新唐书·韩偓传〉辨误》一文亦及之,可参)。

又《摭言》云偓为朱全忠所斥,即谪官入闽,而《新传》、《才子传》皆谓偓贬濮州司马,所言不同。考《通鉴》卷二六四天复三年二月载昭宗欲用偓为宰相,而偓荐赵崇、王赞自代,而朱全忠入见帝,曰:"'赵崇轻薄之魁,王赞无才用,韩偓何得妄荐为相!'上见全忠怒甚,不得已,癸未,贬偓濮州司马。上密与偓泣别,偓曰:'是人非复前来之比,臣得远贬及死乃幸耳,不忍见篡弑之辱!'"又偓《出官经硖石县》诗(《全唐诗》卷六八〇)下注云"天复三年二月二十二日"作,又于"谪官过东畿,所抵州名濮"句下注:"是月十一日贬濮州司马。'则偓之初贬实即濮州,非先贬闽,偓之入闽乃在天祐(904—907)中(见下)。

濮州,据《旧唐书》卷三八《地理志》一,乃属唐河南道,地即今山东省鄄城县北旧城。

又《才子传》未记偓贬濮州后之行踪,今考述如下。据《新传》,偓贬濮州后复贬荣懿尉,徙邓州司马。然岑仲勉考云:"偓自濮州再贬荣懿,荣懿属江南道溱州,又徙山南道邓州,是否通履三任,无可确考。偓在湖南赋《早玩雪梅有怀亲属》诗,又《家书后批二十八字》诗注'在醴陵时闻家在登州',偓原籍京兆万年,则似家属随至濮州,故得东徙海岸。唐末朝命不行,且偓之贬,出于权奸排挤,为保身计,意偓以溯江之便,遂转入湖南,未尝至荣懿也。"(《唐集质疑·韩偓南依记》,下引岑说并见此文)岑疑偓未至荣懿,可参。

天祐二年,复召为学士,偓不敢入朝,挈其族南依王审知而卒。

《新传》记云:"天祐二年,复召为学士,还故官。偓不敢入朝,挈其族南依王审知而卒。"按此即《才子传》所本,然《才子传》此处原作天祐六年,今从《四库》本改"六"为"二"。考偓有《乙丑岁九月在萧滩镇驻泊两月忽得商马杨迢员外书贺余复除戎曹依旧承旨还缄后因书四十字》诗(《全唐诗》卷六八〇),

乙丑岁乃天祐二年（905），则复召偓为承旨学士事乃在是年九月，《新传》所记是。

又偓不敢入朝，南依王审知之时间亦可考知。按偓有《病中初闻复官》诗，末云"宦途巇崄终难测，稳泊渔舟隐姓名"。又有《丙寅二月二十二日抚州如归馆雨中有怀诸朝客》、《三月二十七日自抚州往南城县舟行见拂水蔷薇因有是作》。又《荔枝三首》题下注："丙寅年秋，到福州。"（并同上）丙寅乃天祐三年（906）。据此，则偓实未奉召入京，乃舟行南下，经抚州、南城（均属江西省），后入福州。其依王审知之时间当在天祐三年秋抵福州后。《十国春秋》卷九〇《闽一·太祖世家》记天祐二年夏四月"唐学士韩偓挈族来奔"，所记时亦未确。

又偓至福州后之行踪，《新传》、《才子传》均未及，今据诸书所载，考述如下。黄滔《丈六金身碑》（《全唐文》卷八二五）记天祐四年（907）正月十八日，偓与王审知于福州开元寺所设之无遮会（偓此后之行止，可详参上引岑仲勉文），则是时偓尚在福州。又偓有《余寓汀州沙县病中闻前郑左丞璘随外镇举荐赴洛兼云继有急征旋见脂辖因作七言四韵戏以赠之或冀其感悟也》（己巳年）、《己巳年正月十二日自沙县抵邵武军将谋抚信之行到才一夕为闽相急脚相召却请赴沙县郊外泊船偶成一篇》诗（《全唐诗》卷六八一），据诗题所记，可知偓于梁开平二年（908）已移居汀州沙县，开平三年己巳（909）初又之邵武，旋回沙县。

又偓《多情》诗注云："庚午年在桃林场作。"（同上卷六八三）庚午乃开平四年（910）。据《太平寰宇记》卷一〇二泉州永春县云："唐长庆二年，析南安县西界两乡置桃林场。"则桃林场在泉州南安县西界。又其《南安寓止》（《玉山樵人集》）云："此地三年偶寄家。"据此，则偓确寄居南安，其始居南安之时间约在开平四年。又其《驿步》诗注："癸酉年在南安县。"（《全唐诗》卷六八一）癸酉乃后梁乾化三年（913），则偓至此时仍寓居南安县。此后至其卒，未见徙居他处。

又偓之卒年《新传》未载，《十国春秋》本传则谓其"龙德三年（923），卒于南安龙兴寺，葬葵山之麓"。按此谓偓卒于龙德三年，然今人考偓之卒年亦有不采此说者。岑仲勉据宋刘克庄《跋韩致光帖》"致光自癸亥去国，至甲戌悼亡，十有二年，流落久矣，而乃心唐室，始终不衰，其自书《裴郡君祭文》首书甲戌岁……是岁朱氏篡唐已八年，为乾化四年"云云，谓"综观偓诗文，其卒最早不过是年（庆按即乾化四年）"。今人王达津在前引其文中，亦据刘克庄文等谓偓之“卒年可能在后梁乾化四年（914）或乾化五年（915）”。

偓自号“玉山樵人”。

《宣和书谱》卷一〇云偓“自号玉山樵人”，《纪事》所云同。此即《才子传》所本。

工诗，有集一卷。又作《香奁集》一卷，词多侧艳情巧。又作《金銮密记》五卷，今并传。

《新书》卷五八《艺文志》二杂史类著录偓《金銮密记》五卷，同书卷六〇《艺文志》四别集类复记《韩偓诗》一卷、《香奁集》一卷。《才子传》所记即本此。然偓集卷数宋时诸书目所记或颇有异同：王尧臣《崇文总目》卷二杂史类著录《金銮密记》一卷，卷五别集类记《韩偓诗》一卷；《郡斋》卷一八别集类则录《韩偓诗》二卷、《香奁集》一卷；《直斋》卷一九诗集类记《香奁集》二卷，入内廷后诗集一卷，别集三卷，又卷五杂史类记《金銮密记》三卷。据此，可知偓集及卷数于流传中已有变化，五卷本《金銮密记》南宋时已未见。《全唐诗》录存偓诗四卷，收于卷六八〇至卷六八三，其文则收于《全唐文》卷八二九。其诗集《四部丛刊》本之《玉山樵人集》（附《香奁集》乃现传之通行本。

又按《香奁集》是否偓所作，自宋以来所见不同。宋沈括云：“和鲁公有艳词一篇，名《香奁集》，凝后贵乃嫁其名为韩渥（按即韩偓）。今世传渥《香奁集》乃凝所为也。凝生平著述分为演纶、游艺、孝悌、疑狱、香奁、籝金六集，自为《游艺集序》云：‘余有香奁、籝金二集，不行于世。’凝在政府避议论，讳其名，又欲后人知，故于《游艺集序》实之，此凝之意也。”（《梦溪笔谈》卷一六）《遯斋闲览》则云：“《笔谈》谓《香奁集》乃和凝所为，后人嫁其名于韩偓，误矣。唐吴融诗集中有《和韩致尧（按原非作尧，乃点校者改）侍郎无题》二首，与《香奁集》中无题韵正同，偓《叙》（庆按指《香奁集序》）中亦具载其事。又尝见偓亲书诗一卷，其《袅娜》、《多情》、《春尽》等诗多在卷中。偓词致婉丽，非凝言‘余有《香奁集》，不行于世’。凝好为小词，洎作相，专令人收拾焚毁。然凝之《香奁集》乃浮艳小词，所谓不行于世，欲自掩耳，安得便以今《香奁集》为凝作也？”（《苕溪渔隐丛话》前集卷二三引）又宋葛立方《韵语阳秋》卷五、元方回《瀛奎律髓》卷七、今人施蛰存《读韩偓词札记》等亦均以为《香奁集》乃偓所作。又今人徐复观《韩偓诗与〈香奁集〉论考》（《中国文学论集》，民主评论社 1966 年版）所见复有不同，以为今《香奁集》确乃和凝所编选，其中有凝之少作，亦选入偓诗，且以为《香奁集自序》乃后人伪作（按此据缪钺刊于《四川大学学报》1983

年第 2 期《灵谿词说》一文所说）。则《香奁集》究为谁作，迄今尚无定论。

又偓亦擅书法，沈括云："唐韩偓为诗极清丽，有手写诗百余篇，在其四世孙奕处。……庆历中，予过南安见奕，出其手集，字极淳劲可爱。……又予在京师见偓《送昚光上人》诗，亦墨迹也，与此无异。"（《梦溪笔谈》卷一七《书画》）《宣和书谱》卷一四行书四亦云："考其字画，虽无誉于当世，然而行书亦复可喜。尝读其《题怀素草书》诗云'怪石奔秋涧，寒藤挂古松，若教临水畔，字字恐成龙'之句，非潜心字学，其作语不能迨此。后人有得其石本诗以赠，谓字体遒丽，辞句清逸，则知其茹芝饮露之语不为过也。今御府所藏行书二：仆射帖；芝兰帖。"据此则宋时偓之行书尚存于世。

韩偓生平诗文系年汇纂

  韩偓是唐末一位被清《四库全书》馆臣称为"内预秘谋,外争国是,屡触逆臣之锋,死生患难,百折不渝,晚节亦管宁之流亚,实为唐末完人"①的忠臣与知名诗人。其生平与诗文系年,前已有为之编撰者,然多有歧异相乖之处,且有的或过于简要,或缺乏论证。虽其中也有颇翔实可靠者,然亦不无可纠正或补充之处。况且有的因体例之故,对他家之歧说乖误缺乏辨析,对编年之依据缺乏论述。故今于撰著《韩偓集系年校注》②之便,广参诸家年谱、传记、诗文系年以及相关文献资料,特为韩偓编撰生平与诗文系年简要年谱。

  唐武宗会昌二年壬戌(842),韩偓生,一岁。
  韩偓字致尧,或作致光,小字冬郎,自号"玉山樵人",唐京兆万年县人。父韩瞻,字畏之。
【生平仕履笺证】
  《新唐书》卷一八三《韩偓传》:"韩偓字致光,京兆万年人。"宋钱易《南部新书》卷乙:"韩偓,即瞻之子也,兄仪。瞻与李义山同年,禁中谓之'韩冬郎'是也。……冬郎,偓小名。偓字致光。"宋计有功《唐诗纪事》卷六十五《韩偓》:"偓小字冬郎。……偓,字致尧,今曰致光,误矣。自号玉山樵人。"《四库全书总目提要》卷一五一《韩内翰别集》:"唐韩偓撰。《唐书》本传谓偓字致光,计有功《唐诗纪事》作字致尧,胡仔《渔隐丛话》谓字致元,毛晋作是集跋,以为未知孰是。按刘向《列仙传》称:偓佺,尧时仙人,尧从而问道。则偓字致尧,于义为合。致光、致元,皆以字形相近误也。"岑仲勉《补唐代翰林两记》卷上《补僖昭哀三朝翰林学士记》谓:"余按偓兄仪字羽光,致光或涉此而讹。"张采田《玉溪生年谱会笺》开成三年所编李商隐《寄恼韩同年二首时韩住萧洞》

---

①永瑢等《四库全书总目》卷一百五十一《韩内翰别集·提要》),中华书局 1965 年版,第 1302页。本文以下所引书,为免繁冗,除较稀见资料外,凡较常见者,一般不再具注其出处。
②吴在庆著,中华书局 2015 年版。

诗笺云:"韩瞻,字畏之,韩偓父。"

韩偓生于本年,考详见宣宗大中五年谱。

唐宣宗大中五年辛未(851),十岁。

李商隐离长安赴任柳仲郢东川节度使掌书记,韩偓随父韩瞻为其饯行。偓即席有"连宵侍座徘徊久"之诗,商隐后来回忆此事,有诗称赞韩偓"雏凤清于老凤声"。

【生平仕履笺证】

宋计有功《唐诗纪事》卷六十五《韩偓》:"偓小字冬郎。义山云:'尝即席为诗相送,一座尽惊,句有老成之风。'因有诗云:'十岁裁诗走马成,冷灰残烛动离情。桐花万里丹山路,雏凤清于老凤声。'"按,此事源于李商隐诗,其《韩冬郎即席为诗相送一座尽惊他日余方追吟连宵侍坐徘徊久之句有老成之风因成二绝寄酬兼呈畏之员外》二首,其一云:"十岁裁诗走马成,冷灰残烛动离情。桐花万里丹山路,雏凤清于老凤声。"此诗张采田《玉溪生年谱会笺》大中五年条,考定义山赴东川任柳仲郢东川节度使掌书记在大中五年冬,其罢职入京,在大中十年之春。此诗乃商隐归京后,追纪大中五年冬郎十岁裁诗相送事。据此大中五年韩偓十岁,其生当在唐武宗会昌二年。又,李商隐其时已称赏韩偓诗才。其《留赠畏之三首》其一云:"清时无事奏明光……郎君下笔惊鹦鹉,侍女吹笙美凤凰。"此诗题下有"时将赴职梓潼,遇韩朝回作"原注。郎君即谓韩偓。

【诗文系年笺证】

《即席送李商隐丈》(见吴在庆著《韩偓集系年校注》〔下简称作《韩偓集》〕卷五),此诗本年冬赋,考详见上文。

唐懿宗咸通元年庚辰(860),十九岁。

韩偓自本年、明年之间起,至广明元、二年之间止,作歌诗千余首,其中艳体诗数百首,广为流传。

【生平仕履笺证】

《玉山樵人集(附香奁集)》①本卷末有《玉山樵人香奁集》序:"余溺章句,信有年矣。诚知非大夫所为,不能忘情,天所赋也。自庚辰、辛巳之际,迄辛

①唐韩偓撰,四部丛刊影旧钞本。下简称玉山樵人本。

丑、庚子之间,所著歌诗不啻千首。其间以绮丽得意者亦数百篇,往往在士大夫之口,或乐工配入声律,粉墙椒壁,斜行小字,窃咏者不可胜记。"据此,今传《香奁集》中尽管有部分诗非此时期所作,然当有不少诗作乃此期间所咏。

唐懿宗咸通七年丙戌(866),二十五岁。

韩偓本年前后始参加进士科试,然蹭蹬举场凡二纪方于龙纪元年登第。

【生平仕履笺证】

韩偓有《与吴子华侍郎同年玉堂同直怀恩叙恳因成长句四韵兼呈诸同年》(《韩偓集》卷一)诗,中有"二纪计偕劳笔砚"句,下自注:"余与子华俱久困名场。"按,据徐松《登科记考》卷二十四,韩偓、吴融等人于龙纪元年(公元889年)登进士第,由是年前推二纪为本年,时偓始试进士。

唐懿宗咸通十二年辛卯(871),三十岁。

约本年秋八月,韩偓离家往游江南。本年有《离家》(八月)、《早发蓝关》(八月)、《商山道中》(八月)、《寄京城亲友二首》(秋末)、《过临淮故里》(秋冬间)等诗。

【生平仕履笺证】

《夏课成感怀》(《韩偓集》卷三)诗云:"别离终日心忉忉,五湖烟波归梦劳。凄凉身事夏课毕,濩落生涯秋风高。……谁怜愁苦多衰改,未到潘年有二毛。"按,潘岳三十二岁始见二毛。诗谓"未到潘年",则偓时年未到三十二。韩偓生于唐武宗会昌二年(公元842年),则其年三十二时为咸通十四年(公元873年),"未到潘年",则最多为三十一岁,时乃咸通十三年(公元872年)。此诗乃在江南秋日作。其集中游江南诸作,亦多约作于咸通十三年或稍前。

【诗文系年笺证】

《离家》(《韩偓集》卷三)诗云:"八月初长夜,千山第一程。……祖席诸宾散,空郊匹马行。自怜非达识,局促为浮名。"据诗中"局促为浮名"句,知此偓离家之行乃为求取功名。而诗云"千山第一程",则此行当为远游。观其明年秋在江南有夏课成之咏,则此诗盖本年秋八月离家开始江南游之作。

《寄京城亲友二首》(《韩偓集》卷三)之一云:"苦吟看坠叶,寥落共天涯。壮岁空为客,初寒更忆家。"此诗谓"壮岁空为客,初寒更忆家",则约为本年八月离家后秋末初寒时作,韩偓时年三十,故称"壮岁"。

《早发蓝关》(《韩偓集》卷三)诗云:"云外日随千里雁,山根霜共一潭星。……自问辛勤缘底事,半生驱马傍长亭。"《吴评韩翰林集》①此诗题下注:"此亦癸亥年作。"则认为此诗作于天复三年(公元903年)。《唐韩学士偓年谱》②亦谓"《唐书》韩公本传称:'贬濮州司马,再贬荣懿尉,徙邓州。'鄙意公今年(庆按,指天复三年)二月被贬,虽曾即日就道,有《早发蓝关》一诗可证"。《韩偓诗注》③亦从之,谓"作于唐昭宗天复三年。诗中写到蓝关,是被贬出京赴任时所作"。按,谓此诗天复三年被贬时经蓝关作恐非是。此诗末"自问辛勤缘底事,半生(庆按:生,一作年)驱马傍长亭"两句,恐非被贬出关时所作语。一者,所谓"自问辛勤缘底事",乃为寻觅功名时所发之感慨语;二者,其被贬乃自京城长安外贬,自长安抵蓝关,当不必"驱马傍长亭""半生(一作年)"之久。蓝关亦即蓝田关,在京兆府蓝田县南。据《元和郡县图志》卷一京兆府,蓝田县"东北至府八十里",而"蓝田关,在县南九十里,即峣关也"。则自京城至蓝关凡一百七十里,最多乃三四天路程即可达,绝不必"半生(年)"之久矣。可见,此诗非天复三年被贬时所作。细味此诗,尤其后两句所云,诗盖是未及第时外出觅功名时之作。据本谱《夏课成感怀》相关考释,韩偓约于咸通十二年八月或稍前离家首途游江南久之,其时年三十,正是壮年。此诗疑约咸通十二年(公元871年)秋离家往江南出蓝关时之作。

《商山道中》(《韩偓集》卷三)。《韩偓诗注》谓此诗"作于唐昭宗乾宁三年(公元895年)",然未言何据。按,乾宁三年,韩偓随唐昭宗出幸华州,亦至奉天,时有《乾宁三年丙辰在奉天重围作》诗。然是年诗人并未经商山,故此诗非是年所作。据前考,韩偓咸通十二年秋八月曾有离家游江南之行,此行亦可能经过商山,故颇疑此诗乃其时经商山所赋,时约在咸通十二年秋八月。

《过临淮故里》(《韩偓集》卷二)诗云:"交游昔岁已凋零,第宅今来亦变更。旧庙荒凉时缋绝,诸孙饥冻一官成。五湖竟负他年志,百战空垂异代名。荣盛几何流落久,遣人襟抱薄浮生。"徐复观先生于《中国文学论集·韩偓诗与香奁集论考》④认为此诗非韩偓诗,云:"《江南送别》、《过临淮故里》、《吴郡怀古》、《游江南水陆院》这一类的诗,可断言其非出于韩偓。"他认为"韩偓的'故里',不可能在'临淮';'诸孙饥冻一官成'的情景,尤与韩偓不合;则此诗之不出于韩偓,实甚为明显。临淮为由金陵赴中原(洛阳)必经之路,这首诗

---

① 唐韩偓撰,清吴汝纶评注,陕西通志馆所印关中丛书本。下简称吴评本。
② 陈敦贞撰,台北商务印书馆1982年版。
③ 陈继龙注,学林出版社2001年版。
④ 台北学生书局1976年版。

及江南诸诗,或出于韩熙载。然韩之故里亦非临淮,所以只好存疑了。"按,此说误。此处"临淮",乃谓临淮郡王李光弼。以李光弼封临淮郡王,故称。李光弼,传见《旧唐书》卷一一〇、《新唐书》卷一三六。《旧传》云:"李光弼,营州柳城人。……宝应元年,进封临淮王,赐铁券,图形凌烟阁。"《新传》云:"宝应元年,进封临淮郡王。……广德元年,遂禽晁,浙东平。诏赠实封户二千,与一子三品阶,赐铁券,名藏太庙,图形凌烟阁。"按,据本谱《夏课成感怀》、《游江南水陆院》等诗相关考证,韩偓约于咸通十二年(公元871年)秋离家往游江南。临淮,即临淮郡,唐天宝元年改泗州置,治所在临淮县(今江苏盱眙县西北)。此诗疑即韩偓于秋冬间往游江南过临淮时所作。

唐懿宗咸通十三年壬辰(872),三十一岁。

约本年韩偓游于江南,曾到金陵、吴郡等地。本年有《游江南水陆院》(春)、《吴郡怀古》(约晚春)、《三月》(三月)、《再止庙居》(春)、《夏课成感怀》(夏)、《洞庭玩月》(秋)、《江南送别》(秋)、《金陵》等诗。

【生平仕履笺证】

韩偓有《游江南水陆院》(《韩偓集》卷三)诗。《韩偓简谱·后记》①云:"考致尧集中有《游江南水陆院》,及江南风物之诗,似系广明乱前所作,岂(韩)瞻亦曾官江南?"《韩偓年谱》②于大中十二年谓:"偓青年时期曾游江南。父瞻任睦州刺史,偓盖从父至游江南。《翰林集》中《夏课成感怀》(首联云'别离终日心切切,五湖烟波归梦劳')、《游江南水陆院》、《江南送别》等诗,为游江南时所作。姑系于此。"《韩偓诗注》则谓《游江南水陆院》诗"作于唐懿宗咸通十三年(公元872年)。诗人《夏课成感怀》诗有'五湖烟波归梦劳'之句,可见诗人早年曾游历过江南,这首诗应是诗人游历江南时所作"。然同人《韩偓事迹考略·韩偓生平简表》③则系于咸通十二年。按,上述诸家系年,以咸通十三年较为合理,盖前考韩偓《夏课成感怀》诗亦在江南作,时间约在咸通十三年(参本谱上年所考)。此诗有"风雨看花欲白头"句,则约作于咸通十三年春。据此可知韩偓本年为科考事游至江南一带。

【诗文系年笺证】

《吴郡怀古》(《韩偓集》卷三)诗首云:"主暗臣忠枉就刑,遂教强国醉中

① 孙克宽撰,台北广文书局1970年版。
② 见邓小军《诗史释证》,中华书局2004年版。
③ 陈继龙著,上海古籍出版社2004年版。

倾。人亡建业空城在,花落西江春水平。"《韩偓诗注》谓此诗"作于唐懿宗咸通十三年(公元 872 年)"。所说大抵是,然未必确在是年,应约作于是年或稍前,说详前《夏课成感怀》诗考。此诗有"花落西江春水平"句,则约作于咸通十三年晚春三月时。吴郡即唐苏州,则韩偓约于是年晚春已至苏州。

《三月》(《韩偓集》卷三):"辛夷才谢小桃发,踏青过后寒食前。四时最好是三月,一去不回唯少年。吴国地遥江接海,汉陵魂断草连天。新愁旧恨真无奈,须就邻家瓮底眠。"此诗之作年难于确考,《韩偓诗注》谓"应是晚年流寓闽地之作",所说未必是。细味诗情,似非韩偓晚年寓闽地之作。盖"须就邻家瓮底眠"之句,恐非诗人晚年之情致,当乃中年时之戏语。且诗中"吴国地遥江接海"应是实景,而此地应为苏州吴郡一带。据本谱《夏课成感怀》、《游江南水陆院》、《江南送别》、《吴郡怀古》诸诗相关考证,韩偓咸通十三年春夏间游于江南吴郡一带,故此诗或即作于是年三月。

《再止庙居》(《韩偓集》卷三)云:"去值秋风来值春,前时今日共销魂。颓垣古柏疑山观,高柳鸣鸦似水村。……幽深冻馁皆推分,静者还应为讨论。"此诗《韩偓诗注》以为"作于唐昭宣帝天祐三年(公元 906 年)"。按,此系年未言何据,当不可信。考此诗题为《再止庙居》,又有"去值秋风来值春,前时今日共销魂"、"颓垣古柏疑山观"、"幽深冻馁皆推分"等句,与韩偓前《过临淮故里》诗中之"交游昔岁已凋零,第宅今来亦变更。旧庙荒凉时飨绝,诸孙饥冻一官成"等句,其中颇有相关联之处,故疑两诗中之庙均为临淮王郭子仪在临淮之庙。以此两诗当为韩偓中年游江南一带往返途中两次经过临淮所作,分别写于秋天和春天。据前文所考,《过临淮故里》约咸通十二年秋所作,而此诗乃次年春再经过所咏,则盖约作于咸通十三年春欤?

《洞庭玩月》(《韩偓集》卷二):"洞庭湖上清秋月,月皎湖宽万顷霜。……更忆瑶台逢此夜,水晶宫殿挹琼浆。"此诗之作年诸家所说不一。吴汝纶于诗题后评注谓"此在湖南时作,唐未亡也",然未系具体年月。《唐韩学士偓年谱》则系《出官经硖石县》、《江行》、《汉江行次》、《过汉口》、《洞庭玩月》、《赠隐逸》、《雪中过重湖》等诗于天复三年。《韩偓诗注》所系同,以为此诗"作于唐昭宗天复三年初秋,是年诗人在湖南洞庭湖边"。而《韩翰林诗谱略》①于天祐元年谓"偓在湖南长沙,五月复至醴陵县",此下即系该年诗,先后为《过汉口》、《汉江行次》、《洞庭玩月》等等诗作。《增订注释全唐诗》②韩偓卷亦谓"此

① 缪荃孙编,民国间南陵徐氏刻《烟画东堂四谱》本。
② 陈贻焮主编,文化艺术出版社 2001 年版。

诗当作于天祐元年秋流寓湖南时"。按,作于天复三年和天祐元年两说均值得怀疑。据此诗"洞庭湖上清秋月"句,知此诗作时乃秋季。今考韩偓天复三年二月贬官濮州后至天祐元年入湖南后经历,未见其秋日在洞庭湖之行迹。据《韩偓年谱》所考,韩偓天复三年未入湖南。天祐元年初后先后作《江行》、《过汉口》、《汉江行次》、《雪中过重湖信笔偶题》诸诗。后一诗诗题有"雪中",诗中有"水国春寒向晚多"句,据此知韩偓天祐元年初春已在湖南洞庭湖。又据韩偓《甲子岁夏五月自长沙抵醴陵贵就深僻以便疏慵……》诗,知天祐元年五月(即甲子岁夏五月)韩偓已经由长沙至醴陵。此后韩偓寓居醴陵久之,至天祐二年春夏间方至江西袁州。故自天复三年至天祐二年韩偓并无秋日在洞庭湖之经历。且诗题谓"洞庭玩月",若是在初贬官不久的天复三年或天祐元年,恐怕经过洞庭湖亦无"玩月"之心情。可见此《洞庭玩月》诗非韩偓在天复三年或天祐元年所作。今考诗题之"洞庭",及诗中之"洞庭湖",亦非必指湖南境内之洞庭湖,亦有指在江苏者。检史为乐主编之《中国历史地名大辞典》①"洞庭湖"条除记载湖南之洞庭湖外,又云:"即今江苏太湖。晋左思《吴都赋》:'指包山而为期,集洞庭而淹留。'《文选》注引王逸曰:'太湖在秣陵东。湖中有包山,山中有如石室,俗谓洞庭。'"又检唐陆龟蒙、皮日休在苏州均有咏及此洞庭、洞庭湖之作。如陆龟蒙《木兰堂》:"洞庭波浪渺无津,日日征帆送远人。几度木兰舟上望,不知元是此花身。"陆龟蒙《圣姑庙》:"渺渺洞庭水,盈盈芳屿神。因知古佳丽,不独湘夫人。"陆龟蒙《明月湾》:"昔闻明月观,只伤荒野基。今逢明月湾,不值三五时。择此二明月,洞庭最看奇。连山忽中断,远树分毫厘。周回二十里,一片澄风漪。见说秋半夜,净无云物欺。兼之星斗藏,独有神仙期。"皮日休《江南书情二十韵寄秘阁韦校书贻之商洛宋先辈垂文二同年》:"默坐看山困,清斋饮水严。薜生天竺屐,烟外洞庭帆。"又考韩偓约咸通十三年曾游江南,时有《夏课成感怀》诗,中有"五湖烟波归梦劳。凄凉身世夏课毕,濩落生涯秋风高"句;又有《游江南水陆院》诗,中有"关河见月空垂泪,风雨看花欲白头"句;又有《江南送别》诗,中有"江南行止忽相逢,江馆棠梨叶正红"句;又有《吴郡怀古》诗等(诸诗之作年,请详见本谱各诗考证)。据此,韩偓此诗之"洞庭"、"洞庭湖"盖即其游江南,秋游洞庭之作,亦即约作于咸通十三年秋。其时诗人正壮年,尚在求仕年代,其游江南苏州,遇见此湖光水色之美景,故有"洞庭玩月"之作。

---

① 史为乐主编,中国社会科学出版社 2005 年出版。

《江南送别》(《韩偓集》卷三):"江南行止忽相逢,江馆棠梨叶正红。……关山月皎清风起,送别人归野渡空。"《韩偓诗注》谓此诗"作于唐懿宗咸通十三年(公元872年)"。然同人后来所著《韩偓事迹考略·韩偓生平简表》则系于咸通十二年。按,据前考韩偓《夏课成感怀》诗在江南作,时间约在咸通十三年。此诗亦在江南作,则以约作于咸通十三年较为合理。此诗有"江馆棠梨叶正红"句,乃秋日景色,故此诗约作于咸通十三年秋。

《金陵》(《韩偓集》卷四):"风雨萧萧,石头城下木兰桡。烟月迢迢,金陵渡口去来潮。"此诗徐复观先生《韩偓诗与香奁集论考》以为韩偓未到过金陵,故非韩偓诗。按,所说不可信。据前考韩偓曾约于唐懿宗咸通十二三年到过江南,此行有《过临淮故里》、《游江南水陆院》、《江南送别》、《吴郡怀古》等诗,则其或于游江南时过金陵,遂有此咏亦未可知。据此,此诗乃韩偓作,未可否定也。如是,则此诗约作于咸通十三年。

唐僖宗广明元年庚子(880),三十九岁。

本年前韩偓已多有诗咏,其中多有"往往在士大夫口,或乐工配入声律。粉墙椒壁,斜行小字,窃咏者不可胜纪"之绮丽得意之作。黄巢军于本年十二月攻入长安,韩偓遂"迁徙流转,不常厥居"。故从咸通初至本年,韩偓"所著歌诗不啻千首,其间以绮丽得意者亦数百篇"遂多失落。故今存《香奁集》中未能明确系年诗,多有咸通初至本年间所作者。

【生平仕履笺证】

韩偓《香奁集序》:"自庚辰辛巳之际,迄己亥庚子之间,所著歌诗,不啻千首。其间以绮丽得意者,亦数百篇,往往在士大夫口,或乐工配入声律。粉墙椒壁,斜行小字,窃咏者不可胜纪。大盗入关,缃帙都坠。迁徙流转,不常厥居。求生草莽之中,岂复以吟咏为意。或天涯逢旧识,或避地遇故人,醉咏之暇,时及拙唱。自尔鸠集,复得百篇,不忍弃捐,随即编录。"按,所谓"大盗入关",即"庚子"年黄巢攻入长安事。

唐僖宗中和元年辛丑(881),四十岁。

韩偓因黄巢攻入长安,遂离长安外避。《避地寒食》诗约本年三月时作。

【生平仕履笺证】

按,《香奁集序》所谓"大盗入关,缃帙都坠。迁徙流转,不常厥居。求生草莽之中,岂复以吟咏为意",即指去年末起迄本年以及之后一段时间韩偓外出避黄巢之乱事。

【诗文系年笺证】

《避地寒食》(《韩偓集》卷三):"避地淹留已自悲,况逢寒食欲沾衣。浓春孤馆人愁坐,斜日空园花乱飞。路远渐忧知己少,时危又与赏心违。一名所系无穷事,争敢当年便息机。"此诗难于考其确切作年。钱牧斋、何义门《评注唐诗鼓吹》谓"此疑偓出依王审知时所作"。《韩偓简谱》系于天祐二年。《韩偓诗注》谓"作于唐昭宣帝天祐三年(公元906年),是年,诗人在江西,拟入闽省"。按,上所系年均未有确证,聊备一说而已。此诗有"一名所系无穷事,争敢当年便息机"。味此两句,乃求取功名而未及第时避乱他乡口吻,而非被贬后避难他乡声口。故应为广明元年末黄巢攻入长安,僖宗出幸,诗人亦避乱外地后所作。其时诗人尚未及第入仕,故孜孜于功名之事,虽在避乱中亦萦系于怀。诗乃寒食日咏,则疑约中和元年三月寒食时所作。

唐昭宗龙纪元年己酉(889),四十八岁。

韩偓于本年春登进士第,同榜者有吴融等二十五人。知贡举为礼部侍郎赵崇。登第时,韩偓于杏园宴中为探花使。春末,出佐河中幕。曾至隰州、并州,有诗纪之。本年有《及第过堂日作》(春)、《初赴期集》(春)、《余作探使以缭绫手帛子寄贺因而有诗》(春)、《别锦儿》(春)、《隰州新驿》(春)、《隰州新驿赠刺史》(春)、《并州》(四月)、《边上看猎赠元戎》(秋)、《老将》(冬)等诗。

【生平仕履笺证】

《新唐书·韩偓传》:"韩偓字致光,京兆万年人。擢进士第,佐河中幕府。"韩偓有《与吴子华侍郎同年玉堂同直怀恩叙恳因成长句四韵兼呈诸同年》诗,则韩偓与吴融同年登第。《新唐书》卷二〇三《吴融传》:"吴融字子华,越州山阴人。……融学自力,富辞调。龙纪初,及进士第。"清徐松《登科记考》卷二十四记韩偓与吴融、李瀚、温宪等二十五人登进士第,知贡举为礼部侍郎赵崇。本年韩偓为探花使、出佐河中以及至隰州、并州事,为省篇幅,请详见本年【诗文系年笺证】部分所考。以下各年如有同样情况,亦同此处理,不再赘述。

【诗文系年笺证】

《及第过堂日作》(《韩偓集》卷三):"早随真侣集蓬瀛,阊阖门开尚见星。……暗惊凡骨升仙籍,忽讶麻衣谒相庭。百辟敛容开路看,片时辉赫胜图形。"按,据前考,韩偓与李瀚、温宪、吴融等二十五人于龙纪元年进士科及第。所谓"过堂",乃唐代进士及第后,由主司带领至都堂谒见宰相。则此诗乃本年春韩偓登第过堂日所咏。

《初赴期集》(《韩偓集》卷二):"轻寒著背雨凄凄,九陌无尘未有泥。还是平时旧滋味,慢垂鞭袖过街西。"《韩偓简谱》系此诗于乾化四年,谓"以上诸诗未敢尽定为癸酉年作,致尧卒于南安,凡寓此邦十四五年,不知其为何年作者,姑统归此年"。按,所谓"期集",乃指唐代进士登第时到主司宅谢恩后,又到期集院的活动。《唐摭言》卷三《期集》载:"谢恩后,方诣期集院。大凡敕下已前,每日期集,两度诣主司之门;然三日后,主司坚请已,即止。"则此诗乃诗人初及第时所作。据《登科记考》卷二十四所考,韩偓于昭宗龙纪元年登进士第,此诗即是年春登第后赴期集院时所作。

《余作探使以缭绫手帛子寄贺因而有诗》(《韩偓集》卷三):"解寄缭绫小字封,探花筵上映春丛。……帝台春尽还东去,却系裙腰伴雪胸。"从诗题"余作探使"知,此诗乃作于韩偓刚进士及第时。据前考韩偓本年及进士第,本诗乃唐昭宗龙纪元年春之作。所谓"探使",即探花使,亦称探花郎,唐时用以称进士及第后杏园初宴时采折名花之人,常以同榜中最年少的进士二人为之。唐李淖《秦中岁时记》:"进士杏园初宴,谓之探花宴。差少俊二人为探花使,遍游名园,若他人先折花,二使皆被罚。"宋魏泰《东轩笔录》卷六:"进士及第后,例期集一月,其醵罚钱,奏宴局什物皆请同年分掌。又选最年少者二人为探花使,赋诗,世谓之探花郎。"

《别锦儿》(《韩偓集》卷三)。此诗题下有"及第后出京别锦儿与蜀妓"小注。玉山樵人本、胡震亨《唐音统签·戊签》韩偓卷①此诗诗题均为"及第后出京别锦儿"。据此知此诗乃本年春诗人及第后出京别锦儿之作。

《隰州新驿》(《韩偓集》卷二):"盛德已图形,胡为忽构兵。燎原虽自及,诛乱不无名。掷鼠须防误,连鸡莫惮惊。本期将系虏,末策但婴城。肘腋人情变,朝廷物论生。果闻荒谷缢,旋睹藁街烹。帝怒今方息,时危喜暂清。始终俱以此,天意甚分明。"此诗系年多有歧见。《韩偓简谱》系于大顺二年,认为"《隰州新驿》五排诗'盛德已图形,胡为忽构兵'句,殆指克用之叛也"。《增订注释全唐诗》韩偓卷从之,谓"此诗约作于大顺二年"。霍松林、邓小军《韩偓年谱》②虽未为此诗系年,但于龙纪元年谱云:"本年春及第后不久即由长安

---

① 下简称统签本。
② 载《陕西师范大学学报》(哲社版)1988年第3期。

至河中幕府。"先师周祖譔先生《韩偓年谱补证》①"北上并州的推测"一节准确指出"大顺二年,韩偓当在左拾遗任,绝无曾去隰州迹象"。邓小军独自出版之《韩偓年谱》因采纳韩偓"北上并州的推测"意见,遂在中和元年谱末谓:"偓北上隰州(今山西隰县)、并州(今山西太原市西南),或在此时。《翰林集》中有《隰州新驿》、《隰州新驿赠刺史》、《并州》等诗,当为此时所作。其详未能确考。"而《韩偓诗注》则谓"作于唐昭宗天复二年。是年,诗人随驾在凤翔时,可能乘隙北渡黄河,短时间到过隰州"。而同人后出之《韩偓事迹考略》又改天复二年说,认为"细玩该诗所咏时事,似应作于天复三年凤翔解围之后。……同一时期的《隰州新驿赠刺史》,似乎进一步透露了两诗的具体写作时间。'高义尽招秦逐客,旷怀偏接儒诸生'两句,诗人以'秦逐客'自况,显然此诗作于天复三年因遭朱全忠嫉恨、被贬出京之后"。曹丽芳《韩偓北上隰州、并州考》②则认为天复三年作说不可靠,韩偓在贬谪途中不可能北上隰州,其北上隰州应在龙纪元年春末出佐河中幕时,"并于此期间,就近北游了并州"。按,曹说尽管限于所论题旨,未结合具体诗句再进一步证实为何天复三年说之不可靠,也未以诗史互证,证明诗中所说乃均龙纪元年四月前事③,然其判断实可信,今即系此诗于唐昭宗龙纪元年。又,韩偓此行尚从隰州北行至并州,而《并州》诗谓"雨里并州四月寒",《隰州新驿赠刺史》诗有"燕雀飞来带喜声"句,盖尚在春季,则两首隰州诗均本年春所咏。

《隰州新驿赠刺史》(《韩偓集》卷三):"贤侯新换古长亭,先定心机指顾成。……却笑昔贤交易极,一开东阁便垂名。"邓小军《韩偓年谱》于中和元年谱谓"偓北上隰州(今山西隰县)、并州(今山西太原市西南),或在此时。《翰林集》中有《隰州新驿》、《隰州新驿赠刺史》、《并州》等诗,当为此时所作。其详未能确考"。《韩偓诗注》则谓"作于唐昭宗天复二年"。同人后出之《韩偓事迹考略》又改天复二年说,认为"细玩该诗所咏时事,似应作于天复三年凤翔解围之后"。《韩偓诗集笺注》④亦以为作于天复三年,韩偓"因忤朱全忠而贬往荣懿"时。按,据上文所考,韩偓于龙记元年春及第后即出佐河中幕,途中有《隰州新驿》诗,则此诗当为本年春同时前后之作。

《并州》(《韩偓集》卷三):"戍旗青草接榆关,雨里并州四月寒。谁会凭栏

---

① 见周祖譔《百求一是斋丛稿》,厦门大学出版社 2005 年版。
② 载《江海学刊》2006 年第 6 期。
③ 按,此可参本书《韩偓〈隰州新驿〉诗之作年意旨考论》一文所详考。
④ 齐涛笺注,山东教育出版社 2000 年版。

潜忍泪,不胜天际似江干。"此诗作于龙纪元年四月,详见上文《隰州新驿》诗考。《韩偓诗注》谓"作于唐昭宗天复三年",未确。

《边上看猎赠元戎》(《韩偓集》卷三):"绣帘临晓觉新霜,便遣移厨校猎场。燕卒铁衣围汉相,鲁儒戎服从梁王。……军回野静秋天白,角怨城遥晚照黄。"《韩偓诗注》谓此诗"作于唐昭宗乾宁四年(公元897年)。边上,边塞上,这里指京兆屏障奉天、华州一带。元戎……此或指凤翔节度使覃王李嗣周"。然后出之《韩偓事迹考略》谓"韩偓在王重盈这样的幕主手下充任幕僚,其况味可想而知。检览现在传世的全部韩偓诗文,河中幕府一段生活,似乎只有《边上看猎赠元戎》一诗留下了一些蛛丝马迹。诗中'燕卒铁衣围汉相,鲁儒戎服从梁王'两句显然是指切王重盈的身份的"。按,此诗之"边上"非指"京兆屏障奉天、华州一带",而指河中府之边上。元戎,亦非"凤翔节度使覃王李嗣周",而是河中节度使王重盈。据《新唐书·韩偓传》:"擢进士第,佐河中幕府。"本诗乃作于唐昭宗龙纪元年秋韩偓在河中府时。

《老将》(《韩偓集》卷三):"折枪黄马倦尘埃,掩耳凶徒怕疾雷。雪密酒酣偷号去,月明衣冷斫营回。"《韩偓诗注》谓此诗"作于唐昭宗乾宁四年(公元897年)",然未言所据。检《韩偓事迹考略·韩偓生平简表》乾宁四年未记此诗,然谓是年韩偓"随昭宗为韩建羁縻于华州。六月,形势稍缓,授凤翔节度掌书记,作《余自刑部员外郎为时权所挤值盘石出镇藩屏朝选宾佐以余充职掌记郁郁不乐因成长句寄所知》。甫随覃王赴奉天上任,即遭藩兵围困"。未知是否据所云乾宁四年局势与韩偓行止而系此诗。然从此诗所述,却难于定此诗必作于乾宁四年。考《新唐书·韩偓传》载韩偓"擢进士第,佐河中幕府"。韩偓乃龙纪元年登进士第,后即于当年春赴河中幕府。其在河中幕府尚作有《边上看猎赠元戎》诗。本诗写沙场老将,或即作于是年其佐河中幕府时欤?诗有"密雪"句,则盖冬日作。据此,姑系本诗于龙纪元年冬。

唐昭宗大顺元年庚戌(890),四十九岁。

韩偓在左拾遗任。

【生平仕履笺证】

《新唐书·韩偓传》:"佐河中幕府。召拜左拾遗。"《文苑英华》卷三八四钱珝《授司勋郎中兼侍御史知杂事赐绯鱼韩偓本官充翰林学士制》敕:"具官韩偓,动人之行,率性自强,慎独不渝,考祥甚远。资以讲学,见于文章。惟是求己之多,播于群誉矣。朕初嗣丕业,擢升谏曹,继陈言辞,罔不(一作惧)摩

切,虽公赏曾光于赤纸,而直诚尚记于皂囊。愈闻励修,宜列左右。故命尔之
诰,以诗人孟子之说为端者,兹不有赖于侍从乎。可依前件。"韩偓去年及第
并出佐河中幕,其于昭宗"初嗣丕业"而"擢升谏曹",即指入任左拾遗事,此事
盖在本年。敕文中谓韩偓"擢升谏曹,继陈言辞,罔不(一作惧)摩切,虽公赏
曾光于赤纸,而直诚尚记于皂囊",可见韩偓在左拾遗任颇能尽拾遗官拾遗补
阙之进谏之责。

唐昭宗大顺二年辛亥(891),五十岁。
韩偓以疾解左拾遗任约在本年。《守愚》诗约作于本年春末。
【生平仕履笺证】
《新唐书·韩偓传》:"召拜左拾遗,以疾解。"据前考,韩偓于去年任左拾
遗,其"以疾解"未知确年,疑或在本年。
【诗文系年笺证】
《守愚》(《韩偓集》卷三):"深院寥寥竹荫廊,披衣欹枕过年芳。守愚不觉
世途险,无事始知春日长。一亩落花围隙地,半竿浓日界空墙。今来自责趋
时懒,翻恨松轩书满床。"此诗作年难确考。《韩偓诗注》谓"作于唐昭宗龙纪
元年(公元889年),是年,诗人'为时权所挤',出为藩镇幕府,故有守愚之
想"。按,诗人"'为时权所挤',出为藩镇幕府"应在乾宁四年(同人《韩偓事迹
考略·韩偓生平简表》即记于乾宁四年),而非龙纪元年。且从此诗诗意韵
味,也难于断定为"'为时权所挤',出为藩镇幕府"时作。疑此诗约大顺二年
(公元891年)作。细味此诗情感以及诗中所提及韩偓当时居处,似为解职归
家休养时所作。检《新唐书·韩偓传》,韩偓"擢进士第,佐河中幕府。召拜左
拾遗,以疾解。后迁累左谏议大夫"。又钱珝《授司勋郎中兼侍御史知杂事赐
绯鱼韩偓本官充翰林学士制》敕:"具官韩偓,动人之行,率性自强,慎独不渝,
考祥甚远。……朕初嗣丕业,擢升谏曹,继陈言辞,罔不摩切,虽公赏曾光于
赤纸,而直诚尚记于皂囊。愈闻励修,宜列左右。"(《文苑英华》卷三八四)据
此知韩偓任左拾遗时"继陈言辞,罔不摩切",颇为"直诚"。故疑此诗乃其任
左拾遗"以疾解"在家时所作,故有"守愚"之题,以及"今来自责趋时懒,翻恨
松轩书满床"之句。据《韩偓年谱》大顺二年谱,韩偓"以疾解左拾遗职以及复
职,或在本年",则此诗乃大顺二年作欤? 又,诗有"守愚不觉世途险,无事始
知春日长。一亩落花围隙地,半竿浓日界空墙"句,则可推测其作于本年
春末。

唐昭宗景福二年癸丑（893），五十二岁。

韩偓本年在朝任某职。其《代小玉家为蕃骑所虏后寄故集贤裴公相国》诗或作于本年冬。

【生平仕履笺证】

按，韩偓大顺二年以疾解左拾遗任，且乾宁二年有《秋雨内宴》诗（详下考），则乾宁二年秋已在朝中任职，故能参与内宴。又其乾宁三年（896）已任刑部员外郎（详下考），则本年应在朝任某职。惜本年至乾宁二年任何职未详。

【诗文系年笺证】

《代小玉家为蕃骑所虏后寄故集贤裴公相国》（《韩偓集》卷四）："动天金鼓逼（一作发）神州，惜别无心学坠楼。不得回眸辞傅粉，便须含泪对残秋。折钗伴妾埋青冢，半镜随郎葬杜邮。唯有此宵魂梦里，殷勤相觅凤池头。"据此诗诗题，裴公当为裴贽，传见《新唐书》卷一八二。据本传："贽字敬臣，及进士第，擢累右补阙、御史中丞、刑部尚书。昭宗引拜中书侍郎兼本官、同中书门下平章事，寻兼户部尚书。……帝幸凤翔，为大明宫留守，罢。俄进尚书右仆射，以司空致仕。朱全忠将篡，贬青州司户参军，杀之"。又据《旧唐书·昭宗纪》，裴贽光化三年（公元900年）九月"为中书侍郎，兼刑部尚书、同平章事，充集贤殿大学士"。又据《旧唐书·哀帝纪》，天祐二年六月，"特进、守司空致仕、上柱国、河东县开国公（裴贽）……责授青州司户"。据此，裴贽被杀约在天祐二年（公元902年）六月稍后。诗题谓"故集贤裴公相国"，则诗约作于天祐二年六月以后，此时韩偓已贬官流寓于江西，当不可能有此诗之作。寻味此诗，其诗题有难解之处。其一，按照诗题"故集贤裴公相国"推测，此人乃裴贽。然据诗中所云，小玉家乃在"动天金鼓逼（发）神州"时"为番骑所掳"。也即是说，在此事变时，小玉因"相国"不在而被掳获，故"不得回眸辞傅粉"。然据裴贽生平，未见其任集贤大学士、相国至天祐二年被杀时有"动天金鼓逼（发）神州"而番骑入京，以致小玉等人被掳之事。则诗题及诗中所言事，与裴贽无涉。故诗题所谓"集贤裴公相国"颇为可疑。以此吴乔《围炉诗话》谓"观其起句及'杜邮'、'凤池'，当是李茂贞兵逼京城，昭宗赐杜让能死，代其姬人之作。'残秋'对'傅粉'，似乎趁韵，然其事在景福二年九十月间，正是残秋也。而题绝不相类，将讳之，抑传写误也。让能之死可悯，致尧于此，宜有诗以哀惜之也"。所言即认为此诗之集贤相国非裴贽，而是杜让能。杜让能，传见《旧唐书》卷一七七、《新唐书》卷九十六。据本传及《旧唐书·僖宗纪》，光启元年十二月,李克用率"沙陀逼京师,田令孜奉僖宗出幸凤翔"。"是夜,让能宿直禁中,闻难作,步出从驾。出城十余里,得遗马一匹,无羁勒,以绅束首而乘之。驾在凤翔,朱玫兵遽至,僖宗急幸宝鸡,近臣唯让能独从。……至襄中,加金紫光禄大夫,改兵部侍郎,同平章事。……京师平,拜特进、中书侍郎,兼兵部尚书、集贤殿大学士,进封襄阳郡开国公,食邑二千户。……(景福二年)九月,(李)茂贞出军逆战,王师败于盩厔。岐兵乘胜至三桥,让能奏曰:'臣固预言之矣。请归罪于臣,可以纾难。'上涕下不能已,曰:'与卿诀矣。'即日贬为雷州司户。茂贞在临皋驿,请诛让能,寻赐死,时年五十三。驾自石门还京,念让能之冤,追赠太师"。则杜让能之经历与本诗诗题所言集贤相国以及诗中所赋符合;且番骑入长安时,杜让能随僖宗出幸,小玉被虏获时,正是"不得回眸辞傅粉"。又杜让能被贬于景福二年九月,被杀于是年十月,与诗中"含泪对残秋"所暗指之集贤相国被贬杀之时节合,而裴贽被杀于六月,与"残秋"时节不符。且杜让能乃京兆人,其当归葬京兆,与诗中所言"半镜随郎葬杜邮"之地望亦合(杜邮在京兆府咸阳)。而裴贽非京兆人,与此"杜邮"地望不合。故颇疑此诗诗题之"故集贤裴公相国","裴公"乃"杜公"之误。倘如是,则此诗乃作于杜让能死后,即约景福二年(公元 893 年)冬。

唐昭宗乾宁二年乙卯(895),五十四岁。

韩偓在朝任某官。本年作有《乱后却至近甸有感》(八月)、《秋雨内宴》(秋)诗。

【生平仕履笺证】

按,据下文所考,韩偓本年有《秋雨内宴》诗:"一带清风入画堂,撼真珠箔碎玎珰。更看槛外霏霏雨,似劝须教醉玉觞。"韩偓既在内廷赋此诗,则本年当官于朝中,然其任何职,则未能考详。据本谱明后年所考,韩偓明后年在刑部员外郎任,故颇疑其本年已任此职矣。

【诗文系年笺证】

《乱后却至近甸有感》(《韩偓集》卷三):"狂童容易犯金门,比屋齐人作旅魂。夜户不扃生茂草,春渠自溢浸荒园。关中忽见屯边卒,塞外翻闻有汉村。堪恨无情清渭水,渺茫依旧绕秦原。"按,诗题下原有"乙卯年作"小注。《韩内翰别集》①于诗后注云:"乙卯年为昭宗乾宁二年,是年李茂真、王行瑜称兵犯

---

① 韩偓撰,明毛晋汲古阁本。下简称汲古阁本。

阙。"然吴评本于题下小注后注云:"乙卯字误。韩公贬谪后亦无却至近甸之事。此疑昭帝发凤翔至长安,公未贬濮州时随驾还京之作,事在天复三年癸亥也。"《韩偓诗注》亦认同吴汝纶之说,认为"乱后,指昭宗被宦官韩全诲劫持至凤翔后被平息"。按,原小注不误。《韩翰林诗谱略》、《韩偓简谱》、陈伯海《韩偓生平及其诗作简论》①、《韩偓诗集笺注》、《韩偓年谱》、《增订注释全唐诗》韩偓卷均认为此诗乃乾宁二年所作。《韩偓简谱》云:"吴注以为乙卯年误,以为贬谪后,亦无却至近甸之事。予谓此乙卯为乾宁二年,时三镇举兵犯阙,昭宗避兵出幸山南,崔胤复相,致尧殂亦避乱,而复至近甸,其时克用兵驻渭桥,帝始返京,故有'关中始见屯边卒'之句。"《增订注释全唐诗》韩偓卷据两《唐书·昭宗纪》、《资治通鉴》卷二六〇亦云:昭宗乾宁二年,"是年五月,凤翔节度使李茂贞及静难军节度使王行瑜、镇国军节度使韩建等各引精兵数千至长安,同谋废昭宗立吉王。河东节度使李克用以讨李茂贞等为名,于七月举军渡过黄河,屯兵渭北。神策军中尉骆全瓘、指挥使李继鹏等反叛,欲劫持昭宗,京师混战,城中大乱。昭宗仓皇出奔终南山,百姓弃家亡窜者数十万,中暑死者达三分一。八月,乱平,昭宗还京"。今从小注"乙卯年作"之说,系此诗于乾宁二年(公元895年)八月。

《秋雨内宴》(《韩偓集》卷三)。此诗诗题下有"乙卯年作"小注,乙卯年即唐昭宗乾宁二年,则此诗乃是年秋之作。《韩翰林诗谱略》谓作于天复元年,误。《唐韩学士偓年谱》、《韩偓简谱》、《韩偓年谱》、《韩偓诗注》亦均系于乾宁二年。

唐昭宗乾宁三年丙辰(896),五十五岁。

韩偓本年在刑部员外郎任。秋,李茂贞进逼长安,偓随昭宗出幸华州,处奉天重围中,有《乾宁三年丙辰在奉天重围作》诗纪之。

【生平仕履笺证】

韩偓乾宁四年有《余自刑部员外郎为时权所挤值盘石出镇藩屏朝选宾佐以余充职掌记郁郁不乐因成长句寄所知》诗,知明年偓自刑部员外郎出佐。又,本年深秋韩偓有《乾宁三年丙辰在奉天重围作》诗,且据《资治通鉴》卷二六〇乾宁三年七月载:李"茂贞进逼京师",昭宗幸华州,则韩偓本年七月当随驾往华州,后即"在奉天重围"中。据此,偓随驾出幸时当已在刑部员外郎任。

①载《中华文史论丛》1981年第4辑。

【诗文系年笺证】

　　《乾宁三年丙辰在奉天重围作》(《韩偓集》卷三)："仗剑夜巡城,衣襟满霜霰。贼火遍郊坰,飞焰侵星汉。积雪似空江,长林如断岸。独凭女墙头,思家起长叹。"按,如据此诗诗题,知诗作于"乾宁三年丙辰"。《韩翰林诗谱略》、《唐韩学士偓年谱》即均系于此年。然此诗之作年及其创作背景亦有歧说。《韩偓简谱》于乾宁三年系此诗,然谓"集中此诗系在此年,依《通鉴》所记,覃王赴镇,李茂贞不受代,围覃王于奉天。则致尧殆随覃王赴镇,故在重围,然时差一年,但似以集为主"。则亦疑诗之背景乃乾宁四年六七月间事。《韩偓年谱》亦系此诗在乾宁三年,其考其时背景云:"七月,茂贞进逼京师,壬辰,昭宗出至渭北,韩建请幸华州,丙申,昭宗至华州。茂贞入长安,自中和以来所葺宫室、市肆燔烧俱尽。《通鉴》卷二百六十乾宁三年:'秋,七月,茂贞进逼京师。延王戒丕曰:"今关中藩镇无可依者,不若自鄜州济河,幸太原,臣请先往告之。"辛卯,诏幸鄜州;壬辰,上出至渭北;韩建遣其子从允奉表请幸华州,上不许。……而建奉表相继,上及从官亦惮远去,癸巳,至富平,遣宣徽使元公讯召建,面议去留。甲午,建诣富平见上,顿首涕泣言:"方今藩臣跋扈者,非止茂贞。陛下若去宗庙园陵,远巡边鄙,臣恐车驾济河,无复还期。今华州兵力虽微,控带关辅,亦足自固。臣积聚训厉,十五年矣,西距长安不远,愿陛下临之,以图兴复。"上乃从之。乙未,宿下邽;丙申,至华州,以府署为行宫;建视事于龙兴寺。茂贞遂入长安,自中和以来所葺宫室、市肆,燔烧俱尽。'偓扈从昭宗至华州。"又谓"此诗背景殊难考定。按唐李吉甫《元和郡县图志》卷一《关内道一·京兆府》:'奉天县,东南至府一百六十里。'诗中有'霜霰'、'积雪'语,若谓此诗所记之事在七月茂贞攻长安之际,则时节不符。若谓事在本年冬,又事理难合。当七月昭宗东幸华州、茂贞东入长安之后,奉天独能支撑至冬耶?疑诗中所记之事,或在本年正月间。识此俟考"。《韩偓诗注》亦系于乾宁三年,亦引上述《资治通鉴》所记史事为证,云:"据此,唐昭宗仓皇离京,时在该年七月,而且到的是华州,华州在长安以东,辖境约当今陕西华县、华阴、潼关及渭北的下邽镇附近地带。而诗中则写到奉天,奉天乃乾州的治所,乾州在长安以西,辖境相当今陕西乾县、武功、周至、醴泉等地。故华州与奉天一东一西,风马牛不相及。余意:唐昭宗到达华州后,因受韩建挟制,于是年八月曾经自华州至奉天。韩诗所记可补史籍之不足。"《韩偓诗集笺注》以为"奉天,即岐州,治陕西凤翔。据《旧唐书·昭宗纪》,河东节度使李克用与宣武节度使朱全忠相争,天复元年,昭宗被劫往凤翔,次年六月,朱全忠围困凤翔,至三年初方解围,迎回昭宗。诗题'乾宁三年丙辰',当为'天复三年癸亥'之误"。按,诗题既明谓"乾宁三年丙辰",当不至于乃"天复三年癸亥"之误,故此说不可信。又,以为"唐昭宗到达华州后,因受韩建挟制,于是年八月曾经自华州至奉天",所说尚缺史籍依据,疑未必是。余以为诗题当无误,且诗人明言"奉天围中",则此时亦非必伴昭宗于华州行在,亦可能因时局危殆之故,奉命出往奉天久之,至乾宁三年秋冬间尚未回华州。其时奉天在围中,故赋是诗。奉天,即奉天县,唐文明元年(公元 684 年)分醴泉、始平、好畤、武功、永寿五县地置,属雍州。治所即今陕西乾县。乾宁元年(公元 894 年)为乾州治。此诗有"衣襟满霜霰"句,则诗乃作于乾宁三年(公元 896 年)深秋。

　　唐昭宗乾宁四年丁巳(897),五十六岁。
　　韩偓在华州行在,六月自刑部员外郎出任凤翔节度使覃王嗣周掌书记,赋《余自刑部员外郎为时权所挤值盘石出镇藩屏朝选宾佐以余充职掌记郁郁不乐因成长句寄所知》(六月)诗纪之。然因覃王为李茂贞所阻未能至任,韩偓实未至凤翔,其掌书记职不久后当自行解去。
　　【生平仕履笺证】
　　　　韩偓有《余自刑部员外郎为时权所挤值盘石出镇藩屏朝选宾佐以余充职掌记郁郁不乐因成长句寄所知》诗。按,《全唐文》卷八三二钱珝《授窦回凤翔节度副使崔澄观察判官韩偓节度掌书记等制》:"汉诏子弟理郡国,必择诸儒有材行者以左右之。……今朕以汧岐奥壤而辅京师,推择统临,重在藩邸,用乃命丞相选宾介于朝。……偓致用于文,甚多强力。……尔等亮直勤敬,如在谏省郎署时,则安国王尊之贤,与古相望。"又据《资治通鉴》卷二六一,"以覃王嗣周为凤翔节度使"在乾宁四年六月己卯,此即偓诗题所云"余自刑部员外郎""充职掌记"之时。则韩偓本年六月当由刑部员外郎出佐覃王嗣周凤翔掌书记。又,岑仲勉《补僖昭哀三朝翰林学士记》[①]考云:"按《通鉴》二六一,乾宁四年六月乙卯,以覃王嗣周为凤翔节度使,即制所谓诏子弟理郡国也。《全唐诗》十函七册韩偓诗引:'余自刑部员外郎为时权所挤,值盘石出镇藩屏,朝选宾佐,以余充职掌记,郁郁不乐,因成长句寄所知。'"据此可知偓乾宁四年(897)六月由刑部员外郎出为凤翔掌书记。又《通鉴》卷二六一:"覃王赴镇,

---

① 见岑仲勉《郎官石柱题名新考订(外三种)》,上海古籍出版社 1984 年版。

李茂贞不受代,围覃王于奉天。"乾宁四年七月又载:"茂贞解奉天之围,覃王归华州。"八月,王建与刘季述矫制发兵围十六宅,拥通、覃十一王至石隄谷,尽杀之。光化元年(898)正月,复李茂贞凤翔节度使职。据此,则偓实未至凤翔,且其掌书记职至迟至光化元年正月即自行解去。

【诗文系年笺证】

《余自刑部员外郎为时权所挤值盘石出镇藩屏朝选宾佐以余充职掌记郁郁不乐因成长句寄所知》(《韩偓集》卷三):"正叨清级忽从戎,况与燕台事不同。开口谩劳矜道在,抚膺唯合哭途穷。"据前考,此诗乃作于乾宁四年六月。《韩偓年谱》、《增订注释全唐诗》韩偓卷、《韩偓诗注》所系同。《韩翰林诗谱略》、《韩偓诗集笺注》则均系于乾宁二年,《唐韩学士偓年谱》系于龙纪元年,《韩偓简谱》系于大顺元年,均非是,今不取。

唐昭宗乾宁五年、光化元年戊午(898),五十七岁。

本年八月韩偓从昭宗自华州回长安,其授司勋(封)郎中兼侍御史知杂事盖在此时。

【生平仕履笺证】

据本谱上年所考,覃王于上年八月为王建、刘季述杀于石隄谷;光化元年(898)正月,复李茂贞凤翔节度使职。韩偓掌书记职至迟至光化元年正月即自行解去。

又,岑仲勉《补僖昭哀三朝翰林学士记》考及偓之仕历,云:"《英华》三八四有钱珝《授司勋郎中兼侍御史知杂事赐绯鱼韩偓本官充翰林学士制》。"(按,司勋郎中,岑以为似以司封郎中近是。)按,韩偓何时任司勋(封)郎中兼侍御史知杂事史未记载,然其任此职在之后充翰林学士前。据本谱下文光化三年所考,韩偓以司勋(封)郎中兼侍御史知杂事充翰林学士在光化三年六月中。又《资治通鉴》卷二六一光化元年载:"八月己未,车驾发华州。壬戌,至长安。"据此,韩偓授司勋(封)郎中兼侍御史知杂事赐绯鱼盖在本年八月壬戌回长安后。

唐昭宗光化三年庚申(900),五十九岁。

韩偓本年六月以司勋(封)郎中兼侍御史充翰林学士,后晋中书舍人、给事中。本年六月有《御试缴状》、《万邦咸宁赋》、《禹拜昌言诗》、《武臣授东川节度使制》、《答佛齐国王进贡书》、《批三功臣让图形表》、《金銮密记》第一则、《朝退书怀》等诗文。

【生平仕履笺证】

《文苑英华》卷三八四钱珝《授司勋[《总目》作封]郎中兼侍御史知杂事赐绯鱼韩偓本官充翰林学士制》,据岑仲勉《补僖昭哀三朝翰林学士记》昭宗朝"韩偓光化中自司勋(封)郎中兼侍御史知杂事赐绯充"条所考,谓"夫反正之前,已晋中舍,而初充翰林学士之日,犹是郎中,此初充最迟不过光化之证也。最要者钱珝行制,《新唐书》一七七云:'子珝……宰相王抟荐知制诰,进中书舍人,抟得罪,珝贬抚州司马。'抟以光化三年六月赐死(《新唐书》纪),珝贬亦同时(《文苑英华》七百九钱珝《舟中录序》:'庚申岁夏六月,以舍人获谴佐抚州'),尤为偓充翰学不始天复之铁案。"按《新唐书·韩偓传》:"宰相崔胤判度支,表以自副,王抟荐为翰林学士。"又《新唐书·宰相表下》光化三年六月载:"丁卯,崔胤为尚书左仆射兼门下侍郎、同中书门下平章事、诸道盐铁转运等使。"《新唐书·崔胤传》载:"还守司空、门下侍郎、平章事,兼领度支、盐铁、户部使,而赐抟死。"可见崔胤为宰相判度支,王抟赐死均在光化三年六月。而偓充翰学,系钱珝草制,则其充翰学必在光化三年六月宰相崔胤判度支后,王抟赐死、钱珝贬出之前。

又,宋朱胜非《绀珠集》卷十韩偓《金銮密记·学士试五题》载:"偓于昭宗朝宣入院,试学士,试文五篇:《万邦咸宁赋》、《禹拜昌言诗》、《武臣授东川节度使制》、《答佛詹国王进贡书》、《让图形表》。其缴状云:'臣才不迈群,器非拔俗。待价既殊于梼玉,穷经有愧于籝金。而乃遭遇清时,涵濡睿泽。峨冠振佩,已尘象阙之班;舔笔和铅,更辱金门之侣。击钵谢捷,纂组惭工。抚己循涯,以荣为惧。'"(曾慥《类说》卷七韩偓《金銮密记·召入院试文》所载同)唐李肇《翰林志》:"凡初迁者,中书门下召令右银台门候旨,其日入院试制、书、答共三首,诗一首;自张仲素后,加赋一首。试毕,封进。可者,翌日受宣,乃定。事下中书门下,于麟德殿候对,本院赐宴。"

又,《新唐书·韩偓传》:"王抟荐为翰林学士,迁中书舍人。偓尝与胤定策诛刘季述,昭宗反正,为功臣。"按,昭宗反正在明年正月,则偓晋中书舍人当在本年六月为翰林学士后不久。偓迁给事中事详明年谱。

【诗文系年笺证】

《御试缴状》(《韩偓集》卷六)。据前考,此文作于光化三年六月。文亦见《金銮密记》第一则文中。

《万邦咸宁赋》、《禹拜昌言诗》、《武臣授东川节度使制》、《答佛詹国王进贡书》、《批三功臣让图形表》。据前考,以上五文均光化三年六月作,然文均佚。

《金銮密记》第一则(《韩偓集》卷七)。据前考,文乃光化三年六月作。

《朝退书怀》(《韩偓集》卷三):"鹤峨星冠羽客装,寝楼西畔坐书堂。……孜孜莫患劳心力,富国安民理道长。"此诗乃作于韩偓为官朝中时,然作年难确考。《韩偓简谱》谓"翰林集诗有'富国安民理道长'句,殆佐户部时情事",故系于景福二年(公元 893 年)。《唐韩学士偓年谱》则系于乾宁二年(公元 895 年)。《韩偓诗注》谓"作于唐昭宗光化三年(公元 900 年)",然未言何据。《韩偓年谱》于光化三年考韩偓初入翰林为学士,谓"本集有《朝退书怀》诗,结云:'孜孜莫愁劳心力,富国安民理道长。'当亦此时期作"。按,《韩偓简谱》谓"殆佐户部时情事",故系于景福二年。然是年韩偓虽在朝为官,其所任何职则不详,未能确定偓时乃"佐户部",故所系年不可信。考《新唐书·韩偓传》云:"后累迁左谏议大夫。宰相崔胤判度支,表以自副。王溥荐为翰林学士,迁中书舍人。"又,《新唐书·崔胤传》载:"还守司空、门下侍郎、平章事,兼领度支、盐铁、户部使,而赐拸死。"《新唐书·宰相表下》光化三年六月载:"丁卯,崔胤为尚书左仆射兼门下侍郎、同中书门下平章事、诸道盐铁转运等使。"则崔胤判度支表韩偓以自副之时,乃在光化三年六月丁卯或稍后数日。韩偓任此职涉及掌"度支、盐铁、户部"事,实乃有关"国富民安"事。如户部侍郎之职,"掌天下田户、均输、钱谷之政令,其属有四:一曰户部,二曰度支,三曰金部,四曰仓部。总其职务,而行其制命。凡中外百司之事,由于所属,皆质正焉"(《旧唐书》卷四十三《职官志二》)。故疑韩偓赋此诗乃在光化三年六月。

唐昭宗光化四年、天复元年辛酉(901),六十一岁。

正月一日,昭宗反正,韩偓以与崔胤定策诛刘季述功,由给事中迁左谏议大夫,依前知制诰、充翰林学士。六月,昭宗独召对偓,偓谏不可尽诛宦官,上深以为然。约十月前,偓与吴融等人在朝赋诗唱和,有《无题》四首等作。十一月,韩全诲劫昭宗幸凤翔,偓夜追及鄠见帝。至凤翔,迁兵部侍郎,进翰林学士承旨。本年正月有《韩偓对话录》第一则、《金銮密记》第二则、《金銮密记》第三则。本年尚有《侍宴》(春)、《金銮密记》第四则(四月)、《韩偓对话录》第二则(五月至十一月间)、《六月十七日召对自辰及申方归本院》(六月)、《论宦官不必尽诛》(六月)、《韩偓对话录》第三则(六月)、《韩偓对话录》第四则(六月或稍后)、《雨后月中玉堂闲坐》(夏)、《和吴子华侍郎令狐昭化舍人叹白菊衰谢之绝次用本韵》(约天复元年秋末)、《中秋禁直》(八月)、《韩偓对话录》第五则(八月)、《韩偓对话录》第六则(八月)、《韩偓对话录》第七则(九月)、《宫柳》(秋)、《金銮密记》第五则(十月)、《金銮密记》第六则(十一月)、《辛酉岁冬十一月随驾幸岐下作》(十一月)、《锡宴日作》(约天复元年秋冬间)、《苑中》(天复元年)、《与吴子华侍郎同年玉堂同直怀恩叙恳因成长句四韵兼呈诸同年》(天复元年)、《从猎三首》(天复元年)、《无题四首》(包括《倒押前韵》,天复元年)等诗文。

【生平仕履笺证】

《资治通鉴》卷二六二天复元年六月癸亥载:"上之返正也,中书舍人令狐涣、给事中韩偓皆预其谋。"按,昭宗反正事在天复元年正月,则光化三年岁末前韩偓已迁为给事中。

又,《资治通鉴》卷二六二天复元年正月丙午载:"崔胤以宦官典兵终为肘腋之患,欲以外兵制之,讽茂贞留兵三千于京师,充宿卫,以茂贞假子继筼将之。左谏议大夫万年韩偓以为不可。"则韩偓于本年正月丙午已由给事中迁左谏议大夫、依前知制诰、充翰林学士。

又,《新唐书·韩偓传》:"王溥荐为翰林学士,迁中书舍人。偓尝与胤定策诛刘季述,昭宗反正,为功臣。帝疾宦人骄横,欲尽去之。偓曰:'陛下诛季述时,余皆赦不问,今又诛之,谁不惧死? 含垢隐忍,须后可也。天子威柄,今散在方面,若上下同心,摄领权纲,犹冀天下可治。宦人忠厚可任者,假以恩幸,使自剪其党,蔑有不济。今食度支者乃八千人,公私牵属不减二万,虽诛六七巨魁,未见有益,适固其逆心耳。'帝前膝曰:'此一事终始属卿。'"《资治通鉴》卷二六二天复元年六月:"时上悉以军国事委崔胤,每奏事,上与之从容,或至然烛。宦官畏之侧目,事无大小,皆咨胤而后行。胤志欲尽除之,韩偓屡谏曰:'事禁太甚。此辈亦不可全无,恐其党迫切,更生他变。'胤不从。丁卯,上独召偓,问曰:'敕使中为恶者如林,何以处之?'对曰:'东内之变,敕使谁非同恶? 处之当在正旦,今已失其时矣。'上曰:'当是时,卿何不为崔胤言之?'对曰:'臣见陛下诏书云:"自刘季述等四家之外,其余一无所问。"夫人主所重,莫大于信,既下此诏,则守之宜坚;若复戮一人,则人人惧死矣。然后来所去者已为不少,此其所以悒悒不安也。陛下不若择其尤无良者数人,明示其罪,置之于法,然后抚谕其余曰:吾恐尔曹谓吾心有所贮,自今可无疑矣。乃择其忠厚者使为之长,其徒有善则奖之,有罪则惩之,咸自安矣。今此曹在公私者以万数,岂可尽诛邪! 夫帝王之道,当以重厚镇之,公正御之。至于琐细机巧,此机生则彼机应矣,终不能成大功,所谓理丝而棼之者也。况今朝廷之权,散在四方,苟能先收此权,则事无不可为者矣。'上深以为然,曰:'此事终以属卿。'"

又,韩偓《无题》诗序:"余辛酉年戏作《无题》十四韵,故奉常王公相国首于继和,故内翰吴侍郎融、令狐舍人涣、阁下刘舍人崇誉、吏部王员外涣相次属和。余因作第二首,却寄诸公,二内翰及小天亦再和。余复作第三首,二内翰亦三和。王公一首,刘紫微一首,王小天二首,二学士各三首。余又倒押前韵成第四首,二学士笑谓余曰:'谨竖降旗,何朱研如是也。'遂绝笔。是岁十月末,余在内直,一旦兵起,随驾西狩,文稿咸弃,更无孑遗。"

又,《新唐书·韩偓传》:"及胤召朱全忠讨全海,汴兵将至,偓劝胤督茂贞还卫卒。又劝表暴内臣罪,因诛全海等;若茂贞不如诏,即许全忠入朝。未及用,而全海等已劫帝西幸。偓夜追及鄠,见帝恸哭。至凤翔,迁兵部侍郎,进承旨。"《资治通鉴》卷二六二天复元年十一月:"壬子,韩全海等陈兵殿前,言于上曰:'全忠以大兵逼京师,欲劫天子幸洛阳,求传禅,臣等请奉陛下幸凤翔,收兵拒之。'上不许,杖剑登乞巧楼,全海等逼上下楼,上行才及寿春殿,李彦弼已于御院纵火(胡注:御院,天子及后妃所居之地)⋯⋯(上)不得已,与皇后、妃嫔、诸王百余人皆上马,恸哭声不绝,出门,回顾禁中,火已赫然。是夕,宿鄠县。"又,《资治通鉴》卷二六二天复元年十一月记:"壬戌,(昭宗)至凤翔。"则韩偓迁兵部侍郎、进翰林学士承旨在天复元年十一月壬戌后。

【诗文系年笺证】

《韩偓对话录》第一则(《韩偓集》卷八):"胤闻,召凤翔李茂贞入朝,使留族子继筠宿卫。偓闻,以为不可,胤不纳。偓又语令狐涣,涣曰:'吾属不惜宰相邪?无卫军则为阉竖所图矣。'偓曰:'不然。无兵则家与国安,有兵则家与国不可保。'胤闻,忧,未知所出。"(宋欧阳修、宋祁《新唐书》卷一八三《韩偓传》)此处所载事《资治通鉴》卷二六二天复元年正月《考异》引韩偓《金銮密记》亦载,谓偓对昭宗云:"当留兵之时,臣五六度与崔胤力争,胤曰:'其实不留兵,是兵不肯去。'臣曰:'其初何用召来?'又胤云:'且喜岐兵只留三千人。'"则此事乃在天复元年(公元901年)正月。

《金銮密记》第二则(《韩偓集》卷七):"偓对昭宗云:"当留兵之时,臣五六度与崔胤力争,胤曰:'其实不留兵,是兵不肯去。'臣曰:'其初何用召来?'又胤云:'且喜岐兵只留三千人。'"(《资治通鉴》卷二六二天复元年正月《考异》引韩偓《金銮密记》)按,此事《资治通鉴》卷二六二天复元年正月记载云:"李茂贞辞还镇。崔胤以宦官典兵,终为肘腋之患,欲以外兵制之,讽茂贞留兵三千于京师，充宿卫，以茂贞假子继筠将之。左谏议大夫万年韩偓以为不可，胤曰：'兵自不肯去，非留之也。'偓曰：'始者何为召之邪？'胤无以应。偓曰：'留此兵则家国两危，不留则家国两安。'胤不从。"其下《考异》即引韩偓《金銮密记》此文。据此，《金銮密记》此文即天复元年正月所记。崔胤，唐昭宗天复时宰相，传见《旧唐书》卷一七七、《新唐书》卷二二三下。

《金銮密记》第三则（《韩偓集》卷七）："天复元年正月，敕：'近宰臣延英奏事，枢密使侍侧，争论纷然；既出，又称上旨未允，复有改易，挠权乱政。自今并依大中旧制，俟宰臣奏事毕，方得升殿承受公事。'癸卯，韩全海等令上入阁，召百官追寝敕书，悉如咸通以来近例。是日，开延英，全海等即侍侧同议政事。（明王祎《大事记续编》卷六十七"解题"引韩偓《金銮密记》）按，《资治通鉴》卷二六三天复元年正月丙午所载之"敕"文与"解题"所引《金銮密记》此文之"敕"文同，惟"近宰臣"《通鉴》作"近年宰臣"而已。据此，此文乃韩偓于唐昭宗天复元年正月癸卯后所记。

《侍宴》（《韩偓集》卷一）："蜂黄蝶粉两依依，狎宴临春日正迟。密旨不教江令醉，丽华微笑认皇慈。"按，统签本诗题下有小注云："天复元年翰苑作，时用宫嫔传命，故云。"则诗作于本年昭宗反正后之春日。《韩翰林诗谱略》、《韩偓简谱》、《韩偓诗注》等亦系于是年。

《金銮密记》第四则（《韩偓集》卷七）："上问崔胤：'请于两军取盐曲如何？'对曰：'盐曲本度支课利。张濬判使日，杨复恭奏请权借一年，自此索未得。今度支庶事不济，若复旧制，公用稍宽。'上然之。"（明王祎《大事记续编》卷七十天复元年四月"丁丑，大赦，改元。雪王涯等十七家"下"解题"引韩偓《金銮密记》）按，检《资治通鉴》卷二六二天复元年四月亦略载此事，则《金銮密记》此文盖记在天复元年（公元 901 年）四月丁丑后。

《韩偓对话录》第二则（《韩偓集》卷八）："昭宗引拜中书侍郎，兼本官同中书门下平章事，寻兼户部尚书。帝疑其外风检而昵帷薄，逮问翰林学士韩偓，偓曰：'贽，咸通大臣坦从子，内雍友，合疏属以居，故臧获猥众，出入无度，殆此致谤言者。'帝每闻咸通事，必肃然敛衽，故偓称之为贽地。帝幸凤翔，为大明宫留守。"（《新唐书》卷一八二《裴坦传》附《裴贽传》）按，据《新唐书·裴贽传》此处记载，韩偓对答事乃在裴贽任相、兼户部尚书后，唐昭宗幸凤翔前。据《新唐书》卷六十三《宰相表》，裴贽任相兼户部尚书在天复元年五月。又据《旧唐书·昭宗纪》，昭宗出幸凤翔在天复元年十一月。则韩偓对答事在天复元年五月至十一月间，时韩偓在翰林学士任。裴贽，传见《新唐书》卷一八二

《裴坦传》附。

《六月十七日召对自辰及申方归本院》（《韩偓集》卷一）："清署帘开散异香，恩深咫尺对龙章。……如今冷笑东方朔，唯用诙谐侍汉皇。"按，统签本诗题下小注云："以下天复元年入翰林后作。"庆按，所谓"以下"诗即指此诗后之《中秋禁直》、《雨后月中玉堂闲坐》、《苑中》、《与吴子华侍郎同年玉堂同直怀恩叙恳因成长句四韵兼呈诸同年》、《宫柳》、《冬十一月驾幸岐下作》等六诗。据《资治通鉴》卷二六二昭宗天复元年六月癸亥载："上之返正也，中书舍人令狐涣、给事中韩偓皆预其谋，故擢为翰林学士，数召对，访以机密。……时上悉以军国事委崔胤，每奏事，上与之从容，或至然烛。宦官畏之侧目，事无大小，皆咨胤而后行。胤志欲尽除之，韩偓屡谏曰：'事禁太甚。此辈亦不可全无，恐其党迫切，更生他变。'胤不从。丁卯，上独召偓，问曰：'敕使中为恶者如林，何以处之？'对曰：'东内之变，敕使谁非同恶！处之当在正旦，今已失其时矣。'上曰：'当是时，卿何不为崔胤言之？'对曰：'臣见陛下诏书云："自刘季述等四家之外，其余一无所问。"夫人主所重，莫大于信，既下此诏，则守之宜坚；若复戮一人，则人人惧死矣。然后来所去者已为不少，此其所以恼恼不安也。陛下不若择其尤无良者数人，明示其罪，置之于法，然后抚谕其余曰："吾恐尔曹谓吾心有所贮，自今可无疑矣。"乃择其忠厚者使为之长。其徒有善则奖之，有罪则惩之，咸自安矣。今此曹在公私者以万数，岂可尽诛邪！夫帝王之道，当以重厚镇之，公正御之，至于琐细机巧，此机生则彼机应矣，终不能成大功，所谓理丝而棼之者也。况今朝廷之权，散在四方；苟能先收此权，则事无不可为者矣。'上深以为然，曰：'此事终以属卿。'"韩偓此诗即作于此次被召见密议之后。天复元年六月丁卯即是年六月十七日，故此诗乃作于此时后。陈寅恪《读书札记二集·韩翰林集之部》谓："天复元年六月辛亥朔，是月十七日为丁卯。《通鉴》天复元年六月丁卯，'上独问偓'云云，即是其事也。"《韩翰林诗谱略》、《唐韩学士偓年谱》、《韩偓简谱》、《韩偓诗注》等亦系是诗于是时。《韩偓年谱》系于光化三年（公元900年），误，不取。

《论宦官不必尽诛》（《韩偓集》卷六）。按，此文录自《全唐文》，《全唐文》乃从《资治通鉴》卷二六二天复元年六月癸亥所载而节录，《资治通鉴》所载较《全唐文》完整。则文乃本年六月十七日韩偓所言。

《韩偓对话录》第三则（《韩偓集》卷八）："偓尝与（崔）胤定策诛刘季述，昭宗反正，为功臣。帝疾宦人骄横，欲尽去之。偓曰：'陛下诛季述时，余皆赦不问，今又诛之，谁不惧死？含垢隐忍，须后可也。天子威柄，今散在方面，若上下同心,摄领权纲,犹冀天下可治。宦人忠厚可任者,假以恩幸,使自剪其党,蔑有不济。今食度支者乃八千人,公私牵属不减二万,虽诛六七巨魁,未见有益,适固其逆心耳。'帝前膝曰:'此一事终始属卿。'"(宋欧阳修、宋祁《新唐书》卷一八三《韩偓传》)按,此则所记事《韩偓集》卷六据《全唐文》韩偓卷所收《论宦官不必尽诛》文已录,然此处所载韩偓对话有所不同,故再收入。此记韩偓对话之时间,即上考之本年六月十七日。刘季述,传见《新唐书》卷二〇八。据《资治通鉴》卷二六二所载,刘季述因反乱被杀,事在天复元年正月。

《韩偓对话录》第四则(《韩偓集》卷八):"中书舍人令狐涣任机巧,帝尝欲以当国,俄又悔曰:'涣作宰相或误国,朕当先用卿。'辞曰:'涣再世宰相,练故事,陛下业已许之。若许涣可改,许臣独不可移乎?'帝曰:'我未尝面命,亦何惮?'偓因荐御史大夫赵崇劲正雅重,可以准绳中外。帝知偓,崇门生也,叹其能让。"(宋欧阳修、宋祁《新唐书》卷一八三《韩偓传》)按,此对话《新唐书·韩偓传》记在"帝疾宦人骄横,欲尽去之。偓曰:'陛下诛季述时,余皆赦不问'"一段记载后。而据《资治通鉴》卷二六二所载,此段记载时间乃天复元年六月,故此记令狐涣事约在本年六月或稍后,时韩偓与令狐涣均任职朝内。令狐涣,令狐绚子,登进士第。昭宗时曾任中书舍人、翰林学士。传见《旧唐书》卷一七二、《新唐书》卷一六六《令狐楚传》附。

《雨后月中玉堂闲坐》(《韩偓集》卷一):"银台直北金銮外,暑雨初晴皓月中。唯对松篁听刻漏,更无尘土翳虚空。"按,统签本《六月十七日召对自辰及申方归本院》诗题下小注云:"以下天复元年入翰林后作。"所谓"以下"诗即指是诗后之《雨后月中玉堂闲坐》等六诗。故此诗统签本以为乃"天复元年入翰林后作"。又汲古阁本于"入内庭后诗(天复元年辛酉五月后)后"亦列有此诗。吴汝纶评注此诗谓"韩公为翰林学士在昭宗天复元年,先是昭宗为中尉刘季述所幽,及反正,韩公与谋,故擢学士"。又,此诗有"暑雨初晴皓月中"句,则韩偓此诗乃作于天复元年夏。《韩翰林诗谱略》、《唐韩学士偓年谱》、《韩偓简谱》、《韩偓诗注》等亦系于是年。《韩偓年谱》系于光化三年(公元900年),误,不取。

《和吴子华侍郎令狐昭化舍人叹白菊衰谢之绝次用本韵》(《韩偓集》卷一):"正怜香雪披千片,忽讶残霞覆一丛。"按,此诗称吴子华为侍郎,据《新唐书·吴融传》:"昭宗反正,御南阙,群臣称贺,融最先至。于时左右欢骇,帝有指授,叠十许稿,融跪作诏,少选成,语当意详,帝咨赏良厚。进户部侍郎。凤翔劫迁,融不克从,去客阌乡。俄召还翰林,迁承旨,卒官。"按,昭宗反正在天复元年,吴融任户部侍郎乃在天复元年昭宗反正后。是年十一月即遭遇"凤翔劫迁"。故韩偓此诗必作于天复元年。又诗咏白菊衰谢,则诗当约作于天复元年秋末时。《韩翰林诗谱略》、《唐韩学士偓年谱》、《韩偓年谱》、《韩偓诗注》等亦系于是年。

《中秋禁直》(《韩偓集》卷一):"星斗疏明禁漏残,紫泥封后独凭阑。……长卿只为长门赋,未识君臣际会难。"按,统签本《六月十七日召对自辰及申方归本院》诗题下小注云:"以下天复元年入翰林后作。"所谓"以下"诗即指是诗后之《中秋禁直》等六诗。故统签本以为此诗乃"天复元年入翰林后作"。诗题谓"中秋",则此诗乃作于天复元年八月中秋。《韩翰林诗谱略》、《唐韩学士偓年谱》、《韩偓诗注》等亦系于是年。

《韩偓对话录》第五则(《韩偓集》卷八):"全诲等惧帝诛己,与继诲、彦弼、继筠交通谋乱。帝问令狐涣,涣请召胤及全诲等宴内殿和解之。韩偓谓:'不如显斥一二柄臣,许余人自新,奸谋必息。不然皆自疑,祸且速,虽和解之,凶焰益肆。'帝乃止。"(《新唐书》卷二○八《韩全诲传》)按此处所载事《新唐书·韩偓传》亦谓:"李彦弼见帝倨甚,帝不平,偓请逐之,赦其党许自新,则狂谋自破,帝不用。"《资治通鉴》卷二六二天复元年八月甲申后载此事尤详,谓:"韩全诲等惧诛,谋以兵制上,乃与李继昭、李继诲、李彦弼、李继筠深相结;继昭独不肯从。他日,上问韩偓:'外间何所闻?'对曰:'惟闻敕使忧惧,与功臣及继筠交结,将致不安,亦未知其果然不耳。'上曰:'是不虚矣。比日继诲、彦弼辈语渐倨强,令人难耐。令狐涣欲令朕召崔胤及全诲等于内殿,置酒和解之,何如?'对曰:'如此则彼凶悖益甚。'上曰:'为之奈何?'对曰:'独有显罪数人,速加窜逐,余者许其自新,庶几可息。若一无所问,彼必知陛下心有所贮,益不自安,事终未了耳。'上曰:'善!'既而宦官自恃党援已成,稍不遵敕旨;上或出之使监军,或黜守诸陵,皆不行,上无如之何。"据此此事乃在天复元年八月甲申日后。

《韩偓对话录》第六则(《韩偓集》卷八):"天复初,帝密语韩偓曰:'陆扆、裴贽孰忠于我?'偓曰:'扆等皆宰相,安有它肠?'帝:'外言扆不喜我复位,元日易服奔启夏门,信不?'偓曰:'孰为陛下言此?'曰:'崔胤、令狐涣。'偓曰:'设扆如是,亦不足责。且陛下反正,扆素不知谋,忽闻兵起,欲出奔耳。陛下责其不死难则可,以为不喜,乃谗言也。'帝遂悟。累兼户部尚书。"(《新唐书》卷一八三《陆扆传》)按,此事《资治通鉴》卷二六二亦载:"(天复元年)八月,甲申,上问韩偓曰:'闻陆扆不乐吾返正,正旦易服,乘小马出启夏门,有诸?'对曰:'返正之谋,独臣与崔胤辈数人知之,岷不知也。一旦忽闻宫中有变,人情能不惊骇! 易服逃避,何妨有之! 陛下责其为宰相无死难之志则可也,至于不乐返正,恐出谗人之口,愿陛下察之!'上乃止。"故韩偓此次对话在天复元年八月甲申。

《韩偓对话录》第七则(《韩偓集》卷八):"彦弼潜偓及涣漏禁省语,不可与图政,帝怒曰:'卿有官属,日夕议事,奈何不欲我见学士邪?'继昭等饮殿中自如,帝怒,偓曰:'三使相有功,不如厚与金帛官爵,毋使豫政事。今宰相不得颛决事,继昭辈所奏必听。它日遽改,则人人生怨。初以卫兵检中人,今敕使、卫兵为一,臣窃寒心,愿诏茂贞还其卫军。不然,两镇兵斗阙下,朝廷危矣。'"(《新唐书》卷一八三《韩偓传》)按,此处所载事,《资治通鉴》卷二六二天复元年九月所载尤详:"九月,癸丑,上急召韩偓,谓曰:'闻全忠欲来除君侧之恶,大是尽忠,然须令与茂贞共其功;若两帅交争,则事危矣。卿为我语崔胤,速飞书两镇,使相与合谋,则善矣。'壬戌,上又谓偓曰:'继诲、彦弼辈骄横益甚,累日前与继筠同入,辄于殿东令小儿歌以侑酒,令人惊骇。'对曰:'臣必知其然,兹事失之于初。当正旦立功之时,但应以官爵、田宅、金帛酬之,不应听其出入禁中。此辈素无知识,数求入对,或妄论朝政,或儳易荐人,稍有不从,则生怨望;况惟知嗜利,为敕使以厚利雇之,令其如此耳。崔胤本留卫兵,欲以制敕使也,今敕使、卫兵相与为一,将若之何! 汴兵若来,必与岐兵斗于阙下,臣窃寒心。'上但愀然忧沮而已。"据其所记,此事即在天复元年九月癸丑日。

《宫柳》(《韩偓集》卷一):"莫道秋来芳意违,宫娃犹似妒蛾眉。幸当玉辇经过处,不怕金风浩荡时。……涧松亦有凌云分,争似移根太液池。"按,《唐百家诗选》①本诗题后有小注云:"此后二首在内庭作。"所谓后二首即指《宫柳》、《苑中》二诗。又统签本《六月十七日召对自辰及申方归本院》诗题下小注云:"以下天复元年入翰林后作。"所谓"以下"诗即指是诗后之《中秋禁直》、《宫柳》、《冬十一月驾幸岐下作》等六诗。故此诗统签本以为乃"天复元年入翰林后作"。诗有"莫道秋来芳意违"句,故乃作于天复元年秋。《韩翰林诗谱略》、《唐韩学士偓年谱》、《韩偓简谱》、《韩偓年谱》亦系于是年。《韩偓诗注》则系于天复三年初,谓"细味全诗,当是托物言志之作,委婉地表达了诗人当时的处境与政治上的抱负。天复三年初,凤翔解围后朱全忠始面谒昭宗,诗

---

① 宋王安石编,清文渊阁四库全书补配清文津阁四库全书本。

人此时因不附朱全忠，遭其嫉恨，故有此作"。按，诗中已有"莫道秋来芳意违"句，下又有"不怕金风"句，则诗乃秋日所咏。且天复三年秋，诗人早已被贬，故谓此诗乃天复三年之作不可信。

《金銮密记》第五则（《韩偓集》卷七）："二十日入直，隔夜，崔公传语，明日请相看。侵早到门，崔出御札相示。"（《资治通鉴》卷二六二天复元年十月《考异》引韩偓《金銮密记》）按，《考异》引韩偓《金銮密记》此文，乃为《资治通鉴》卷二六二天复元年十月所记事作注释，《资治通鉴》记此事谓："韩全忠闻朱全忠将至，丁酉，令李继筠、李彦弼等勒兵劫上，请幸凤翔，宫禁诸门皆增兵防守，人及文书出入搜阅甚严。上遣人密赐崔胤御札，言皆凄怆，末云：'我为宗社大计，势须西行，卿等但东行也。'"《考异》所引《金銮密记》语即置于"宫禁诸门皆增兵防守"一句之后。"二十日"，即指天复元年十月二十日。据此，此文乃韩偓记于是时之后。入直，指韩偓值班于翰林学士院。

《金銮密记》第六则（《韩偓集》卷七）："十七日早，闻岐师昨夜二更却回，云军大衄。汴令有表迎驾，并述行止。汴军在岐东下寨。十八日、十九日，白麻：'卢光启可谏议大夫、参知机务。'二十日，翰林学士姚洎兼知外制诰。二十四日，汴令有表，奉辞东去。二十五日，汴军离发延英门。"（《资治通鉴》卷二六二天复元年十一月《考异》引《金銮密记》）按，此文之背景《资治通鉴》卷二六二天复元年十一月有所载云："戊辰，朱全忠至凤翔，军于城东。李茂贞登城谓曰：'天子避灾，非臣下无礼；谗人误公至此。'全忠报曰：'韩全海劫迁天子，今来问罪，迎扈还宫。岐王苟不预谋，何烦陈谕！'上屡诏全忠还镇，全忠乃拜表奉辞。辛未，移兵北趣邠州。"《考异》即引《金銮密记》此文于此段记载之后。据此，此文乃天复元年十一月二十五日后所记。

《辛酉岁冬十一月随驾幸岐下作》（《韩偓集》卷一）："曳裾谈笑殿西头，忽听征铙从冕旒。……雨露涵濡三百载，不知谁拟杀身酬。"按，此诗诗题《唐百家诗选》本作"辛酉冬随驾日作今方追忆全篇因附于此"。何焯校云："天复元年。"玉山樵人本、统签本诗题均作"冬十一月驾幸岐下作"。统签本《六月十七日召对自辰及申方归本院》诗题下小注云："以下天复元年入翰林后作。"所谓"以下"诗即指是诗后之《中秋禁直》、《冬十一月驾幸岐下作》等六诗。故此诗统签本以为乃"天复元年入翰林后作"。汲古阁本诗题下小注云："是年为昭宗天复元年，韩全海劫帝幸凤翔。"又诗题已明谓"辛酉岁"，则本诗乃天复元年十一月作。《韩翰林诗谱略》、《唐韩学士偓年谱》、《韩偓简谱》、《韩偓诗注》、《韩偓年谱》亦系于是年。

《锡宴日作》(《韩偓集》卷一):"玉衔花马踏香街,诏遣追欢绮席开。……不敢通宵离禁直,晚乘残醉入银台。"按,统签本此诗小注以为此诗作年为"天复元年辛酉也"。此诗原有小注谓"是岁大稔",则诗乃约天复元年秋冬间之作。《韩翰林诗谱略》、《唐韩学士偓年谱》、《韩偓简谱》、《韩偓年谱》、《韩偓诗注》等亦系于是年。

《苑中》(《韩偓集》卷一):"上苑离宫处处迷,相风高与露盘齐……笙歌锦绣云霄里,独许词臣醉似泥。"按,汲古阁本题下小注云"一本在《宫柳》后"。《唐百家诗选》本此诗即紧接在《宫柳》诗后,且《宫柳》诗下有小注云:"此后二首在内庭作。"又统签本《六月十七日召对自辰及申方归本院》诗题下小注云"以下天复元年入翰林后作"。所谓"以下"诗即指是诗后之《中秋禁直》、《苑中》、《冬十一月驾幸岐下作》等六诗。故此诗统签本以为乃"天复元年入翰林后作",今从之,即系于天复元年。《唐韩学士偓年谱》、《韩偓简谱》、《韩偓诗注》等亦系于是年。

《与吴子华侍郎同年玉堂同直怀恩叙恳因成长句四韵兼呈诸同年》(《韩偓集》卷一):"往年莺谷接清尘,今日鳌山作侍臣。二纪计偕劳笔研,一朝宣入掌丝纶。"按,统签本《六月十七日召对自辰及申方归本院》诗题下小注云"以下天复元年入翰林后作"。所谓"以下"诗即指是诗后之《中秋禁直》、《与吴子华侍郎同年玉堂同直怀恩叙恳因成长句四韵兼呈诸同年》、《冬十一月驾幸岐下作》等六诗。故此诗统签本以为乃"天复元年入翰林后作"。又题称吴融为侍郎,据《新唐书·吴融传》:"昭宗反正,御南阙,群臣称贺,融最先至。于时左右欢骇,帝有指授,叠十许稿,融跪作诏,少选成,语当意详,帝咨赏良厚。进户部侍郎。"则吴融为户部侍郎在昭宗反正后,亦即天复元年。韩偓诗即作于此年。《韩翰林诗谱略》、《唐韩学士偓年谱》、《韩偓简谱》、《韩偓年谱》、《韩偓诗注》等亦系于是年。

《从猎三首》(《韩偓集》卷一)。按,统签本题下小注云"天复元年翰苑作"。今从之,诗即作于天复元年。《韩翰林诗谱略》、《唐韩学士偓年谱》、《韩偓简谱》、《韩偓诗注》亦系于是年。

《无题四首》(包括《倒押前韵》,《韩偓集》卷四)。按,此诗有小序云:"余辛酉年戏作《无题》十四韵,故奉常王公相国首于继和,故内翰吴侍郎融、令狐舍人涣、阁下刘舍人崇誉、吏部王员外涣相次属和。余因作第二首,却寄诸公,二内翰及小天亦再和。余复作第三首,二内翰亦三和。王公一首,刘紫微一首,王小天二首,二学士各三首。余又倒押前韵成第四首,二学士笑谓余曰:'谨竖降旗,何朱研如是也。'遂绝笔。是岁十月末,余在内直,一旦兵起,随驾西狩,文稿咸弃,更无孑遗……"据此诗诗序"余辛酉年戏作《无题》十四韵",可知此"无题"诗数首乃辛酉年在朝中与吴融等数人唱和之作。辛酉年乃指唐昭宗天复元年,诸诗即赋于是年。

唐昭宗天复二年壬戌(902),六十一岁。

韩偓本年仍扈从昭宗于凤翔,仍任兵部侍郎、翰林学士承旨。四月,回鹘请发兵赴难,昭宗命偓答书许之,偓谏止之。七月,偓拒草韦贻范起复诏。后偓改任户部侍郎、翰林学士承旨。本年有《金銮密记》第七则(三月)、《韩偓对话录》第八则(四月)、《韩偓对话录》第九则(五月)、《金銮密记》第八则(五月)、《恩赐樱桃分寄朝士》(夏)、《谏夺制还位疏》(七月)、《韩偓对话录》第十则(七月)、《金銮密记》第九则(八月)、《秋霖夜忆家》(秋)、《寄远》(深秋)、《冬至夜作》(十一月冬至)、《韩偓对话录》第十一则(十一月)、《韩偓对话录》第十二则(十一月)、《金銮密记》第十一则(十二月)、《金銮密记》第十则(天复二年)等诗文。

【生平仕履笺证】

《资治通鉴》卷二六三天复二年四月:"辛丑,回鹘遣使入贡,请发兵赴难;上命翰林学士承旨韩偓答书许之。乙巳,偓上言:'戎狄兽心,不可倚信。彼见国家人物华靡,而城邑荒残,甲兵凋敝,必有轻中国之心,启其贪婪。且自会昌以来,回鹘为中国所破,恐其乘危复怨。所赐可汗书,宜谕以小小寇窃,不须赴难,虚愧其意,实沮其谋。'从之。"

又,《新唐书·韩偓传》:"宰相韦贻范母丧,诏还位,偓当草制,上言:'贻范处丧未数月,遽使视事,伤孝子心。今中书事,一相可办。陛下诚惜贻范才,俟变缞而召可也。何必使出衰冠庙堂,入泣血柩侧,毁瘠则废务,勤恪则忘哀,此非人情可处也。'学士使马从皓逼偓求草,偓曰:'腕可断,麻不可草!'从皓曰:'君求死邪?'偓曰:'吾职内署,可默默乎?'明日,百官至,而麻不出,宦侍合噪。"按,据《资治通鉴》卷二六三,韩偓拒草韦贻范起复诏乃在天复二年七月。

又,《旧唐书·昭宗纪》天复三年正月丙午载:"上又令户部侍郎韩偓、赵国夫人宠颜宣谕于全忠军。"则约本年底前,韩偓已由兵部侍郎改任户部侍郎、翰林学士承旨。

【诗文系年笺证】

《金銮密记》第七则(《韩偓集》卷七):"昭宗宴侍臣,捕池鱼以为馔。茂贞曰:'本畜此鱼,以俟车驾。'又以巨杯劝帝酒,帝不欲饮。茂贞举杯,扣帝颐颔,坐上皆愤其无礼。"(宋曾慥《类说》卷七《茂贞无礼》)按,《资治通鉴》卷二六三天复二年载:"三月,庚戌,上与李茂贞及宰相、学士、中尉、枢密宴,酒酣,茂贞及韩全海亡去。上问韦贻范:'朕何以巡幸至此?'对曰:'臣在外不知。'固问,不对。上曰:'卿何得于朕前妄语云不知?'又曰:'卿既以非道取宰相,当于公事如法;若有不可,必准故事。'怒目视之,微言曰:'此贼兼须杖之二十。'顾谓韩偓曰:'此辈亦称宰相!'贻范屡以大杯献上,上不即持,贻范举杯直及上颐。"据此记载,此文乃天复二年三月所撰。

《韩偓对话录》第八则(《韩偓集》卷八):"昭宗幸凤翔,灵州节度使韩逊表回鹘请率兵赴难,翰林学士韩偓曰:'虏为国仇旧矣。自会昌时伺边,羽翼未成,不得逞。今乘我危以冀幸,不可开也。'遂格不报。然其国卒不振,时时以玉、马与边州相市云。"(《新唐书》卷二一七下《回鹘下》)按,此则韩偓上言,《资治通鉴》卷二六三天复二年四月亦载:"辛丑,回鹘遣使入贡,请发兵赴难;上命翰林学士承旨韩偓答书许之。乙巳,偓上言:'戎狄兽心,不可倚信。彼见国家人物华靡,而城邑荒残,甲兵凋弊,必有轻中国之心,启其贪婪。且自会昌以来,回鹘为中国所破,恐其乘危复怨。所赐可汗书,宜谕以小小寇窃,不须赴难,虚愧其意,实沮其谋。'从之。"据此,韩偓此言事在天复二年四月。

《韩偓对话录》第九则(《韩偓集》卷八):"(天复二年五月)庚午,工部侍郎、同平章事韦贻范遭母丧,宦官荐翰林学士姚洎为相。洎谋于韩偓,偓曰:'若图永久之利,则莫若未就为善;傥出上意,固无不可。且汴军且夕合围,孤城难保,家族在东,可不虑乎!'洎乃移疾,上亦自不许。"(《资治通鉴》卷二六三)按,据《资治通鉴》此处所记,韩偓此次对答事乃在天复二年五月。

《金銮密记》第八则(《韩偓集》卷七):"五月三日,岐马步军败,回戈伤中不少。八日,闻四面百姓尽般移入城内。二十一日,闻汴帅于郿县筑城及宝鸡下寨。二十三日,闻汴帅至石鼻,又至横渠。二十四日,闻汴帅至城南十里。"(《资治通鉴》卷二六三天复二年五月《考异》引《金銮密记》)按,此文所记背景,《资治通鉴》卷二六三天复二年五月亦记云:"凤翔人闻朱全忠且来,皆惧;癸丑,城外居民皆迁入城。已未,全忠将精兵五万发河中,至东渭横桥,遇霖雨,留旬日。"《考异》所引《金銮密记》此文即置于"全忠将精兵五万发河中"句下。据此,本文乃韩偓天复二年五月二十四日后所记。

《恩赐樱桃分寄朝士》(《韩偓集》卷一):"未许莺偷出汉宫,上林初进半金笼。……霜威食檗应难近,宜在纱窗绣户中。"按,此诗题下小注谓"在岐下",

亦即在凤翔行在。韩偓随昭宗出幸凤翔在天复元年十一月至三年二月被贬濮州司马时。樱桃夏季熟，则昭宗分赐樱桃给朝士，韩偓感而咏此诗，当在天复二年夏。《韩翰林诗谱略》、《唐韩学士偓年谱》、《韩偓简谱》、《韩偓年谱》、《韩偓诗注》等亦系于是年。

《谏夺制还位疏》（《韩偓集》卷六）："贻范处丧未数月，遽使视事，伤孝子心。今中书事一相可办，陛下诚惜贻范才，俟变缞而召可也。何必使出峨冠庙堂，入泣血枢侧。毁瘠则废务，勤恪则忘哀，此非人情可处也。"按，据《资治通鉴》卷二六三天复二年七月载："韦贻范之为相也，多受人赂，许以官；既而以母丧罢去，日为债家所噪。亲吏刘延美，所负尤多，故汲汲于起复，日遣人诣两中尉、枢密及李茂贞求之。甲戌，命韩偓草贻范起复制，偓曰：'吾腕可断，此制不可草！'即上疏论贻范遭忧未数月，遽令起复，实骇物听，伤国体。学士院二中使怒曰：'学士勿以死为戏！'（胡注：时韩全诲等使二中使监学士院，以防上与之密议国事，兼掌传宣回奏。以偓不肯草制，故怒。）偓以疏授之，解衣而寝；二使不得已奏之。上即命罢草，仍赐敕褒赏之。八月，乙亥朔，班定，无白麻可宣；宦官喧言韩侍郎不肯草麻，闻者大骇。茂贞入见上曰：'陛下命相而学士不肯草麻，与反何异？'上曰：'卿辈荐贻范，朕不之违；学士不草麻，朕亦不之违。况彼所陈，事理明白，若之何不从！'茂贞不悦而出，至中书，见苏检曰：'奸邪朋党，宛然如旧。'扼腕者久之。贻范犹经营不已，茂贞语人曰：'我实不知书生礼数，为贻范所误，会当于邠州安置。'贻范乃止。"据此，则奏文乃天复二年七月所上。

《韩偓对话录》第十则（《韩偓集》卷八）："学士使马从皓逼偓求草，偓曰：'腕可断，麻不可草！'从皓曰：'君求死邪？'偓曰：'吾职内署，可默默乎？'明日，百官至，而麻不出，宦侍合噪。"《新唐书》卷一八三《韩偓传》）按，此则所记事《资治通鉴》卷二六三天复二年七月亦载（详见上文所引），则此事乃在天复二年七月甲戌。

《金銮密记》第九则（《韩偓集》卷七）："韦贻范于凤翔围城中，挟李茂贞起复作相。偓当草制，抗疏论其不可。夜半，以授翰林院使。使，中人也，语偓曰：'学士无以性命为戏。'偓不答，扃户而寝。明日，无麻制宣读。茂贞曰：'陛下命相，学士不肯草制，与反何异？'昭宗曰：'卿荐贻范，朕不敢拒；偓不草制，朕亦不拒。其如道理分明何！'"（宋曾慥《类说》卷七《不草制》）按，此则所记亦见于《资治通鉴》卷二六三天复二年七月（文今略，详见上文）。又同书同卷同年八月又记："乙亥朔，班定，无白麻可宣；宦官喧言韩侍郎不肯草麻，闻者大骇。茂贞入见上曰：'陛下命相而学士不肯草麻，与反何异！'上曰：'卿辈荐贻范，朕不之违；学士不草麻，朕亦不之违。况彼所陈，事理明白，若之何不从！'茂贞不悦而出，至中书，见苏检曰：'奸邪朋党，宛然如旧。'扼腕者久之。贻范犹经营不已，茂贞语人曰：'我实不知书生礼数，为贻范所误，会当于邠州安置。'贻范乃止。"据此，则本文乃天复二年八月所记。

《秋霖夜忆家》（《韩偓集》卷一）。按，此诗题下有"随驾在凤翔府"小注。据上考，韩偓随驾在凤翔府乃在天复元年十一月至三年二月其被贬濮州司马时。其在凤翔"秋霖夜忆家"，只能在天复二年秋。故统签本诗题下小注云"天复二年，随驾凤翔"。则此诗乃作于天复二年秋。《韩翰林诗谱略》、《唐韩学士偓年谱》、《韩偓简谱》、《韩偓年谱》、《韩偓诗注》等亦系于是年。

《寄远》（《韩偓集》卷四）："眉如半月云如鬓，梧桐叶落敲井阑。孤灯亭亭公署寒，微霜凄凄客衣单。"按，此诗题下有"在岐下日作"小注。岐下，即唐岐州凤翔府。据史载天复元年十一月，因朱全忠犯京师，唐昭宗为宦官韩全诲所劫持幸凤翔，至天复三年正月方返京。韩偓当时随驾在凤翔。据此诗"梧桐叶落"、"微霜凄凄"等句，诗当作于秋末天寒时，则乃天复二年深秋之作。

《冬至夜作》（《韩偓集》卷一）："中宵忽见动葭灰，料得南枝有早梅。……阴冰莫向河源塞，阳气今从地底回。"按，此诗题下小注谓："天复二年壬戌，随驾在凤翔府。"汲古阁本在诗后注云："是年为翰林学士承旨，汴军围凤翔。"又，宋孟元老《东京梦华录·冬至》载"十一月冬至，京师最重此节"。又，清徐卓《节序日考》卷一《冬至节》："大雪后十五日，斗指子为冬至。十一月中，阴极而阳始至，日南至，渐长至也。"则此诗乃作于天复二年十一月冬至韩偓为翰林学士承旨时。《韩翰林诗谱略》、《唐韩学士偓年谱》、《韩偓简谱》、《韩偓年谱》、《韩偓诗注》亦系于是年。

《韩偓对话录》第十一则（《韩偓集》卷八）："苏检数为韩偓经营入相，言于茂贞及中尉、枢密，且遣亲吏告偓，偓怒曰：'公与韦公自贬所召归，旬月致位宰相，讫不能有所为，今朝夕不济，乃欲以此相污邪！'"（《资治通鉴》卷二六三天复二年十一月甲子日后）按，据《资治通鉴》卷二六三所记，韩偓此次对答事乃在天复二年十一月甲子日后。

《韩偓对话录》第十二则（《韩偓集》卷八）："茂贞疑帝间出依全忠，以兵卫行在。帝行武德殿前，因至尚食局，会学士独在，宫人招偓，偓至，再拜哭曰：'崔胤甚健，全忠军必济。'帝喜，偓曰：'愿陛下还宫，无为人知。'帝赐以面豆而去。"（《新唐书》卷一八三《韩偓传》）按，此处所记事，《资治通鉴》卷二六三天复二年亦载及："是后茂贞或遣兵出击汴军，多不为用，散还。茂贞疑上与全忠有密约，壬寅，更于御院北垣外增兵防卫。十一月，癸卯朔，保大节度使李茂勋帅其众万余人救凤翔，屯于城北阪上，与城中举烽相应。甲辰，上使赵国夫人诇学士院二使皆不在，亟召韩偓、姚洎，窃见之于土门外，执手相泣。洎请上速还，恐为他人所见；上遽去。"据此，此事乃在天复二年十一月甲辰。

《金銮密记》第十一则（《韩偓集》卷七）："汴人列十余栅，围岐城，掘蚰蜒壕攻城。城中大窘，烧人粪，煮人肉而食。茂贞不肯与梁和，宣谕曰：'全忠兵未退，城内窘急，十六宅诸王日奏三两人下世，皆冻饿所致。在内公主、美人等一日食粥，一日食不托，今已竭矣！愿速与梁和。'"（宋曾慥《类说》卷七《速与梁和》）按，此条所记内容，《资治通鉴》卷二六三天复二年十二月丁酉亦记及，谓："丁酉，上召李茂贞、苏检、李继诲、李彦弼、李继岌、李继远、李继忠食，议与朱全忠和，上曰：'十六宅诸王以下，冻馁死者日有数人。在内诸王及公主、妃嫔，一日食粥，一日食汤饼，今亦竭矣。卿等意如何？'皆不对。上曰：'速当和解耳！'"据此，本文乃天复二年十二月丁酉后所记。

《金銮密记》第十则（《韩偓集》卷七）："天复二年，大驾在岐，皇女生三日，赐洗儿果子、金银钱、银叶坐子、金银铤子。"（洪迈《容斋随笔·容斋四笔》卷六《洗儿金钱》引韩偓《金銮密记》）按，据此文所记，本文乃天复二年所记。

唐昭宗天复三年癸亥（903），六十二岁。

二月，韩偓以荐王赞、赵崇为相触怒朱全忠，从长安朝中被贬濮州司马。二月二十二日贬经硖石县，赋诗纪之。后再贬为荣懿尉，徙邓州司马。本年正月有《韩偓对话录》第十三则、《金銮密记》第十二则、第十三则、第十四则；天复元年正月至天复三年二月间有《金銮密记》第十六则、第十七则；二月有《金銮密记》第十五则、第十八则，《韩偓对话录》第十四则、第十五则、第十六则、第十七则、第十八则，以及《出官经硖石县》等诗文。

【生平仕履笺证】

《资治通鉴》卷二六四天复三年二月载："初，翰林学士承旨韩偓之登进士第也，御史大夫赵崇知贡举。上返自凤翔，欲用偓为相，偓荐崇及兵部侍郎王赞自代；上欲从之，崔胤恶其分己权，使朱全忠入争之，全忠见上曰：'赵崇轻薄之魁，王赞无才用，韩偓何得妄荐为相！'上见全忠怒甚，不得已，癸未，贬偓濮州司马。上密与偓泣别，偓曰：'是人非复前来之比，臣得远贬及死，乃幸耳，不忍见篡弑之辱！'"

　　又，韩偓《出官经硖石县》诗下自注"天复三年二月二十二日"；诗中"谪宦过东畿，所抵州名濮"句下自注："是月十一日贬濮州司马。"则偓贬濮州司马在本年二月十一日，二月二十二日经硖石县（治所在今河南陕县东南五十二里硖石乡）。

　　又，《新唐书·韩偓传》："全忠怒偓薄己，悻然出。有潜偓喜侵侮有位，胤亦与偓贰。会逐王溥、陆扆，帝以王赞、赵崇为相，胤执赞、崇非宰相器，帝不得已而罢。赞、崇皆偓所荐为宰相者。全忠见帝，斥偓罪，帝数顾胤，胤不为解。全忠至中书，欲召偓杀之。郑元规曰：'偓位侍郎、学士承旨，公无濾。'全忠乃止，贬濮州司马。帝执其手流涕曰：'我左右无人矣。'再贬荣懿尉，徙邓州司马。"岑仲勉《韩偓南依记》①云：偓"二十二日（癸巳），经硖石县。硖石属陕州，地志从山不从石。诗云：'谪官过东畿，所抵州名濮。……尚得佐方州，信是皇恩沐。'按偓自濮州再贬荣懿，荣懿属江南道溱州，又徙山南道邓州，是否通履三任，无可确考。偓在湖南赋《早玩雪梅有怀亲属》诗，又《家书后批二十八字》诗注，'在醴陵时闻家在登州'，偓原籍京兆万年，则似家属随至濮州，故得东徙海岸。唐末朝命不行，且偓之贬，出于权奸排挤，为保身计，意偓以溯江之便，遂转入湖南，未尝至荣懿也。"

【诗文系年笺证】

　　《韩偓对话录》第十三则（《韩偓集》卷八）："全海诛，宫人多坐死。帝欲尽去余党，偓曰：'礼，人臣无将，将必诛，宫婢负恩不可赦。然不三十年不能成人，尽诛则伤仁。愿去尤者，自内安外，以静群心。'帝曰：'善。'"（《新唐书》卷一八三《韩偓传》）按，据《旧唐书·昭宗纪》、《资治通鉴》卷二六三所载，韩全海等宦官、宫人被诛杀事在天复三年正月。《旧唐书·昭宗纪》天复三年正月记："丁巳，蒋玄晖与中使同押送中尉韩全海、张弘彦已下二十人首级，告谕四镇兵士回銮之期。……己巳，入京师。天子素服哭于太庙，改服冕旒，谒九庙。礼毕，御长乐楼，大赦，百寮称贺。全忠处左军。辛未，宴全忠于内殿，内弟子奏乐。是日，制内官第五可范已下七百人并赐死于内侍省，其诸道监军及小使，仰本道节度使处斩讫奏，从全忠、崔胤所奏也。帝悲惜之，自为奠文祭之。"据此，此处韩偓所言事之时间，当在天复三年正月。

　　《金銮密记》第十二则（《韩偓集》卷七）："六日，诛全海等。"（《资治通鉴》卷二六三天复三年正月己酉《考异》引《金銮密记》）按，《资治通鉴》卷二六三

---

① 见岑仲勉《唐人行第录》（外三种），中华书局 2004 年版。

天复三年正月记载此事背景云:"戊申,李茂贞独见上,中尉韩全海、张彦弘、枢密使袁易简、周敬容皆不得对。茂贞请诛全海等,与朱全忠和解,奉车驾还京。上喜,即遣内养帅凤翔卒四十人收全海等,斩之。以御食使第五可范为左军中尉,宣徽南院使仇承坦为右军中尉,王知古为上院枢密使,杨虔朗为下院枢密使。是夕,又斩李继筠、李继海、李彦弼及内诸司使韦处廷等十六人。己酉,遣韩偓及赵国夫人诣全忠营;又遣使囊全海等二十余人首以示全忠,曰:'向来胁留车驾,惧罪离间,不欲协和,皆此曹也。今朕与茂贞决意诛之,卿可晓谕诸军以豁众愤。'辛亥,全忠遣观察判官李振奉表入谢。"《考异》所引《金銮密记》此记载即在《通鉴》此文"又遣使囊全海等二十余人首以示全忠"后。据此,文中"六日",即指天复三年正月六日,此文即记于此时之后。全海,即韩全海,唐昭宗时宦官,任枢密使、左军中尉。传见《新唐书》卷二〇八。

《金銮密记》第十三则(《韩偓集》卷七):"是夜处置内官一十九人。"(《资治通鉴》卷二六三天复三年正月己酉《考异》引《金銮密记》)按,据上引《资治通鉴》卷二六三天复三年正月之记载,"是夜"即指《金銮密记》上文所记天复三年正月"六日,诛全海等"之六日夜。则此文即记于天复三年正月六日后。内官,指"李继筠、李继海、李彦弼及内诸司使韦处廷等"朝中宦官。

《金銮密记》第十四则(《韩偓集》卷七):"二十八日,处置第五可范已下四百五十人。"(《资治通鉴》卷二六三天复三年正月《考异》引《金銮密记》)按,《资治通鉴》卷二六三天复三年正月记载此事背景云:"庚午,全忠、崔胤同对。胤奏:'国初承平之时,宦官不典兵预政。天宝以来,宦官浸盛。……自是参掌机密,夺百司权,上下弥缝,共为不法……不剪其根,祸终不已。请悉罢诸司使,其事务尽归之省寺,诸道监军俱召还阙下。'上从之。是日,全忠以兵驱宦官第五可范等数百人于内侍省,尽杀之,冤号之声,彻于内外。"则"二十八日",即指天复三年正月二十八日,韩偓是文即记于此时之后。第五可范,唐昭宗时宦官,天复三年为左军都尉。

《金銮密记》第十六则(《韩偓集》卷七):"面处分,自此赐无畏,兼赐金三十两。"(宋陆游《老学庵笔记》卷六引韩偓《金銮密记》)《金銮密记》第十七则:"已曾赐无畏,卿宜凡事皆尽言。"(宋陆游《老学庵笔记》卷六引韩偓《金銮密记》)按,以上两则均见于陆游《老学庵笔记》卷六所引韩偓《金銮密记》,其书云:"俗说唐五代间事,每及功臣多云赐无畏,其言甚鄙浅。予儿时闻之,每以为笑。及观韩偓《金銮密记》云:'面处分,自此赐无畏,兼赐金三十两。'又云:'已曾赐无畏,卿宜凡事皆尽言。'直是鄙俚之言亦无畏。以此观之,无畏者,许之无所畏惮也！然君臣之间乃许之无所畏惮，是何义理？必起于唐末耳。"
又，清人彭元瑞注、宋欧阳修撰《五代史记注》卷一注亦引陆游《老学庵笔记》
卷六此言，则陆游当据所见《金銮密记》而言，其言当可信。《金銮密记》此两
则文当亦天复元年至三年二月贬濮州司马间所撰，然具体时间未详。

《金銮密记》第十五则（《韩偓集》卷七）："上曰：'朕以濮王处长。'"（《资治
通鉴》卷二六四天复三年二月《考异》引《金銮密记》）按，《资治通鉴》天复三年
二月戊寅记此事背景云："上议褒崇全忠，欲以皇子为诸道兵马元帅，以全忠
副之；崔胤请以辉王祚为之，上曰：'濮王长。'胤承全忠密旨，利祚冲幼，固请
之，己卯，以祚为诸道兵马元帅。"据此，此文乃韩偓天复三年二月戊寅后所
记。濮王，《资治通鉴》注引《考异》谓"《金銮记》所云濮王，盖德王改封耳"。
据《新唐书》，唐昭宗有十七子，长子乃"德王裕"。

《金銮密记》第十八则（《韩偓集》卷七）："上执偓手，涕泣曰：'我劝你且和
同，果如此，有何利益？苦杀人。'"（明陶宗仪《说郛》卷三十五《苦杀人》。据
涵芬楼 1927 年版）按，《新唐书·韩偓传》载："全忠、胤临陛宣事，坐者皆去
席，偓不动，曰：'侍宴无辄立，二公将以我为知礼。'全忠怒偓薄己，悻然
出。……会逐王溥、陆扆，帝以王赞、赵崇为相，胤执赞、崇非宰相器，帝不得
已而罢。赞、崇皆偓所荐为宰相者。全忠见帝，斥偓罪……欲召偓杀之。郑
元规曰：'偓位侍郎、学士承旨，公无遽。'全忠乃止，贬濮州司马。帝执其手流
涕曰：'我左右无人矣。'"按，《说郛》引《金銮密记》此文与《新唐书·韩偓传》
所载此事略同，故《金銮密记》此段记载大致乃写于天复三年二月十一日韩偓
贬濮州司马后。

《韩偓对话录》第十四则（《韩偓集》卷八）："崔胤请以辉王为元帅，帝问
偓：'它日累吾儿否？'偓曰：'陛下在东内时，天阴雾，王闻乌声曰："上与后幽
困，乌雀声亦悲。"陛下闻之恻然，有是否？'帝曰：'然。是儿天生忠孝，与人
异。'意遂决。偓议附胤类如此。"（《新唐书》卷一八三《韩偓传》）按，"崔胤请
以辉王为元帅"事，《旧唐书·昭宗纪》天复三年记云："二月壬申朔。甲戌，制
赐全忠'回天再造竭忠守正功臣'名。己卯，制以辉王祚充诸道兵马元帅。"又
《新唐书》卷二二三下《崔胤传》："胤议以皇子为元帅，全忠副之，示褒崇其功。
全忠内利辉王冲幼，故胤藉以请。帝曰：'濮王长，若何？'还禁中，召翰林学士
韩偓以谋。偓阴佐胤，卒不能却。"《资治通鉴》卷二六四天复三年二月戊寅亦
载："上议褒崇全忠，欲以皇子为诸道兵马元帅，以全忠副之；崔胤请以辉王祚
为之，上曰：'濮王长。'胤承全忠密旨，利祚冲幼，固请之，己卯，以祚为诸道兵

马元帅。"据此，韩偓应对事当在天复三年二月戊寅至己卯日间。

《韩偓对话录》第十五则（《韩偓集》卷八）："初，偓侍宴，与京兆郑元规、威远使陈班并席，辞曰：'学士不与外班接。'主席者固请，乃坐。既元规、班至，终绝席。全忠、胤临陛宣事，坐者皆去席，偓不动，曰：'侍宴无辄立，二公将以我为知礼。'全忠怒偓薄己，悻然出。"（《新唐书》卷一八三《韩偓传》）按，此段记载《新唐书·韩偓传》乃记于韩偓触怒朱全忠，被贬濮州司马稍前。韩偓贬濮州在天复三年二月十一日，则此处所记韩偓之侍宴事，约在天复三年二月初。

《韩偓对话录》第十六则（《韩偓集》卷八）："上谓韩偓曰：'崔胤虽尽忠，然比卿颇用机数。'对曰：'凡为天下者，万国皆属之耳目，安可以机数欺之！莫若推诚直致，虽日计之不足而岁计之有余也。'"（《资治通鉴》卷二六四天复三年二月甲戌日后）按，据《资治通鉴》卷二六四此处所记，韩偓此次对答事乃在天复三年二月甲戌日后。

《韩偓对话录》第十七则（《韩偓集》卷八）："韩偓，天复初入翰林。其年冬，车驾出幸凤翔，偓有扈从之功。返正初，上面许偓为相。奏云：'陛下运契中兴，当复用重德，镇风俗。臣座主右仆射赵崇可以副陛下是选，乞回臣之命，授崇，天下幸甚。'上嘉叹。翌日，制用崇暨兵部侍郎王赞为相。"（五代王定保《唐摭言》卷六）按，《唐摭言》所载此事亦见于《资治通鉴》卷二六四天复三年二月庚辰日后，谓："初，翰林学士承旨韩偓之登进士第也，御史大夫赵崇知贡举。上返自凤翔，欲用偓为相，偓荐崇及兵部侍郎王赞自代；上欲从之，崔胤恶其分己权，使朱全忠入争之。全忠见上曰：'赵崇轻薄之魁，王赞无才用，韩偓何得妄荐为相！'上见全忠怒甚，不得已，癸未，贬偓濮州司马。"据此，韩偓荐赵崇为相乃在天复三年二月庚辰日后。

《韩偓对话录》第十八则（《韩偓集》卷八）："初，翰林学士承旨韩偓之登进士第也，御史大夫赵崇知贡举。上返自凤翔，欲用偓为相，偓荐崇及兵部侍郎王赞自代；上欲从之，崔胤恶其分己权，使朱全忠入争之。全忠见上曰：'赵崇轻薄之魁，王赞无才用，韩偓何得妄荐为相！'上见全忠怒甚，不得已，癸未，贬偓濮州司马。上密与偓泣别，偓曰：'是人非复前来之比，臣得远贬及死乃幸耳，不忍见篡弑之辱！'"（《资治通鉴》卷二六四天复三年二月）按，据《资治通鉴》卷二六四此处所记，韩偓此次对答乃在天复三年二月癸未其被贬濮州司马时。

《出官经硖石县》（《韩偓集》卷一）："谪宦过东畿，所抵州名濮。……尚得佐方州，信是皇恩沐。"按，此诗诗题下自注"天复三年二月二十二日"，则诗乃作于此时。《韩翰林诗谱略》、《唐韩学士偓年谱》、《韩偓简谱》、《韩偓年谱》、《韩偓诗注》亦系于是年。

　　唐昭宗天复四年、唐哀帝天祐元年甲子（904），六十三岁。

　　约本年早春，韩偓已溯江西行，过汉口，再入汉江北上。后转帆南下，经洞庭湖，二月至湖南。夏五月，自长沙抵醴陵。八月，朱全忠令朱友恭等弑昭宗。冬，偓仍寓居醴陵，有咏梅诗数首以抒抗击朝中邪佞、强暴势力之情怀。本年初春作有《江行》、《过汉口》、《汉江行次》、《雪中过重湖信笔偶题》等诗，后又作《小隐》（春寒时）、《访同年虞部李郎中》（二月）、《湖南绝少含桃偶有人以新摘者见惠感事伤怀因成四韵》（三月）、《赠湖南李思齐处士》（三月）、《春阴独酌寄同年虞部李郎中》（春）、《偶题》（春）、《乱后春日途经野塘》（春）、《同年前虞部李郎中自长沙赴行在余以紫石砚赠之赋诗代书》（春夏间）、《赠渔者》（春夏间）、《寄湖南从事》（春末）、《奉和峡州孙舍人肇荆南重围中寄诸朝士二篇时李常侍洵严谏议龟李起居殷衡李郎中冉皆有继和余久有是债今至湖南方暇牵课》（初夏）、《甲子岁夏五月自长沙抵醴陵贵就深僻以便疏慵由道林之南步步胜绝去绿口分东入南小江山水益秀村篱之次忽见紫薇花因思玉堂及西掖厅前皆植是花遂赋诗四韵聊寄知心》（五月）、《早起五言三韵》（五月）、《玩水禽》（五月后）、《欲明》（五月后）、《家书后批二十八字》（五月至寒冬间）、《曛黑》（秋）、《醉著》（隆冬）、《梅花》（深冬）、《早玩雪梅有怀亲属》（十二月）、《湖南梅花一冬再发偶题于花援》（十二月）、《晓日》（天祐元年）。

　　【生平仕履笺证】

　　韩偓本年有《江行》、《过汉口》、《汉江行次》等三首诗（详见各诗系年考）。《过汉口》云："浊世清名一概休，古今翻覆剩堪愁。年年春浪来巫峡，日日残阳过沔州。"按，去年偓贬濮州，后再贬荣懿尉，徙邓州司马，则去年偓当离开濮州往赴荣懿。而今年春经洞庭湖，二月抵湖南，则其上述三首记长江、汉水之行诗当约今年早春时作。又，偓有《雪中过重湖信笔偶题》诗："道方时险拟如何，谪去甘心隐薜萝。青草湖将天暗合，白头浪与雪相和。旗亭腊酌逾年熟，水国春寒向晚多。处困不忙仍不怨，醉来唯是欲傞傞。"据此，则最迟在本年春寒赋此诗时，偓已决心不赴荣懿、邓州任，而"甘心隐薜萝"弃官隐居矣。

　　又，韩偓有《访同年虞部李郎中》诗，题下自注云："天复四年二月，在湖南。"又，韩偓有《甲子岁夏五月自长沙抵醴陵贵就深僻以便疏慵……村篱之次忽见紫薇花因思玉堂及西掖厅前皆植是花遂赋诗四韵聊寄知心》诗,据此知本年五月,韩偓已经离开长沙抵湖南醴陵县。

又,《旧唐书》卷二十下《昭宗纪》天祐元年载:"八月壬辰朔。壬寅夜,朱全忠令左龙武统军朱友恭、右龙武统军氏叔琮、枢密使蒋玄晖弑昭宗于椒殿。自帝迁洛,李克用、李茂贞、西川王建、襄阳赵匡凝知全忠篡夺之谋,连盟举义,以兴复为辞。而帝英杰不群,全忠方事西讨,虑变起于中,故害帝以绝人望。"

又,韩偓有《早玩雪梅有怀亲属》、《梅花》、《湖南梅花一冬再发偶题于花援》诗。按,《全唐诗》卷六八〇将此三诗均排列在题下有"在湖南醴陵县作"自注之《玩水禽》诗后(按,《全唐诗》此卷此一部分诗大致按时间顺序排列),《翠碧鸟》诗前。而明年春,偓仍在醴陵,时有《净兴寺杜鹃一枝繁艳无比》、《翠碧鸟》(《全唐诗》此诗题下小注谓"以上并在醴陵作")等诗,且明年春夏间偓已在江西袁州,则此三首咏梅诗均作于本年冬在醴陵时。其《梅花》诗云:"梅花不肯傍春光,自向深冬著艳阳。龙笛远吹胡地月,燕钗初试汉宫妆。风虽强暴翻添思,雪欲侵凌更助香。应笑暂时桃李树,盗天和气作年芳。"

【诗文系年笺证】

《江行》、《汉江行次》(均见《韩偓集》卷二)、《过汉口》(《韩偓集》卷三)。《江行》:"浪蹙青山江北岸,云含黑雨日西边。舟人偶语忧风色,行客无聊罢昼眠。争似槐花九衢里,马蹄安稳慢垂鞭。"按,此诗《唐韩学士偓年谱》、《韩偓诗注》均系于天复三年。《唐韩学士偓年谱》谓"吴汝纶注,此为韵律诗。余以此为韩公越邓州径入湖北,沿汉水舟行作"。又谓"考诸时事,当韩公自河南入湖北境,沿汉水舟行时,适淮南杨行密来攻,鄂州节度使杜洪求救于朱全忠,出兵来援,故公即一直沿汉江而至汉口。汉口为湖北省三重镇之一,地当汉水入长江之口,又曰沔口,别称汉皋。公以杜既联朱以御杨,自无活动余地,故即过汉口,下趋湖南。而入洞庭湖,已是清秋时节矣"。据此系《江行》、《汉江行次》、《过汉口》、《洞庭玩月》等诗于天复三年。《韩偓诗注》谓:"是年,诗人被贬出都,此诗是越邓州径入湖北,沿汉水舟行时所作。"然《韩翰林诗谱略》、《韩偓年谱》所系不同,均系于天复四年(是年闰四月改元天祐元年)。《韩偓年谱》天复四年谓:"正月或去年十二月,偓自濮州南下,溯江西上,赴荣懿尉贬职。途中徙邓州司马,遂取道沔州(今武汉市汉阳)、汉口(今武汉市汉口),沿汉水北上改赴邓州。途中闻朱全忠杀胤、迁都,乃决策弃官南下,经洞庭湖入湖南。二月,偓已在湖南。"又谓此行"有诗纪行:《江行》……《过汉口》……《汉江行次》……《雪中过重湖信笔偶题》……按：韩集中《江行》、《过汉口》、《汉江行次》诸诗编次，《韩翰林集》卷二编次为《江行》、《汉江行次》（《过汉口》在卷三，应属部分窜乱者），《玉山樵人集·七言律》编次为《过汉口》、《汉江行次》（《江行》失收，可以不论）。前一组诗编次表明，其行踪是由长江沿汉江北行；后一组诗编次表明，其行踪是经汉口沿汉江北行；两种韩集的诗题编次所表明之行踪，同为由长江经汉口而沿汉江北行。换言之，两组诗所写是同一次行程。职此之故，诸诗编次可以衔接起来，依次为：《江行》、《过汉口》、《汉江行次》。而诸诗内容，亦与此行程及此时历史背景相合"。又谓："《江行》诗'浪蹙青山江北岸，云含黑雨日西边'，言江行途中注目北方和西方，揆诸乘船人通常注目前方之惯例，此行方向是自东向西，即溯江西上。此诗当作于此行溯江赴荣懿途中。"按，据此所考，《江行》等诗乃作于天复四年早春时。今从《韩偓年谱》之说，系《江行》、《过汉口》、《汉江行次》等诗于昭宗天复四年初春。

《雪中过重湖信笔偶题》（《韩偓集》卷一）。按，韩偓于天复三年二月外贬，其《出官经硖石县》诗题下自注"天复三年二月二十二日"。此后往赴濮州贬所，复贬荣懿，再徙邓州。上述诸地其虽未必皆至，但由上文所考韩偓入长江、汉水，其再泛洞庭湖当已早过天复三年春时。又据其《访同年虞部李郎中》诗题下自注："天复四年二月，在湖南。"结合本诗"雪中过重湖"、"青草湖"、"白头浪与雪相合"以及"水国春帆（一作寒）"等语，知诗乃天复四年初春所作。《韩翰林诗谱略》、《韩偓简谱》、《韩偓年谱》、《韩偓诗注》亦系于是年。《唐韩学士偓年谱》系于天复三年，误。

《小隐》（《韩偓集》卷一）："借得茅斋岳麓西……寒夜归村月照溪……松因雪折鸟惊啼。"统签本在《欲明》诗题下有小注云："以下在醴陵作。"所谓"以下"诗为《小隐》、《即日》（按，又题为《即目》）、《避地》、《息兵》、《有感》等五首。又《唐百家诗选》本《玩水禽》诗题后有"此后七首醴陵县作"小注。其"此后七首"即指《玩水禽》、《早玩雪梅有怀亲友》、《小隐》、《曛黑》、《醉著》、《早起三韵》、《即目》。则前两书均以为《小隐》诗作于醴陵。按，此说有误。韩偓天祐元年五月由长沙移居醴陵，而此诗有"借得茅斋岳麓西"句，知偓其时尚居岳麓山西。岳麓山在长沙，则偓此时尚未移居醴陵，诗非于醴陵时作，统签本等小注有误。此诗有"寒夜归村"、"松因雪折"语，则乃天复四年春寒时所作。《韩偓诗注》谓"作于唐昭宗天祐元年冬。诗人时在长沙。"按，此说不取，盖天祐元年冬，韩偓已经不在长沙，乃移居醴陵矣。《韩翰林诗谱略》、《唐韩学士偓年谱》、《韩偓简谱》等亦系于是年。

《访同年虞部李郎中》(《韩偓集》卷一)："策蹇相寻犯雪泥,厨烟未动日平西。……地炉煨酒成狂醉,更觉襟怀得丧齐。"按,此诗诗题下小注谓"天复四年二月,在湖南",则诗即作于此时。《韩翰林诗谱略》、《唐韩学士偓年谱》、《韩偓简谱》、《韩偓年谱》、《韩偓诗注》等亦系于是年。

《湖南绝少含桃偶有人以新摘者见惠感事伤怀因成四韵》(《韩偓集》卷二)："时节虽同气候殊,不知堪荐寝园无。……金銮岁岁长宣赐,忍泪看天忆帝都。"按,此诗《全唐诗》排列于《江行》、《汉江行次》、《偶题》之后,据上文,数诗均按成诗先后排列,且前三诗皆作于天祐元年初春。又考韩偓有《甲子岁五月自长沙抵醴陵贵就深僻……》诗,则偓天祐元年(即甲子岁)五月已离长沙至醴陵。此诗题谓"湖南绝少含桃",又诗云"时节虽同气候殊",诗中小注又云"秦中为樱笋之会,乃三月也",则此诗乃诗人天祐元年三月作于湖南。《韩翰林诗谱略》系于天祐二年,误;《唐韩学士偓年谱》、《韩偓年谱》、《韩偓诗注》皆系于天祐元年,是。

《赠湖南李思齐处士》(《韩偓集》卷二)："三春日日黄梅雨,孤客年年青草湖。……知余绝粒窥仙事,许到名山看药炉。"按,韩偓《访同年虞部李郎中》诗题下有"天复四年二月,在湖南"小注。又有《甲子岁夏五月自长沙抵醴陵贵就深僻以便疏慵……》诗,甲子岁即天复四年,是年闰四月改元天祐元年。故韩偓天复四年春在湖南,是年五月在醴陵。本诗在湖南作,时为"三春日日黄梅雨"之三月,故作于天复四年三月。《韩翰林诗谱略》、《唐韩学士偓年谱》、《韩偓年谱》、《韩偓诗注》等所系年同。

《春阴独酌寄同年虞部李郎中》(《韩偓集》卷一)："春阴漠漠土脉润,春寒微微风意和。闲嗤入甲奔竞态,醉唱落调渔樵歌。"按,据此诗题下"在湖南"小注,知乃作于诗人天复四年(即天祐元年)初春到湖南,至是年五月移居醴陵间。诗有"春阴"和"春寒微微"句,则此诗当作于天复四年春。《韩翰林诗谱略》、《唐韩学士偓年谱》、《韩偓简谱》、《韩偓年谱》、《韩偓诗注》等亦系于是年。

《偶题》(《韩偓集》卷二)："俟时轻进固相妨,实行丹心仗彼苍。萧艾转肥兰蕙瘦,可能天亦妒馨香。"按,此诗在《全唐诗》中排列于《江行》、《汉江行次》之后,而此诗之后即为《湖南绝少含桃偶有人以新摘者见惠感事伤怀因成四韵》诗。考察上述四诗之排列,乃依成诗之时间前后。据前考,《江行》诗作于天祐元年初春,而《湖南绝少含桃偶有人以新摘者见惠感事伤怀因成四韵》亦同年三月诗,则此《偶题》诗亦天祐元年春所作,时诗人在湖南。《唐韩学士偓年谱》、《韩偓诗注》所系同。

《乱后春日途经野塘》(《韩偓集》卷二)中云:"世乱他乡见落梅,野塘晴暖独徘回。"按,此诗作于何年难确考,然诗题谓"乱后",诗中又有"世乱他乡见落梅",以及"季重旧游多丧逝,子山新赋极悲哀。眼看朝市成陵谷,始信昆明是劫灰"等句,寻绎其诗意,颇疑乃天复四年春朱全忠逼唐昭宗由长安迁都洛阳后所作。今即姑系于是年。诗有"袖拂杨花去却来"句,乃春末景色,故诗约作于天复四年春。《韩偓诗注》谓:"写作年代不详,诗题既标明是乱后,则应该是唐亡后所作。是时,诗人流寓福建。"可聊备一说。

《同年前虞部李郎中自长沙赴行在余以紫石砚赠之赋诗代书》(《韩偓集》卷三):"斧柯新样胜珠玑,堪赞星郎染翰时。……蓬岛侍臣今放逐,羡君回去逼龙墀。"按,自此诗诗题知韩偓时在湖南长沙,故吴汝纶于此诗诗题后评注云"此在长沙时作"。韩偓有《访同年虞部李郎中》诗,题下自注:"天复四年二月,在湖南。"又有《春阴独酌寄同年虞部李郎中》诗,题下自注:"在湖南。"又有《甲子岁夏五月自长沙抵醴陵贵就深僻以便疏慵……遂赋诗四韵聊寄知心》诗。甲子岁即天复四年,则是年五月诗人已经自长沙抵醴陵。据此,韩偓天复四年二月至五月在湖南长沙,此诗即作于是年春夏间。《韩翰林诗谱略》、《唐韩学士偓年谱》、《韩偓简谱》、《韩偓年谱》、《韩偓诗注》等所系同。

《赠渔者》(《韩偓集》卷一):"个侬居处近诛茅,枳棘篱兼用荻梢。……我亦好闲求老伴,莫嫌迁客且论交。"按,此诗题下有"在湖南"小注。又,此诗排列在《访同年虞部李郎中》之下。上首诗作于天复四年二月在湖南时,而韩偓是年五月已由长沙抵醴陵,故此诗即天祐元年春夏间在湖南所作。《唐韩学士偓年谱》、《韩偓简谱》、《韩偓年谱》、《韩偓诗注》等亦系于是年。

《奉和峡州孙舍人肇荆南重围中寄诸朝士二篇时李常侍洵严谏议龟李起居殷衡李郎中冉皆有继和余久有是债今至湖南方暇牵课》(《韩偓集》卷一)。按,此诗题末云"今至湖南方暇牵课"。韩偓入湖南约在天复四年初春,同年五月则移往湖南醴陵,时有《甲子岁夏五月自长沙抵醴陵贵就深僻以便疏慵……》诗。又此诗第二首有"黄篾舫中梅雨里"句。梅雨约在初夏时,则此二首诗乃作于天复四年初夏。《韩翰林诗谱略》、《唐韩学士偓年谱》、《韩偓简谱》、《韩偓年谱》、《韩偓诗注》等亦系于是年。

《寄湖南从事》(《韩偓集》卷一):"岸头柳色春将尽,船背雨声天欲明。去国正悲同旅雁,隔江何忍更啼莺。莲花幕下风流客,试与温存遣逐情。"按,此诗之作年,《评注唐诗鼓吹》谓"此因朱全忠之陷出贬濮州司马而作也"。齐涛《韩偓诗集笺注》亦谓"韩偓此诗当作于赴荣懿贬途中"。然吴汝纶评注此诗云:"旧说出贬濮州作,非是。集云时在湖南。"庆按,吴汝纶之驳是。盖此诗有"岸头柳色春将尽,船背雨声天欲明"句,则乃作于春末船上。又《全唐诗》韩偓卷此诗编在至湖南所作诗中,诗题又谓"寄湖南从事",且诗有"去国正悲同旅雁,隔江何忍更啼莺"句,则诗人显然乃在湖南江上。诗人天复四年初已经在湖南,则此诗乃作于是年春末。《韩翰林诗谱略》、《唐韩学士偓年谱》、《韩偓简谱》、《韩偓年谱》、《韩偓诗注》等亦系于是年。

《甲子岁夏五月自长沙抵醴陵贵就深僻以便疏慵由道林之南步步胜绝去绿口分东入南小江山水益秀村篱之次忽见紫薇花因思玉堂及西掖厅前皆植是花遂赋诗四韵聊寄知心》(《韩偓集》卷三):"职在内庭宫阙下,厅前皆种紫薇花。眼明忽傍渔家见,魂断方惊魏阙赊。"按,据此诗"甲子岁夏五月自长沙抵醴陵"云云,可知此诗乃天祐元年甲子五月所作。《韩翰林诗谱略》、《唐韩学士偓年谱》、《韩偓简谱》、《韩偓年谱》、《韩偓诗注》等亦均系于本年。

《玩水禽》(《韩偓集》卷一):"两两珍禽渺渺溪,翠衿红掌净无泥。"按,据上考,韩偓天祐元年(即甲子岁)五月已由长沙抵醴陵,本诗小注谓"在湖南醴陵县作"。又,《全唐诗》此诗后即《早玩雪梅有怀亲属》、《欲明》、《梅花》等诗,而其排列大致按照时间先后次序,且《早玩雪梅有怀亲属》乃作于天祐元年冬(详见下考),则此诗乃作于本年五月后。《韩翰林诗谱略》、《唐韩学士偓年谱》、《韩偓年谱》、《韩偓诗注》等亦系于是年。

《欲明》(《韩偓集》卷一):"欲明篱被风吹倒,过午门因客到开。……岳僧互乞新诗去,酒保频征旧债来。"按,此诗韩集旧钞本、汲古阁本、麟后山房刻本、吴评本诗题下均有小注云"在醴陵"。统签本诗题下小注云"以下在醴陵作"。则此诗乃在醴陵所作。据上考韩偓天祐元年五月后方至醴陵,故此诗乃天祐元年五月后作。《韩偓诗注》以为作于天祐元年春,时诗人在洞庭湖;《韩偓年谱》以为诗有"岳僧"句,故乃"五月之前,偓居长沙"时作,今并不取。盖诗乃作于天祐元年五月后,时在醴陵,非在长沙。"岳僧"亦非指长沙岳麓山之僧,乃谓山僧也。《韩翰林诗谱略》、《唐韩学士偓年谱》、《韩偓简谱》等亦系于是年。

《早起五言三韵》(《韩偓集》卷一):"万树绿杨垂,千般黄鸟语。庭花风雨余,岑寂如村坞。依依官渡头,晴阳照行旅。"按,此诗统签本题下小注云"自注:甲子醴陵作"。据上考,韩偓天祐元年五月自湖南移居醴陵。又据此诗"万树绿杨垂"、"庭花风雨余"、"晴阳照行旅"句,则诗盖作于天祐元年夏五月间。《韩翰林诗谱略》、《唐韩学士偓年谱》均系于天祐元年。

《家书后批二十八字》(《韩偓集》卷一)。按,此诗诗题下有"在醴陵,时闻家在登州"小注。据此小注,知诗乃韩偓在醴陵时赋。韩偓天祐元年五月即自长沙至醴陵。又此诗《全唐诗》排列在《早起五言三韵》与《湖南梅花一冬再发偶题于花援》诗中间。前一诗据上考乃作于天祐元年五月,而后一诗则天祐元年寒冬赋(详下考),则此诗当作于天祐元年五月至寒冬间。《唐韩学士偓年谱》、《韩偓年谱》、《韩偓诗注》亦系于是年。《韩翰林诗谱略》、《韩偓简谱》系于天祐二年,今不取。

《曛黑》(《韩偓集》卷一):"古木侵天日已沈,露华凉冷润衣襟。江城曛黑人行绝,唯有啼乌伴夜碪。"按,此诗统签本题下有小注云"甲子醴陵作"。甲子即天祐元年。又《唐百家诗选》本《玩水禽》诗题后有"此后七首醴陵县作"小注。其"此后七首"即指《玩水禽》、《早玩雪梅有怀亲友》、《小隐》、《曛黑》、《醉著》、《早起三韵》、《即目》。又此诗有"露华凉冷"、"啼乌伴夜碪"语,盖乃天祐元年秋作于醴陵。《韩翰林诗谱略》、《唐韩学士偓年谱》、《韩偓诗注》等亦系于是年。

《醉著》(《韩偓集》卷一):"万里清江万里天,一村桑柘一村烟。渔翁醉著无人唤,过午醒来雪满船。"按,此诗《全唐诗》韩偓卷编于《家书后批二十八字》诗后,《翠碧鸟》诗之前。前诗下小注云:"在醴陵。时闻家在登州。"后诗下小注云:"以上并在醴陵作。"又《唐百家诗选》本在《玩水禽》诗题后有"此后七首醴陵县作"。其"此后七首"即有《醉著》诗,则此诗盖作于醴陵时。韩偓自天祐元年五月移居醴陵,至天祐二年夏秋间离开醴陵至袁州。本诗下一首《柳》有"春来依旧袅长条"句,而此诗有"过午醒来雪满船"句,则此诗约作于深冬,时盖为天祐元年隆冬。《韩翰林诗谱略》、《唐韩学士偓年谱》亦均系于天祐元年。《韩偓诗注》谓此诗"作于唐昭宗天祐元年冬,诗人时在长沙"。按,此时韩偓不在长沙,乃在醴陵。

《梅花》(《韩偓集》卷一)诗有云:"梅花不肯傍春光,自向深冬著艳阳。"按,此诗在《全唐诗》列于在湖南醴陵作的《玩水禽》之后,亦即作于天祐元年五月之后。本诗有"自向深冬"、"雪欲侵凌"语,而明年夏秋间韩偓已经入江西袁州,则此诗乃作于天祐元年深冬。《韩翰林诗谱略》、《韩偓简谱》、《韩偓年谱》、《韩偓诗注》等亦系于是年。

《早玩雪梅有怀亲属》(《韩偓集》卷一):"北陆候才变,南枝花已开。……冻白雪为伴,寒香风是媒。"按,《唐百家诗选》本《玩水禽》诗题后有"此后七首醴陵县作"小注,其"此后七首"即包括《早玩雪梅有怀亲属》诗。统签本此诗题下小注亦云"甲子醴陵作"。此处甲子年即天复四年(闰四月改元天祐)。诗云"北陆候才变",又题有"早玩雪梅",故本诗乃作于天祐元年冬十二月,时诗人在湖南醴陵。《韩翰林诗谱略》、《唐韩学士偓年谱》、《韩偓简谱》、《韩偓年谱》、《韩偓诗注》等亦系于是年。

《湖南梅花一冬再发偶题于花援》(《韩偓集》卷一):"湘浦梅花两度开,直应天意别栽培。……寒气与君霜里退,阳和为尔腊前来。"按,此诗《韩翰林诗谱略》、《韩偓简谱》均编于天祐二年,此系年有误。考此诗排列于《全唐诗》韩偓卷《家书后批二十八字》后,《即目二首》之前。前一首乃作于醴陵,时在天祐元年五月后。后一首有"废城沃土肥春草,野渡空船荡夕阳"句,乃作于天祐二年春(详下考)。故本诗即作于其前后两诗之间。诗有"寒气与君霜里退,阳和为尔腊前来",又诗题谓"梅花一冬再发",则诗最迟当作于天祐元年腊月。《韩偓诗注》亦系于天祐元年冬,然谓"诗人时在长沙"。按,韩偓天祐元冬不在长沙,其于此年五月已经离开长沙往醴陵,至天祐二年夏秋间又至江西袁州。则此时诗人乃在醴陵赋此诗。《唐韩学士偓年谱》、《韩偓年谱》亦系于天祐元年。

《晓日》(《韩偓集》卷一)。按,此诗缪荃孙《韩翰林诗谱略》编于天祐元年,《全唐诗》韩偓卷亦编于天祐元年,故谓天祐元年作较可信。《韩偓诗注》因诗中有"日观峰半夜见日"小注,而谓"作于唐昭宗天复三年(公元903年),诗人在濮州司马任上似乎向东到过泰山"。所说无确凿依据,今不取。盖小注所言并非表明诗人实际到过日观峰,而乃遥想之言,故诗谓"直须",乃表明其时诗人不在日观峰也。

唐哀帝天祐二年乙丑(905),六十四岁。

春,韩偓仍在醴陵,有《即目二首》之一、《净兴寺杜鹃一枝繁艳无比》诗。是年夏在醴陵有《翠碧鸟》诗,后离开醴陵至袁州,有《赠孙仁本尊师》、《赠易卜崔江处士》等诗。七月偓在江西萧滩镇,以病卧至九月。时朝廷以复其故官召,偓闻而赋诗以示不赴召之决心及哀悼昭宗之情。本年尚作有《柳》(春)、《花时与钱尊师同醉因成二十字》(春)、《避地》(春夏间)、《息兵》(春夏间)、《病中初闻复官二首》(九月)、《乙丑岁九月在萧滩镇驻泊两月忽得商马杨迢员外书贺余复除戎曹依旧承旨还缄后因书四十字》(九月)、《夜坐》(疑约天祐二年九月)等诗。

【生平仕履笺证】

《韩偓集》有《即目二首》，其一中云："废城沃土肥春草，野渡空船荡夕阳。"同书同卷又有《净兴寺杜鹃一枝繁艳无比》，中云："一园红艳醉坡陀，自蒂连梢簇蒨罗。"上两诗后又有《翠碧鸟》诗(此诗题下小注谓"以上并在醴陵作")。按，据上考，韩偓天祐元年五月由长沙至醴陵，又《翠碧鸟》诗作于本年夏(详下考)，则知本年春夏韩偓尚在湖南醴陵，并作有《即目二首》之一、《净兴寺杜鹃一枝繁艳无比》、《翠碧鸟》等诗。

又，韩偓有《赠孙本仁尊师》诗，题下有"在袁州"自注。又有《赠易卜崔江处士》诗，题下亦自注"袁州"。按，本年夏韩偓尚在湖南醴陵，而七月已至江西萧滩镇(详下考)。江西袁州乃在湖南醴陵往江西萧滩镇之间，则推其初至袁州乃在本年夏秋间。

又，韩偓有《乙丑岁九月在萧滩镇驻泊两月忽得商马杨迢员外书贺余复除戎曹依旧承旨还缄后因书四十字》诗。据此诗题可知，韩偓天祐二年(即乙丑岁)九月已在江西萧滩镇驻泊两月，则其初至萧滩镇，盖约在天祐二年七月左右。又，此诗云："旅寓在江郊，秋山正寂寥。紫泥虚宠奖，白发已渔樵。事往凄凉在，时危志气消。若为将朽质，犹拟杖于朝。"又《病中初闻复官二首》之一云："也知恩泽招谗口，还痛神祇误直肠。闻道复官翻涕泗，属车何在水茫茫。"之二云："又挂朝衣一自惊，始知天意重推诚。……宦途巇崄终难测，稳泊渔舟隐姓名。"《新唐书·韩偓传》亦谓"天祐二年，复召为学士，还故官，偓不敢入朝，挈其族南依王审知而卒"。则此次召复故官，诗人不赴矣。

【诗文系年笺证】

《柳》(《韩偓集》卷一)："一笼金线拂弯桥，几被儿童损细腰。无奈灵和标格在，春来依旧袅长条。"按，此诗石印本、吴评本均收在《香奁集》中，然《全唐诗》则未编入注有"以下《香奁集》"的位置，而是编于题下有"以上并在醴陵作"小注之《翠碧鸟》诗前。则此诗盖乃作于醴陵。又按，《唐韩学士偓年谱》、《韩翰林诗谱略》均系于天祐元年，《韩偓诗注》谓"作于唐昭宗天祐元年春，诗人时在长沙"。今均不取。韩偓在醴陵时间为天祐元年五月至天祐二年夏秋间，此诗有"春来依旧袅长条"句，则盖乃天祐二年春之作。

《即目二首》之一(《韩偓集》卷一)："万古离怀憎物色，几生愁绪溺风光。废城沃土肥春草，野渡空船荡夕阳。"按，统签本在《欲明》诗题下有小注云"以下在醴陵作"。所谓"以下"诗为《小隐》、《即日》(按，即为此《即目》)、《避地》、《息兵》、《有感》等五首。且《全唐诗》韩偓卷此诗后第五首《翠碧鸟》下小注谓

"以上并在醴陵作",则此诗乃作于醴陵时。其作年《唐韩学士偓年谱》《增订注释全唐诗》韩偓卷系于天祐元年,未确。考此诗在《全唐诗》韩偓卷排列于天祐元年冬所作之《湖南梅花一冬再发偶题于花援》诗后,其下一首为《净兴寺杜鹃一枝繁艳无比》诗。本诗有"废城沃土肥春草,野渡空船荡夕阳"句,下一首有"一园红艳醉坡陀,自地连梢簇蒨罗"句,均是写春日景象。韩偓天祐元年五月自长沙移居醴陵,至次年夏秋间方离开醴陵至江西袁州。故其春日作于醴陵之诗,只能作于天祐二年春时。《韩翰林诗谱略》《唐韩学士偓年谱》《韩偓简谱》《韩偓年谱》《韩偓诗注》等亦将此诗系于天祐二年。

《净兴寺杜鹃一枝繁艳无比》(《韩偓集》卷一):"一园红艳醉坡陀,自蒂连梢簇蒨罗。"按,《全唐诗》韩偓卷排列此诗在《翠碧鸟》之前第四首,此诗前一首即《即目二首》。《翠碧鸟》诗题下小注谓"以上并在醴陵作"。则此诗乃作于醴陵时。考排列于此诗前一首之《即目二首》之一乃天祐二年春所作,此诗又有"一园红艳醉坡陀,自蒂连梢簇蒨罗"句,是写春日景象。且韩偓天祐元年五月自长沙移居醴陵,至次年夏秋间又离开醴陵至江西袁州。故其春日作于醴陵之此诗,只能作于天祐二年春时。《韩翰林诗谱略》《唐韩学士偓年谱》《韩偓简谱》《韩偓年谱》《韩偓诗注》等亦系于本年。

《花时与钱尊师同醉因成二十字》(《韩偓集》卷一):"桥下浅深水,竹间红白花。"按,此诗统签本题下有小注云"甲子醴陵作",《韩翰林诗谱略》即据此注系此诗为"甲子醴陵作"诗。甲子为天祐元年。然《唐韩学士偓年谱》《增订注释全唐诗》则认为作于天祐二年流寓醴陵时。按,韩偓天祐元年五月前在湖南长沙,五月后移居醴陵。此诗题谓"花时",当指春日。如此是天祐元年春日作,则是时韩偓乃在长沙,非醴陵。如作于醴陵春时,则在天祐二年春。又考此诗《全唐诗》韩偓卷编于《净兴寺杜鹃一枝繁艳无比》诗后一首,题下有"以上并在醴陵作"小注之《翠碧鸟》诗前三首。据前考,《净兴寺杜鹃一枝繁艳无比》作于天祐二年春,则此诗当同作于天祐二年春,时诗人尚在醴陵(是年夏秋间,韩偓又移居江西袁州)。《韩偓诗集笺注》因为诗中有"长沙"句,误以为"时偓避地于此",即长沙,实误。

《赠易卜崔江处士》(《韩偓集》卷二)。按,此诗诗题下小注云"袁州",知诗乃诗人在袁州所作。据本文所考,韩偓天祐二年(即乙丑岁)九月已经在江西萧滩镇驻泊两月,其初自醴陵移至萧滩镇盖在天祐二年七月左右。袁州乃在湖南醴陵往江西萧滩镇之间。又《翠碧鸟》诗题下有"以上并在醴陵作"小注。《翠碧鸟》诗约天祐二年夏所作(详下考),换言之偓此时尚在醴陵。如此,偓离醴陵经袁州盖在天祐二年夏秋间,本诗之作亦在是时。《韩翰林诗谱略》、《唐韩学士偓年谱》、《增订注释全唐诗》韩偓卷等亦均系于本年。

《避地》(《韩偓集》卷一):"西山爽气生襟袖,南浦离愁入梦魂。人泊孤舟青草岸,鸟鸣高树夕阳村。"按,统签本在《欲明》诗题下有小注云"以下在醴陵作"。所谓"以下"诗为《小隐》、《即日》(按,即为《即目》)、《避地》、《息兵》、《有感》等五首。故此诗统签本以为作于醴陵时。又此诗《全唐诗》韩偓卷排列于有"以上并在醴陵作"小注之《翠碧鸟》诗前第二首,作于天祐二年春之《花时与钱尊师同醉因成二十字》诗之后一首。则此诗当作于天祐二年春夏间于醴陵时。《韩翰林诗谱略》、《唐韩学士偓年谱》、《韩偓简谱》、《韩偓年谱》、《韩偓诗注》等亦系于是年。

《息兵》(《韩偓集》卷一):"渐觉人心望息兵,老儒希觊见澄清。正当困辱殊轻死,已过艰危却恋生。"按,统签本在《欲明》诗题下有小注云"以下在醴陵作"。所谓"以下"诗即有本诗,故此诗统签本以为作于作者在醴陵时。又此诗《全唐诗》韩偓卷排列于有"以上并在醴陵作"小注之《翠碧鸟》诗前第一首,作于天祐二年春之《避地》诗之后一首。则此诗当作于天祐二年春夏间于醴陵时。《韩翰林诗谱略》、《唐韩学士偓年谱》、《韩偓简谱》、《韩偓年谱》、《韩偓诗注》等亦系于是年。

《翠碧鸟》(《韩偓集》卷一):"天长水远网罗稀,保得重重翠碧衣。"按,《全唐诗》韩偓卷此诗题下有"以上并在醴陵作"小注,说明此时诗人尚在湖南醴陵。此诗前一首《息兵》诗,据前考乃天祐二年春夏间作于醴陵。又此诗后一首《赠孙仁本尊师》,下有"在袁州"小注,袁州地在江西。又此诗下第二首为《乙丑岁九月在萧滩镇驻泊两月忽得商马杨迢员外书贺余复除戎曹依旧承旨还缄后因书四十字》诗,据诗题可知韩偓天祐二年(即乙丑岁)九月已经在江西萧滩镇驻泊两月,则其初自醴陵移至萧滩镇,盖约在天祐二年七月左右。如此其《翠碧鸟》诗之作,约在天祐二年夏季。《韩翰林诗谱略》、《唐韩学士偓年谱》、《韩偓简谱》、《韩偓年谱》、《韩偓诗注》等亦系于是年。

《赠孙仁本尊师》(《韩偓集》卷一)。按,本诗题下有"在袁州"小注。据前考,诗人抵袁州在天祐二年夏秋间。又《全唐诗》韩偓卷此诗后一首为《乙丑岁九月在萧滩镇驻泊两月忽得商马杨迢员外书贺余复除戎曹依旧承旨还缄后因书四十字》诗。据此则此诗约作于天祐二年夏秋间。《韩翰林诗谱略》、《唐韩学士偓年谱》、《韩偓年谱》、《韩偓诗注》等亦系于是年。

《病中初闻复官二首》之二(《韩偓集》卷一):"又挂朝衣一自惊,始知天意重推诚。……宦途岖崄终难测,稳泊渔舟隐姓名。"按,统签本诗题下小注云:"此诗编入甲子岁,为天祐之元年。详诗意尚是昭宗迁洛未弑时语。"而吴汝纶评注云:"天祐元年八月朱全忠弑昭帝,此昭帝被弑后作。"陈寅恪《读书札记二集·韩翰林集之部》则谓:"缪谱谓详诗意为昭宗未弑前作,然'属车何在'句亦可依吴解。"按,此诗如吴汝纶所说乃作于昭帝被弑后。据《新唐书·韩偓传》:"天祐二年,复召为学士,还故官。偓不敢入朝,挈其族南依王审知而卒。"又,韩偓有《乙丑岁九月在萧滩镇驻泊两月忽得商马杨迢员外书贺余复除戎曹依旧承旨还缄后因书四十字》诗,据此知韩偓"初闻复官"盖约在乙丑岁九月,亦即天祐二年九月。本诗即作于此时,时诗人在江西萧滩镇驻泊。《韩翰林诗谱略》、《韩偓简谱》、《韩偓年谱》、《韩偓诗注》等亦系于是年。

《乙丑岁九月在萧滩镇驻泊两月忽得商马杨迢员外书贺余复除戎曹依旧承旨还缄后因书四十字》:"旅寓在江郊,秋风正寂寥。紫泥虚宠奖,白发已渔樵。"按,据诗题"乙丑岁九月在萧滩镇驻泊两月"云云,知此诗作于天祐二年九月,时在江西萧滩镇。《韩翰林诗谱略》、《唐韩学士偓年谱》、《韩偓简谱》、《韩偓年谱》、《韩偓诗注》等亦系于是年。

《夜坐》(《韩偓集》卷三):"天似空江星似波,时时珠露滴圆荷。……无名无位堪休去,犹拟朝衣换钓蓑。"按,《韩偓诗注》谓"作于后梁太祖开平四年",然未言何据,故难于凭信。考此诗有"无名无位堪休去,犹拟朝衣换钓蓑"句,天祐二年九月,韩偓初闻复官,时有《乙丑岁九月在萧滩镇驻泊两月忽得商马杨迢员外书贺余复除戎曹依旧承旨还缄后因书四十字》诗,则此时韩偓本可谓"无名无位",然朝廷此时有复其故官之命,诗人又不拟赴任,故既可称"无名无位",又能称"犹拟朝衣换钓蓑"。其《乙丑岁九月……》诗谓"旅寓在江郊,秋风正寂寥。紫泥虚宠奖,白发已渔樵。……若为将朽质,犹拟杖于朝",《病中初闻复官二首》之二又云"又挂朝衣一自惊,始知天意重推诚。……宦途岖崄终难测,稳泊渔舟隐姓名",与本诗诗意节候同,故疑此诗亦约作于天祐二年九月得知朝廷下诏复官时。

唐哀帝天祐三年丙寅(906),六十五岁。

韩偓本年二月已至江西抚州,有怀诸朝客与赠危全讽司空诗。三月二十七日,自抚州舟行往南城,有诗纪之。秋,已在福州,有咏荔枝诗三首。九月,前东都度支院苏昕端公授偓所沦落诗稿,中有《无题》诗,偓遂编次之,并作序纪之。本年有《丙寅二月二十二日抚州如归馆雨中有怀诸朝客》(二月)、《和王舍人抚州饮席赠韦司空》(春)、《三月二十七日自抚州往南城县舟行见拂水蔷薇因有是作》(三月)、《荔枝三首》(秋后)、《寄上兄长》(秋后)、《宝剑》(秋后)、《两贤》(秋后)、《再思》(秋后)、《有瞩》(秋后)、《梦仙》(秋后)、《赠吴颠尊师》(秋后)、《送人弃官入道》(秋后)、《秋深闲兴》(深秋)、《故都》(深秋)、《无题诗序》(九月后)、《登南神光寺塔院》(冬末)等诗文。

【生平仕履笺证】

　　韩偓有《丙寅二月二十二日抚州如归馆雨中有怀诸朝客》诗,丙寅即本年。据此,本年二月二十二日偓即在江西抚州客馆,并怀念诸朝客。此诗中云“萍蓬已恨为逋客,江岭那知见侍臣”,“侍臣”即所怀之朝客。又有《和王舍人抚州饮席赠韦司空》诗。按,“韦司空”即“危司空”之误,即指时任抚州刺史之危全讽(详下考);王舍人则为中书舍人王涤。据《唐诗纪事》卷六十七载:“(王)涤,字用霖,及景福进士第。”《全唐诗》卷七二六王涤小传:“王涤,字用霖。……景福中擢第。累官中书舍人。后终于闽。”又《莆阳黄御史集·别录》引《莆阳志》:“王审知据有全闽而终身为节将者,滔规正有力焉。中州若李绚、韩偓、王涤、崔道融……避地于闽,悉主于滔。”《莆阳黄御史集·附录》引吴源《莆阳名公事述》:“御史乃从容进退,为闽藩上幕,又能专长史之任,规正闽王审知……为时推重。中朝士大夫若常侍李洵、翰林承旨韩偓、中舍王涤、补阙崔道融、大司空王标、吏部夏侯淑、司勋员外杨承休、御史王拯、弘文馆直学士杨赞图……莫不浮荆襄吴楚,交集于闽,恃御史为宗主。”又,黄滔《丈六金身碑》记天祐四年正月十八日,王审知在闽设二十万人无遮佛会,时参加者有来闽依王审知之座客“右省常侍陇西李公洵、翰林承旨制诰兵部侍郎昌黎韩公偓、中书舍人琅琊王公涤、右补阙博陵崔征君道融……”等人。则王涤时为中书舍人,当亦来与抚州会中。

　　又,韩偓有《三月二十七日自抚州往南城县舟行见拂水蔷薇因有是作》诗。按,统签本此诗于题后有小注云“丙寅三月二十七日”。则本年三月二十七日,韩偓离开抚州沿江往江西南城县。

　　又,韩偓有《荔枝三首》,题下自注:“丙寅年秋,到福州。自此后并福州作。”据此,偓本年秋已抵达福州,并有诗多首。

　　又,韩偓有《无题并序》:“余辛酉年戏作《无题》十四韵,故奉常王公相国首于继和,故内翰吴侍郎融、令狐舍人涣、阁下刘舍人崇誉、吏部王员外涣相次属和。……是岁十月末,余在内直,一旦兵起,随驾西狩,文稿咸弃,更无孑遗。丙寅年九月,在福建寓止,有前东都度支院苏昈端公,挈余沦落诗稿见授,中得《无题》一首。因追味旧作,缺忘甚多,唯第二、第四首仿佛可记,其第三首才得数句而已。今亦依次编之,以俟他时偶获全本。余五人所和,不复忆省矣。"据此,苏昕端公本年九月在福州交给韩偓已失落之诗稿(中有《无题》诗一首),韩偓遂追味旧作而编次之,并作《无题诗序》以纪之。

【诗文系年笺证】

《丙寅二月二十二日抚州如归馆雨中有怀诸朝客》(《韩偓集》卷一)。按,据诗题知此诗作于丙寅二月二十二日,即天祐三年二月,时诗人已经自袁州至江西抚州。《韩翰林诗谱略》、《唐韩学士偓年谱》、《韩偓简谱》、《韩偓年谱》、《韩偓诗注》等亦系于是年。

《和王舍人抚州饮席赠韦司空》(《韩偓集》卷三):"楼台掩映入春寒,丝竹铮鏦向夜阑。"按,此诗《唐韩学士偓年谱》系于天祐二年,误。韩偓有《丙寅二月二十二日抚州如归馆雨中有怀诸朝客》诗,丙寅即天祐三年。又有《三月二十七日自抚州往南城县舟行见拂水蔷薇因有是作》诗,统签本于诗题后有小注:"丙寅三月二十七日。"据此知韩偓天祐三年三月下旬已离抚州往南城县,则其在"抚州饮席"作诗,且诗有"春寒"句,诗当作于天祐三年春。《韩翰林诗谱略》、《韩偓简谱》、《韩偓年谱》、《韩偓诗注》、《增订注释全唐诗》韩偓卷均系于天祐三年。又,韦司空之"韦",应是"危"之误。此处韦司空实指危全讽。陶敏《全唐诗人名汇考》①谓:"'韦'当'危'之音讹。危司空,危全讽。韩偓天祐三年春在抚州,时危全讽为抚州刺史。《九国志·危全讽传》:'中和五年,黄巢余党柳彦璋攻破抚州,逐郡守,大掠而去,全讽遂入之。诏即以全讽为抚州刺史。'《金石萃编》卷一一七'抚州宝应寺钟款':'金紫光禄大夫、检校工部尚书、使持节抚州诸军事抚州刺史、兼御史大夫、上柱国危全讽。'大顺元年十月十一日造。《资治通鉴》卷二六七:'(开平三年六月)抚州刺史危全讽自称镇南节度使。'危全讽亦地方割据者,唐末官爵极滥,大顺元年全讽已加尚书,十余年后加司空亦在情理之中。"《韩偓诗注》认为韦司空为韦庄,误。

《三月二十七日自抚州往南城县舟行见拂水蔷薇因有是作》(《韩偓集》卷一)。按,此诗诗题中谓"三月二十七日自抚州往南城县舟行",此"三月二十七日"当在丙寅年。盖据前《丙寅二月二十二日抚州如归馆雨中有怀诸朝客》诗知,诗人丙寅年二月二十二日在抚州。又本诗下一首《荔枝三首》题下有"丙寅年秋到福州。自此后并福州作"小注。江西南城乃自抚州至福建福州

———————————

① 陶敏撰《全唐诗人名汇考》,辽海出版社 2006 年版。

所经之县城,故韩偓在南城当在丙寅年。以此统签本于此诗题后有"丙寅三月二十七日"小注,亦系此诗作于天祐三年(丙寅)三月二十七日。《韩翰林诗谱略》、《唐韩学士偓年谱》、《韩偓简谱》、《韩偓年谱》、《韩偓诗注》等亦系于是年。

《荔枝三首》(《韩偓集》卷一)。按,此诗题下小注云:"丙寅年秋到福州,自此后并福州作。"吴评本题下吴汝纶注云"到福州依王审知也"。据此本诗乃天祐三年(丙午)秋至福州后作。《韩翰林诗谱略》、《唐韩学士偓年谱》、《韩偓简谱》、《韩偓年谱》、《韩偓诗注》等即系于是年。

《寄上兄长》(《韩偓集》卷一)。按,此诗前一首《荔枝三首》下小注谓"丙寅年秋到福州,自此后并福州作"。又汲古阁本、麟后山房刻本、吴评本等于《荔枝三首》题下小注亦均谓"丙寅年秋到福州,自此后并福州作",而至《感事三十四韵》诗,下注"丁卯已后"。据上所说,则此诗及其后之《宝剑》、《登南神光寺塔院》、《两贤》、《再思》、《有瞩》、《秋深闲思》、《故都》、《梦仙》、《赠吴颠尊师》、《送人弃官入道》等诗均丙寅年秋到福州后作。故此诗乃约作于丙寅即天祐三年秋后,时在福州。《韩翰林诗谱略》、《唐韩学士偓年谱》、《韩偓简谱》、《韩偓年谱》、《韩偓诗注》等亦系于是年。兄长,指韩偓之兄韩仪。统签本此诗题下小注云:"《唐书》,偓兄仪官御史中丞,偓贬之明年亦贬棣州。"《新唐书·韩偓传》:"兄仪,字羽光,亦以翰林学士为御史中丞。偓贬之明年,帝宴文思球场,全忠入,百官坐庑下,全忠怒,贬仪棣州司马,侍御史归蔼登州司户参军。"

《宝剑》(《韩偓集》卷一,下同)、《两贤》、《再思》、《有瞩》、《梦仙》、《赠吴颠尊师》、《送人弃官入道》。按,据上文所考,以上七首诗均本年秋到福州后所作。

《秋深闲兴》(《韩偓集》卷一)。按,此诗前七首《荔枝三首》下小注谓"丙寅年秋到福州,自此后并福州作"。又汲古阁本、麟后山房刻本、吴评本等于《荔枝三首》题下小注亦均谓"丙寅年秋到福州,自此后并福州作",而至《感事三十四韵》诗,下注"丁卯已后"。据上所说,则本诗及其后之《故都》、《梦仙》、《赠吴颠尊师》、《送人弃官入道》等诗均丙寅年秋到福州后作。此诗诗题又谓"秋深",故此诗乃作于丙寅即天祐三年秋深时。《韩翰林诗谱略》、《唐韩学士偓年谱》、《韩偓简谱》、《韩偓年谱》、《韩偓诗注》等亦系于是年。

《故都》(《韩偓集》卷一):"故都遥想草萋萋,上帝深疑亦自迷。塞雁已侵池篆宿,宫鸦犹恋女墙啼。"按,据本谱上所考,此诗乃诗人丙寅年秋到福州后作。此诗又有"塞雁已侵池篆宿"句,"塞雁"亦显明节候之词。故此诗乃作于丙寅即天祐三年秋深时。《韩翰林诗谱略》、《唐韩学士偓年谱》、《韩偓简谱》、《韩偓年谱》、《韩偓诗注》等亦系于是年。

《无题诗序》(《韩偓集》卷四)。按,据上所考,本文约天祐三年九月后作。

《登南神光寺塔院》(《韩偓集》卷一):"无奈离肠日九回,强攠怀抱立高台。……四序有花长见雨,一冬无雪却闻雷。"按,据上文所考,此诗乃韩偓天祐三年秋到福州后所作。又此诗有"一冬无雪却闻雷"句,故乃作于天祐三年冬末。《韩翰林诗谱略》、《唐韩学士偓年谱》、《韩偓简谱》、《韩偓年谱》、《韩偓诗注》等亦系于是年。

唐哀帝天祐四年、后梁太祖开平元年丁卯(907),六十六岁。

本年正月十八日,韩偓与南来右常侍李洵等朝士,参加福州开元寺金铜佛像落成佛会。时偓闻再除其为兵部侍郎、翰林学士承旨事,感而赋诗。四月,王审知等节镇称臣于梁,偓有《感事三十四韵》一长诗以实录之笔法记述自己于唐昭宗朝之经历,并哀悼李唐之亡。本年尚有《闻再除戎曹依前充职》(正月)、《息虑》(春)、《社后》(秋)、《秋郊闲望有感》(秋)、《早起探春》(腊月)、《向隅》、《味道》、《李太舍池上玩红薇醉题》、《袅娜》、《手简第六帖》(十月十五日)等诗文。

【生平仕履笺证】

黄滔《丈六金身碑》:"我公粤天祐三年丙寅秋七月乙丑,铸金铜像一,丈有六尺之高。后二十有三日丁亥,继之铸菩萨二,丈有三尺高……明年正月十有八日乙未,设二十万人斋号无遮以落之。是日也,彩云缬天,甘露粒松。香花之气扑地,经梵之声入空。座客有右省常侍陇西李公洵,翰林承旨制诰、兵部侍郎昌黎韩公偓,中书舍人琅琊王公涤,右补阙博陵崔征君道融,大司农琅琊王公标,吏部郎中谯国夏侯公淑,司勋员外郎王公拯,刑部员外郎弘农杨公承休,弘文馆直学士弘农杨公赞图,弘文馆直学士琅琊王公倜,集贤殿校理吴郡归公傅懿,皆以文学之奥比偓商,侍从之声齐褒向,甲乙升第,岩廊韫望。东浮荆襄,南游吴楚,谓安莫安于闽越,诚莫诚于我公。……交辙及馆,值斯佛之成,斯会之设,俱得放心猿于菩提树上,歇意马于清凉山中。"

又,韩偓本年闻再除其为兵部侍郎、翰林学士承旨感而赋诗事见于元马端临《文献通考》卷二四三《经籍考》七十:"(石林叶氏)又曰:'韩偓传自贬濮州司马后,载其事即不甚详。其再召为学士,在天祐二年。吾家所藏偓诗虽不多,然自贬后,皆以甲子历历自记其所在,有乙丑年在袁州得人贺复除戎曹依旧承旨诗,即天祐二年也。昭宗前一年已弑,盖哀帝之命也。末句云'若为将朽质,犹拟杖于朝',固不往矣！其后又有丁卯年正月《闻再除戎曹依前充职诗》,末句云'岂独鸥夷解归去,五湖鱼艇且铺糟',天祐四年也。是尝两召皆辞,《唐史》止书其一。是岁四月,全忠篡,其召命自哀帝之世。自后复召,则癸酉年南安县之作,即梁之乾化二年(庆按,癸酉年乃乾化三年,此谓乾化二年误),时全忠亦已被弑,明年梁亡。其两召不行,非特避祸,盖终身不食梁禄,其大节与司空表圣略相等。惜乎,《唐史》不能少发明之也！'"

又,韩偓有《感事三十四韵》诗,据此诗诗题下"丁卯已后"之自注,知诗乃本年唐亡后作。诗中略云:"紫殿承恩岁,金銮入直年。……江总参文会,陈暄侍狎筵。……畏闻巢幕险,宁寤积薪然。……只拟诛黄皓,何曾识霸先。嵚崟翻丑正,养虎欲求全。万乘烟尘里,千官剑戟边。……袁董非徒尔,师昭岂偶然。中原成劫火,东海遂桑田。溅血惭嵇绍,迟行笑褚渊。四夷同效顺,一命敢虚捐。山岳还青耸,穹苍旧碧鲜。独夫长啜泣,多士已忘筌。郁郁空狂叫,微微几病癫。丹梯倚寥廓,终去问青天。"按,此诗题下小注云"丁卯已后",统签本题下小注亦云:"丁卯作。是年唐亡,所云'东海遂桑田'也。"按,丁卯即唐哀帝天祐四年。是年,唐哀帝禅让帝位于朱温。四月,朱温即皇帝位,改元开平,唐亡。此诗当作于是年唐亡后,即开平元年四月后。《韩翰林诗谱略》、《唐韩学士偓年谱》、《韩偓简谱》、《韩偓年谱》、《韩偓诗注》等亦系于是年。

【诗文系年笺证】

《闻再除戎曹依前充职》(《韩偓集》卷五)。按,据上文所考,此诗乃本年正月所赋。

《息虑》(《韩偓集》卷二):"息虑狎群鸥,行藏合自由。春寒宜酒病,夜雨入乡愁。"按,此诗《韩翰林诗谱略》、《唐韩学士偓年谱》、《韩偓年谱》等均系于后梁开平元年,今从之。《韩偓简谱》系于开平二年,未确,今不取。诗有"春寒宜酒病"句,则乃是年春作。《韩偓诗注》亦系于开平元年初春。

《社后》(《韩偓集》卷二):"社后重阳近,云天澹薄间。"按,此诗《韩偓简谱》系于开平二年,而《韩翰林诗谱略》则编于开平元年。《韩偓年谱》于开平元年谱谓"二月,作《社后》诗"。按,诗当如《韩偓诗注》所云"作于后梁太祖开平元年秋"。本诗有"社后重阳近"句,故知此社指秋社,非春社。

《秋郊闲望有感》(《韩偓集》卷二):"枫叶微红近有霜,碧云秋色满吴乡。……心为感恩长惨戚,鬓缘经乱早苍浪。可怜广武山前语,楚汉虚教作战场。"按,此诗《韩偓简谱》系于后梁开平二年,而《韩偓年谱》、《韩偓诗注》系于开平元年。按,此诗据《全唐诗》所编,知作于福州,而作年难于确定,今姑依《韩偓年谱》系于后梁开平元年秋。又徐复观以为此诗非韩偓诗,云:"《秋江闲望》诗有'碧云秋色满吴乡'之句,闽不可以称'吴乡'。又有'可怜广武山前语,楚汉虚教作战场',这是当时江浙一带群雄斗争的形势,所以此诗也不是韩偓的。"(《韩偓诗与香奁集论考》,见其《中国文学论集》)按,三国时福建地属吴国,故福建福州可称为吴乡,不必皆指"江浙一带"。又"可怜广武山前语,楚汉虚教作战场",乃用典寓意,不可作实指楚、汉之地看。故徐氏之言缺乏确凿证据,不可据信。

《早起探春》(《韩偓集》卷二):"句芒一夜长精神,腊后风头已见春。烟柳半眠藏利脸,雪梅含笑绽香唇。"按,此诗之作年,《韩偓简谱》系于开平二年,而《翰林诗谱略》、《唐韩学士偓年谱》、《韩偓年谱》等均编排于开平元年。按,系于开平二年不可信。统签本题下有"丁卯福州"小注,且从《全唐诗》韩偓卷排列次序看,此诗排列于开平元年的《息虑》诗后一首,诗盖作于丁卯,即开平元年。此诗题为《早起探春》,诗中有"句芒一夜长精神,腊后风头已见春"句。寻味句中所说,此时乃在腊后,且刚入春时。然此年入春乃在十二月腊后未新正时,故应仍是后梁开平元年(公元907年)腊后之作,时诗人在福州。

《向隅》(《韩偓集》卷二):"守道得途迟,中兼遇乱离。……弟兄消息绝,独敛向隅眉。"按,此诗作年《韩翰林诗谱略》据统签本题下小注"丙寅秋至福州作"系于天祐三年(丙寅),而《韩偓简谱》、《唐韩学士偓年谱》均系于天祐四年,亦即开平元年。按,《全唐诗》编排此诗于作于"丁卯已后"之《感事三十四韵》诗后,据此,此诗似作于丁卯年,即后梁开平元年,诗人时在福州。《韩偓年谱》亦云:"偓作《向隅》诗,结云:'弟兄消息绝,独敛向隅眉。'此诗在本集中编次于《感事三十四韵》(题下自注:"丁卯已后")之后,《社后》之前。按:天祐元年兄仪自洛阳贬棣州司马,丙寅天祐三年偓作《寄上兄长》,盖寄棣州,今年丁卯《向隅》诗云'弟兄消息绝',己巳年《手简十一帖》第二帖则语及'孤侄',则偓确知韩仪去世消息,是在丁卯(907)之后、己巳(909)之前。"亦系此诗在开平元年。《韩偓诗注》系年同。

《味道》(《韩偓集》卷二)。按,此诗《韩偓简谱》系于开平二年,而《韩翰林诗谱略》、《唐韩学士偓年谱》、《韩偓年谱》、《韩偓诗注》等均编排于开平元年。按,系于开平二年似不可信,今姑从《韩翰林诗谱略》等系于后梁开平元年。

《李太舍池上玩红薇醉题》(《韩偓集》卷二)。按,此诗《韩偓简谱》系于后

梁开平二年;而《韩偓诗注》系于天祐三年,谓"作于同一年的还有《故都》";
《韩翰林诗谱略》、《韩偓年谱》则编于开平元年,均未言根据。按,据此诗《全
唐诗》所编排位置,以及诗中"乍为旅客颜常厚,每见同人眼暂明。京洛园林
归未得,天涯相顾一含情"句,知在福建所作,然确年则难考。今姑依《韩翰林
诗谱略》、《韩偓年谱》所系,权系于后梁开平元年。

　　《袅娜》(《韩偓集》卷四)。按,此诗于韩集旧钞本、《全唐诗》、石印本《香
奁集》题下均有小注云"丁卯年作"。吴评本题下小注云"元注丁卯年作",又
于诗末注云"重见"。因有此小注,故诸家年谱如《韩翰林诗谱略》、《唐韩学士
偓年谱》、震钧《韩承旨年谱》①、《韩偓年谱》等均系于后梁开平元年丁卯,今即
据诸家所系。

　　《手简第六帖》(《韩偓集》卷六):"旬日前所谘启,乞一书与建州,为右司
李郎中经过,希稍延接。……偓状。十月十五日偓状。"按,此文之作年,《韩
偓年谱》系于后梁开平元年十月,谓"此帖无作年,但是观其内容,是在闽中时
作。其中'偓虽承建州八座眷私,自是旅客,难于托人',与本年诗《李太舍池
上玩红薇醉题》'乍为旅客颜常厚',同以'旅客'自称,同为自述在王审知治下
栖身之不安心情,当为同时之作,故系于此"。今从之。

　　后梁开平二年戊辰(908),六十七岁。
　　韩偓约本年冬已自福州移居沙县。
【生平仕履笺证】
　　按,宋李纲《梁溪集》卷十一《读韩偓诗并记有感》云:"韩偓唐昭宗时为翰林
学士承旨,颇与国论,为崔胤、朱全忠所不容,谪濮州司马。其后复官,不敢入
朝,挈其族依闽中王审知。尝道沙阳,寓居天王院者岁余,与老僧蕴明相善,以
诗赠之。"据此,韩偓"尝道沙阳,寓居天王院者岁余"。《韩偓年谱》于后梁开平
二年谱谓"偓去福州居沙县(今属福建),当在本年"。其考云:"本集明年己巳年
有诗题《余寓汀州沙县病中闻前郑左丞璘随外镇举荐赴洛兼云继有急征旋见脂
辖因作七言四韵戏以赠之或冀其感悟也》、《己巳年正月十二日自沙县抵邵武军
将谋抚信之行到才一夕为闽相急脚相召却其请赴沙县郊外泊船偶成一篇》,夫
明年己巳年正月初已寓居沙县,正月十二日又离沙县抵邵武(今属福建),则偓
早在本年戊辰年已离福州迁居沙县。宋李纲……云偓'尝道沙阳,寓居天王院

① 见震钧《香奁集发微》,扫叶山房民国三年石印本。

者岁余',复按偓以明年己巳年岁末离沙县赴尤溪(详己巳年谱),则自本年至明年岁末,偓居沙县适为岁余也。"按,至明年岁末韩偓寓居沙县岁余,则推其初至沙县盖约在本年冬。

后梁开平三年己巳(909),六十八岁。

韩偓于正月十二日自沙县抵邵武军将谋抚信之行,然为闽相王审知之使者召回沙县。春夏间,访老僧永明禅师,有诗纪之。在沙县寓居,病中见前郑左丞璘随外镇举荐赴洛,遂作诗赠之,冀其感悟。岁末,离沙县由水路往尤溪,途经建溪,有诗纪溪水之险。本年有《己巳年正月十二日自沙县抵邵武军将谋抚信之行到才一夕为闽相急脚相召却请赴沙县郊外泊船偶成一篇》(正月)、《寒食日沙县雨中看蔷薇》(三月)、《手简第七帖》(春)、《永明禅师房》(春夏间)、《余寓汀州沙县病中闻前郑左丞璘随外镇举荐赴洛兼云继有急征旋见脂辖因作七言四韵戏以赠之或冀其感悟也》、《又一绝请为申达京洛亲交知余病废》、《访明公大德》、《手简第二帖》、《梦中作》、《建溪滩波心目惊眩余平生溺奇境今则畏怯不暇因书二十八字》(年末)等诗文。

【生平仕履笺证】

韩偓有《己巳年正月十二日自沙县抵邵武军将谋抚信之行到才一夕为闽相急脚相召却请赴沙县郊外泊船偶成一篇》,据此知本年初偓离开沙县赴邵武,拟再往江西之抚州、信州,然为王审知派人追回沙县。

又,宋李纲《读韩偓诗并记有感》云:"韩偓唐昭宗时为翰林学士承旨,颇与国论,为崔胤、朱全忠所不容,谪濮州司马。……挈其族依闽中王审知。尝道沙阳,寓居天王院者岁余,与老僧蕴明相善,以诗赠之。"按,偓有《永明禅师房》诗,中云:"景色方妍媚,寻真出近郊。……支公禅寂处,时有鹤来巢。"此诗即本年春夏间访永明禅师之作(考详下)。

又,韩偓有《余寓汀州沙县病中闻前郑左丞璘随外镇举荐赴洛兼云继有急征旋见脂辖因作七言四韵戏以赠之或冀其感悟也》诗,中云:"公干寂寥甘坐废,子牟欢抃促行期。移都已改侯王第,惆怅沙堤别筑基。"此诗题下有"己巳年"小注,知乃本年所赋。郑璘此行乃赴朱梁朝为官,故韩偓以诗为劝,冀其感悟。

又,韩偓有《建溪滩波心目惊眩余平生溺奇境今则畏怯不暇因书二十八字》诗:"长贪山水羡渔樵,自笑扬鞭趁早朝。今日建溪惊恐后,李将军画也须烧。"按,邓小军《韩偓年谱》开平三年谓"年底,偓取水道自水溪(今沙溪,顺东北流向)入建阳溪(即建溪,今闽江,顺东南流向),经黯淡滩诸险,在今尤溪口向西转入尤溪水,溯尤溪水至尤溪(今福建尤溪)。有《建溪滩波心目惊眩余平生溺奇境今则畏怯不暇因书二十八字》诗纪行"。又谓"此诗编次,集中在《己巳年正月十二日自沙县抵邵武军将谋抚信之行到才一夕为闽相急脚相召却请赴沙县郊外泊船偶成一篇》之后,《自沙溪县抵尤溪县值泉州军过后村落皆空因有一绝》(题下自注'此后庚午年')之前。故定此行在本年底,并系此诗于此"。则此诗乃开平三年底之作。

【诗文系年笺证】

《己巳年正月十二日自沙县抵邵武军将谋抚信之行到才一夕为闽相急脚相召却请赴沙县郊外泊船偶成一篇》(《韩偓集》卷二)。按,据诗题"己巳年正月十二日"等语,知此诗乃作于己巳年正月,亦即后梁开平三年正月。《韩翰林诗谱略》、《唐韩学士偓年谱》、《韩偓简谱》、《韩偓年谱》、《韩偓诗注》等亦系于是年。

《寒食日沙县雨中看蔷薇》(《韩偓集》卷三)。按,据此诗诗题及题下"己巳"小注,知诗乃作于后梁开平三年寒食,其时韩偓在闽沙县。《韩翰林诗谱略》、《唐韩学士偓年谱》、《韩偓简谱》、岑仲勉《韩偓南依记》、《韩偓诗集注》、《增订注释全唐诗》韩偓卷、《韩偓年谱》、《韩偓诗注》所系均同。

《手简第七帖》(《韩偓集》卷六):"杨学士兄弟来此。消梨子两日前已寻得,花时伏望拴拔。谨状。十四日偓状。"按,此文之"杨学士兄弟",当即韩偓《中秋永夕奉寄杨学士兄弟》(据玉山樵人本、统签本)诗之"杨学士兄弟"。岑仲勉《唐人行第录·唐集质疑》于天祐七年(即后梁开平四年庚午)下谓韩偓"其《中秋寄杨学士》诗,一作《中秋永夕奉寄杨学士兄弟》,余谓杨学士赞图也。新表,承休,杨堪之子,虞卿之孙,与赞图为从昆,故曰学士兄弟也;《全文》八二九《手简帖》,'杨学士兄弟来此',亦同"。陶敏《全唐诗人名汇考》亦谓:"杨学士兄弟,谓杨赞图、杨承休兄弟。《全唐文》卷八二五黄滔《丈六金身碑》:'我公粤天祐三年丙寅秋七月乙卯,铸金铜像一丈有六尺之高。……其明年正月十有八日乙未,设二十万人斋。……座客有右省常侍陇西李公洵、翰林承旨制诰兵部侍郎昌黎韩公偓……刑部员外郎弘农杨公承休、弘文馆直学士弘农杨公赞图……皆……谓安莫安于闽越,诚莫诚于我公,依刘表,起襄汉,其地也,交辙及馆。'杨赞图乃杨知退子,承休乃杨堪子,均杨虞卿孙,见《新唐书·宰相世系一下》杨氏越公房。"据上所考,谓杨学士兄弟为杨赞图兄弟可信。至于杨学士兄弟指杨赞禹、杨赞图,还是杨赞图、杨承休,则以杨赞图、杨承休为较可信。据韩偓《手简帖》"杨学士兄弟来此",知此杨氏兄弟乃皆来闽者,而杨赞图、杨承休兄弟于唐将亡时即来闽,并与韩偓一起出席天祐四年春佛斋会。而杨赞禹是否来寓闽,未见文献记载,故难于确定其是否来闽与韩偓往还。此诗之作年乃在后梁开平四年中秋(详后考)。诗谓"寄",则开平四年中秋韩偓在闽尤溪时杨学士兄弟不在尤溪。此文谓"杨学士兄弟来此",考韩偓开平后数年行踪,开平元年在福州,时杨赞图亦在福州。开平二年中离福州往居沙县,至开平三年冬中又离开沙县移居尤溪。故"杨赞图兄弟来此"之"此"地或即指沙县,盖沙县离福州较尤溪近,杨氏兄弟来"此"较为方便。又本文谓"花时伏望拴拔",则撰文盖在春时,亦约在开平三年春时。

《永明禅师房》(《韩偓集》卷三):"景色方妍媚,寻真出近郊。……支公禅寂处,时有鹤来巢。"按,此诗之永明禅师,《韩偓年谱》、徐复观《韩偓诗与香奁集论考》均以为可能即韩偓《访明公大德》诗之"明公",《韩偓诗注》亦谓"永明禅师,疑即天王院住持蕴明",故《韩偓年谱》姑系于后梁开平二年,而《韩偓诗注》则谓"作于后梁太祖开平二年"。按,宋李纲《梁溪集》卷十一《读韩偓诗并记有感》云:"韩偓唐昭宗时为翰林学士承旨,颇与国论,为崔胤、朱全忠所不容,谪濮州司马。其后复官,不敢入朝,挈其族依闽中王审知。尝道沙阳,寓居天王院者岁余,与老僧蕴明相善,以诗赠之。至后唐时,邑令章僚为之记,叙偓始末甚详,且述唐末乱离之事,颇与唐史合。予来沙阳闻之,窃愿一观,而其碑因寺中废,为有力者取去,秘不示人。久之始得见其副本,感而赋之,且录偓诗卷中,传诸好事者云。"其所录韩偓《偶访明公大德赠长句四韵》(前翰林学士承旨户部侍郎知制诰韩偓)诗云:"寸发如霜袒右肩,倚肩筇竹貌怡然。悬灯深屋夜深坐,移榻向阳斋后眠。刮膜且扬三毒谕,摄心徐指二宗禅。清凉药分能知味,各自胸中有醴泉。"据此,则韩偓"尝道沙阳,寓居天王院者岁余"。韩偓至沙县,《韩偓年谱》于后梁开平二年谱谓"偓去福州居沙县(今属福建),当在本年"。其考云:"本集明年己巳年有诗题《余寓汀州沙县病中闻前郑左丞璘随外镇举荐赴洛兼云继有急征旋见脂辖因作七言四韵戏以赠之或冀其感悟也》、《己巳年正月十二日自沙县抵邵武军将谋抚信之行到才一夕为闽相急脚相召却其请赴沙县郊外泊船偶成一篇》,夫明年己巳年正月初已寓居沙县,正月十二日又离沙县抵邵武(今属福建),则偓早在本年戊辰年已离福州迁居沙县。宋李纲《梁溪集》卷十一《读韩偓诗并记有感》序云偓'尝道沙阳,寓居天王院者岁余',复按偓以明年己巳年岁末离沙县赴尤溪(详己巳年谱),则自本年至明年岁末,偓居沙县适为岁余也。"又于开平三年谱云:

"年底，偓取水道自水溪（今沙溪，顺东北流向）入建阳溪（即建溪，今闽江，顺东南流向），经黯淡滩诸险，在今尤溪口向西转入尤溪水，溯尤溪水至尤溪（今福建尤溪）。有《建溪滩波心目惊眩余平生溺奇境今则畏怯不暇因书二十八字》诗纪行。"接云："此诗编次，集中在《己巳年正月十二日自沙县抵邵武……偶成一篇》之后，《自沙县抵尤溪县值泉州军过后村落皆空因有一绝》（题下自注："此后庚午年"）之前。故定此行在本年底，并系此诗于此。"所考可信。据此，则韩偓于己巳年底即后梁开平三年离沙县，其时亦在沙县"岁余"。如此推其初至沙县，盖在开平二年冬。则其能于沙县访永明禅师且作《永明禅师房》最早应在开平二年冬。此诗有"景色方妍媚，寻真出近郊"句，谓"景色方妍媚"，则当是春日，最迟为夏日之景。如此，此诗当作于开平三年春夏间，而非开平二年。

《余寓汀州沙县病中闻前郑左丞璘随外镇举荐赴洛兼云继有急征旋见脂辖因作七言四韵戏以赠之或冀其感悟也》（《韩偓集》卷二）。按，据此诗诗题下"己巳年"小注，知诗乃作于己巳年，即后梁开平三年。据诗题，知其时诗人乃在闽汀州沙县。郑左丞璘，唐郑州荥阳人，字华圣，郑从谠子。昭宗大顺中，以考功员外郎充史馆修撰，乾宁中任翰林学士，累官尚书左丞。唐末乱，南入闽依泉州刺史王审邽。著有《视草亭记》，已佚。《韩翰林诗谱略》、《唐韩学士偓年谱》、《韩偓简谱》、《韩偓年谱》、《韩偓诗注》等亦系于是年。

《又一绝请为申达京洛亲交知余病废》（《韩偓集》卷二）。按，此诗乃继前一首《余寓汀州沙县病中闻前郑左丞璘随外镇举荐赴洛……》之作，故诗题中谓"又一绝"。且据统签本诗题后有"己巳"小注，知诗乃同前一首作于己巳年，即后梁开平三年。《韩翰林诗谱略》、《唐韩学士偓年谱》、《韩偓简谱》、《韩偓年谱》、《韩偓诗注》等亦系于是年。

《访明公大德》（《韩偓集》卷三）。按，此诗之明公大德，盖即韩偓另一首《永明禅师房》诗之永明禅师。据前《永明禅师房》诗所考，韩偓乃在沙县访永明禅师，诗人在沙县乃在开平二年秋后至开平三年底。前又考《永明禅师房》非作于开平二年，乃作于开平三年春夏间。此诗或和《永明禅师房》诗同时作，或稍前后所作，今姑系于开平三年。《韩偓年谱》、《韩偓诗注》均系于开平二年，可供参研。

《手简第二帖》（《韩偓集》卷六）："偓今日衰迫情地，旦夕难胜。况又孤侄已下，兼与小男等四处分散。中夜往往惊叫，便达晓号咽。衰迈之年，不自堪忍。……"按，《韩偓年谱》开平三年谱考此文云："此信包含若干重要内容。

信云'不更滞留'，'自此分飞，未知何日复遂相见'，可知是移居异地时作；又云'偓今日衰迫情地，且夕难胜'，'衰迈之年，不自堪忍'，可知是年老移居异地时作；偓年老移居异地，实际只有去年戊辰离福州移居沙县及本年己巳离沙县移居闽南尤溪、桃林、南安两次。而本年偓六十八岁，与自述'衰迈之年'更相符合。职此之故，此帖系年于此。"今从之。

《梦中作》（《韩偓集》卷二）。按，《全唐诗》排列此诗于后梁开平三年作之《又一绝请为申达京洛亲交知余病废》诗后一首，《韩翰林诗谱略》、《唐韩学士偓年谱》、《韩偓简谱》、《韩偓年谱》、《韩偓诗注》等诸家亦均系于开平三年，今即从之。

《建溪滩波心目惊眩余平生溺奇境今则畏怯不暇因书二十八字》（《韩偓集》卷二）。按，此诗之系年，《韩翰林诗谱略》、《唐韩学士年谱》、《韩偓简谱》、《韩偓年谱》、《韩偓诗注》等均系于后梁开平三年。《韩偓年谱》开平三年云："年底，偓取水道自水溪（今沙溪，顺东北流向）入建阳溪（即建溪，今闽江，顺东南流向），经黯淡滩诸险，在今尤溪口向西转入尤溪水，溯尤溪水至尤溪（今福建尤溪）。有《建溪滩波心目惊眩余平生溺奇境今则畏怯不暇因书二十八字》诗纪行。"又谓："此诗编次，集中在《己巳年正月十二日自沙县抵邵武军将谋抚信之行到才一夕为闽相急脚相召却请赴沙县郊外泊船偶成一篇》之后，《自沙县抵尤溪县值泉州军过后村落皆空因有一绝》（题下自注："此后庚午年"）之前。故定此行在本年底，并系此诗于此。"则此诗乃开平三年底之作。

后梁开平四年庚午（910），六十九岁。

韩偓本年春已自沙县抵达尤溪，有诗写村落因军过而荒寒之景象。随后寓居于南安县桃林场，有诗记述修整桃林场客舍之前池旁木槿之事。又有《此翁》诗表明自己原无仕闽之心，却被王审知幕下群公所猜忌，有《闲居》诗一表隐逸之志。约本年亦有《思录旧诗于卷上凄然有感因成一章》诗。其《香奁集序》约作于本年或之后。本年春有《自沙县抵尤溪县值泉州军过后村落皆空因有一绝》、《多情》、《寄隐者》、《桃林场客舍之前有池半亩木槿栉比阏水遮山因命仆夫运斤梳沐豁然清朗复睹太虚因作五言八韵以记之》、《卜隐》（春末）；夏日有《暴雨》、《山院避暑》、《漫作二首》；中秋有《中秋寄杨学士》。此外尚有《此翁》、《失鹤》、《晨兴》、《闲兴》、《腾腾》、《闲居》、《僧影》、《赠隐逸》、《寄禅师》、《思录旧诗于卷上凄然有感因成一章》、《香奁集序》（疑约作于开平四年或之后）等诗文。

【生平仕履笺证】

韩偓有《自沙县抵尤溪县值泉州军过后村落皆空因有一绝》诗:"水自潺湲日自斜,尽无鸡犬有鸣鸦。千村万落如寒食,不见人烟空见花。"此诗题下自注:"此后庚午年。"则此诗以及排列于此诗后之若干诗均作于本年。据此诗知韩偓本年春已自沙县抵尤溪。

又,韩偓《桃林场客舍之前有池半亩木槿栉比阙水遮山因命仆夫运斤梳沐豁然清朗复睹太虚因作五言八韵以记之》诗云:"插槿作藩篱,丛生覆小池。为能妨远目,因遣去闲枝。……稍宽春水面,尽见晚山眉。"此诗乃排列在上举诗后,诗中有"稍宽春水面"句,则乃本年春诗(详见下考),时韩偓已寓居于南安县桃林场矣。

又,《此翁》诗云:"高阁群公莫忌侬,侬心不在宦名中。严光一唾垂绫紫,何胤三遗大带红。金劲任从千口铄,玉寒曾试几炉烘。唯应鬼眼兼天眼,窥见行藏信此翁。"诗题下有"此后在桃林场"小注,诗亦本年在桃林场作。按,岑仲勉《唐集质疑·韩偓南依记》谓"考偓初至福州,后乃之泉,观《此翁》诗有'高阁群公莫忌侬,侬心不在宦名中'等语,知审知左右忌之者甚众"。

又,韩偓《闲居》诗云:"厌闻趋竞喜闲居,自种芜菁亦自锄。麋鹿跳梁忧触拨,鹰鹯抟击恐粗疏。拙谋却为多循理,所短深惭尽信书。刀尺不亏绳墨在,莫疑张翰恋鲈鱼。"此诗亦本年作于桃林场(详见下考)。据此诗所咏,偓已无心出仕而决心隐逸闲居矣。

又,韩偓《思录旧诗于卷上凄然有感因成一章》云:"缉缀小诗钞卷里,寻思闲事到心头。自吟自泣无人会,肠断蓬山第一流。"此诗疑约作于开平四年前后(详见下考),乃诗人晚年编录《香奁集》时有感之作。诗中所谓"寻思闲事到心头"之"闲事",盖指其年轻时所曾经历之与一女子刻骨铭心相恋之事。其《香奁集序》亦约本年或稍后所撰(详见下考)。

【诗文系年笺证】

《自沙县抵尤溪县值泉州军过后村落皆空因有一绝》(《韩偓集》卷二)。按,据上考,此诗作于开平四年春。

《多情》(《韩偓集》卷四):"天遣多情不自持,多情兼与病相宜。"按,此诗题下有"庚午在桃林场作"小注,则诗乃作于后梁开平四年庚午,时在南安县桃林场。诸家年谱如《韩翰林诗谱略》、《唐韩学士偓年谱》、《韩承旨年谱》、《韩偓年谱》所系同。此诗有"春牵情绪更融怡"句,则乃开平四年春之作。

《寄隐者》(《韩偓集》卷二):"烟郭云扃路不遥,怀贤犹恨太迢迢。长松夜落钗千股,小港春添水半腰。"按,此诗乃开平四年春(诗有"小港春添水半腰")之作,时在桃林场。说详此下《闲兴》诗相关考证。

《桃林场客舍之前有池半亩木槿栉比阙水遮山因命仆夫运斤梳沐豁然清朗复睹太虚因作五言八韵以记之》(《韩偓集》卷二)。按,此诗《韩偓简谱》列于后梁乾化元年,而《韩翰林诗谱略》、《唐韩学士偓年谱》、《韩偓年谱》、《韩偓诗注》均系于后梁开平四年。考此诗统签本题下有"庚午"小注,即谓作于庚午年(即开平四年),故作于乾化元年不可信。今从开平四年之说。诗有"稍宽春水面"句,则诗乃作于是年春。桃林场,地名,唐长庆二年置,在今福建永春县。《闽书》卷十二《方域志》永春县:"东抵南安,西抵龙岩,南抵南安,北抵德化。本隋南安县之桃林场。五代唐长兴三年,王延钧升为县;晋天福三年,王昶改县曰永春。"

《卜隐》(《韩偓集》卷二):"屏迹还应减是非,却忧蓝玉又光辉。桑梢出舍蚕初老,柳絮盖溪鱼正肥。"按,此诗《全唐诗》编排在作于庚午年的《此翁》诗后二首,《晨兴》诗之前一首,《晨兴》诗亦庚午年作于桃林场。故此诗当作于庚午年,即开平四年诗人在桃林场时。《韩偓年谱》亦系于是年,并谓:"《卜隐》云:'桑梢出舍蚕初老,柳絮盖溪鱼正肥。'玩诗意,时当春末,故上文定偓春至桃林场也。下题《晨兴》,亦当作于此时。"则此诗乃开平四年春末作。《韩翰林诗谱略》、《唐韩学士偓年谱》、《韩偓简谱》、《韩偓诗注》等亦系于是年。

《暴雨》(《韩偓集》卷二):"电尾烧黑云,雨脚飞银线。……气凉氛祲消,暑退松篁健。丛蓼亚赪茸,擎荷翻绿扇。"按,此诗统签本题下小注云"庚午桃林场作"。《韩翰林诗谱略》、《唐韩学士偓年谱》、《韩偓简谱》、《韩偓年谱》、《韩偓诗注》等亦均系于后梁开平四年,时诗人在桃林场。又据"气凉氛祲消,暑退松篁健"句,此诗盖作于是年夏。

《山院避暑》(《韩偓集》卷二):"行乐江郊外,追凉山寺中。静阴生晚绿,寂虑延清风。"按,此诗《全唐诗》乃编在同卷《此翁》诗后,而《此翁》诗题下原小注谓"此后在桃林场"。据前考韩偓于后梁开平四年初春到桃林场,而此诗后有《桃林场客舍之前有池半亩木槿栉比……》诗,则此诗乃开平四年在桃林场作。诗题谓"避暑",则作于是年夏。

《漫作二首》(《韩偓集》卷二):"暑雨洒和气,香风吹日华。"按,此诗《韩偓简谱》编于乾化元年,误,不取。《全唐诗》编于《自沙县抵尤溪县值泉州军过后村落皆空因有一绝》以及《此翁》诗后,前一诗诗题下注"此后庚午年",后一诗题下注"此后在桃林场"。据前考,韩偓乾化元年(公元911年)已离开桃林场移居南安。则此诗乃作于庚午年，即后梁开平四年夏（诗有"暑雨洒和气"句，故知夏日作），时仍在桃林场。《韩翰林诗谱略》、《唐韩学士偓年谱》、《韩偓诗注》等所系同。

《中秋寄杨学士》（《韩偓集》卷二）："鳞差甲子渐衰迟，依旧年年困乱离。八月夜长乡思切，鬓边添得几茎丝。"按，此诗之作年诸家所记不同，《韩偓简谱》记在开平二年，谓"吴注此唐未亡时诗，学士凝式也"。《韩翰林诗谱略》、《韩偓年谱》则系于开平四年（岑仲勉《唐人行第录·唐集质疑》于天祐七年〔即后梁开平四年〕亦记此诗）；《韩偓诗注》谓："作于唐昭宗天复二年。杨学士指杨凝式。……韩公与杨凝式交谊甚厚，其手简谓：'杨学士兄弟来此消梨子，两日前已寻得花时。'"按，诸家所系不同，多因杨学士为谁看法有异。吴汝纶以为杨学士为杨凝式（《韩偓诗注》盖从之），误。据《旧五代史》卷一二八《杨凝式传》注引《凝式年谱》云："唐咸通十四年癸巳，凝式是年生，故题识多自称癸巳人。"按咸通十四年癸巳为公元873年。又《旧五代史》本传记其"唐昭宗朝，登进士第……梁开平中，为殿中侍御史、礼部员外郎，三川守齐王张宗奭见而嘉之，请以本官充留守巡官。梁相赵光裔素重其才（陈尚君《旧五代史新辑会证·杨凝式传》谓'梁时赵光裔未尝拜相，疑系赵光逢之误'，所说是），奏为集贤殿直学士，改为考功员外郎。唐同光初，授比部郎中、知制诰"，则其为集贤殿直学士盖在后唐同光初（公元923年）前数年，亦即约在后梁末帝贞明（916—921年）中，约公元919年左右，总之乃在后梁时。是时，韩偓已经七十八岁左右，而杨凝式年四十七左右。韩偓素恶后梁政权，是时恐未必与身为后梁朝官，且年龄小自己三十岁左右之杨凝式在闽中有来往。且以此诗"鳞差甲子渐衰迟"、"鬓边添得几茎丝"考之，谓"渐衰迟"等，亦与韩偓年已近八十之"衰迟"状态不符。再，以此诗在《全唐诗》之位置，知其大致乃韩偓在开平四年居桃林场时之作。则以杨学士为杨凝式恐不可信。至于《韩偓诗注》系此诗于天复二年，除了以为杨学士为杨凝式外，主要认为诗首句"鳞差甲子"之"甲子"指韩偓年岁约"一甲子"，"天复二年，诗人六十有一岁。此举其整数而已"。按，此处"甲子"乃代指岁月年光而言，非指韩偓年纪为"一甲子"。又杨学士兄弟，《增订注释全唐诗》韩偓卷以为"指杨赞禹、杨赞图"。按，此说非是。杨学士兄弟乃指杨赞图、杨承休，说详本谱开平三年所考。至于此诗之作年，《韩偓简谱》据"吴注此唐未亡时诗，学士凝式也"而记在开平二年，不可信。盖杨学士非杨凝式，且开平二年唐已亡，不可谓"唐未亡时诗"。此诗之作年，当据《韩翰林诗谱略》等系于后梁开平四年中秋为妥。

《此翁》(《韩偓集》卷二)。按,《全唐诗》此诗前一首诗题下小注"此后庚午年",统签本此诗题下小注谓"庚午桃林场作",则此诗乃庚午年即后梁开平四年作于桃林场。《韩翰林诗谱略》、《唐韩学士偓年谱》、《韩偓简谱》、《韩偓年谱》、《韩偓诗注》等亦系于是年。

《失鹤》(《韩偓集》卷二)。《全唐诗》此诗编排在诗题下有"此后在桃林场"小注的《此翁》后一首,而韩偓至桃林场在开平四年,故此诗与《此翁》诗均为开平四年所作。《韩翰林诗谱略》、《唐韩学士偓年谱》、《韩偓简谱》、《韩偓年谱》、《韩偓诗注》等亦系于是年。

《晨兴》(《韩偓集》卷二)。按,此诗统签本题下有小注云"庚午桃林场"。《韩翰林诗谱略》、《唐韩学士偓年谱》、《韩偓年谱》、《韩偓诗注》等亦均系于后梁开平四年,时诗人在桃林场。

《闲兴》(《韩偓集》卷二)。按,此诗《韩偓简谱》编于乾化元年,误。《全唐诗》编于《自沙县抵尤溪县值泉州军过后村落皆空因有一绝》以及《此翁》诗后,前一诗诗题下注"此后庚午年",后一诗题下注"此后在桃林场"。据《韩偓年谱》所考,韩偓乾化元年(公元911年)已离开桃林场移居南安。据此,此诗乃作于庚午年,即后梁开平四年,时韩偓仍在桃林场。《韩翰林诗谱略》、《唐韩学士偓年谱》、《韩偓诗注》等所系同。

《腾腾》(《韩偓集》卷二):"八年流落醉腾腾,点检行藏喜不胜。"此诗之作年,《韩偓简谱》系于梁乾化元年,谓:"诗有'八年流落'之语,自天复三年贬官南寓至此实八年也。"《韩偓诗注》所系同前,谓:"韩偓天复三年被贬出京师,天祐二年,复召为学士,还故官,偓不敢入朝,南依王审知。诗言八年流落,当作于后梁乾化元年。"然统签本此诗题下有小注云"庚午桃林场作"。又此诗诗后吴汝纶评注云:"韩公以天复三年贬濮州司马,至梁开平四年庚午凡八年。"《唐韩学士偓年谱》亦云:"韩公以天复三年触怒朱全忠,贬濮州司马至后梁开平四年庚午,凡八年。"《增订注释全唐诗》韩偓卷以为"从天复三年韩偓被贬算起,历八年当为后梁开平四年"。《韩偓年谱》等亦系于开平四年。按,据古人一般算法,自天复三年至开平四年为八年,至乾化元年则为九年。另外,将所谓偓"天祐二年,复召为学士,还故官,南依王审知"不计在八年内亦未确。故此诗非作于乾化元年,乃后梁开平四年作。

《闲居》(《韩偓集》卷二):"厌闻趋竞喜闲居,自种芜菁亦自锄。……刀尺不亏绳墨在,莫疑张翰恋鲈鱼。"按,此诗《全唐诗》编排于作于开平四年的《此翁》诗后(详上考),且《此翁》诗题下注"此后在桃林场"。据《韩偓年谱》所考,韩偓乾化元年(公元 911 年)已离开桃林场移居南安。据此,此诗乃作于开平四年,时诗人仍在桃林场。

《僧影》(《韩偓集》卷二)。按,此诗紧接《闲居》诗,在《全唐诗》中编排于《此翁》诗后。据上文所考,《此翁》诗后的包括上述二诗在内的诗作均作于开平四年诗人在桃林场时。

《赠隐逸》(《韩偓集》卷二):"静景须教静者寻,清狂何必在山阴。……莫笑乱离方解印,犹胜颠蹶未抽簪。"按,此诗《韩偓简谱》系于后梁乾化元年,《唐韩学士偓年谱》列于天复三年。《韩翰林诗谱略》、《韩偓年谱》、《韩偓诗注》则均系于后梁开平四年。按,今据《全唐诗》所排列位置,其前后诗多作于桃林场(如此诗前之《闲居》、《僧影》诗,之后第二首之《桃林场客舍之前有池半亩木槿栉比阕水遮山……》诗),故此诗当为开平四年在桃林场所作。

《寄禅师》(《韩偓集》卷二)。按,此诗在《全唐诗》中编排于诗题下有"此后在桃林场"小注的《此翁》诗后,又紧接在《桃林场客舍之前有池半亩木槿栉比……》、《中秋寄杨学士》之后,而其下一首即《清兴》诗。据前考,其前三诗均作于开平四年诗人在桃林场时。又统签本《清兴》诗题下有"辛未年,南安县"小注。辛未年为后梁开平五年,亦即乾化元年(公元 911 年)。《清兴》诗有"摘索花枝料峭寒"句,乃作于早春时,则此时诗人刚从桃林场移居南安县。据此,《寄禅师》诗乃作于开平四年诗人在桃林场时。

《思录旧诗于卷上凄然有感因成一章》(《韩偓集》卷四):"缉缀小诗钞卷里,寻思闲事到心头。自吟自泣无人会,肠断蓬山第一流。"按,据此诗中"思录旧诗于卷上"及"缉缀小诗钞卷里"句,知是韩偓晚年入闽后编录《香奁集》时有感之作。其《香奁集》中《多情》诗乃作于开平四年(详此诗作年考),此时《香奁集》尚未编定,则此《思录旧诗于卷上凄然有感因成一章》诗或作于是年或稍后欤?

《香奁集序》(《韩偓集》卷六):"余溺于章句,信有年矣。……自庚辰辛巳之际,迄己亥庚子之间,所著歌诗,不啻千首。……大盗入关,缃帙都坠。……或天涯逢旧识,或避地遇故人,醉咏之暇,时及拙唱。自尔鸠集,复得百篇,不忍弃捐,随即编录。"按,《香奁集序》乃韩偓贬官入闽后晚年所作。《香奁集》中收有《无题》诗,其诗序云:"余辛酉年戏作《无题》十四韵,故奉常王公相国首于继和……是岁十月末,余在内直,一旦兵起,随驾西狩,文稿咸弃,更无孑遗。丙寅年九月,在福建寓止,有前东都度支院苏昈端公,挈余沦落诗稿见授,中得《无题》一首。因追味旧作,缺忘甚多,唯第二、第四首仿佛可记,其第三首才得数句而已。今亦依次编之,以俟他时偶获全本。余五人所和,不复忆省矣。"据此序知,韩偓"丙寅年九月,在福建寓止"方得到包括《无题》诗在内的"沦落诗稿",则此序之作当在"丙寅年九月"之后。丙寅年乃唐昭宣帝天祐三年(公元906年),其年九月诗人已在福州。又今《香奁集》诗尚存《多情》一诗,此诗据上考乃开平四年在桃林场所作,则至是年《香奁集》恐尚未编成,如此则《香奁集序》最早或作于开平四年或之后欤?其确年则未能考知。

后梁开平五年、后梁乾化元年辛未(911),七十岁。

韩偓本年离开桃林场,徙至南安县。先寄居九日山僧舍,后率家人在龙兴院后葵山垦荒耕种,安置族人。春有《清兴》、《信笔》诗;初秋有《喜凉》诗。本年尚有《手简第十帖》、《手简第十一帖》、《凄凄》、《火蛾》、《雷公》、《船头》、《天鉴》等诗文。

【生平仕履笺证】

按,统签本《火蛾》诗题下有小注"辛未南安县作"。据此知辛未年即本年韩偓已经离开桃林场而至南安县。又,清康熙《南安县志》卷二十《杂志》载:"龙兴院在三都。……唐学士韩偓殁于此。"民国四年《南安县志》卷五《营建志二》:"龙兴院在三都。……学士韩偓寓殁于此。偓自京兆徙此,其诗有'此地三年偶寓家,枳篱茅屋共桑麻'之句。院今废。"又陈敦贞《唐韩学士偓年谱》后梁太祖乾化元年谱谓:"韩公在桃林场,似仍未能安心住下去,乃于今年夏间(庆按,此谓'夏间'恐稍晚,应是'春间')离桃林,取水路南下至南安县治,即今丰州镇,寄居九日山僧舍。山在镇西里许,去泉州郡城不上十里。……韩公既不到这郡城去,也不住到距丰州镇五里的潘山之招贤馆。"同谱乾化二年谱又谓:"韩公自去年至南安县治,今年仍在南安县,而自九日山移居于县治东门外二里许偏处西北方之三都董埔乡龙兴寺。故老相传,韩公在董埔乡寺间,亦自居处。盖公南来,除了家人,还有族人,有些族人留居闽中,其余到南安县来,就在韩公领导下,择地龙兴寺后的葵山,以垦荒耕种,名其地曰杏田,并以安置族人,随成一小村落,至今犹称杏田村。"

【诗文系年笺证】

《清兴》(《韩偓集》卷二):"阴沉天气连翻醉,摘索花枝料峭寒。"按,此诗《韩偓年谱》、《韩偓诗注》均系于梁开平四年,而《韩翰林诗谱略》、《唐韩学士偓年谱》则均系于梁乾化元年。按,统签本诗题下有小注云:"辛未年,南安县。"又《全唐诗》编次此诗在《中秋寄杨学士》诗和《火蛾》、《信笔》之间。据前考,《中秋寄杨学士》诗乃梁开平四年之作,而《火蛾》诗统签本题下有"辛未南安县作。此诗盖有所指"小注,《信笔》诗则有"春风狂似虎,春浪白于鹅"句。据此知《信笔》诗作于《中秋寄杨学士》诗之明年春,而据《清兴》诗之"料峭寒"、"拥鼻绕廊吟看雨"句,知盖亦春日诗。则《中秋寄杨学士》诗后之《清兴》诗,当作于梁乾化元年辛未春,统签本诗题下"辛未年,南安县"小注可信,今即从之。

《信笔》(《韩偓集》卷二):"春风狂似虎,春浪白于鹅。柳密藏烟易,松长见日多。"按,此诗之作年有歧说,《韩偓年谱》、《韩偓诗注》系于后梁开平四年,《韩翰林诗谱略》、《唐韩学士偓年谱》、《韩偓简谱》则皆系于后梁乾化元年辛未。按,此诗《全唐诗》编于《清兴》、《深院》、《凄凄》、《火蛾》诗之后,据上所考,《清兴》诗作于辛未年,且《火蛾》诗题下统签本有"辛未南安县作"小注。今再参《韩翰林诗谱略》、《唐韩学士偓年谱》等之编年,则此诗当作于后梁乾化元年辛未。诗有"春风狂似虎,春浪白于鹅"等句,则乃是年春日作。

《喜凉》(《韩偓集》卷二):"炉炭烧人百疾生,风狂龙躁减心情。四山毒瘴乾坤浊,一簟凉风世界清。……东南亦是中华分,蒸郁相凌太不平。"按,此诗系年诸家不同。《韩偓年谱》系于开平四年,时在桃林场,谓"秋凉后,作《喜凉》"。《韩偓诗注》亦系于开平四年,然谓"是年夏天,诗人在福建南安县治,即今之丰州镇,寄居于九日山僧舍,山在镇西里许,去泉州郡城不过十里。泉州地处南方,颇多瘴疠之气。诗人以'喜凉'为题,藉此抒发对时世的感想"。《韩翰林诗谱略》、《唐韩学士偓年谱》、《韩偓简谱》则系于乾化元年,前二者谓时在南安县。《唐韩学士偓年谱》于后梁太祖乾化元年辛未谱下列有此诗,又谓"韩公在桃林场,似仍未能安心住下去,乃于今年夏间离桃林,取水路南下至南安县治,即今丰州镇,寄居九日山僧舍,山在镇西里许,去泉州郡城不上十里"。按,《全唐诗》列此诗于《火蛾》后第四首,《江岸闲步》诗前二首。统签本于《火蛾》诗题下有"辛未南安县"小注,《全唐诗》于《江岸闲步》诗下小注云:"此后壬申年作,在南安县。"据此,则《喜凉》诗当作于南安县,时为辛未年,即后梁乾化元年。诗曰"喜凉",又有"一簟凉风世界清。楚调忽惊凄玉柱,汉宫应已湿金茎"等句,应是作于是年初秋时。

《手简第十帖》(《韩偓集》卷六):"眷私借及女使衣服,不任悚荷。来早令入州人马,必希践言。泉州书谨封纳书中,亦说皆谄托。必望周而述之,幸甚,谨状。九日偓状。"按,此文《韩偓年谱》系于后梁开平五年,时韩偓居南安县。其考云:"偓在南安,尝借衣、借米于他人。《手简十一帖》第十帖……又第十一帖:'忧眷借及米二硕,不任济荷!钝拙无谋,惟挠知与,不胜愧赧之至。即冀拜谒,它冀面述。谨状。念二日。偓状。'按:《手简十一帖》第十帖、第十一帖,虽作年不详,但是观第十帖'泉州书谨封纳书中,亦说皆咨托',语及'泉州',当是作于南安。第十帖有'眷私借及女使衣服'之语,第十一帖亦有'忧眷借及米二硕'之语,当为同时之作。第十帖云'眷私借及女使衣服',又云'泉州书谨封纳书中,亦说皆咨托',则借衣者并非王延彬。偓在南安,虽不能不于州刺史延彬有所'咨托',但从此帖看,亦是辗转托人达于延彬,则所托必有限度。"入州,指入泉州。

《手简第十一帖》(《韩偓集》卷六)。按,此文作于后梁开平五年,详见上文所考。

《凄凄》(《韩偓集》卷二):"深将宠辱齐,往往亦凄凄。"按,此诗之作年有歧说,《韩偓年谱》、《韩偓诗注》系于后梁开平四年,《韩翰林诗谱略》、《唐韩学士偓年谱》则皆系于后梁乾化元年辛未。且《唐韩学士偓年谱》于此诗题下谓"吾乡故老传抄本此后辛未年南安县作"。统签本题下有"辛未南安县"小注。按,此诗《全唐诗》编于作于辛未年之《清兴》与《火蛾》诗之间(统签本两诗之下均有"辛未南安县作"小注),再参《唐韩学士偓年谱》等之编年,此诗当作于后梁乾化元年辛未。

《火蛾》(《韩偓集》卷二)。按,此诗之作年有歧说,《韩偓年谱》、《韩偓诗注》系于后梁开平四年,《韩翰林诗谱略》、《唐韩学士偓年谱》、《韩偓简谱》则皆系于后梁乾化元年辛未。按,统签本此诗题下有小注:"辛未南安县作。此诗盖有所指。"又此诗《全唐诗》编于作于辛未年之《清兴》、《深院》、《凄凄》诗之后(详见诸诗编年),今再参《唐韩学士偓年谱》等之编年,则此诗当作于开平四年后之梁乾化元年辛未。

《雷公》(《韩偓集》卷二)。按,此诗作年有歧说,《韩偓年谱》、《韩偓诗注》均系于后梁开平四年,《韩翰林诗谱略》、《唐韩学士偓年谱》则皆系于后梁乾化元年辛未。按,此诗《全唐诗》编于作于辛未年之《清兴》、《深院》、《凄凄》诗之后(详见诸诗编年),其前二首《火蛾》诗题下统签本有"辛未南安县作"小注。今再参《韩翰林诗谱略》、《唐韩学士偓年谱》等之编年,则此诗当作于后梁乾化元年辛未。

《船头》(《韩偓集》卷二)。按,此诗之作年有歧说,《韩偓年谱》、《韩偓诗注》均系于后梁开平四年,《韩翰林诗谱略》、《唐韩学士偓年谱》则皆系于后梁乾化元年辛未。按,此诗《全唐诗》编于作于辛未年之《清兴》、《深院》、《凄凄》诗之后(详见诸诗编年),其前三首《火蛾》统签本有小注云"辛未南安县作",其后一首《喜凉》统签本题下有小注云"辛未南安县"。今再参《韩翰林诗谱略》《唐韩学士偓年谱》等之编年,则此诗当作于开平四年后之梁乾化元年辛未,时诗人仍在南安。

《天鉴》(《韩偓集》卷二):"何劳诣笑学趋时,务实清修胜用机。猛虎十年摇尾立,苍鹰一旦醒心飞。……事历艰难人始重,九层成后喜从微。"按,此诗作年有开平四年之说,《唐韩学士偓年谱》《韩偓年谱》《韩偓诗注》主之;而《韩翰林诗谱略》《韩偓简谱》则系于乾化元年。按,此诗《全唐诗》编于《江岸闲步》诗前一首,《喜凉》诗后一首。《喜凉》诗统签本题下有"辛未南安县"小注,《江岸闲步》诗《全唐诗》小注云:"此后壬申年作,在南安县。"又据前考,《喜凉》诗前如《船头》《雷公》《信笔》《火蛾》诸诗均为辛未南安县作,则《天鉴》诗当亦乾化元年辛未作于南安县。

后梁乾化二年壬申(912),七十一岁。

本年韩偓仍居于南安县。有《残春旅舍》(春末)、《野塘》(夏)、《八月六日作四首》(八月)、《即目二首》之二(秋)、《露》(秋)、《江岸闲步》、《余卧疾深村闻一二郎官今称继使闽越笑余迁古潜于异乡闻之因成此篇》、《安贫》、《鹊》、《赠僧》、《感旧》、《深村》(疑约乾化二年)等诗。

【生平仕履笺证】

《全唐诗》韩偓《江岸闲步》诗题下小注云:"此后壬申年作,在南安县。"壬申即本年,时偓仍居南安县。

【诗文系年笺证】

韩偓有《安贫》诗(《韩偓集》卷二):"手风慵展八行书,眼暗休寻九局图。窗里日光飞野马,案头筠管长蒲卢。谋身拙为安蛇足,报国危曾捋虎须。举世可能无默识,未知谁拟试齐竽。"按,《全唐诗》编此诗于《江岸闲步》诗后第三首,而《江岸闲步》诗题下小注云:"此后壬申年作,在南安县。"则此诗当作于后梁乾化二年壬申。

又,韩偓有《感旧》诗(《韩偓集》卷二):"省趋弘阁侍貂珰,指座深恩刻寸肠。秦苑已荒空逝水,楚天无限更斜阳。时昏却笑朱弦直,事过方闻锁骨香。入室故寮流落尽,路人惆怅见灵光。"按,《全唐诗》编此诗于《江岸闲步》诗后第八首,而《江岸闲步》诗题下小注云:"此后壬申年作,在南安县。"又此诗后第二首为《驿步》,其诗题下小注云:"癸酉年在南安县。"则此诗当作于后梁乾化二年壬申,时诗人在南安。

《残春旅舍》(《韩偓集》卷二):"旅舍残春宿雨晴,恍然心地忆咸京。树头蜂抱花须落,池面鱼吹柳絮行。"按,此诗系年诸家有异,《韩翰林诗谱略》系于乾化三年癸酉,《唐韩学士偓年谱》、《韩偓简谱》、《韩偓年谱》、《韩偓诗注》等均系于梁乾化二年。按,《全唐诗》编此诗于《江岸闲步》诗后第四首,《江岸闲步》诗题下小注云:"此后壬申年作,在南安县。"又此诗后第六首为《驿步》,其诗题下小注云"癸酉年在南安县"。则此诗当作于后梁乾化二年壬申,时诗人在南安。诗有"旅舍残春"句,知作于是年春末。

　　《野塘》(《韩偓集》卷二):"侵晓乘凉偶独来,不因鱼跃见萍开。卷荷忽被微风触,泻下清香露一杯。"按,此诗统签本诗题下有"壬申,南安"小注,《全唐诗》亦编于题下有"此后壬申年作,在南安县"之《江岸闲步》诗后一首。《韩翰林诗谱略》、《唐韩学士偓年谱》、《韩偓简谱》、《韩偓年谱》、《韩偓诗注》均系于后梁乾化二年。诗有"侵晓乘凉偶独来"句,知时在夏日。故此诗当作于后梁乾化二年夏,时在南安县。

　　《八月六日作四首》(《韩偓集》卷二):"日离黄道十年昏,敏手重开造化门。……左牵犬马诚难测,右袒簪缨最负恩。丹笔不知谁定罪,莫留遗迹怨神孙。"按,此诗四首之语词解释、各句以及全诗之意旨分析,古今诸家所说或有同异,而其系年亦因此而异。如陈寅恪《读书札记二集·韩翰林集之部》(以下时而简称"陈云")、邓小军《韩偓〈八月六日作四首〉诗笺证》(见其《诗史释证》)对此诗多有笺释,今略采诸家之说以示所见之同异。明胡震亨于统签本此诗题下小注云:"集云壬申年作。然此诗自纪朱温弑昭宗事,甲子年所作也。意温于壬申年被弑,此诗方敢出,故附之壬申耳。"清人杜诏《唐诗叩弹集》卷十二此诗下按云:"壬申,梁乾化二年也。是时……致光忧忧故朝,不忘兴复之望。是年六月,全忠为子友珪所弑,致光闻之,感今追昔,推原祸始而以自叙终焉。《统签》谓非壬申年作,并识俟考。"吴汝纶于《韩翰林集》卷二此诗题下评注云:"壬申六月,梁主被弑。八月六日闽中始知之耳。于是昭宗死十年矣。"陈寅恪谓:"据缪谱,'八月六日作'下有注云:'壬申年作。'此吴说所由来也。然依诗语,绝不可通,疑此注误入耶?俟得佳本校之。但《全唐诗》本无此注。又缪谱:昭宣帝天祐二年,病中初闻复官。(注:此编入甲子为天祐之元年,详诗意尚是迁洛未弑时语云。甲子非谬也,乃史称召命在天祐二年乙丑,岂复官在甲子而征召则在乙丑欤?)唐昭宗被弑于天祐元年八月壬寅,是年八月壬辰朔,壬寅为八月十一日。'六'字殆由'十一'两字联一之讹,盖形近致误。又所谓'八月十一日作'者,非真此日所作,不过以此为题耳。又作于天祐元年八月十一日,昭宗被弑之后,哀帝犹未禅之前,其详悉年月,不能详考矣。"又云："冬郎作'黄旗紫气'，当是用庾赋。是时吴之杨行密、闽之王审知皆不可以'黄旗紫盖'天子所在目之，故此句必指哀帝而言。然则此四首诗为昭宗被弑，哀帝嗣立时所作，斯其确证矣。"邓小军考辨云："此组诗在本集中编次于《感旧》(前有《江岸闲步》，自注：'此后壬申年作。在南安县。')之后，《驿步》(自注：'癸酉年在南安县。')之前，故应系于本年壬申。本集此处编年次序井然，诸诗内容与编年相合，错简的可能性甚小。吴汝纶以为作于壬申六月朱全忠被弑以后，是根据本集系年。此点不能忽视。胡震亨认为此诗作于甲子唐昭宗天祐元年(904)。按此诗第三首'簪裾皆是汉公卿，尽作锋芒剑血腥'，显然是指乙丑唐昭宣帝天祐二年(905)六月朱全忠杀朝士三十余人于滑州(今河南滑县)白马驿一事，可知此诗并非作于天祐元年。陈寅恪据此诗第二首第七句'黄旗紫气今仍旧'之句，认为此诗作于天祐元年昭宗被弑以后，丁卯天祐四年(907)哀帝未禅之前。按'黄旗紫气今仍旧'之'今'字，当是随文用当时语气，似未可据此否定本集系年。进言之，此诗第四首'袁安坠睫寻忧汉，贾谊濡毫但过秦'，汉秦皆朝代之名，汉喻指唐，秦喻指梁，可见此诗作于丁卯天祐四年(907)梁篡唐而立之后。第三首'井上婴儿岂自宁'，当是实指戊辰后梁开平二年(908)唐哀帝被朱全忠杀害。曰'岂自宁'者，诗人不忍直言之也。要之，此诗仍应从本集系年，以作于壬申年为是。"按，邓小军之说是，今从之。《韩翰林诗谱略》、《唐韩学士偓年谱》、《韩偓简谱》、《韩偓诗注》等亦均系于后梁乾化二年壬申(公元912年)，时诗人在南安县。

《即目二首》之二(《韩偓集》卷一)："动非求进静非禅，咋舌吞声过十年。……干戈岁久谙戎事，枕簟秋凉减夜眠。"按，此诗《增订注释全唐诗》系于天祐元年。《韩翰林诗谱略》则系于后梁乾化三年。然吴汝纶于此诗后评注云："此为梁乾化二年壬申作，自贬濮州至此凡十年也。"《韩偓年谱》谓："吴汝纶评注本将此首与其一拆开，谓'此为梁乾化二年壬申作，自贬濮州至此凡十年也。'其说可从。"《唐韩学士偓年谱》、《韩偓简谱》、《韩偓诗注》等亦均系于后梁乾化二年(公元912年)。按，系于天祐元年者以为"咋舌吞声过十年"句中之"十年"，乃"偓自乾宁初(公元894年)召拜左拾遗，至天复三年(公元903年)弃官南下，恰为十年"。然此说未确。盖偓之任左拾遗并非始于乾宁初，与十年不合。且其任职于朝中时，也非均是"咋舌吞声过十年"之际遇，亦有为昭宗宠重之得意时光。故此说不可从。其"咋舌吞声过十年"，当自被贬之天复三年算起，历十年，即后梁乾化二年。故今从吴汝纶之说，时韩偓隐居于福建南安。诗有"枕簟秋凉减夜眠"句,则诗乃是年秋所作。

《露》(《韩偓集》卷二):"鹤飞千岁饮犹难……光湿最宜丛菊亚,荡摇无奈绿荷干。名因需泽随天眷,分与浓霜保岁寒。"按,此诗系年诸家有异,《韩翰林诗谱略》系于乾化三年癸酉,《唐韩学士偓年谱》、《韩偓简谱》、《韩偓诗注》等均系于梁乾化二年。按,《全唐诗》编此诗于《江岸闲步》诗后第六首,《江岸闲步》诗题下小注云:"此后壬申年作,在南安县。"又此诗后第四首为《驿步》,其诗题下小注云:"癸酉年在南安县"。则此诗当作于后梁乾化二年壬申,时诗人在南安。诗题为"露",又有"光湿最宜丛菊亚,荡摇无奈绿荷干"、"分与浓霜保岁寒"等句,乃秋日景象,故诗为乾化二年秋作。

《江岸闲步》(《韩偓集》卷二)。按,此诗《韩翰林诗谱略》、《唐韩学士偓年谱》、《韩偓简谱》、《韩偓年谱》、《韩偓诗注》均系于后梁乾化二年,盖均据《全唐诗》此诗题下"此后壬申年作,在南安县"小注而系。今从之。《唐韩学士偓年谱》此诗下云:"此诗所谓江岸闲步,必指九日山下金溪江岸,编者儿时犹见渡头三五酒肆,临江飘着青布酒旗江村景色,古意盎然如昨也。"

《余卧疾深村闻一二郎官今称继使闽越笑余迁古潜于异乡闻之因成此篇》(《韩偓集》卷二):"枕流方采北山薇,驿骑交迎市道儿。雾豹只忧无石室,泥鳅唯要有洿池。"按,此诗《全唐诗》编于题下有"此后壬申年作,在南安县"之《江岸闲步》之后第二首,则诗乃后梁乾化二年在南安县作。《韩翰林诗谱略》、《唐韩学士偓年谱》、《韩偓简谱》、《韩偓年谱》、《韩偓诗注》亦均系于本年。

《鹊》(《韩偓集》卷二)。按,此诗系年诸家有异,《韩翰林诗谱略》系于乾化三年癸酉,《唐韩学士偓年谱》、《韩偓年谱》、《韩偓诗注》等均系于梁乾化二年。按,《全唐诗》编此诗于《江岸闲步》诗后第五首,《江岸闲步》诗题下小注云"此后壬申年作,在南安县"。又此诗后第五首为《驿步》,其诗题下小注云"癸酉年在南安县"。则此诗当作于后梁乾化二年壬申,时诗人在南安。

《赠僧》(《韩偓集》卷二):"尽说归山避战尘,几人终肯别嚣氛。……相逢莫话金銮事,触拨伤心不愿闻。"按,此诗系年诸家有异,《韩翰林诗谱略》系于乾化三年癸酉;《唐韩学士偓年谱》、《韩偓简谱》、《韩偓诗注》等均系于梁乾化二年。按,《全唐诗》编此诗于《江岸闲步》诗后第七首,《江岸闲步》诗题下小注云"此后壬申年作,在南安县"。又此诗后第三首为《驿步》,其诗题下小注云"癸酉年在南安县"。则此诗当作于后梁乾化二年壬申,时诗人在南安。又《唐韩学士偓年谱》谓"此诗,吾乡故老手抄本,作《赠九日山僧》"。

《感旧》(《韩偓集》卷二,乾化二年)。按,此诗系年诸家有异,《韩翰林诗谱略》系于乾化三年癸酉,《唐韩学士偓年谱》、《韩偓简谱》、《韩偓诗注》等均系于梁乾化二年。按,《全唐诗》编此诗于《江岸闲步》诗后第八首,《江岸闲步》诗题下小注云"此后壬申年作,在南安县"。又此诗后第二首为《驿步》,其诗题下小注云"癸酉年在南安县"。则此诗当作于后梁乾化二年壬申,时诗人在南安。

《深村》(《韩偓集》卷三):"甘向深村固不材,犹胜摧折傍尘埃。……幽院菊荒同寂寞,野桥僧去独裴回。隔篱农叟遥相贺,且喜今春膏雨来。"按,此诗《韩偓诗注》谓"作于唐昭宗天祐元年",不知何据。细味此诗,似乃晚年寓居南安县之作。考韩偓有《余卧疾深村闻一二郎官今称继使闽越笑余迁古潜于异乡闻之因成此篇》诗,据前考乃作于后梁太祖乾化二年。诗题中亦有"深村"一词,此"深村"即指南安县杏田乡。又诗中有"雾豹只忧无石室,泥鳅唯要有洿池。不羞莽卓黄金印,却笑羲皇白接䍦"四句,与本诗首二句之寓意合,则本诗疑约为乾化二年所作。

后梁乾化三年癸酉(913),七十二岁。

韩偓寓居于南安已三年,有《南安寓止》、《驿步》诗纪之。十月初,偓气疾初愈,赋诗言之。本年尚游松洋洞,题诗纪之。偓第三次被召不往或在本年。本年有《南安寓止》(春)、《疏雨》(春)、《十月七日早起作时气疾初愈》(十月)、《驿步》、《访隐者遇沈醉书其门而归》、《松洋洞》等诗。

【生平仕履笺证】

韩偓有《南安寓止》诗,中云:"此地三年偶寄家,枳篱茅厂共桑麻。"则作此诗时韩偓已在南安县三年。统签本《火蛾》诗题下有小注:"辛未南安县作。"自辛未至本年癸酉,即后梁乾化元年至乾化三年为三年。则此诗乃作于后梁乾化三年,时韩偓在南安县。又此诗有"蝶矜翅暖徐窥草,蜂倚身轻凝看花"句,当作于是年春间。又《驿步》诗题下小注云"癸酉年在南安县",亦是本年偓仍居南安之证。

又,韩偓本年有《十月七日早起作时气疾初愈》诗:"疾愈身轻觉数通,山无岚瘴海无风。阳精欲出阴精落,天地苞含紫气中。"

又,韩偓有《松洋洞》诗:"微茫烟水碧云间,挂杖南来渡远山。冠履莫教亲紫阁,袖衣且上傍禅关。青丘有地榛苓茂,故国无阶麦黍繁。午夜钟声闻北阙,六龙绕殿几时攀。"按,清嘉庆《惠安县志》卷六《山川》:"松洋山,北接九峰,乃邑山之最高者。有洞,仅容一人侧入,其中廓然,容二三百人。洞口石罅有老藤,直垂三丈余,入者缒以下。不枯,亦不萌。宋元末,居民避乱于此。"同上书卷三十《寓贤·唐韩偓》:"韩偓字致光,一云致尧,小名冬郎,京兆万年人。擢进士第。……迁兵部侍郎,忤朱全忠,贬濮州司马。避地入闽,居松洋洞。有诗云……(庆按,诗今略。谓'居松洋洞',乃'游松洋洞'之误)"此诗约本年游松洋洞所题,详见下考。

又,元马端临《文献通考》卷二四三《经籍考》七十谓:"(石林叶氏)又曰:韩偓传自贬濮州司马后,载其事即不甚详。其再召为学士,在天祐二年。……其后又有丁卯年正月《闻再除戎曹依前充职诗》,末句云'岂独鸥夷解归去,五湖鱼艇且铺糟',天祐四年也。是尝两召皆辞,《唐史》止书其一。是岁四月,全忠篡,其召命自哀帝之世。自后复召,则癸酉年南安县之作,即梁之乾化二年(庆按,'癸酉年'乃乾化三年,此谓乾化二年误),时全忠亦已被弑,明年梁亡。"又,明何乔远《闽书》卷八《方域志·泉州府·南安县·山·葵山》记韩偓:"昭宗既弑,哀帝复召为学士,还故官,偓不敢入朝,挈族依王审知,寓居南安。三年,复有前命,偓复辞,为诗曰:'岂独鸥夷解归去,五湖渔艇且铺糟。'是年,全忠篡唐为梁。乾化三年,复召,亦辞不往。"又清吴任臣《十国春秋》卷九十五《闽六·韩偓传》:"已而梁篡唐,乾化三年,复召,亦辞不往。"清康熙《南安县志》卷十三《唐寓贤列传·韩偓》:"梁乾化三年,复召,辞不往。明年,梁亡。"据此,本年梁召韩偓入朝,偓亦辞不往。

【诗文系年笺证】

《南安寓止》(《韩偓集》卷二)。按,此诗作于本年春,详见上考。

《疏雨》(《韩偓集》卷二):"疏雨从东送疾雷,小庭凉气净莓苔。卷帘燕子穿人去,洗砚鱼儿触手来。"按,此诗《全唐诗》编于作于后梁乾化三年春的《访隐者遇沈醉书其门而归》诗(其作年详见该诗相关考证)下一首,《南安寓止》诗前一首,而《南安寓止》诗据前考亦作于乾化三年春,则此诗亦作于是年春。

《十月七日早起作时气疾初愈》(《韩偓集》卷二)。按,据《全唐诗》所编,此诗前一首为《南安寓止》,据前考《南安寓止》诗作于乾化三年春间,故此诗当作于乾化三年十月七日。此诗《韩偓简谱》系于后梁乾化四年,不取。《韩翰林诗谱略》、《唐韩学士偓年谱》、《韩偓年谱》、《韩偓诗注》等均系于后梁乾化三年,是。

《驿步》(《韩偓集》卷二):"暂息征车病眼开,况穿松竹入楼台。江流灯影向东去,树递雨声从北来。"按,据前考,此诗作于本年。

《访隐者遇沈醉书其门而归》(《韩偓集》卷二):"晓入江村觅钓翁,钓翁沈醉酒缸空。夜来风起闲花落,狼藉柴门鸟径中。"按,此诗《全唐诗》编于《驿步》诗后一首,《南安寓止》诗前二首。《驿步》诗题下有"癸酉年在南安县"小注,而《南安寓止》诗乃癸酉年即乾化三年春所作,则此诗亦作于乾化三年。

　　《松洋洞》(《韩偓集》卷五)。按,此诗见于陈澍辑、张大川补刊之《螺阳文献》附录《十八峰传墨》卷二《七言律》中。此书乃光绪癸未年开雕,宣统乙酉补刊,乃泉州城内上峰二铭馆藏板。又见高文显《韩偓》[①]一书所附"韩诗(弘一大师真迹)"影页。弘一大师所写诗题"松洋洞",下有小注"在松洋山";在"唐韩偓"下有小注"载《螺阳文献》"。此诗后弘一大师署云:"戊寅春残与胜进居士游惠水获此诗,为书之。"高文显于《韩偓·跋》中记此事云:"是年暮春,我又伴他(庆按,指弘一法师)往游惠安,我于无意中在图书馆里披阅《螺阳文献》,获得韩偓《题松洋洞》(惠安县城南)的逸诗一首,抄给老人看时,他马上戴起眼镜来,重新写成一中堂给我,作为游惠水的纪念。"又邓小军《韩偓年谱》于后梁均王乾化三年癸酉(公元913年)下谓:韩偓"游晋江松洋山松洋洞(宋以后地属惠安县),亦有题诗。……清嘉庆《惠安县志》……卷三十《寓贤·唐韩偓》:'韩偓字致光,一云致尧,小名冬郎,京兆万年人。擢进士第,佐河中幕府,左拾遗、谏议大夫、翰林学士、中书舍人,迁兵部侍郎。忤朱全忠,贬濮州司马。避地入闽,居松洋洞。有诗云(录如下)。'题松洋洞诗:'微茫烟水碧云间,拄杖南来渡远山。冠冕莫教视紫阁,衲衣且上傍禅关。青丘有地榛苓茂,故园无阶麦黍繁。午夜钟声闻北阙,六龙绕殿几时攀。'案:此是偓诗风格,当为偓作。"据此,则此诗盖为韩偓诗,然诸种韩偓集未收。此诗作年依《韩偓年谱》所说,权系于后梁均王乾化三年癸酉。

　　后梁乾化四年甲戌(914),七十三岁。

　　韩偓仍在南安寓居。本年其夫人裴氏卒,偓有《裴郡君祭文》。本年尚有《即目》(春)、《有感》(春)、《寄邻庄道侣》(冬)、《观斗鸡偶作》、《蜻蜓》等诗作。

　　【生平仕履笺证】

　　刘克庄《跋韩致光帖》云:"致光自癸亥去国,至甲戌悼亡,十有二年,流落久矣,而乃心唐室,始终不衰,其自书《裴郡君祭文》首书'甲戌岁',衔书'前翰林学士承旨、银青光禄大夫、行尚书户部侍郎、知制诰、昌黎县开国男、食邑三百户韩某',是岁朱氏篡唐已八年,为乾化四年矣,犹书唐故官而不用梁年号,

---

①高文显《韩偓》,台北新文丰出版公司1984年版。

贤于杨风子辈远矣。"宋王应麟《困学纪闻》卷十四所记大致同。据此,韩偓曾为其妻裴氏作《裴郡君祭文》,文乃作于"甲戌岁",即后梁乾化四年。惜此文今已佚。

【诗文系年笺证】

韩偓有《即目》(《韩偓集》卷二)诗,云:"书墙暗记移花日,洗瓮先知酝酒期。须信闲人有忙事,早来冲雨觅渔师。"按,此诗统签本诗题下有小注:"癸酉,南安。"癸酉即指后梁乾化三年。《韩偓年谱》、《韩偓诗注》亦均系于乾化三年。然此诗于《全唐诗》之排列位置在《十月七日早起作时气疾初愈》、《有感》、《观斗鸡偶作》、《蜻蜓》诸诗后,下一首为《寄邻庄道侣》。而统签本之排列乃按诗体排列,且上列数诗除《有感》为律诗不排列于此处外,其余五首七绝前后排列顺序不同于《全唐诗》。其诗下小注亦不见于包括《全唐诗》在内的其它版本,故其小注恐非原注,或为后人所添。以此此小注疑不可信。此诗之作年似应与《有感》、《观斗鸡偶作》、《蜻蜓》等诗同,亦即在后梁乾化四年。诗有"书墙暗记移花日"句,则诗乃是年春日作。

《有感》(《韩偓集》卷二):"坚辞羽葆与吹铙,翻向天涯困系匏。……融风渐暖将回雁,潏水犹腥近斩蛟。"按,此诗作年论者所见不一。统签本在《欲明》诗题下有小注云:"以下在醴陵作。"所谓"以下"诗为《小隐》、《即日》、《避地》、《息兵》、《有感》等五首。故此诗统签本以为作于醴陵时,亦即天祐元年五月至二年春间。而《唐韩学士偓年谱》、《韩偓诗注》、《韩偓年谱》则系于后梁乾化三年。《韩偓简谱》所系不同,谓作于后梁乾化四年。按,此诗在《全唐诗》中排列于《南安寓止》后二首,其前一首为《十月七日早起作时气疾初愈》。据前考,《南安寓止》诗作于乾化三年春间,《十月七日早起作时气疾初愈》诗则作于乾化三年十月七日。而《有感》诗在《十月七日早起作时气疾初愈》诗后,且有"融风渐暖将回雁"句,乃春日大雁北归景象,故此诗系于乾化三年十月七日后之春日为宜,即约乾化四年春(当然,如认为《全唐诗》此处不严格以创作时间前后顺序排列,则亦有可能作于乾化三年暖春时)。

《寄邻庄道侣》(《韩偓集》卷二):"闻说经旬不启关,药窗谁伴醉开颜。夜来雪压村前竹,剩见溪南几尺山。"按,此诗《韩偓年谱》、《韩偓诗注》均系于后梁乾化三年,《韩偓简谱》则系于乾化四年,并谓"以上诸诗未敢尽定为癸酉年作,致尧卒于南安,凡寓此邦十四五年,不知其为何年作者,姑统归此年"。按,《全唐诗》排列此诗在《有感》、《观斗鸡偶作》、《即目》诗后,据所考前三诗均作于乾化四年,此诗盖亦以系于乾化四年为宜。诗有"夜来雪压村前竹"句,应作于是年冬。

《观斗鸡偶作》(《韩偓集》卷二)。按,《唐韩学士偓年谱》系此诗于天祐二年,谓"此讥当时藩镇。昭宗东迁之日,虽曾一再密遣间使绢诏勤王,无有应者,皆怯公义,勇于私斗也"。《韩偓诗注》所系亦同,谓"此篇为咏物讽喻之作,诗中的'斗鸡'喻指得势于一时的藩镇,昭宗东迁,虽曾一再遣使绢诏勤王,但惮于朱全忠的权势,无有一应者"。按,此两说基本相同,其系年盖据吴汝纶释此诗为"此讥当时藩镇"而来。所释此诗之寓托意或有之,然亦未必即如此,且亦未必即指天祐二年藩镇事,故所说难于作系年之确证。《韩偓年谱》则系此诗于后梁乾化三年,然未言根据。据其所列作于乾化三年诸诗之顺序,如《南安寓止》、《十月七日早起作时气疾初愈》、《有感》、《观斗鸡偶作》、《蜻蜓》、《即目》、《寄邻庄道侣》,与《全唐诗》之顺序相同,知其乃根据《全唐诗》诸诗之排列次序而考虑其系年。然如本谱前所考,《有感》诗乃以系于乾化四年为宜,《韩偓简谱》即系于是年,并谓"以上诸诗未敢尽定为癸酉年作,致尧卒于南安,凡寓此邦十四五年,不知其为何年作者,姑统归此年",所说诚是,故上列《观斗鸡偶作》以下四诗恐亦以系于乾化四年后为妥。以此《观斗鸡偶作》诗之系年,当以《韩偓简谱》之乾化四年为是,时诗人仍在南安。

《蜻蜓》(《韩偓集》卷二,乾化四年)。按,此诗《韩偓年谱》、《韩偓诗注》均系于后梁乾化三年,《韩偓简谱》则系于乾化四年。今考《全唐诗》排列此诗在《有感》、《观斗鸡偶作》诗后,据所考前两诗均作于乾化四年,此诗盖亦系于本年为宜。

后梁乾化五年、贞明元年乙亥(915),七十四岁。

韩偓在南安县。春末有《惜花》、《春尽》诗以寄托身世流离之感伤。深秋有《伤乱》诗以思亲伤乱。本年尚有《寄友人》(三月)、《半醉》(春)、《见别离者因赠之》(秋)、《睡起》、《南亭》等诗。

【生平仕履笺证】

韩偓有《惜花》诗:"皱白离情高处切,腻红愁态静中深。眼随片片沿流去,恨满枝枝被雨淋。……临轩一盏悲春酒,明日池塘是绿阴。"又有《春尽》诗:"惜春连日醉昏昏,醒后衣裳见酒痕。细水浮花归别涧,断云含雨入孤村。人闲易有芳时恨。地迥难招自古魂。"按,两诗以及《伤乱》诗之作年均详见下考。

又,韩偓本年深秋尚有《伤乱》诗,云:"岸上花根总倒垂,水中花影几千枝。一枝一影寒山里,野水野花清露时。故国几年犹战斗,异乡终日见旌旗。交亲流落身羸病,谁在谁亡两不知。"

【诗文系年笺证】

《惜花》(《韩偓集》卷二)。按,《韩偓年谱》、《韩偓诗注》、《韩偓简谱》均系此诗于乾化四年。《韩偓简谱》云:"以上诸诗未敢尽定为癸酉年作,致尧卒于南安,凡寓此邦十四五年,不知其为何年作者,姑统归此年。"《韩偓年谱》于后梁均王乾化四年甲戌(914年)七十三岁谱云:"本年,偓在南安县。按:本集《驿步》题下自注:'癸酉年在南安。'以下编次诸诗,至《寄邻庄道侣》有'夜来雪压前村竹'之句,当为癸酉冬作。其后诸诗,次第写及春、秋,当为本年甲戌所作,最后一首为《幽独》(再下即《江行》、《汉江行次》及湖南诗矣。本集中编次大抵为似乱非乱之状)。春,作《惜花》、《半醉》、《春尽》、《睡起》、《寄友人》(有"旷野风吹寒食月"语)。"按,所云《驿步》诗至之后《十月七日早起作时气疾初愈》诗确为乾化三年癸酉作,然再后《有感》诗起至《寄邻庄道侣》诗则恐非乾化三年之作。《有感》诗有"融风渐暖将回雁"句,乃写初春景象,则至此诗已非乾化三年诗。故《有感》诗后之《观斗鸡偶作》、《蜻蜓》、《即目》(有"书墙暗记移花日"句)、《寄邻庄道侣》(有"夜来雪压村前竹"句,盖已冬时)数诗皆为乾化四年诗。而再后之《惜花》诗有"临轩一盏悲春酒,明日池塘是绿阴"句,分明已是后一年即乾化五年晚春之作矣。故再后之《半醉》(有"雨连莺晓落残梅。西楼怅望芳菲节"句)、《春尽》、《睡起》、《寄友人》(有"旷野风吹寒食月"句)诸诗亦应是乾化五年之作。本诗有"临轩一盏悲春酒,明日池塘是绿阴"句,则乃是年春末之作。

《春尽》(《韩偓集》卷二):"惜春连日醉昏昏,醒后衣裳见酒痕。细水浮花归别涧,断云含雨入孤村。"按,据上文所考,此诗应作于本年。且本诗有"惜春连日醉昏昏"句,则应是本年三月春尽时作。

《寄友人》(《韩偓集》卷二):"伤时惜别心交加,撝颐一向千咨嗟。旷野风吹寒食月,广庭烟著黄昏花。"按,据上文所考,此诗应作于本年。

《半醉》(《韩偓集》卷二):"水向东流竟不回……云护雁霜笼澹月,雨连莺晓落残梅。西楼怅望芳菲节,处处斜阳草似苔。"按,据上考此诗亦应是本年之作。此诗有"雨连莺晓落残梅。西楼怅望芳菲节"句,乃春日诗,则诗乃本年春之作。

《见别离者因赠之》(《韩偓集》卷二):"征人草草尽戎装,征马萧萧立路傍。尊酒阑珊将远别,秋山迤逦更斜阳。"按,此诗《韩偓年谱》谓作于乾化四年秋,《韩偓诗注》所系同。按,据前考,此诗之前《寄友人》《睡起》诸诗乃作于乾化五年。《寄友人》诗有"旷野风吹寒食月"句,乃春三月诗。此诗在《全唐诗》中排列次序紧接《寄友人》诗后,并有"秋山迤逦更斜阳"句,盖为本年秋之作。

《伤乱》(《韩偓集》卷二):"岸上花根总倒垂,水中花影几千枝。一枝一影寒山里,野水野花清露时。"按,此诗《韩偓年谱》谓作于乾化四年,《韩偓诗注》所系同。按,据前考,此诗之前《见别离者因赠之》《寄友人》《睡起》诸诗乃作于乾化五年。《寄友人》诗有"旷野风吹寒食月"句,乃春三月诗;《见别离者因赠之》诗有"秋山迤逦更斜阳"句,乃作于秋日,此诗在《全唐诗》中紧接其后,并有"一枝一影寒山里,野水野花清露时"句,盖亦作于同年秋寒时。则此诗乃本年深秋之作。

《睡起》(《韩偓集》卷二):"睡起墙阴下药阑,瓦松花白闭柴关。断年不出僧嫌癖,逐日无机鹤伴闲。"按,《韩偓年谱》《韩偓诗注》《韩偓简谱》均系此诗于乾化四年。然据上文所考,此诗应是本年之作。

《南亭》(《韩偓集》卷二):"每日在南亭,南亭似僧院。人语静先闻,鸟啼深不见。松瘦石棱棱,山光溪淀淀。堑蔓坠长茸,岛花垂小蒨。"此诗《韩偓诗注》谓作于后梁乾化四年,"诗中俨然隐士,则是晚年之作无疑矣。南亭,亭名,估计在福建南安。"按,所系年恐应再往后一年,即乾化五年。盖据上文所考,此诗在《全唐诗》中排列于乾化五年所作之《寄友人》《见别离者因赠之》《伤乱》诸诗后,则此诗盖为乾化五年所作,时诗人在南安。

后梁贞明二年丙子(916),七十五岁。

韩偓在南安县,本年有《雨》(早春)、《幽独》(晚春)诗。

【诗文系年笺证】

《雨》(《韩偓集》卷二):"坐来簌簌山风急,山雨随风暗原隰。……饷妇寥翘布领寒,牧童拥肿蓑衣湿。……"按,考此诗在《全唐诗》中排列于《见别离者因赠之》《伤乱》《南亭》《太平谷中玩水上花》等诗后,《全唐诗》此处诗歌次序除个别外,基本按创作时间先后排列。上言诸诗除《太平谷中玩水上花》外,其余均作于乾化五年。本诗之前第三首《伤乱》诗有"寒山""清露"句,乃乾化五年秋之作。本诗所写"山雨随风暗原隰"、"饷妇寥翘布领寒,牧童拥肿蓑衣湿"等景象,似在早春时节,故此诗可能作于乾化五年的第二年春,即后梁贞明二年早春。《韩偓诗注》谓此诗"写作年代不详,从诗的内容看,应为晚年赋闲之作"。

　　韩偓《幽独》(《韩偓集》卷二)诗云:"幽独起侵晨,山莺啼更早。门巷掩萧条,落花满芳草。烟和魂共远,春与人同老。默默又依依,凄然此怀抱。"考此诗在《全唐诗》中排列于《见别离者因赠之》、《伤乱》、《南亭》、《太平谷中玩水上花》、《雨》等诸诗后。据上文所考,《雨》诗乃作于本年初春,而此诗有"山莺啼更早。门巷掩萧条,落花满芳草。烟和魂共远,春与人同老"等句,应是本年晚春时诗。

　　后梁均王龙德三年、后唐庄宗同光元年癸未(923),八十二岁。

　　韩偓晚年甚为穷困,本年殁时,家无余财,惟烧残龙凤烛一器而已。其卒于南安县龙兴寺,葬于葵山。郑诚之曾为撰哀词。有子韩寅亮。偓所著有《韩偓诗》、《香奁集》、《金銮密记》等。

【生平仕履笺证】

　　明何乔远《闽书》卷八《方域志·泉州府·南安县·山》:"葵山。……宋时,上有法华院,下有三华院。唐翰林承旨韩偓、宋邕州守苏缄、威武军节度招讨使傅实、左丞初寮先生王安中,皆葬是麓。……(偓)均王十一年,卒于邑之龙兴寺。"又,清吴任臣《十国春秋》卷九十五《韩偓传》:"龙德三年,卒于南安龙兴寺,葬葵山之麓。所著有《内庭集》、《金銮别纪》。自贬后,以甲子历历自记所在。其诗皆手写成帙。殁之日,家无余财,惟烧残龙凤烛一器而已。"清康熙《南安县志》卷十三《唐寓贤列传·韩偓》:"均王十一年,卒于南安龙兴寺。偓所著有《内廷集》、《金銮别记》。自贬后,以甲子自记所在。其诗皆手写成卷。"按,均王十一年即龙德三年。

　　按今人考偓之卒年亦另有说者,岑仲勉据宋刘克庄《跋韩致光帖》"致光自癸亥去国,至甲戌悼亡,十有二年,流落久矣,而乃心唐室,始终不衰,其自书《裴郡君祭文》首书甲戌岁……是岁朱氏篡唐已八年,为乾化四年"云云,谓"综观偓诗文,其卒最早不过是年(庆按即乾化四年)"。今人王达津在《唐诗丛考·〈宫柳〉诗和韩偓的生卒年》[1]文中,亦据刘克庄之说,谓偓之"卒年可能在后梁乾化四年(914)或乾化五年(915)"。按,岑仲勉之说乃谓韩偓最早之卒年,乃推测之言,并非确指韩偓之卒年;而王达津之说亦是"可能"而已,并非论定之言。故上述两人之说仅供参考,今不取。韩偓之卒年今即取《闽

---

① 见《唐诗丛考》,上海古籍出版社 1986 年版。

书》、《十国春秋》、《南安县志》所说。

又，宋郑文宝《南唐近事》："韩寅亮，偓之子也，尝为予言，偓捐馆之日，温陵帅闻其家藏箱笥颇多，而缄镝甚密，人罕见者。意其必有珍玩，使亲信发观，惟得烧残龙凤烛、金缕红巾百余条。蜡烛尚新，巾香犹郁。有老仆泫然而言曰：'公为学士日，常视草金銮内殿，深夜方还翰苑。当时皆宫妓秉烛炬以送，公悉藏之。自西京之乱，得罪南迁，十不存一二矣。'余卅岁延平家有老尼，尝说斯事，与寅亮之言颇同。尼即偓之妾云耳。"

又，明何乔远《闽书》卷八《方域志·泉州府·南安县·山》："葵山。……偓所著有《内庭集》、《金銮别记》。自贬后，以甲子历历记所在。其诗皆手写成卷。"

清康熙《南安县志》卷二《疆域志》："葵山。在县北六七里，属三都，自双阳山东北来。有双石如箧，号'迭经石'，又如葵花状。宋时上有法华院，下有三华院。唐翰林承旨韩偓……葬是山之麓。"

宋祝穆《方舆胜览》卷十二《泉州·人物》载："韩偓，郑诚之哀词云：'有唐翰林韩偓，因左迁，遂家焉。'"宋王象之《舆地纪胜》卷一三〇《泉州·人物》"唐韩偓"下小注云："郑诚之哀词云：'有唐翰林韩偓，因左迁遂家焉。'"

韩偓之著作，宋欧阳修、宋祁《新唐书》卷五十八《艺文志》二杂史类著录《金銮密记》五卷；同书卷六十《艺文志》四别集类著录《韩偓诗》一卷、《香奁集》一卷。宋陈振孙《直斋书录解题》卷五载《金銮密记》三卷，谓"唐翰林学士承旨京兆韩偓致尧撰。具述在翰苑时事，危疑艰险甚矣。昭宗屡欲相之，卒不果而贬，竟终于闽。"又同书卷十九著录其"《香奁集》二卷、入内廷后诗集一卷、别集三卷"。

2015 年 5 月 3 日撰毕于厦门市龙虎山路寓所